U0112881

山东融入"一带一路"建设战略研究

主　编　郑贵斌　李广杰

副主编　范振洪　顾春太

人民出版社

序　言

　　"丝绸之路经济带"和21世纪"海上丝绸之路",本书称为"一带一路",是党中央、国务院适应国内外形势深刻变化,统筹国际国内两个大局与统筹改革开放两大国策作出的重大战略决策。认真贯彻党和国家的决策,科学谋划各地的发展思路和措施,参与、融入并推进"一带一路"建设,是时代赋予理论工作的使命重托。《山东融入"一带一路"建设战略研究》是山东社会科学院专家学者服务于国家重大战略,按照中共山东省委提出的提升山东开放型经济水平的要求,立足山东省情和发展实际,就贯彻落实国家"一带一路"战略,推进山东融入"一带一路"建设而从事的课题研究形成的成果。

　　"一带一路",是在世界经济深度调整、地缘政治环境日趋复杂和我国经济转型攻坚的背景下,党和国家根据经济全球化和区域经济一体化新形势提出的跨区域经济合作的创新思路,旨在推进我国全方位深度开放,构建区域经济合作新格局,为实现中华民族伟大复兴的中国梦提供有力保障。2013年9月,中共中央总书记、中国国家主席习近平在哈萨克斯坦纳扎尔巴耶夫大学发表重要演讲时提出:"为了使欧亚各国经济联系更加紧密、相互合作更加深入、发展空间更加广阔,我们可以用创新的合作模式,共同建设'丝绸之路经济带'。"2013年10月,习近平在印度尼西亚国会发表重要演讲时又提出:"中国愿同东盟国家加强海上合作,使用好中国政府设立的中国—东盟海上合作基金,发展好海洋合作伙伴关系,共同建设21世纪'海上丝绸之路'。"2014 年 11 月，习近平在中央财经领导小组第八次会议上讲话强调："'丝绸之路经济带'和 21 世纪'海上丝绸之路'倡议顺应了时代要求和各国加快发展的愿望，提供了一个包容性巨大的发展平台，具有深厚历史渊源和人文基础，能够把快速发展的中国经济同沿线国家的利益结合起来。要集中力量办好这件大事。"2014 年 11 月在北京召开的 APEC 系列会议上，习近平总书记进一步阐述了"一带一路"。从 2013 年习近平首提"一带一路"，到 2014 年推动走入"务实合作环节"，再到互联互通伙伴关系对话会提出"以亚洲为重点实现全方位互联互通"，以及到 APEC 会议进一步推进亚太自贸区建设，至此，一个全新的宏伟的战略构想在世界政经版图从容铺展。

"一带一路"，赋予中国古代的重要贸易运输线路以全新的时代内涵，将亚欧地区国家普遍认同的古"丝绸之路"精神与当前中国的优势相结合，以经济为纽带，以加强"政策沟通、道路联通、贸易畅通、货币流通和民心相通"为主要内容，旨在促进区域内国家的友好往来和相互了解，拓展并深化国际合作，共创美好未来。"一带一路"战略中，"丝绸之路经济带"主要涵盖中亚、西亚、中东欧乃至整个欧洲地区，"海上丝绸之路"则主要涵盖东南亚地区、中东甚至非洲。"一带一路"不是原线路的复制，其基本内涵是弘扬"丝绸之路"精神，以点以线带面，逐步扩大区域合作范围，最终形成东连亚太经济圈，西接欧洲经济圈的世界上最长、最具发展潜力、覆盖数十亿人口的"丝绸之路"经济大走廊。"一带一路"战略的提出和实施，彰显了我国加强周边"亲诚惠容"外交的新理念，给区域合作的加强提供了新平台，翻开了我国全方位对外开放战略的新篇章，为我国与沿线国家合作共赢共同发展开启了新的机遇之窗，既对我国提升开放型经济发展水平、加快经济转型升级，也对加快区域经济一体化，推动国际经济合作和文化交流具有重要的推动作用，意义重大而深远。

山东处于"一带一路"的交汇地区，具有重要区位优势。作为我国的沿海经济大省，积极融入和推进"一带一路"建设，努力推动山东与"一带一路"沿线国家和地区在更宽领域、更高层次上开展交流合作，有利于提升山东开放型经济发展水平、促进山东经济转型升级、增强山东在全国区域经济发展大格局中的地位和作用。首先，参与并融入"一带一路"建设是抢抓国家对外开放新机遇，提升山东开放型经济发展水平的重要途径。经过三十多年的改革开放，山东经济已深深融入全球经济体系。对外开放是拉动山东经济增长的重要动力，对外开放领域的不断扩大和对外经贸规模的持续提高，拓展了经济发展空间，加快了工业化、城镇化进程，在山东经济的持续快速增长中发挥了重要作用。经贸合作是"一带一路"建设的基础和主轴，积极参与并融入"一带一路"建设，一方面，有利于拓展山东对外贸易发展空间，推动农产品、工业品等出口产品多元化市场格局的形成，促进产品出口规模的扩大。同时，"一带一路"沿线许多国家能源资源富集，有利于山东拓展进口渠道满足经济发展对能源资源的需求。另一方面，山东开放型经济发展已进入产品输出和资本输出并重阶段，企业"走出去"的意愿强烈，积极参与并推进"一带一路"建设，加强与沿线国家之间的产业合作，将为山东轻工、纺织、建材、装备制造等传统优势产业"走出去"提供广阔舞台，推动山东企业扩大对外投资。第二，融入并推进"一带一路"建设是拓展经济发展新空间，促进山东经济转型升级的现实需要。改革开放以来，山东依托资源、区位等优势，加快推进工业化进程，经济发展取得了巨大成就，经济总量位居全国第三位。但是，近年来山东经济发展面临着产业结构不够合理、生产要素成本快速上升、资源环境约束日益加剧、工业产能过剩突出等矛盾和问题，加快经济转型升级已成为实现山东经济持续健康发展的客观要求。山东与"一带一路"沿线国家和地区产业互补性较强，积极参与并推进"一带一路"建设，有利于拓展山东高端产业海外市场，促进山东产业结构优化调整。"一带一路"沿线国家和地区大多劳动力成本低、能源资源丰富、工业化发展水平较低，积极推进"一带一路"建设，可以拓展传统工业行业市场空间，通过产业合作促进传统优势产能向沿线发展中国家转移，推进山东传统产业改造升级。第三，融入并推进"一带一路"建设是优化省际区域合作，提升山东在全国区域经济发展格局中地位的必然选择。近年来，国内区域经济发展格局发生明显变化，区域发展竞争日趋激烈，抓住国家重大战略机遇加快发展是山东的必然之选。山东是"一带一路"的重要交汇点、双向桥头堡，积极参与、融入并推进"一带一路"建设，有利于把山东打造成为我国全方位对外开放的重要门户，对环渤海区域和黄河流域中西部省份深化对外开放发挥重要促进作用。同时，在融入和推进"一带一路"建设的过程中，山东通过与中西部地区开展产业链分工合作，推进产业、资金、技术、人才向中西部地区转移，有利于促进中西部地区的资源开发和产业发展，增强中西部地区扩大向西开放的产业支撑，促进我国东中西部联动开放、优势互补、协同发展。

山东贯彻落实国家宏观战略、推进"一带一路"建设具有诸多优势，主要体现在区位交通优势、产业基础优势、对外开放优势、科技人文优势等方面。首先，山东的区位和交通物流优势突出，为参与、融入"一带一路"建设提供了有利条件。山东位于渤海与黄海之间，新亚欧大陆桥东端，北接京津冀，南联长三角，与韩国、日本隔海相望，处于东北亚经济圈的核心地带。山东交通基础设施完善，公路、铁路网络纵横发达，特别是港口资源丰富，是我国长江以北唯一拥有三个超两亿吨大港的省份。其次，山东的产业基础优势明显，与"一带一路"沿线国家和地区产业合作空间广阔。山东农业、工业、海洋产业优势明显，产业体系较为完备。其中，农产品出口占到全国农产品出口总量的四分之一，并连续多年保持全国第一；工业体系门类齐全，拥有一大批骨干企业和知名品牌；海洋产业生产总值居全国前列，科研实力居全国首位。第三，山东的对外开放优势显著，与"一带一路"沿线国家和地区的经贸合作具有良好的基础。作为我国率先对外开放的沿海省份，山东对外贸易规模一直位居全国前列，且出口结构不断优化；外商直接投资始终处于稳定增长态势，且近年来服务业利用外资快速增长；对外经济合作迅猛发展，境外投资一直保持全国第二位。同时，山东与"一带一路"沿线国家和地区之间的经贸合作日益密切，在巩固日韩及欧美等传统市场的同时，与东盟、澳大利亚、俄罗斯等国家和地区的贸易往来均保持较快增长态势。第四，山东具有良好的对外开放合作平台与载体优势。保税港区、出口加工区、综合保税区等海关特殊监管区域和各类经济园区拥有的政策优势、功能优势和辐射集聚效应为参与"一带一路"建设提供了平台和载体支撑。友好省州、友好城市等友好合作关系是山东与"一带一路"沿线国家和地区开展经济、文化、科技等领域交流合作的重要依托。第五，山东具有较强的科技人文优势。山东科技教育比较发达，位居全国科技创新能力较强的地区行列。文化底蕴丰厚，是中国文化源头和中华民族重要发祥地之一，以儒家文化为代表的齐鲁文化在海外有着广泛而深远的影响，为山东推进"一带一路"建设、开展与沿线国家人文交流、扩大在海外的影响力提供了良好条件。

同时应当看到，山东在参与并推进"一带一路"建设中也存在一些需要克服和解决的薄弱环节。首先，山东与陆上"丝绸之路经济带"沿线国家之间的经贸合作基础比较薄弱。山东"东向"开放与"西向"开放存在明显的不平衡性，相对于与日本、韩国、东盟等 21 世纪"海上丝绸之路"沿线国家和区域而言，山东与"丝绸之路经济带"沿线的中亚、中东欧、俄罗斯等区域和国家之间经贸合作尚处于起步阶段，基础比较薄弱。其次，山东的多数企业跨国经营层次不高、经验不足。虽然也涌现出了青岛海尔、烟台万华、潍柴动力、南山集团等一些践行"走出去"战略的先进企业，但整体来看境外投资仍存在诸多不足，主要表现在境外投资项目规模偏小、投资结构不够合理、投资方式比较单一等方面。第三，山东与"一带一路"沿线国家和地区之间缺少国家级合作平台和地方层面合作交流机制。对外合作机制建设是促进对外合作交流的重要保障，目前广西、广东、上海、福建等沿海省份和陕西、甘肃、宁夏、新疆等内陆省份，已分别与"一带一路"沿线区域和国家之间建立起一些有效的合作机制，但山东在这方面仍比较欠缺。第四，山东的开放型经济体制有待进一步完善。开放型经济体制机制与经济全球化、国际规则要求还不能完全适应，有些体制机制不适应国内外形势和开放型经济自身发展的需要，突出表现在贸易投资自由化、便利化还面临较多障碍。最后，山东与"一带一路"国内沿线省份的经济合作有待加强。"一带一路"国内沿线省份在产业发展、对外开放、商贸物流等方面各具优势，但目前山东与这些沿线省份的经济合作仍然比较薄弱，合作领域和层次有待拓展和提升。

山东参与并推进"一带一路"建设,应当在深刻把握其背景、意义和现实条件的基础上,明确总体的建设思路、战略定位和发展目标,为未来建设指明方向。山东应按照"五通"的基本要求,发挥地缘优势、资源优势和市场优势,以开放合作为主线,以扩大双向投资为重点,以通道建设为突破,以重大项目为载体,以体制机制创新为保障,以园区建设为支撑,着力推动与"一带一路"沿线国家和地区的产业合作、货物贸易、能源资源合作、金融合作、人文交流和平台建设;拓展经济发展外部空间,全面提升开放型经济发展水平,促进形成互利共赢、多元平衡、安全高效的对外开放新格局,努力将山东打造成为"一带一路"交汇的交通物流枢纽、我国东西双向开放的桥头堡、国家海洋经济对外合作核心区、全国海陆统筹、东中西联动发展的重要引擎和我国深化国际区域合作的重要平台。本书在系统梳理我国实施"一带一路"开放新战略的背景、意义及基本架构的基础上,借鉴了我国重点省市参与"一带一路"建设的做法及启示,研究了山东贯彻落实国家部署,融入、推进"一带一路"建设的战略思路与举措。具体来说,首先对山东参与并推进"一带一路"建设进行了深入的 SWOT 分析,提出战略思路、定位、目标和布局,然后重点从贸易合作、投资合作、产业合作、园区建设合作、海上合作、科技合作、环保合作、旅游合作、文化交流与合作等方面进行了深入探讨,最后提出完善支撑体系的对策建议,以供理论工作者与实际工作者进一步深入研究思考。

"一带一路"建设是一项宏大系统工程,战略性强、涉及面广,山东参与、融入并推进"一带一路"建设,在战略措施上,需要明确重点任务、完善支撑体系、强化组织保障。一是加强对贯彻、推进"一带一路"建设重大意义的认识。全省要充分认识山东推进"一带一路"建设的重要性和必要性,力争走在开放发展的前列。加强省级层面的组织领导,各相关部门和市县协调配合,各司其职,形成合力,为建设"一带一路",促进山东发展提供体制机制保证。二是注重通过规划引领山东的"一带一路"建设进程。积极跟踪国家"一带一路"战略规划制定、修改、实施的动态,超前谋划，研究制定山东参与、推进"一带一路"建设的总体规划和实施方案，分解落实各项任务和配套政策。三是着力提升与"一带一路"沿线国家和地区的经贸合作水平。深化与沿线国家在农产品、能源资源、机械设备、旅游、建筑等领域的贸易合作，加强与沿线国家在海洋、科技、环保等领域的重大产业项目合作，加快引进一批龙头型、基地型战略投资项目，以项目为依托重点建设一批双边、多边合作的国别产业园区。四是加强与"一带一路"沿线国家和地区的文化交流与合作。筹建山东与沿线国家文化合作协调机构，使文化交流与合作常态化；积极筹划对外文化交流项目，设立民间对外文化交流基金；办好尼山论坛、世界儒学大会等国际高端文化交流活动，形成对外文化交流的长效机制，全面系统地推介齐鲁文化。五是重点打造山东参与并推进"一带一路"建设的合作平台。通过建设区域性国际商贸中心、国际展会平台、跨境电子商务和外贸综合服务平台等打造国际经贸合作平台；通过建设国别产业园区、境外产业合作园区和境外重要资源基地等打造产业投资合作平台；以文化、教育、学术等交流活动为切入点打造人文交流合作平台；通过大陆桥运输、港口航运、航空航线等领域的合作打造国际交通物流合作平台。六是构建和完善山东参与并推进"一带一路"建设的政策体系。制定和实施激励性经济政策，对重点企业和项目给予支持；创新构建多层次金融政策，完善多元化、国际化融资渠道；推进全方位的贸易便利化政策，深层次推进海关程序、检验检疫和人员流动便利化；试点更加开放的外资政策，探索更为灵活的外商投资管理体制和金融监管模式。总之，通过政策支持与措施支撑，在经济全球化与区域经济一体化中推动经济融合、文化交流与合作深化，以更好地建设经济文化强省，实现山东发展的宏伟目标。

山东社会科学院在山东省委、省政府的领导下，以提升理论研究水平、服务山东经济文化强省建设为目标导向，积极开展山东省经济社会发展的重大理论与实践问题研究。近年来，对山东省深化改革开放、山东半岛蓝色经济区建设、黄河三角洲高效生态经济区建设、中日韩地方经济合作示范区建设等重大战略课题进行了深入系统的研究，取得了一批具有理论深度和应用价值的研究成果，为省委、省政府相关决策提供了智力支持和决策参考。为了更好地紧紧抓住我国发展的重大战略机遇期，推进山东融入"一带一路"建设，我院组织国际经济研究所、经济研究所、海洋经济研究所、历史研究所、文化研究所等多学科专家，成立了专门课题组，在深入省内外调研的基础上，组织编写了《山东融入"一带一路"建设战略研究》一书，这是对该课题研究的一项初步成果，也是我院实施"创新工程"所开展的重大课题研究成果。今后，我院将继续按照党和国家及省委、省政府的部署要求，对新形势下全面深化改革开放等重大课题开展深入研究，为服务于国家重大战略的实施与山东的经济文化强省建设作出新的贡献。

山东社会科学院党委书记、院长　唐洲雁

2015 年 1 月 20 日

目 CONTENTS
录

第一章　我国实施"一带一路"
　　　新战略的背景、意义及基本框架

　　丝绸之路，是指穿越中亚、翻过帕米尔高原、抵达西亚的线路。"陆上丝绸之路"指西汉张骞、东汉班超出使西域时开辟出来的一条横贯东西、连接亚欧的商路，因大量中国丝绸和纺织品多由此路输出而闻名。1877 年，德国地理学家李希霍芬在其著作中首次提出"丝绸之路"这一名词，并被世人广泛接受。而"海上丝绸之路"是陆上丝绸之路的延伸，又被称为香料之路、陶瓷之路，以中国东南沿海为起点，经东南亚、南亚、非洲，最后到达欧洲。从历史上看，"陆上丝绸之路"和"海上丝绸之路"都起源于中国，为联系世界、缔造和平、促进经贸往来和人文交流发挥了重要的桥梁作用。2013 年，国家主席习近平在访问中亚和东南亚国家时，分别提出建设"丝绸之路经济带"和 21 世纪"海上丝绸之路"两大倡议，赋予了古老的丝绸之路以崭新的时代内涵。[①] 推进"丝绸之路经济带"和 21 世纪"海上丝绸之路"（即"一带一路"）建设，是应对当前国内外发展环境下新的战略部署，集中体现了我国在开放、自由、合作主旨下促进世界经济发展的新理念，是我国推动地区包容性发展、构建全方位开放新格局的重要发展战略，也是我国深化改革开放特别是向西、向南开放的重大举措。新时期的海陆两条"丝绸之路"，顺应了当今世界经济、政治、外交格局的新变化，将

---

　　① 高虎城:《"一带一路"建设深化经贸合作促互利共赢》,《人民日报》2014 年 7 月 2 日。

进一步促进中国与周边国家的交流与合作，激发各国发展活力，在更广阔的领域构筑互惠共赢关系，为地区长久稳定与繁荣创造新的机遇，也将为实现中华民族伟大复兴的"中国梦"打下良好的基础。

一、我国实施"一带一路"
新战略的宏观背景

实施"一带一路"开放新战略，是在世界经济深度调整、地缘政治环境日趋复杂、中国经济转型攻坚的背景下，我国根据区域经济一体化和经济全球化的新形势提出的跨区域经济合作的创新模式，目的是以周边为基础加快实施自由贸易区战略，拓展对外开放空间，推进区域经济一体化实现大发展。① "丝绸之路经济带"针对的是中亚、西亚、中东欧乃至欧洲地区；而"海上丝绸之路"则主要是通过东南亚地区辐射南亚、中东甚至非洲。"一带一路"的提出和实施，是我国发展战略的新布局，必将成为我国和平发展、谋求双边和多边共赢、推动和平崛起的助力。

（一）国际背景

1. 区域经济一体化蓬勃发展

当今世界，经济全球化仍是发展的主流。在多种因素的作用下，多边贸易体制发展坎坷，多哈回合谈判徘徊不前，贸易投资保护主义升温，经贸摩擦政治化倾向抬头。② 同时，区域经济合作蓬勃发展，成为经济全球化的重要推动力。在经济全球化浪潮的不断推动下，各种多边、双边的跨区域经济合作已经成为现阶段世界经济发展的重要特征，并以其特有的优势成为各个国家或地区参与经济全球化和提升国际竞争力的重要内容。近三十年来，欧洲、美国、东南亚、非洲等地区纷纷加快了区域经济一体化进程，北美自由

---

① 霍建国：《共建"丝绸之路经济带"与向西开放战略选择》，《国际经济合作》2014 年第 1 期。

② 汪洋：《构建开放型经济新体制》，《人民日报》2013 年 11 月 22 日。

贸易区（NAFTA）、欧盟（EU）、东盟（ASEAN）、八国峰会（G8）、亚太经合组织（APCE）、金砖国家（BRIGS）等各种形式的区域经济一体化组织纷纷建立，多边区域经济合作的实效逐步显现。2008 年金融危机以来，世界经济整体低迷，许多国家经济增长乏力，深化区域合作成为各国拉动经济增长的务实选择。尤其是近年来，跨太平洋伙伴关系协定（TPP）、跨大西洋贸易与投资伙伴关系协定（TTIP）等超大自由贸易区逐渐酝酿，必将对经济全球化的走向产生深远影响。区域经济一体化组织数量的不断增多和规模的逐渐壮大，使区域经济合作日益成为当今世界经济发展的主流，对世界经济的发展也产生日益深远的影响，它不仅推动了区域内成员国的经济发展，也提升了区域内各个成员国应对和抵御全球化风险的能力。①

从发展趋势上来看，当今区域经济合作的发展总体呈现如下两个特点：一是发达国家发展程度高，而发展中国家发展程度低；二是西欧及北美洲发展程度高，而亚洲、东欧、南美洲及非洲发展程度低。以德国和法国主导的欧盟经济圈是当今世界区域经济一体化程度最高的经济区，以美国为主导的北美自由贸易区是综合实力最强的经济区。区域一体化是经济全球化的必经阶段，亚洲区域经济合作方兴未艾，有力地促进了亚洲的和平稳定与长远发展。当前，亚洲已成为世界经济增长的重要动力，也是经济一体化的砥柱、磐石。亚欧区域的发展对于世界政治经济的发展都具有重要的意义，随着经济全球化和区域经济一体化的不断发展，亚欧经济、政治交流不断深入，亚欧大陆跨区域合作趋势正步入快速发展阶段。但是，亚洲区域合作与欧洲和北美相比仍存在巨大差距，特别是亚洲各区域之间的经济发展不平衡、经贸关系不紧密、互联互通不顺畅等问题，成为深化区域合作的严重掣肘。相较于欧美地区，亚洲尤其是发展中国家的区域合作，面临着来自发达国家主导的区域经济集团的挑战，中国与中亚、俄罗斯、东盟等"一带一路"沿线国家和地区的经济合作在国家上处于滞后位置。近年来，尽管中国积极参与区域双边和多边的经贸合作，但东盟与中国（"10+1"）合作机制仍略显松

---

① 霍建国：《"一带一路"战略构想意义深远》，《人民论坛》2014 年第 15 期。

散,中日韩自由贸易区谈判进展缓慢,并且美国积极构建把中国排除在外的"跨太平洋伙伴关系协议"(TPP)。在此背景下,中国一方面应巩固东盟与中国("10+1")合作机制,另一方面还应加快向西强化区域经济合作。① 当前,各种区域性的经济集团和组织已经成为现代国际经济关系的主体,从而使得处于集团外的其他国家在国际经贸往来中越来越受到利益排挤。因此,在区域经济合作不断推进的国际大环境下,我国作为"负责任大国",积极参与区域经济一体化建设,在实现本国经济稳定增长和发展空间不断扩大的同时,与"一带一路"沿线国家和地区应积极寻求经济合作与联合,通过"一带一路",将中亚、南亚、东南亚、西亚等区域连接起来,以集体的力量谋求更大的发展。这既是符合"一带一路"沿线各国利益的战略选择,也是推进泛亚和亚欧区域合作的客观要求和关键环节。

2. 世界经贸格局正在发生重大变化

国际金融危机后,世界经贸格局发生了重大的变化。从目前的发展状况来看,不少发达国家深陷债务危机的泥潭,虽然经济表现出阶段性复苏迹象,但总体仍未摆脱发展的困境。欧美等发达国家要完成经济结构调整和金融整治,实现经济持续稳定增长仍有较长的一段路要走。而与此同时,新兴经济体快速崛起,已经推动世界经济格局发生了深刻的变化,成为拉动世界经济增长的重要力量,全球经济发展的重心开始由发达国家逐渐向发展中国家转移。目前,按照购买力平价指数计算,新兴经济体和发展中经济体占世界 GDP 的比重已经超过50%。据联合国贸易发展会议统计,2008—2012 年,发展中国家进口总额年均增长 10.9%,明显高于发达国家3.3%的增速,占全球进口的比重由39%升至45%。虽然受美国量化宽松政策退出及诸多因素的影响,自 2012 年下半年新兴经济体的增长有所回落,但相关数据显示,2013 年新兴经济体的经济增长率仍为 6.3%,依然是世界经济最活跃的力量。② 全球需求结构深刻调整,促使我们在巩固传统市场的同时,要加快开

---

① 白永秀等:《"丝绸之路经济带"的纵深背景与地缘战略》,《改革》2014 年第 3 期。
② 霍建国:《"一带一路"战略构想意义深远》,《人民论坛》2014 年第 15 期。

拓更具发展前景的新兴市场。"一带一路"战略的题中之义是打通向西开放的通道，而从特点上看，"向西向南"与"向东"最大的不同就是在新形势下，扩大开放的合作对象中将包含更多的发展中国家。实施"一带一路"战略，是新时期国家面向更广阔的新兴经济体全面开放的客观需要，也是我国实施全面对外开放战略的必经之路。

3. 国际经贸规则竞争日趋激烈

国际金融危机以来，全球经济贸易格局面临深度调整，美欧两大经济集团，进一步加速了区域经济一体化的合作进程。当前，跨太平洋战略经济伙伴关系协定（TPP）和跨大西洋贸易与投资伙伴协定（TTIP）两大区域贸易安排，成为美国推动区域经济一体化发展的两大重要支撑，其不仅在一定程度上将中国"拒之门外"，同时也在试图弱化亚太经合组织（APEC）等亚太地区现有区域合作机制的影响力。从谈判的议题和标准上来看，TPP和TTIP更多涉及对未来国际贸易规则的制定，其重要目的是通过制定区域内一系列贸易投资新规则并将其转化为多边经贸规则，重塑国际贸易标准，进而主导全球经济治理。面对世界经贸格局新变化，各国围绕国际市场与资本的争夺更加激烈，全球经济治理体系面临深刻变革。如发达国家致力于制定新的经贸运行规则，积极推进竞争中立、劳工标准、环境保护、知识产权保护等21世纪新议题谈判，以抢占未来国际竞争制高点。在国际经贸规则竞争日趋激烈的大背景下，我国必须着眼经济利益遍布全球的现实，不但需要接纳国际规则，同时更需要在国际舞台发出中国的声音，全面参与重大经贸合作谈判，以推进"一带一路"建设为契机在新的全球治理结构中赢得话语权与主动权。

4. 亚欧国家合作日益密切

近年来，随着区域经济一体化和经济全球化的不断发展，中国与丝绸之路沿线国家的经贸往来和区域合作也逐渐加强，亚欧国家共建"一带一路"已成大势所趋。数据显示，2012年我国与"丝绸之路经济带"各国贸易总额达5495亿美元，占我国外贸总额的14.2%；我国企业对沿线国家非金融类直接投资35亿美元，占我国对外投资总额的4.5%；我国企业在沿线国家承包工程营业额为 350.8 亿美元,占我国对外承包工程总营业额的 45.4%。2012 年我国与"海上丝绸之路"沿线各国贸易总额达 6900 多亿美元,占外贸总额的 17.9%;我国企业对沿线国家非金融类直接投资 57 亿美元,占我国对外投资总额的 7.4%;我国企业在沿线国家承包工程营业额为 442 亿美元,占全国对外承包工程总营业额的 37.9%。①

具体来看,我国同亚欧地区各国建立发展起来的友好合作关系,使"一带一路"的构建具有牢固的政治经济基础。我国同俄罗斯、中亚国家建立了战略伙伴关系,发展长期睦邻友好、互利共赢的合作成为彼此的共识;同各国在经贸领域的合作不断深入,贸易规模逐年增加。如今,中俄互为重要的贸易伙伴,我国已经连续多年成为俄罗斯的第一大贸易伙伴,2012 年中俄贸易额再创历史新高,达到 881.6 亿美元,同比增长 11.2%。② 中俄在各领域的务实合作不断深化,特别是两国地方合作的对接大规模展开。

哈萨克斯坦、乌兹别克斯坦、吉尔吉斯斯坦、塔吉克斯坦、土库曼斯坦中亚五国是中国古丝绸之路沿线的重要国家,也是 21 世纪重要的战略能源资源基地。二十多年来,中国同中亚国家建立发展了全面的合作伙伴关系,解决了历史遗留的边界问题,双边高层互访频繁。2013 年 9 月习近平主席的中亚之行将中国同中亚国家双边关系提升到前所未有的水平。中亚国家对中国信任加强,特别是中国自 2004 年以来在上海合作组织框架内多次向中亚国家提供优惠贷款,中亚国家得到了实惠,对中国的好感和认同感也有不同程度的提升。近年来,中国与中亚五国经贸合作日益紧密,能源、交通、电信、矿产等合作领域不断拓宽,合作水平不断提高。据商务部统计数据,2012 年中国与中亚五国双边贸易额达 460 亿美元,同比增长 13.7%,中国已成为土库曼斯坦、哈萨克斯坦的第一大贸易伙伴,乌兹别克斯坦、吉尔吉

① 王霁平:《商务部力推两个丝绸之路建设》,《国际商报》2013 年 12 月 19 日。
② 商务部:《中俄投资合作显著加快》,2013 年 3 月 20 日,见 http://tzswj.mofcom.gov.cn/article/f/201303/20130300060429.shtml。

斯斯坦的第二大贸易伙伴，塔吉克斯坦的第三大贸易伙伴。[①] 中哈边境的霍尔果斯国际商贸中心已发展成为中国同中亚国家贸易往来的重要环节。

作为亚洲新兴市场国家，中国和东盟是地区乃至世界经济持续增长的重要力量。目前，我国和东盟已建成世界上最大的发展中国家自由贸易区，双方经贸联系日益紧密，实现了互利共赢、共同发展的目标。我国成为东盟第一大贸易伙伴、第四大出口市场和第二大进口来源地。2012 年中国—东盟双边贸易额突破 4000 亿美元，年均增长率达到 20% 以上。同时，我国和东盟一直保持着良好的外交关系，双方交往已经进入第二个十年战略伙伴关系，并致力于推动打造下一个"钻石十年"。这使得中国与东盟的政治、经济关系都进入新的发展阶段，同时也使得发展"海上丝绸之路"水到渠成。

此外，南亚地区也蕴含着巨大的发展潜力，近年来该地区与中国的经贸往来不断拓展。在贸易方面，2012 年我国与南亚国家贸易总额达到 930 亿美元，年均增幅超过 26%；在相互投资方面，截至 2012 年年底中国对南亚国家非金融类直接投资累计接近 40 亿美元，南亚国家累计在我国实际投资达到 7 亿美元。[②] 同时，我国与西亚国家的经贸合作也不断呈现新的气象。根据相关统计数据，2012 年与海湾阿拉伯国家双边贸易额突破 1550 亿美元，同比增长 15.9%[③]，双方合作领域向机械制造、汽车组装、金融、旅游、航空等领域不断拓展。尤其是在西亚国家中，我国已成为沙特最大的贸易伙伴，2012 年双边贸易额突破 730 亿美元；我国也成为伊朗的主要经济合作伙伴，2012 年双边贸易额已突破 400 亿美元。随着合作的深入，我国与中东欧国家的合作潜力也不断释放，2012 年我国与中东欧国家贸易额达 500 亿美元，合作领域也从传统的经贸领域不断向金融、基础设施、人文等领域不断拓展。

可见，中国与"一带一路"沿线国家和地区有着悠久的传统友谊和扎

---

① 张秋生：《共建"丝绸之路经济带"的深层意蕴》，《资源环境与发展》2014 年第 1 期。
② 参见中国行业研究网：http://www.chinairn.com/news/20130508/153349901.html。
③ 夏妍：《中国与海湾国家贸易破 1500 亿美元》，《国际金融报》2013 年 2 月 20 日。

实的合作基础。中国作为古丝绸之路的起点和重要国家，在亚欧国家合作日益紧密的形势推动下，有必要通过共建"丝绸之路经济带"和21世纪"海上丝绸之路"的形式进一步加强区域经济合作，全方位推进互联互通，推进亚欧国家的经济社会发展。

5. 大国丝路战略竞争激烈

由于丝绸之路沿线地区具有重要的区位优势、丰富的自然资源和广阔的增长潜力，自20世纪90年代以来，美国、日本、俄罗斯、欧盟等纷纷提出了针对这一区域的战略构想，大国丝路战略竞争日趋激烈。[①]

一是美国"新丝绸之路"。自20世纪末以来，美国一直着力于推进中亚国家经济市场化和政治民主化进程。2007年，美国学者弗雷德里克·斯塔尔提出了"新丝绸之路"构想，主张以阿富汗为枢纽，通过加强交通运输联系将石油、天然气等自然资源丰富的中亚、西亚国家与印度、东南亚等地区连接起来，通过加强经济联系与合作，促进形成一个统一的地缘政治经济板块。2011年7月，时任美国国务卿希拉里推出"新丝绸之路"计划，倡导以阿富汗为中心，连接中亚、南亚，建立一个区域性地缘政治、经济结构，推动实现"能源南下"与"商品北上"，并以此遏制中国、俄罗斯和伊朗与中亚地区的交流合作。

二是日本"丝绸之路外交战略"。为了加强日本与中亚国家的经济合作，并增强日本在这一地区的政治和经济影响力，1997年桥本内阁首次提出"丝绸之路外交"设想。此后，日本对"丝绸之路地区"提供了大量政府开发援助，极大地推动了丝绸之路沿线国家公路、铁路、电力等基础设施建设。为了推动丝绸之路外交，日本自2004年起推动设立"中亚+日本"外长定期会晤机制，以这一机制为基础，日本与中亚国家政治、经贸和文化等方面的联系不断加强。

三是欧盟的"新丝绸之路计划"。为缓解对俄罗斯油气资源的依赖，欧盟于2009年提出了"新丝绸之路计划"，即通过修建从中亚里海地区经土耳

---

① 白永秀等：《"丝绸之路经济带"的纵深背景与地缘战略》，《改革》2014年第3期。

其、保加利亚、罗马尼亚、匈牙利延伸至奥地利的"纳布卡天然气管线"这一能源运输南部走廊，促进与中亚及周边国家在能源、商贸、人员、信息等方面的合作。

四是俄罗斯的"亚欧联盟"。亚欧联盟，是一个由俄罗斯所倡导，由白俄罗斯、哈萨克斯坦、俄罗斯、吉尔吉斯斯坦、塔吉克斯坦和其他前苏联国家参与，为加深经济、政治合作与融入而计划组建的一个超国家联盟。2011年10月，亚欧联盟计划由俄罗斯总理普京以欧盟为基础而提出，2011年11月18日白俄罗斯、哈萨克斯坦和俄罗斯总统签署了协议，设定计划到2015年建立亚欧联盟，届时将形成一个建立在世贸组织规则上运作的统一市场，实现商品、服务、资本和劳动力的自由流动。

五是其他国家和区域的丝路战略。联合国开发计划署于2005年提出了"丝绸之路区域合作项目"；伊朗于2011年提出了"铁路丝绸之路"计划，力图将伊朗境内的铁路经阿富汗、塔吉克斯坦、吉尔吉斯斯坦与中国铁路连通；2013年9月初，伊朗提出了希望与阿富汗、印度等国合作建立一条"新南方丝绸之路"的计划；哈萨克斯坦于2012年开始实施"新丝绸之路"项目，积极完善交通基础设施；2013年10月，韩国总统朴槿惠提出"亚欧倡议"的经济外交构想，旨在通过亚欧地区国家间的经济合作，形成经济共同体，并诱导朝鲜实行开放，构建朝鲜半岛的和平局面。可见，在区域经济联系不断加强、大国之间丝绸之路战略竞争日趋激烈的国际形势下，中国作为古丝绸之路的起点和主要国家，有必要提出自己的丝绸之路战略，促进沿线国家共同发展、共享繁荣。

（二）国内背景

1. 我国新一轮改革开放的迫切需要

改革开放三十多年来，我国经济发展与对外开放成绩斐然。总结改革开放的经验，基本经历了以下几个阶段：一是通过发展经济特区、先行先试，突破了理念上的禁锢；二是通过沿海14个城市的对外开放，扩大了开放的领域，形成了开放拉动的经济增长格局；三是延伸到长江沿线的开放，形成了全国范围内的开放局面。① 然而，这种梯次开放的布局在取得丰硕成果的同时，也带来了诸多隐患，尤其是东部和中西部发展不平衡的问题比较突出。

目前中国经济增长出现了动力减缓的状况，迫切需要通过共建"一带一路"寻求新的增长动力，挖掘新的经济增长点。中西部地区改革开放由于起步较晚，仍处于发展的初级阶段，而中国经济的全面振兴及中国梦的实现离不开中西部整体发展水平和竞争力的提升，必须大力促进内陆和沿边的对外开放，加快推进中西部的经济发展进程。中西部地区占中国国土面积的80%，人口近60%，但只占全国进出口的14%、吸引外资的17%、对外投资的22%、GDP也只有30%左右。中西部要实现跨越式发展，需要加快吸引东部地区的产业和产能转移，需要加快对外开放步伐和拓展对外经济合作发展空间，尤其是需要充分挖掘中西部地区与邻国交流合作的潜力。与此同时，我国东部沿海经济的国际化程度已达到相当的水平，但我国作为一个海洋大国，对东亚及东南亚沿海各国的经贸合作和双边关系，仍有待进一步拓展和巩固，与东盟等东南亚国家的海上合作也亟待加强。"一带一路"将打造中国对外开放的升级版，将为新一轮改革开放增添新的发展活力与动力，对于构建开放型经济新体制、形成全方位对外开放新格局具有重大意义。

2. 我国经济发展阶段发生重大变化

改革开放尤其是加入世贸组织以来，我国开放型经济发展取得举世瞩目的成就，经济发展阶段也正在经历着重大变化。一方面，我国正在由世界工厂向既是工厂又是市场转变。2012年，我国货物贸易进出口总额为38670亿美元，居世界第二位。我国对外贸易越来越显现出良好的平衡性，进口量不断增加，我国作为一个世界市场的地位正在不断形成。另一方面，我国正在由一个资金吸引国向既是资金吸引国又是资金输出国转变，2013年我国引进的外资达1100多亿，输出资金也超过了1000亿，输出资金和引进资金也正在取得一个新的平衡。这两个重大转变成为我国推动"一带一路"发展

---

① 霍建国：《"一带一路"战略构想意义深远》，《人民论坛》2014年第5期。

的重要基础，为"一带一路"建设积蓄了力量。"一带一路"战略是在我国推进更高水平的对外开放的大背景下，适应经济全球化和我国国内经济和外贸发展与"走出去"的现实需求应运而生的。我国经济增长以往更多强调"引进来"，相对更重视发达市场，企业也主要是参加由美欧日发达国家公司建造的产业链。如今，要把我国巨大的发展潜力转化为现实成就，必须全面提升开放型经济水平，强调"引进来"和"走出去"并重，打造自己的产业链、区域网络和全球网络，实现经贸发展与沿线国家经济繁荣的良性互动。

二、我国实施"一带一路"新战略的重大意义

加快推进"一带一路"建设，是我国在重大历史机遇期和改革开放攻坚期提出的重大战略决策，契合沿线国家的共同需求，符合求和平、谋发展、促合作、图共赢的时代潮流，也是我国睦邻外交、国际合作、产业升级、区域发展的新切入点。"一带一路"战略构想的提出，为我国与沿线国家共同发展开启了新的机遇之窗，必将激活更大发展潜力，使区域内国家联系更加紧密、合作更加深入、发展空间更加广阔，将成为我国对外开放和区域合作的新平台，对于我国深化改革，加快转型升级，提高开放水平，参与国际竞争，推动全球发展，具有重大的战略意义。[①]

(一) 有利于形成全球政治经济新秩序

国际金融危机后，世界经济进入大调整、大重组、大变革时期，经济增长、产业发展、能源供需等格局深刻调整，经济全球化出现新特征，经济重心不断向新兴国家转移也带来了全球治理结构的重大变化。[②] 在当前世界经

---

① 段华明：《21 世纪"海上丝绸之路"：实现中国梦的海上大通道》，《光明日报》2014 年 6 月 16 日。

② 毕吉耀等：《金融危机后世界经济发展趋势和全球治理结构变化》，《中国经贸导刊》2014 年第 15 期。

济形势下,"一带一路"沿线国家和地区加强交流与合作,使发展中国家凝聚成统一的整体声音和影响,从而推动国际经济体系向公平合理的方向调整,促进世界经济全面可持续发展。

一是有利于构建合作共赢的世界经济新格局。创新的合作模式,共同建设地跨亚欧大陆的"丝绸之路经济带"和连接太平洋与印度洋的 21 世纪"海上丝绸之路",是我国党和国家领导人以全新的视角,统筹国际国内两个大局,旨在推进形成跨区域大合作、大融合的重要战略决策。"一带一路"沿线各国以加强政策沟通、道路联通、贸易畅通、货币流通、民心相通为基本内容,共同推动经贸合作和人文交流,已经成为广泛共识。"丝绸之路经济带"和 21 世纪"海上丝绸之路"贯通中亚、南亚、东南亚、西亚等区域,连接亚太和欧洲两大经济圈,涉及约 65 个国家,涵盖总人口约 44 亿人,经济总量 21 万亿美元,分别约占全球经济总量的 63% 和 29%,是世界上跨度最大的经济合作带,市场规模和发展潜力无可比拟。① 从长期看,共建"一带一路",将中亚、南亚、东南亚、西亚等各次区域连接起来,各区域之间能够形成取长补短、优势互补的经济格局,有利于推动建立和健全区域内完整的供应链、产业链和价值链,形成亚欧东西双向合作发展的新局面,必将对当前全球经济版图产生重要影响。"一带一路"建设将会形成有东西两个方向的国家共同来引导推进亚欧一体化进程,必将促进形成新的全球政治经济秩序。

二是有利于促进世界和平与发展。亚欧腹地长期以米一直是宗教极端势力、民族分裂势力、暴力恐怖势力"三股势力"较活跃的地区之一,和平、稳定与发展一直是该地区共同的愿景。在共同建设"一带一路"的过程中,各国经济在优势互补的前提下获得稳定发展,在此基础上又会促进沿线国家沟通与了解,为各国各方携手应对各种传统和非传统安全威胁提供基础,形成广泛的区域利益共同体和命运共同体,促进沿线国家和平发展、区域和谐稳定。在此背景下,通过相互合作的不断深入,实现地区长久和平与持续发

---

① 高虎城:《深化经贸合作 共创新的辉煌》,《人民日报》2014 年 7 月 2 日。

展,不仅成为丝绸之路沿线各国的共识,也对全球经济的发展和稳定具有战略意义,将为促进世界和平与发展发挥重要的作用。

三是有利于推动区域治理公平化发展。我国推进"一带一路"建设,是推进双边、多边合作共赢的发展倡议,它以上海合作组织、中国—东盟("10+1")等合作机制为基础打造新兴大国之间政治、经贸和人文交流等合作的集成平台,对于改变当前发达国家所主导的失衡的国际战略格局具有重要意义。"一带一路"建设涵盖众多新兴经济体和发展中国家,涉及区域经济合作、区域治理与全球治理,建设"一带一路"必将实现区域合作的示范效应,团结更多国家、汇聚更多变革能量促进新兴国家的战略协作,推动全球治理改革朝着更加公正、合理的方向发展。"一带一路"是区域经济大合作的构想,随着经贸关系的日益紧密与深化,必将带来政治互信的增强、政治关系的和谐。"一带一路"将开辟一条平等互信、包容互鉴、合作共赢的新路,是中国对全球和区域治理作出的新贡献,对未来全球治理体系的设计与构造传递正能量。

(二) 有利于提升我国开放型经济发展水平

改革开放三十余年来,我国积极参与经济全球化,着力提高对外开放水平,开放型经济发展取得了举世瞩目的成就。但由于发展发展环境和资源禀赋的限制,以及政策体制等因素的影响,我国的经济发展和对外开放总体呈现东快西慢、海强陆弱的发展不平衡的格局。"一带一路"发展战略将同时平衡东西两道发展线路,在推动中西部地区开放的同时推动东部地区升级,从而形成海陆统筹、东西互济、面向全球的开放新格局。[①]

一是有利于拓展对外开放空间。我国的改革开放起步于东部沿海城市,对外经贸的发展也主要集中于日韩、欧美等发达国家市场。近十余年来,欧盟、美国、日本、东盟、韩国和中国港澳地区一直是我国主要的贸易伙伴。随着全球金融危机的爆发,主要发达国家的经济增长乏力,我国与欧盟等发

---

① 高虎城:《深化经贸合作 共创新的辉煌》,《人民日报》2014年7月2日。

达国家的贸易很难有大幅增长。因此，要继续发挥出口贸易对经济增长的拉动作用，我们必须不断拓展境外市场，创造经济增长的新外需。从新时期的国家战略上看，全面开放的发展战略必须以扩大向西向南开放为支撑，而"一带一路"建设就是国家推进向西向南开放的重要方式和手段，是与发达国家和发展中国家、与中亚、俄罗斯等内陆沿线国家和东南亚、南亚等沿海国家都加强经济合作的重要途径。"丝绸之路经济带"建设将主要涉及中国和中亚各国、中东欧、西欧以及西亚、北非地区等区域；而 21 世纪"海上丝绸之路"将以中国和东南亚国家为主体，并逐步向印度洋、中东、非洲和地中海地区国家拓展。从开放的方向上来讲，"一带一路"，一个是对东的海洋经济开放，另一个从陆路的开放，协调陆上海上两大区域；从布局上看，"一带一路"将推动中国向西向南开放，重点是扩大开放的合作对象中包含了更多的发展中国家，深化中国与广大亚欧地区国家的经济合作，拓展开放发展新空间，将形成海陆统筹的全方位对外开放新格局。

二是有利于打造沿海与内陆开放双引擎。"一带一路"是我国沿边、内陆持续开放的新战略，旨在进一步推进我国西部继续开发、开放和东部转型"走出去"。从开放的广度上来讲，"一带一路"，涵盖中国中西部和沿海省区市，其中"丝绸之路经济带"立足我国西部地区的发展和开放，"海上丝绸之路"立足我国东南部沿海地区进一步向亚太地区开放。这将成为我国新一轮对外开放的重要平台和主要引擎，必将进一步激活内陆和沿边地区的发展潜力，推动东部沿海地区开放型经济的结构优化与转型升级，打造沿海与内陆开放双引擎，形成"东西互济"的全方位开放新格局。

三是有利于扩大开放领域。当前，我国已是世界第二大经济体，在新的发展阶段需要以新的发展理念来推动经济持续健康发展。推进"一带一路"建设，将带动我国与沿线国家在经济贸易、科技创新、生态环境、港口航运、海洋能源、人文交流等多个领域开展全方位合作，促进"引进来"和"走出去"更好的互动结合，进一步促进我国对外开放的领域向纵深发展，积极拓展对外开放的领域，深度融入世界，从而为我国经济持续稳定发展提供持久动力。

(三) 有利于我国经济转型升级

从长期来看，推进"一带一路"建设，将给中国和相关地区的经济发展带来巨大的提升，有利于推动国内产业升级，培育新的竞争优势，实现区域经济均衡发展，打造我国经济发展的"升级版"。一是有利于区域均衡发展。长久以来，由于海运一直是对外贸易的重要通道，并由此带动了东部沿海地区经贸的发展和产业的集聚，而我国广大中西部地区在经济社会发展和对外开放进程上都略显滞后与缓慢。改革开放以来，东部地区凭借独特的区位优势和政策优势，一直是全国经济发展的战略重心，国家虽然通过实施西部大开发、中部崛起战略等政策加大了对中西部地区经济发展的扶持，但由于交通、环境、要素等因素制约，中西部地区的发展仍略显迟延。以 2012 年的数据为例，西部地区进出口贸易总额 2300 多亿美元，仅相当于广东的 1/4、江苏的 1/2。[①] 所以，通过"一带一路"的有机串联并发挥作用，西部地区将极大地改善发展环境，改变其一直以来远离中心市场的局面，有利于形成内陆开放型经济发展的新优势。目前"一带一路"的规划设想涉及我国中西部地区的多个省区市，国家将从基础设施、财政扶持、人才就业、对外开放等多方面予以更多扶持，并通过东西部产业转移机制、加强交通物流基础设施建设、设立内陆港和海关特殊监管区等多种措施，促进资金、技术、人才等要素资源进一步向中西部地区集聚，形成新的对外开放前沿与经济增长极。同时也使东部地区通过"腾笼换鸟"等方式，促进资源更加有效利用和优化配置，实现东西部的整体协同发展，实现我国东西部经济的平衡发展。

二是有利于东部地区产业升级和富余产能转移。东部地区经过 30 多年的率先对外开放，已形成了贸易驱动型的外向型增长模式。但随着生产成本的不断上升，在一些受国家宏观调控影响较大的高耗能、资源型产业和出口规模大、受贸易摩擦冲击较重的劳动密集型产业已经出现了供过于求的情

[①] 林治波：《共建"丝绸之路经济带"意义重大》，《甘肃日报》2013 年 11 月 13 日。

形。2013 年我国大宗商品中，产能过剩的产品占比达到 48%，结构性矛盾和新一轮的产能过剩已形成了新的压力。目前企业面临着经济结构转型和海外投资加快发展的新阶段，我国制造业必须开辟新的发展道路。"一带一路"战略的提出意味着我国将进一步强化与沿线国家和地区的经济合作，必将为东部沿海地区富余产能的对外转移提供良好的发展渠道，为产业升级带来新的空间。

三是有利于形成新的竞争优势。"丝绸之路经济带"和"海上丝绸之路"，打通了一条联结陆上和海上、贯穿东部与西部的产业经济带，必将有力地促进沿线国家的国家合作深化和利益共享。"一带一路"沿线国家和地区处于不同的发展阶段，比较优势差异明显，经济互补性较强。而我国不仅市场容量巨大，技术、产业等优势日益显现，同时又是世界上最大的制造国、出口国、进口国，预计在未来一段时间内，我国的进口贸易、对外直接投资、对外投资合作都将进入快速发展阶段。建设"一带一路"通过建立合理的地区经济结构，形成取长补短、优势互补、合作共赢的经济合作模式，不断形成新的核心竞争优势，促进区域内国际分工更加专业、资源配置更加高效、要素流动更加自由，把要素互补性转化为发展推动力，形成优势互补、利益叠加、协作双赢的良好局面。同时，通过推进"一带一路"建设，我国将在沿途设立各类自由贸易园区、金融改革试验区，促进产业结构转型升级和国内国际投资的便捷化、自由化，进一步促进形成我国引领区域和国际经济合作与竞争的新优势。

（四）有利于形成有利的地缘政治利益格局

"一带一路"建设是新时代中国外交的亮点，它融合了古丝绸之路精神与中国的经济新优势，以经济为纽带，以政治、经贸、通道、货币和人文往来的全面互联互通为手段，不断促进地区国家的相互了解和友好往来，增进传统友谊，有助于密切中国与亚欧国家的合作关系，形成于我国有利的地缘政治和地缘经济格局。一是有利于构建和平稳定的周边环境。共建"一带一路"的战略构想，是在新形势下我国秉持和平、发展、合作、共赢的发展理念,致力于维护世界和平、推动世界进步的战略选择,它将成为我国与沿线之间开拓新的合作领域、深化互利合作的战略契合点,有利于增进交流、促进发展、合作共赢,推动构建和平稳定、和谐共生的周边环境。从陆上看,构建"丝绸之路经济带"除了有利于沿线国家的经济发展之外,还蕴含着巨大的安全效益。"丝绸之路经济带"沿线国家是全球油气资源极为丰富的地区,通过"丝绸之路经济带"的建设,沿线国家间经贸、人员、信息的联系不断加强,必将增进彼此政治互信,为沿线国家多边安全合作奠定基础,从而为国家经济安全提供强有力的保障。从海上看,在东南亚地区,由于领土问题,中国与若干国家存在争议。借助复兴"海上丝绸之路"的构想,重申我国和平发展的理念,利用和加强海洋的联系,与沿海国家实现共同的发展,塑造我国促进世界和平友好的形象,为亚洲和世界提供共赢共生的发展机遇。因此,"海上丝绸之路"更重要战略意义是致力于提高我国的地缘战略地位,从而必将对地区稳定与全球和平产生重大影响。

二是有助于确立我国在世界经济新格局中的地位。共建"一带一路"以积极姿态参与全球治理,在新起点上重新布局中国的全球战略,由过去国际战略和国际规则的被动接受者变成主动塑造者,提出和主导议题,成为我国在国际发展格局重构过程中重塑竞争优势、推进区域开放合作的重大决策;成为我国面向周边国家深化合作、提升亚太区域经济一体化、激活各国经济发展动力、推动全球发展的重大决策;有利于确立我国新型全球大国地位,展示负责任大国形象,掀开了我国参与全球经济合作崭新的一页,有效地提升了我国的国际影响力和话语权,从而对于确立我国在世界经济新格局中的地位具有重要的意义。

三、我国实施"一带一路"新战略的基本架构

"一带一路"是国家根据国内国际环境的变化,着眼于实现中华民族伟大复兴中国梦而提出的统筹陆海、经略周边、联通世界的重要战略构想。建设"一带一路",意在以互联互通为基础,通过促进我国与沿线国家的经贸

合作和人文交往,实现双边及多边的合作共赢,共同打造开放、包容、均衡、普惠的区域合作新模式。通过"一带一路"建设,使我国无论是向东开放还是向西拓展,都将使我国与周边国家全面形成"五通",进而为我国经济发展提供不竭动力。[①]

(一)"一带一路"的战略走向

"丝绸之路经济带"和 21 世纪"海上丝绸之路"是在古丝绸之路和"海上丝绸之路"概念基础上形成的两个新的经济发展区域。"丝绸之路经济带"的战略走向,一是从我国西北、东北经中亚、俄罗斯至欧洲(波罗的海);二是从我国西北经中亚、西亚(波斯湾)至地中海;三是分别从我国西南经东南亚和从我国西北经南亚至印度洋,该战略走向以中亚五国、南亚部分国家和俄罗斯为重点,通达西亚、中东和中东欧各国。"海上丝绸之路"的战略走向,西翼为从我国沿海港口过南海,经马六甲海峡到印度洋的阿拉伯和东非国家,延伸至欧洲;东翼为从我国沿海港口过南海,经印度尼西亚抵达南太平洋。该战略走向以东盟十国,以及印度、巴基斯坦、孟加拉国、斯里兰卡等南亚国家为重点。

(二)"一带一路"建设的基本内容

"一带一路"的主要内容是推进实现"五通",突出务实合作与项目合作,以点带面,从线到片,逐步形成区域大合作。

一是政策沟通。进一步巩固我国与"一带一路"沿线国家和地区的政治互信,本着求同存异的发展原则,加强友好对话与磋商,积极推动交流合作机制形成,实现各国经济发展战略有机对接;找到利益契合点和重叠点,协商制定区域合作的规划和措施,消除合作中的政策和法律壁垒;提升各国彼此认同程度,建立共同的合作规则,加强区域内各国政策与制度上的沟通

---

① 马洪波、孙凌宇:《"一带一路"战略构想为区域合作发展带来新机遇》,《人民日报》2014 年 7 月 22 日。

和衔接。

二是道路联通。充分利用我国在公路、铁路建设、造船等方面拥有的先进技术，积极探讨完善跨境交通基础设施，重点加强与沿线国家联通的公路、铁路、航空、口岸、通信网络、油气管道等基础设施建设，逐步形成连接亚洲各次区域及亚欧非之间的立体化区域大通道，切实解决不联不通、联而不通、通而不畅等问题，为沿线各国经济发展和人员往来提供便利。

三是贸易畅通。针对"一带一路"沿线国家和地区不同的发展战略、发展思路和发展途径，综合考量各自不同的比较优势和经济基础，不断创新贸易发展方式，促进进出口贸易、商品贸易和服务贸易的互动协调发展，进一步提高贸易投资便利化水平，逐步降低或消除贸易壁垒，降低贸易和投资成本，提高区域经济循环速度和质量①，使沿线各国在贸易投资领域的潜力得到充分释放，实现互利共赢。

四是货币流通。金融是现代经济发展的核心。推进"一带一路"沿线国家和地区的持久合作，应大力推广我国和俄罗斯等国在本币结算方面的良好合作经验，推进各国在经常项下和资本项下本币结算与货币互换，加强双多边金融合作，建设区域开发性金融机构，降低流通成本，体现合作中的互信和真诚，促使在经济交往中与相关国家形成货币安全网，促进区域经济国际竞争力的整体提升。

五是民心相通。在区域合作中要始终秉持并传承我国与沿线国家的传统友谊，以文化多样性和独特性为引领，建立互相包容的合作理念，实现各种文化的多元共生、包容共进。充分发掘不同文化的内涵，以文化搭桥梁，通过加强对沿线国家在文化、科技、教育、旅游等领域实现密切的人文交流与合作，实现亚欧多样文明的相互包容与和谐共存，为中国与"一带一路"沿线国家和地区合作关系发展提供更多民意基础、文化支撑和智力支持，为区域合作的进一步发展增添内生动力。

---

① 习近平：《弘扬人民友谊，共创美好未来——在纳扎尔巴耶夫大学的演讲》，《人民日报》2013 年 9 月 8 日。

（三）"一带一路"建设的基本方针与原则

紧紧抓住"一带一路"建设的重要战略机遇期，坚持开放包容、共建共商、共赢共享的核心价值理念，以传承和弘扬古代丝绸之路精神为引领，以周边国家为重点，以经济合作为基础和主轴，以人文交流为重要支撑，以贸易投资便利化与自由化为方向，创新对外合作模式，强化国内政策支撑，全方位推进与沿线国家合作，打造利益共同体和命运共同体，促进形成互利共赢、多元平衡、安全高效的开放型经济体系，不断开创与实现中华民族伟大复兴中国梦相适应的对外开放合作新格局。

"一带一路"构想体现了与时俱进的创新思维，以及我国坚定不移奉行的"与邻为善、以邻为伴"的睦邻友好外交政策，它以广阔的亚欧地区为合作平台，本着合作共赢、平等开放的原则，推动亚欧地区全方位区域合作的不断深入。在合作中应把握以下几个原则：

坚持开放包容。开放包容是多元文明的共生之道，是古丝绸之路的优良传统。在建设"一带一路"的过程中，应继续秉持和弘扬开放包容的精神，充分依靠既有的双多边机制，借助既有的区域合作平台，广泛吸纳有意愿国家和经济体的积极参与，与各国共同挖掘合作新机遇，打造合作新亮点，构建大区域合作新格局，促进沿线国家共同发展、共同繁荣。

坚持共赢共享。要素禀赋不同和发展水平的差异，决定了"一带一路"沿线国家和地区在能源资源、市场容量、资金实力、劳动力供给、技术水平等方面拥有不同的比较优势，经济结构具有较强互补性，具备开展互利合作的深厚基础。在推进"一带一路"建设的过程中，沿线国家应充分发挥各自比较优势，扩大利益汇合点，释放合作潜能，不断创造各自新的竞争优势，实现双赢、多赢、共赢。

坚持循序渐进。"一带一路"沿线包含国家众多，彼此经济发展水平差异较大，比较优势各有不同，在推动合作时，要充分考虑到沿线国家的地缘毗邻、资源禀赋等差异，以及各国的不同政治环境，照顾各方利益关切，实行"一国一策"，增强针对性，推动合作领域和合作对象不断拓展，以点带面，从线到片，逐步形成区域大合作。

坚持市场运作。伴随我国经济体制改革的不断深化，以市场经济原则为基础建立互利共赢的区域合作新模式是"丝绸之路经济带"和21世纪"海上丝绸之路"建设的客观要求，也是沿线国家实现大区域经济合作的必然选择。[①] 在"一带一路"区域经济合作与发展中，应不断发挥好市场配置资源的决定性作用，充分发挥企业作为市场主体的重要作用，遵循国际惯例和商业原则，在沿线各国之间形成利益共享、风险共担的紧密合作关系。

（四）"一带一路"建设的战略布局

根据"一带一路"战略方向，以国际大通道为依托，以重点项目为抓手，面向沿线中心城市、重点港口城市和能源资源区块，构建一批全面开放的国际经济合作走廊、海洋经济共同体和海上战略支点。

1. 新亚欧大陆桥经济走廊

新亚欧大陆桥，是指从我国江苏和山东沿海到荷兰鹿特丹港的国际化铁路交通干线，国内由陇海铁路和兰新铁路组成。新亚欧大陆桥经济走廊上主要城市有连云港、青岛、日照、徐州、商丘、开封、郑州、洛阳、西安、兰州、乌鲁木齐以及阿斯塔纳、莫斯科等。加快新亚欧大陆桥经济走廊建设，沿桥地带推进实行的开放政策，根据交通枢纽、资源状况、地理位置，以中心城市为依托，打造若干经济发展区、国际金融、商贸、制造业、农产品中心等，促进我国西部和中亚市场尤其是各类专业市场的建设与繁荣。

2. 中巴经济走廊

中巴经济走廊，是指中国和巴基斯坦两国共同打造的中国新疆乌鲁木齐—喀什—红其拉甫—巴基斯坦苏斯特—洪扎—吉尔吉特—白沙瓦—伊斯兰堡—卡拉奇—瓜达尔港全长4625公里的交通大动脉。2013年5月李克强总理访问巴基斯坦时正式提出中巴经济走廊这一概念，旨在通过通道建设的不

---

① 刘华芹、李刚：《建设"丝绸之路经济带"的总体战略与基本架构》，《国际贸易》2014年第3期。

断完善，带动中巴双方在走廊沿线开展重大项目、基础设施、能源资源、信息通讯、航空航天、海洋等多个领域的合作，进一步密切南亚、中亚、北非、海湾国家的交流合作，形成经济共同体，加快建立各类型工业园区自贸区，使之成为丝绸之路南线重要路径。

3. 孟中印缅经济走廊

孟中印缅经济走廊，自我国云南昆明，经缅甸、孟加拉国、印度，抵达孟加拉湾沿岸，连通印度洋。2013 年 5 月，李克强访问印度期间，中印共同倡议建设孟中印缅经济走廊，推动中印两个大市场更加有效地对接，其辐射作用将带动南亚、东南亚、东亚三大经济板块联合发展。推动孟中印缅经济走廊建设，要积极扩大相互开放，推动基础设施互联互通，拓展工业、能源、电信、农业扶贫、环境保护、科技等领域合作，进一步扩大人文交流，使经济走廊成为开放、透明、包容的合作示范区。

4. 中新经济走廊

自我国云南昆明和广西南宁，分别经过老挝、越南、柬埔寨，连通泰国、马来西亚，抵达新加坡。中国至新加坡是"一带一路"的重要枢纽，中新经济走廊的建设将对促进中国与东盟国家的合作、打造中国—东盟自贸区升级版发挥至关重要的作用。推进中新经济走廊建设，要以产业合作为核心，以泛亚公路、泛亚铁路建设为基础，加强沿线走廊的产业园区建设，加强海陆互通，构筑中国—东盟合作大动脉。

5. 中国—东盟海洋经济共同体

突出海峡、海湾、海岛等优势，利用中国—东盟海上合作基金，广泛开展海洋经济技术合作，加强海洋资源共同开发利用，大力培育港口运输、临港工业、海洋渔业、船舶修造、海洋能源、滨海旅游等产业，提高海洋产业集中度，提升海洋产业带动力，形成特色鲜明、广域辐射的海洋产业集聚带，构建中国—东盟合作共赢、共生融合的海洋经济共同体。

6. 海上战略支点

加快国内港口建设，构建长三角、珠三角、环渤海、东南沿海、西南沿海地区的港口群，优化国内港口布局与合作机制；加强与新加坡港、雅加达港、西哈努克港、亚丁港等国外重点区域港口合作,创新合作模式,探索共建、参股、租赁等港口建设和经营方式,打造通畅安全高效的海上战略通道。

(五)"一带一路"建设的路径选择

我国推进"一带一路"建设,应以区域经济合作为基本路径,以中亚、西亚、东南亚、南亚等不同区域为重点,不断推动与沿线国家宽领域、多维度、深层次的次区域经济合作,进而推动区域合作的整合发展。一是利用亚太经合组织(APEC)平台,将 APEC 所倡导的亚太自贸区与陆上"丝绸之路经济带"和"海上丝绸之路"两大构想有机连接起来,探索将"一带一路"建设列为 APEC 的常年性合作议题。二是充分利用上海合作组织平台加强并深化我国与俄罗斯、哈萨克斯坦、吉尔吉斯斯坦、塔吉克斯坦和乌兹别克斯坦等成员国和观察员国在能源、技术、银行、投资等具体领域的合作,推动双边和多边经贸合作全方位发展。三是加强与海湾合作委员会成员国的合作。在中阿合作论坛等多边合作框架下加强合作,进一步密切双方的对话机制,推动重新启动中海自由贸易区谈判;积极拓展海合会市场,全面拓展我国与海合会成员国的经贸关系,推动发展对海合会成员国的服务贸易,建立与西亚国家更紧密的经贸合作关系。四是提升中国—巴基斯坦自由贸易安排水平并启动孟中印缅经济走廊合作机制,重点推进中印缅孟经济走廊内基础设施建设的互联互通和贸易投资合作,并使其逐步辐射至南亚地区,不断提升中国与南亚国家经贸合作的质量和水平。[①] 五是利用中国—东盟自贸区合作平台,以中国与东盟合作再创"钻石十年"为契机,探讨将"海上丝绸之路"列为推动中国东盟合作的重要议题,启动中国—东盟自贸区升级版谈判,打造中国—东盟自贸区升级版,进一步提升双方贸易投资自由化、便利化水平,实现共同发展。

---

① 刘华芹、李刚:《建设"丝绸之路经济带"的总体战略与基本架构》,《国际贸易》2014 年第 3 期。

第二章 我国部分省区市参与"一带一路"建设的做法及启示

"一带一路"战略构想，是统筹国际国内两个大局，促进我国与相关国家务实合作、互利共赢的重大举措，对形成我国陆海统筹、东西兼顾的大外交格局，增强以和平、合作为旗帜的大国软实力，在国际上获得更大影响力和话语权，以及服务西部大开发，促进东中西部地区协调发展，以更高层次的开放促进全国发展具有重大意义。近年来，广西、广东、上海（主要参与"海上丝绸之路"建设）和陕西等（主要参与"丝绸之路经济带"建设）省区市积极利用国家大力发展"一带一路"的新机遇，结合自身优势，取得了较为明显的成效。

一、我国部分省区市参与"一带一路"的做法

随着"一带一路"战略在扩大亚太地区、非洲与中西亚及欧洲的经贸合作中地位的显著提升，众多省区市利用自身优势纷纷提出自己的发展目标。内陆省区市大多积极参与"一带"——即"丝绸之路经济带"，如陕西提出要打造"丝绸之路经济带"桥头堡，新疆则提出要建设成为"丝绸之路经济带"的核心区；沿海省区市大多积极参与"一路"——即21世纪"海上丝绸之路"，如广西凭借自身在中国—东盟自贸区的独特地位争当"海上丝绸之路"新门户和新枢纽，上海以长三角为依托争当"海上丝绸之路"的中枢，广东根据自身特点争当"海上丝绸之路"的桥头堡；等等。

因此,山东在参与"一带一路"建设中,一方面将面临着较大的竞争压力,但另一方面又可以借鉴其他省区市的先进经验,依靠自身优越的区位优势与雄厚的经济实力,通过不断深化与"一带一路"沿线国家和地区的经贸联系与合作,在竞争中脱颖而出。

(一)陕西——打造"丝绸之路经济带"桥头堡

陕西地处中国黄河流域的中部地区,是一个极具发展潜力的区域,早在汉唐时期就成为古丝绸之路的起点,在沟通东西方文明的交流与合作中发挥了重要作用。新时期"丝绸之路经济带"的建设将使亚欧大陆的联系更紧密、合作更深入、发展前景更广阔,陕西在我国这一独特的区位及交通优势必将有利于其抢抓"丝绸之路经济带"的先机,实施更加主动的开放战略,在提高开放型经济水平上取得新突破,在更广领域和更深层次上参与"丝绸之路经济带"沿线国家的国际经济竞争与合作。

1. 陕西参与"一带一路"建设的总体思路

陕西要立足自身的区位优势,发挥西安国际港务区、综合保税区全力打造的中国内陆港的作用,将陕西推向对外开放的最前沿,让内陆经济与世界经济产生互动。这是陕西建设"丝绸之路经济带"最大的核心竞争力和比较优势,是建设"丝绸之路经济带"的"陕西担当"。

2. 陕西参与"一带一路"建设的重点任务

陕西将积极参与"丝绸之路经济带"的建设,实践政策沟通、道路联通、贸易畅通、货币流通、民心相通,强化同中亚各国的交流合作,努力打造"丝绸之路经济带"的桥头堡。

(1)制度建设方面。要加快推进外经贸体制机制改革,必须推进政府职能和管理方式的变革。要加强政府职能转变,增强服务意识,简化办事程序,提高办事效率,进一步精简行政审批事项,减少审批环节,下放审批权限,通过贯彻实施《行政许可法》规范行政行为;加强社会信用体系建设,大力整顿市场经济秩序,切实保护知识产权,为各类企业创造统一开放、公平竞争的市场环境;不断完善产业配套能力,促进外商投资企业加大对中国特别是陕西企业的采购能力，提升产业合作的水平。

（2）对外开放方面。一是形成面向新亚欧大陆桥的全方位对外开放格局。不断加强陕西和中亚、东欧等国家和地区的经济联系，鼓励搭建双边国际合作平台，建立有利于政府、民间、企业多层次交流合作机制，不断拓展交流合作的广度和深度。充分发挥新亚欧大陆桥东桥头堡优势，深化区域合作，实现陕西与沿桥各省联动发展，形成产业合理分工、配套服务共建共享、生态环境协调保护、生产要素合理集聚的区域一体化合作机制。二是大力拓宽对外开放领域。充分利用各种合作平台，从以制造业开放为主转向服务业全面开放，全面拓宽陕西对外开放领域，提高对外开放水平和层次。进一步提高服务业对外开放水平，积极引导外资投向面向生产和面向民生的服务业，不断拓展服务业领域，培育新型服务业态和企业主体，提高服务业在国民经济中的比重，同时在服务外包、现代物流、金融服务、文化旅游等领域进一步扩大开放，稳步开放教育、医疗、体育等领域。

（3）设施建设方面。加强铁路公路航空基础设施建设，完善综合交通体系。以铁路主骨架为依托，扩大路网规模，完善路网结构，加快重点铁路项目建设，加快高等级公路建设和普通路网升级改造，优化路网结构，形成干支相连、快速便捷的公路网络。加快区域性国际航空港体系建设，科学规划建设西安咸阳国际机场，增加和开辟国内外航线，形成以空港物流中心为核心区。整合现有交通资源，加强各种运输方式的有效衔接，加快综合运输枢纽建设，以使我国开往中亚、欧洲的国际货运班列真正实现稳定、可靠、快速运行。[①]

3. 陕西参与"一带一路"建设的举措

为打造"丝绸之路经济带"的桥头堡建设，经过多年的不懈努力，陕西倾心打造的中国内陆港已经基本成型，并初步发挥了提升区域经济外向度水平、承接国际产业转移水平和促进国际贸易跨越式发展的作用。尤其是"长安号"国际货运班列开通，是陕西落实"丝绸之路经济带"国家战略的

---

① 《"丝绸之路经济带"的陕西担当》，《西部大开发》2013 年第 12 期。

重要抓手。"长安号"国际货运班列的开通并不仅仅只是把从东亚到西欧的40多个国家和地区通过这么一条铁路线连接起来，更重要的是将经济相对落后的亚洲和经济高度发达的欧洲沿线国家以及东盟自由贸易区、北美自由贸易区、中日韩自由贸易区和欧盟等自由贸易区有效连接起来，大大推动了陕西在"丝绸之路经济带"中的东西双向开放和区域贸易自由化。这是陕西深化对外开放的重要依托和载体，有利于促进陕西与中亚、欧洲、东北亚、东亚国家之间的经贸合作，有利于提升陕西在全国对外开放大格局中的地位和优势。

（1）力争将"西安港"纳入国际港口航运体系。在国家交通运输部正式取得"西安港"的国家港口代码，使之成为国际运输的"始发港/目的港"，并争取享受国家给予港口的一系列优惠政策。

（2）推动空港和陆港的联动发展。积极争取，促成省市启动西安咸阳国际机场与国际港务区"货运快速专线"的通道建设工作，强化陆港与空港的一体化建设和联动发展，促进现代立体丝绸之路建设。

（3）推动陕西开展国际能源合作。中亚是重要的能源地区，在充分利用国家多双边经贸合作机制和各类援外资金的基础上，引导企业利用"以援助换资源""以工程换资源""以勘探技术换资源"等各种形式，在"丝绸之路经济带"沿线重要能源国家建立一批石油、煤炭、铁矿、铜矿、铝矾土、黄金、天然橡胶、棉花、木材等陕西经济建设紧缺的资源和能源供应基地。

（4）全力推动申报自由贸易园区。按照十八届三中全会《中共中央关于全面深化改革若干重大问题的决定》中"加快海关特殊监管区域整合优化"，"在推进现有试点基础上，选择若干具备条件地方发展自由贸易园（港）区"的精神，制订申报方案，全力推动创建自由贸易园区。

（5）构建开放格局，打造"两园两城四中心"。"两园"即"中国—中亚经济合作园"（河渎纺织、山林粮油）和"世界名品园"；"两城"即意大利城和法国城；"四中心"：一是依托新疆广汇和延长石油设立"丝绸之路经济带"能源交易中心；二是设立"丝绸之路经济带"内陆港港航服务中心；三是设立"丝绸之路经济带"农产品分拨交易中心；四是由中国国际贸易促进委员会在西安华南城和西安综合保税区设立"丝绸之路经济带"商品展示交易中心。

（二）广西——争当"海上丝绸之路"的新门户和新枢纽

广西是古代"海上丝绸之路"的发源地和始发港之一，南靠北部湾，与东盟国家既有陆路相连又有海路相通，是我国西南、中南的出海大通道。统计数据显示：截至2010年年末，广西已具有万吨级以上泊位60多个，沿海港口吞吐能力超过1亿吨。目前广西北部湾港实现"三港合一"，正朝着现代化大型组合港发展。预计到2015年，广西北部湾港将新增吞吐能力2.16亿吨，总吞吐能力将达到3.36亿吨以上。广西北部湾经济区已成为建设"海上丝绸之路"的国际枢纽和重要支点，已经成为我国面向东盟开放合作前沿阵地，将建设成为中国—东盟合作的商贸基地、物流基地、加工制造基地和信息交流中心，成为我国西南、中南地区与东盟开放合作的战略支点和龙头。

1. 广西参与"一带一路"建设的总体思路

坚持与邻为善、以邻为伴，坚持睦邻、安邻、富邻，倡导"亲、诚、惠、容"理念。以构建利益共同体和命运共同体为发展目标，以打造经济繁荣之路与和平友好之路为主要支撑，以双边多边重大合作项目为主要载体，以深化互联互通、加强港口合作为基本内容，贯彻务实灵活的合作方针，加快实施自由贸易区战略。推动双向投资、货物贸易、能源资源合作、生态共建、人文交流，构建区域一体化新格局，共建21世纪的和平之海、合作之海、繁荣之海、文明之海、生态之海。

2. 广西参与"一带一路"建设的重点任务

（1）机制建设重点突破。机制建设是一个组织永葆持久生命力的根本保障。在目前世界经济政治发展不确定性不断增多的新形势下，加强机制建设对于广西参与"一带一路"建设尤为重要。一是对话磋商决策机制，这主要包括"海上丝绸之路"合作国家领导人会议和各种专业部长会议（如商务部长会议等）以及"海上丝绸之路"合作论坛等；二是建立健全制度机制，这主要包括各种纲领性文件和各种专业协议的制定，如广西与"海上丝绸之路"国家在港口、交通、旅游、渔业等方面的合作协议等；三是完善日常组织机制，这主要包括"海上丝绸之路"合作秘书处、联合专家组和专业工作组；四是建立贸易合作与便利化机制、投资促进与便利化机制、城市联盟机制、港口战略联盟机制以及金融、农业、旅游等合作机制。

（2）资金保障要落到实处。广西要积极参与"海上丝绸之路"的建设，必须要有资金的支持，因此要协调出资设立专项合作基金。一方面要有效利用国际发展机构（如亚行、世行等）的资金和技术，积极利用亚洲债券市场和私人投资；另一方面要继续加大广西企业对"海上丝绸之路"沿线各国交流合作的支持力度，引导和帮助企业用足用好国家相关专项扶持资金。

（3）设立主题论坛。广西要积极参与"海上丝绸之路"的建设，离不开高效、通畅的信息传播机制，尤其是在当前信息经济高速发展的今天。因此，要加强参与"海上丝绸之路"建设的力度，广西应把设立主题论坛纳入重要议事日程。建议在原泛北论坛的基础上，设立建设21世纪"海上丝绸之路"的主题论坛。并根据不同的合作领域，分别设立各种行业性质的专题论坛，如泛北部湾经济合作论坛、南宁—新加坡经济走廊论坛，以及金融论坛、交通论坛、港口论坛、渔业论坛、旅游论坛、环境论坛等。双方的政府、企业突出介绍各自相关产业的经济基础、产业现状、投资环境、市场潜力、投资和贸易政策、相关法律法规，相互推介招商和贸易信息，力求全面、准确、系统、翔实，并及时跟踪反馈的信息，为加快相互间的产业合作提供可靠资料。

（4）完善政策推进和协调机制。共同建设21世纪"海上丝绸之路"是一个复杂的系统工程，涉及我国东南、西南沿海、沿边各省区的方方面面，如广西、广东、海南、福建、云南等，这既需要各省区发挥自身优势，又需要合力共建。目前，我国参与"海上丝绸之路"建设的合作机制主要有三类：一是以广东为中心的"泛珠三角区域"（云南、福建、江西、湖南、广东、广西、海南、四川、贵州和香港、澳门，也就是"9+2"），二是以云南为结合点的次区域经济合作组织（GMS），三是以广西为中心的泛北部湾经济合作。因此，我国政府应设立一个专门机构来协调相关省份间的关系，通过建立联席会议、发展行业组织和企业联盟组织等方式，沟通彼此的立场，使三大机制各有分工和侧重，以形成共同建设21世纪"海上丝绸之路"的合力。

3. 广西参与"一带一路"建设的举措

（1）积极响应，高度重视。21世纪"海上丝绸之路"的战略构想，是统筹国际国内两个大局，促进我国与相关国家务实合作、互利共赢的重大战略。"海上丝绸之路"沿线国家能源资源丰富、市场广阔、人口数量、市场规模和潜力独一无二，且正处于经济快速增长期和转型期，与广西具有巨大的合作空间。广西与东盟国家是陆上、海上的近邻，无疑肩负着重要的使命和责任，故一定要高度重视，积极响应，在深化与东盟合作、共同建设21世纪"海上丝绸之路"中发挥作用，做好服务，作出贡献。

（2）抓住机遇，推动发展。"一带一路"战略构想，是统筹国际国内两个大局，促进我国与相关国家务实合作、互利共赢的重大举措，对形成我国陆海统筹、东西兼顾的大外交格局，增强以和平、合作为旗帜的大国软实力，在国际上获得更大影响力和话语权具有重大意义。这对于凸显广西的区位优势，充分发挥广西在我国面向东盟开放合作的平台服务作用，推动广西建成西南、中南地区开放发展新的战略支点提供了新的历史性机遇。

（3）加强宣传，达成共识。充分利用广播、电视、报刊、网络等媒体广泛宣传共同建设21世纪"海上丝绸之路"的重要意义、基本内涵、目标任务，提高各级政府、各有关部门和企业加快对沿线各国交流合作重要性的认识，唱响把广西建成21世纪"海上丝绸之路"始发港的口号，实现品牌效应。

（4）深入研究，精心谋划。从长期从事对外关系，特别是对沿线各国交流与合作研究的科研院所中，选取具有较好理论功底、时间精力较为充沛的专家学者对共同建设21世纪"海上丝绸之路"的重要意义、基本内涵、目标任务、基本路径、时间表和路线图以及广西的使命责任、对策措施进行深入研究和谋划，为党委政府提供决策参考。①

(三) 广东——根据自身特点争当"海上丝绸之路""桥头堡"

广东作为"海上丝绸之路"发祥地，是"海上丝绸之路"历史最久、港口最多、航线最广的大省，具有明显的区位优势。在新的历史时期，广东与丝绸之路沿线国家，特别是与东盟等国地理相近、文化相通、人缘相亲，交往历史悠久，在产业、资源、资金、技术等方面互补性强，具有良好的合作基础和合作空间，发展前景广阔，潜力巨大。

1. 广东参与"一带一路"建设总体思路

发挥广东优势，积极构建全方位对外开放新格局，深耕周边，加强与东盟等国际经济区域的新兴市场多层次、多方式、多领域的合作。

2. 广东参与"一带一路"建设的重点任务

(1) 立足长远，加强统筹规划。"海上丝绸之路"建设，对外涉及的国家多、跨越太平洋和印度洋、战线长，对内参与的省区和部门多、领域广、内容丰富、时间跨度大，是一项长期的战略任务，需要统筹规划做好顶层设计。

(2) 抢抓机遇，加紧启动前期工作。一是通过高层访问，推动广东与东盟等有关国家合作关系更上一层楼，服务周边外交；二是统筹发挥与新加坡等国的合作平台作用，统筹推进广东省与新加坡、越南、泰国、韩国等在经贸、投资、科技、农业、环保、能源、资源、旅游、文化、教育、医疗等领域的合作，不断提升双方的合作水平，实现互利共赢发展；三是开展"海上丝绸之路"专题研究，组织精干人员，积极开展 21 世纪"海上丝绸之路"专题研究。配合省政府搭建 21 世纪"海上丝绸之路"专题资料库，包括广东省对外交流合作联席会议、新加坡—广东合作理事会、越南—广东合作协调会议、泰国—广东合作协调会议、韩国—广东发展论坛、广东省国际

---

① 吕余生：《深化中国—东盟合作，共同建设 21 世纪"海上丝绸之路"》,《学术论坛》2013 年第 12 期。

友好城市等重大合作平台的有关资料；四是巩固和拓展与东盟各国的友城工作，邀请友好省州组团参与广东省大型国际活动，在友好省州框架下，鼓励双方学校、医院、港口、市区等部门开展友好合作交流。

（3）整合资源，积极开展"海上丝绸之路"申遗工作。广东作为"海上丝绸之路"历史最长、最完整的文化大省，每个历史时期都有兴旺的古港，"海上丝绸之路"史迹众多。目前广州市和福州、泉州等九个城市正就"海上丝绸之路"联合申报世界文化遗产。广东将深入挖掘"海上丝绸之路"资源，将发祥地、始发港、主港等史料纳入申遗内容，统筹做好申遗工作，以扩大影响力。

（4）经贸开路，拉紧与东盟等国的利益纽带。发挥广东经济大省、外贸大省的优势，把经贸合作放在首位，计划在重点国家和城市成立广东商会、经贸办事处，引导双方企业把握建设中国—东盟自贸区升级版的机遇，通过展会等有效渠道和电子商务等方式，扩大双方进出口贸易。积极参与东盟等国的高速公路、港口、能源、电厂电网等基础设施建设。通过投资合作，带动广东省优势产业、企业走出去，促进与东盟的贸易畅通、互联互通。

（5）加强海洋合作，拓宽合作的领域和空间。发展海洋经济、建设海洋强国是我国的发展方向和奋斗目标。我国和东盟都处于南海之滨，与东盟的合作要从内陆走向海洋，利用海洋经济力量雄厚、科技进步等优势，着力加强与东盟等国在海洋养殖与渔业、海洋可再生能源开发与利用、船舶修造工程、海洋生态环境保护与修复、海洋灾害预警预报、海洋地质与地球物理、海洋科技等方面开展交流合作，增进互相理解，实现互利共赢。

（6）加强人文交流，夯实合作基础。广东要发挥旅游大省优势，加强旅游合作，拓宽旅游投资渠道，加大力度推介广东旅游资源，开发东盟旅游市场，不断扩大旅游合作规模；发挥侨务大省的优势，加强与华社联谊、华商合作、华文教育、华文媒体合作，推动与东盟合作深入民心；加强教育、文化、青少年、地方友好交流，积极开展公共外交活动，增进与东盟各国人民友谊，提升中华文化软实力和影响力。

3. 广东参与"一带一路"建设的举措

（1）请求国家有关部委继续关心支持广东与东盟有关国家的重大合作项目。一是建议将广州中新知识城纳入中新双边合作联合委员会议议题，上升为国家战略项目，以更好更快地推进项目建设；二是建议将深圳—海防经贸合作区纳入中越双边合作指导委员会议题，力争该项目建设成为两国经贸合作的典范；三是恳请支持上报的海上合作七个项目；四是对广东与东盟合作的其他重大项目给予支持。

（2）有关促进对外投资合作便利化的建议。由于对外投资合作涉及人员的跨国流动，人员的出入境便利化直接影响企业的投资积极性和投资决策，建议外交部与有关国家磋商，呼吁相关国家为到其国家开展投资合作的企业提供一定名额的工作签证，力促有关国家为持因私护照的境外投资企业人员提供申请签证及出入境便利，争取更多的国家与我国互免签证。同时，允许地方政府成立海外经贸办事处，这对推动"走出去"发展战略，促进地方开展务实合作必将产生积极意义。

（四）上海——将以上海为首的长三角地区建成"海上丝绸之路"的中枢

以上海为首的长三角是我国最大的河口三角洲，也是我国第一大经济区。商业繁华，是我国东部沿海的中心，地处长江黄金水道的出口，可以通过江海联运直达大陆腹地；公路、铁路网密集，陆上物流也是全国最发达地区；与东南亚诸国及朝鲜、韩国、日本，中国的台湾、香港、澳门海上和空中交通十分便利。将长三角建设成"海上丝绸之路"的中枢，不仅会给当地经济带来转型发展的机会，同时也会对整个"海上丝绸之路"建设战略起到引领和示范作用。

1. 上海参与"一带一路"建设总体思路

建设"海上丝绸之路"不仅是我国周边外交的需要，也是我们进一步改革开放、实现经济转型发展的需要，它将倒逼我国未来的经济建设和社会发展。"海上丝绸之路"的两个主要战略方向是经东南亚到印度洋、太平洋。

与陆上丝绸之路相比，东南亚国家物产丰富、市场巨大、经济发展水平不一，与我国文化相通、人缘相亲，各种交往源远流长。长三角地区地处我国东部沿海的中心，具有优越的地理位置和较好的经济基础。将长三角建设成"海上丝绸之路"的中枢，不仅会给当地经济带来转型发展的机会，而且能够辐射南亚和中东，再加上先前提出的两大走廊建设——"中缅孟印经济走廊"和"中巴经济走廊"，将极大地拓展我国经济发展战略空间。

2. 上海参与"一带一路"建设的优势

（1）基础设施优势。长三角的上海港、宁波—舟山港等港口均名列世界港口吞吐量前茅，2012 年上海港集装箱货物吞吐为 7.36 亿吨，位居世界第一。2012 年上海机场（浦东、虹桥）旅客量达 8274 万人次，上海与多个东南亚国家有直达航班。

（2）政策与环境优势。中央批准上海设立中国（上海）自由贸易区，为上海乃至长三角地区进一步深化改革、发展外向型经济提供法制保障。另外，长三角地区还是目前中国法制环境最好的地区之一，当地政府和民众的法律意识相对比较强，有法必依、执法必严的法制社会建设深入人心，当地诚信水平和合同意识也是相对比较高的。

（3）经济、金融和贸易优势。上海完成的生产总值占全国的比重为42%，港口货物吞吐量占 8.1%，进出口商品总额占 12.4%，同时还是我国的商业金融中心。与东南亚、南亚金融合作优势突出，上海正积极推动与东南亚金融服务领域的交流合作。截至目前，共有星展银行、盘谷银行等五家银行在上海设立法人银行，马来西亚银行等三家设立了分行，印度联合银行等七家设立了代表处。东南亚、南亚是我国人民币跨境使用的推广重点区域。新加坡已成为人民币离岸中心之一，新加坡一些金融公司已经发行人民币债券，新加坡交易所也表示已为人民币计价的证券产品挂牌交易做好准备。

（4）人文优势。以上海为首的长三角地区高校、科研、研究机构众多，拥有众多科技和社科人才。上海是亚洲国家留学生主要留学地，目前留学生人数最多的前六个国家中，韩国和日本分列第一、二位，泰国留学生人数排名第六。上海众多高校，如上海交通大学、复旦大学、华东师范大学、同济大学、上海外国语大学等，与东盟国家高校都有着较为密切的科技、文化等合作往来。此外，上海还是世界各国在大陆常住人口最多的城市（总数超过30万），和"海上丝绸之路"国家在经贸、科技、文化、体育、青少年、培训等领域开展了富有成效的务实合作。双方人员往来众多，并逐年上升。同时，上海不仅自身与"海上丝绸之路"国家的人员往来逐年增加，同时也是我国其他城市和"海上丝绸之路"国家人民交流的重要的中转枢纽。

（5）外交、外事优势。世界各国在上海的总领馆等领事机构达 73 个，占全国领事机构近半数。东南亚、南亚很多国家在上海设有总领馆，领区一般覆盖江浙沪徽等省市。东盟十国中有 8 国都有总领馆在上海（其中老挝是名誉总领事）；南亚 8 个国家中有 5 个在沪设有总领馆（尼泊尔、马尔代夫是名誉总领事）。上海已与世界上 52 个国家的 74 个城市建立了友好城市关系或友好交流关系。其中，与东盟十国中的 5 个国家有友城合作往来并签署了交流协议。还与一些东盟国家的首都签订了友好交流协议。上海的外交与外事上的资源为长三角成为"海上丝绸之路"的中枢提供了重要资源。

（6）重大项目投资合作优势。上海建工近年来在亚洲承建了一批在当地都颇具影响力的项目：如巴基斯坦瓜达尔港口和巴中友谊中心、越南和蒙古国家体育馆等项目，在柬埔寨、印尼、越南等地成功承揽多项基建工程，其中在柬埔寨承揽了十多个重大工程，包括湄公河大桥、洞里萨河大桥、西公河特大桥路、金边港集装箱码头、巴萨河大桥及接线公路等，已建成国家公路一千多条，大小桥梁一百多座。特别是承建当时中国政府援助的最大项目——西公河特大桥，受到了柬埔寨首相洪森的称赞和满意，称之为"中国速度，上海标准"，并将该桥命名为"柬中友谊大桥"。上海贝尔与菲律宾第二大移动运营商 Globe Telecom 的战略合作，成为国内新媒体企业首次与海外电信运营商达成全球化落地模式。上汽集团利用东盟自由贸易区优势，与泰国正大集团合资建立汽车制造和销售公司，泰国版 MG6 明年将批量生产和投放市场。上海电气自 1997 年首次进入印度电力市场以来，目前签订的合同金额超过 100 亿美元。

3. 上海参与"一带一路"建设的举措

建设"海上丝绸之路"涉及区域政治、海洋经济、共同开发、海洋科技、海洋环保、航道安全人文、自贸区、中国与东盟合作等多个国家层面的合作，是一个积极探索、协商和稳步推进的过程。上海提出建议设立 21 世纪"海上丝绸之路"论坛，并将中国与"海上丝绸之路"成员国各种区域合作、贸易谈判、政策磋商、法规研讨、合作洽谈等内容纳入论坛，同时积极申请将此论坛主办地设在上海（定期举办），并建议请外交部决策将其纳入 APEC 峰会或亚信会议的议程。

二、对山东参与加快"一带一路"建设的启示

随着"一带一路"战略在扩大亚太地区、非洲与中西亚及欧洲的经贸合作中的战略地位显著提升，有关丝绸之路东方新门户的争夺越来越激烈。众多省区市利用自身优势纷纷提出自己的发展目标，如广西提出打造 21 世纪"海上丝绸之路"的新门户和新枢纽，广东提出构建 21 世纪"海上丝绸之路""桥头堡"，上海提出要将长三角建设成"海上丝绸之路"的中枢，陕西提出要打造"丝绸之路经济带"桥头堡，新疆则提出要建设成为"丝绸之路经济带"的核心区。这些省区市在参与"一带一路"建设中取得了很大的成效，这给下一步山东参与"一带一路"建设带来了一定的启示。

（一）进一步增强山东参与"一带一路"建设的紧迫感和责任感

如前所述，广西、广东、上海、陕西和新疆都利用自身优势纷纷提出自己的发展目标。除了以上这五个省区市，其他如浙江（宁波）提出要肩负起"海上丝绸之路""重要始发港"的新使命，福建（泉州）提出利用海洋渔业优势，建设 21 世纪"海上丝绸之路"先行区，云南也积极谋求 21 世纪"海上丝绸之路"支点地位。因此，"多头竞争"已成定局，山东面临竞争非常激烈，必须进一步增强山东参与"一带一路"建设的紧迫感和责任感。

1. 抢抓国家对外开放新机遇

建设"一带一路"是党中央统揽政治、经济、文化、外交和社会发展全局，着眼于实现中华民族伟大复兴"中国梦"作出的一个重大战略决策，体现了新形势下我国对外开放新布局，翻开了我国全方位对外开放战略的新篇章，彰显了我国加强周边"亲、诚、惠、容"外交的新理念，为加强区域合作提供了新平台，为山东发展提供了新的历史性机遇。

一是基础设施互联互通建设的机遇。在建设"一带一路"的过程中，我国将优先重点加快陆海通道和对外门户建设，打造区域性国际航运中心和综合交通枢纽，加强各种交通方式的有效衔接，形成江海联动、水陆并进、空港衔接、铁海联运"四位一体"的内外通达、便捷畅通、安全高效的现代综合运输体系。山东处在"一带一路"建设的交叉地带，应当能在"海上丝绸之路"北段交通体系建设中具有重要地位，存在成为北线区域性国际航运中心的可能性。二是国际经济合作平台建设的机遇。作为综合性的国际合作战略，"一带一路"要求加大改革创新力度，加快建立制度化的协调机制，建立健全政治、经贸、文化、教育、科技等多领域的合作平台。长期以来，山东对外经济合作以日韩和发达国家为主，在与东盟、南亚、非洲等地区的经贸合作机制尚不健全。积极参与"一带一路"建设，可以利用国家对外合作中心的南移和西移，进一步丰富和健全山东在向南和向西开放的合作平台，形成全方位的对外合作体制机制。三是拓宽金融合作领域的机遇。在积极扩大经贸产业合作的同时，我国将金融合作列为"一带一路"建设的重点产业之一。已经与沿线多个国家签署了双边本币结算协议，与周边大多数国家签订了边贸本币结算协议，初步建立了跨境人民币业务政策框架。在未来的发展中，还将以东盟为重点，进一步加强与沿线国家的金融合作，积极探讨区域金融合作的未来发展路线图，打造货币稳定体系、信用体系和投融资合作体系。

2. 拓展山东经济发展新空间

一是"一带一路"在空间发展路线上与山东对外经贸市场调整高度吻合。"一带一路"主要突出两条主线的合作，一是海路一是陆路。其中，在海路,进一步深化我国与日本、韩国、东盟、南亚等广大太平洋国家乃至东非、东欧的合作深度,形成密切的经贸合作网络;在陆路,重点开拓中亚、西亚、欧洲国家。上述内容正是山东近年来对外经贸目标市场调整的重点所在。积极参与"一带一路"建设将有助于山东形成有力的地缘经济格局和对外合作市场结构,推动山东对外经贸发展方式的转变。

二是"一带一路"建设使山东优势产业的发展空间更为广阔。我国建设"一带一路"的一个主要方面就是着力培养港口运输、临港工业、海洋渔业、滨海旅游、船舶修造等产业,大力发展特色鲜明、辐射面广、竞争力强的海洋产业集聚带,对以海洋产业和蓝色经济见长的山东发展极为有利。

三是"一带一路"建设使山东富余产能对外转移步伐加快。改革开放以来,山东积极发挥比较优势,承接国际产业转移,推动制造业迅速发展,对外转移需求较为旺盛。2008年金融危机以来,山东重点推动富余产能向以地理位置比邻、交通通讯便利的东南亚等周边国家以及非洲、拉美、中东欧等经济互补性强、市场潜力大的国家转移。"一带一路"战略的提出意味着我国将进一步强化对上述国家和地区的经济合作,必将为山东富余产能的对外转移提供良好的发展渠道。因此,山东积极参与"海上丝绸之路"建设将优化富余产能对外转移的环境,为产业升级带来新的空间。

(二) 科学规划山东参与"一带一路"的建设

山东地处我国东部、黄河下游,东临渤海、黄海,是一个极具发展潜力的区域,在参与"一带一路"建设中处于重要地位。因此,山东在我国这一独特的区位及交通优势必将有利于抢抓"一带一路"的先机,实施更加主动的开放战略,在提高开放型经济水平上取得新突破,在更广领域和更深层次上参与"一带一路"沿线国家和地区的国际经济竞争与合作。在未来的发展中,更要科学规划山东参与"一带一路"的建设。

为此,根据山东的自身优势,一是在参与"一带一路"建设过程中将山东打造成为"北线之堡"——即东北亚地区沟通"一带一路"的北方综合枢纽(桥头堡)。山东正处于即将形成而且必将形成的"渤海湾—京畿湾经济圈"的核心位置，从国内说，可以推动京津冀鲁辽一体化发展和环渤海经济圈的形成，从国外说，可以促进渤海湾与京畿湾连接，打造"一带一路"的北端的重要核心区域。二是在参与"一带一路"建设过程中将山东打造成为辐射东北亚地区的"路带之交"。山东区位优势突出，一方面恰好处于"一带一路"两大战略的双堡交汇处，另一方面又恰好处于"一圈一路"（渤海湾—京畿湾经济圈与21世纪"海上丝绸之路"）两大战略的双堡交汇处，北接东北老工业基地和京津冀发展带，中通环渤海经济圈中的日韩等国，南临东盟地区，是三者之间重要的桥梁和纽带，战略地位极其重要。山东完全能够成为"海上丝绸之路"的最北部战略节点，依托山东在"海上丝绸之路"北段的综合枢纽和主导地位，巩固"一带一路"的日韩传统市场、辐射发展东盟以及南亚和非洲等新兴市场。在交通方面，山东沿海地区毗邻朝鲜半岛和日本，铁路发展迅速，高速公路全国里程居于前列，中韩陆海联运汽车货物运输项目和中韩铁路轮渡项目也取得较大进展，海运发达，是全国唯一拥有三个超双亿吨海港的省份，交通优势明显。三是在参与"一带一路"建设过程中将山东打造成为全国乃至东亚、东南亚海洋经济合作的"蓝色之核"。充分发挥山东参与海洋合作的国家战略、国家级平台、国家级科研院所等综合优势，以山东半岛蓝色经济区为依托，以东亚海洋合作平台建设为重要载体，加快建设东亚海洋合作交流中心，设立东亚海洋经济合作示范区、东亚海洋人才教育中心，立足东亚、辐射亚太，在海洋科技、环境保护、灾害应对、海洋经贸等领域，与东亚、东南亚国家开展多层次务实合作，加快完善国际海洋事务沟通协商机制和组织体系，努力将山东建成全国乃至东亚、东南亚地区海洋开发合作的核心区。

（三）明确山东参与"一带一路"的重点领域和项目

作为东部沿海经济大省，山东与"一带一路"沿线国家和地区的合作具有悠久的历史和扎实的基础，是海上和陆上交通运输的一个交汇点，使渤海经济圈、长三角与珠三角经济圈紧密结合，为进一步深化与"一带一路"沿线国家和地区的合作提供了巨大的发展空间。重大项目的实施建设对山东成功参与"一带一路"有着重大意义，今后要重点建设以下重大项目。

1. 东亚海洋合作平台

东亚地区是新时期我国建设海洋强国必须争取的重要领域，建设东亚海洋合作平台对于推动我国与东盟、日韩各国开展海洋领域交流与合作，推进区域经济一体化，为我国发展争取良好的周边环境，维护国家海洋权益，建设海洋强国具有重要意义。国家把平台建设放在山东青岛，建设模式可采取"1+X"，所谓"1"就是青岛，"X"是周边的烟台、威海、日照、潍坊等城市。当前重点任务是把"1"建设好，一是建设东亚海洋合作交流中心。该中心可作为各国海洋部长联席会议、合作交流大会及主题论坛会址，以及平台办事机构和配套机构办公场所，并承担东亚海洋博览会综合展馆、海洋交易市场等功能。二是设立东亚海洋经济合作示范区。三是发起东亚海洋产业合作示范项目推广计划。四是举办东亚海洋博览会。五是建立青岛国家东亚海洋人才教育中心。六是建立青岛国家东亚海洋科技合作基地。七是建立海洋交易市场。八是建立应对突发性海洋自然灾害合作机制。

2. 海上合作战略支点城市建设

青岛市是"一带一路"的重要节点之一，具有优越的区位及交通优势、领先的海洋科技合作平台、雄厚的海洋科研人才、完备的海洋产业体系、日益深化的对外经贸往来与蓝色引领的城市核心战略，具备建设连接"海上丝绸之路"的桥头堡条件，完全可以成为丝绸之路沿线地区最具海洋发展潜力、创新能力、辐射带动力的重要海上合作战略支点城市。青岛海上合作战略支点城市建设的内容如下。

一是加快搭建协作平台，促进机制通畅。举办丝绸海上之路沿线城市市长论坛，推进"一带一路"沿线国家和地区在青岛设立领事馆，与相关城市建立友城关系；申报"海上丝绸之路"青岛自由贸易试验区，打造"一带一路"合作的海洋产业聚集中心、会展中心、贸易中心、文化教育交流中心、海洋科技创新中心和金融中心；建设东亚海洋教育培训基地，成立"一带一路"研究所，启动《建设"海上丝绸之路"规划》的编制，把青岛建成可以享受 72 小时过境免签政策的城市。

二是加快海陆空通道建设。推进青岛港口、航空、陆路的建设，打造海陆空无缝衔接中转的现代综合交通枢纽。尽快开通青岛至丝绸之路沿线部分城市国际直达航线，加快青连铁路、济青高铁、青岛铁路集装箱中心站、中韩贸易通道建设，从而强化与环渤海、沿黄区域乃至整个东北亚地区大交通网络的衔接，加快构建起北连环渤海、南接长三角、向西辐射沿黄流域的综合交通网络。

三是构建海洋商贸物流交易大市场。打造具有世界影响力的海洋资源集聚中心、海洋创新交流中心和海洋成果国际交易中心，吸引"一带一路"沿线国家和地区的现代服务业向青岛聚集。

四是构建"一带一路"金融中心。争取"一带一路"各国银行、证券、期货、保险、信托、租赁等金融机构进驻青岛，推进区域性韩元结算中心、人民币跨境结算建设。

五是加强海上合作。加强与新加坡、泰国、印尼合作开展海洋生物多样性研究，与越南合作开展南越近海上升流对气候变化影响研究，与印尼合作开展地震海啸灾害监测和预防研究。

3. 环渤海国际商贸中心

当前，商贸业的繁荣与否是衡量一个地区经济发达水平的重要标志。伦敦、纽约、巴黎、香港、北京、上海等国际性商贸中心的建立大大提升了城市竞争力和国际影响力。国际商贸中心的核心产业是批发零售贸易业，还有延伸的物流、会展、口岸、餐饮、信息服务、文化创意等产业，更有辅助的银行、保险、法律、会计、咨询等产业。因此，国际商贸中心所依托的城市不仅商品交易规模大，具有强大的人流、物流、信息流、资金流，更要有配置资源的强劲能力，对于增强所在城市的综合竞争力、加快打造桥头堡建设具有十分重要的作用。环渤海国际商贸中心的建立可充分发挥对韩国、日本等环渤海国家的前沿窗口和桥梁作用，加速成为中国东部乃至东亚面向东盟的互联互通大通道和"一带一路"的重要平台。国际商贸中心按功能可以分解为国际商品交易中心、国际商品消费中心、国际商务中心、国际商贸创新中心、国际商贸文化中心和总部经济中心。

山东要依靠"一带一路"的有利契机，完善配套服务体系，大力促进环渤海国际商贸中心城市建设。可从以下方面入手：一是大力打造城市商圈，二是加快国际商贸中心所在城市的基础设施建设，三是以创意产业发展推动城市建设，四是推动城市品牌形成，五是大力发展现代物流业，六是大力打造独具优势的新兴服务业，七是大力打造旅游商贸业。

4. "一带一路"沿线能源合作项目

"一带一路"沿线国家和地区资源和能源储量丰富。山东企业盯住这些国家需求积极"走出去"，与当地开展电力、煤炭、林业等领域合作，符合国家"一带一路"战略的方向。

目前，西亚、南亚、东南亚等区域的国家经济增长、基础设施建设对电力需求量一直处于高位，电力缺口巨大。当前应重点推进与以下区域电力合作。一是推进南亚市场。加快巴基斯坦光伏电站、印度燃煤电站、孟加拉国燃煤电站等项目建设。二是推进西亚市场。加快伊拉克安巴尔联合循环电站、约旦油页岩独立发电投资项目建设。三是推进东南亚市场。加快马来西亚燃气联合循环项目、菲律宾超临界燃煤电站项目建设。与柬埔寨、俄罗斯的林业、园区和旅游合作。柬埔寨、俄罗斯在农业、林业、旅游等方面的资源丰富。目前正在推进的有柬埔寨蒙多基里林业开发和橡胶种植、柬埔寨桔井省经济园区、柬埔寨西哈努克市临海湾区域旅游、中俄—托木斯克木材工贸合作区及俄联邦生产性经济特区等项目。与印尼镍矿、铁矿、煤炭资源开发合作。印尼铁矿、煤矿等矿产资源丰富，是全球最大的发电燃煤开采国和动力煤出口国。目前具体推进的项目有印尼中加里曼省煤矿开发、循环经济工业园自备电厂建设运营、建设镍铁冶炼工业园。与泰国橡胶产业合作。泰国是橡胶传统种植国家，目前推进的有半钢子午线项目、诗董国际胶园、天然橡胶现货交易中心等。

（四）积极争取国家对山东参与"一带一路"的政策支持

山东作为"一带一路"重要的节点区域，应积极主动做好项目调研和申报工作，争取国家必要的政策体系支持。

一是要争取中日韩地方经济合作示范区早日建成。积极争取中日韩地方经济合作示范区上升为国家战略，在示范区内实行更加开放的贸易投资政策，并依托区内港口密集、物流基础设施完备等资源优势，吸引日、韩和东南亚到中亚和东欧的货物更多地途经山东各口岸取道新亚欧大陆桥，使其成为日韩过境货物的转口中心，促进山东青岛、日照等口岸的经济繁荣和货物聚集，把山东建设成为中亚国家东向出海口，为"一带一路"持续稳定发展奠定更为坚实的基础。

二是建设"一带一路"沿线国家和地区的友好港口联盟。山东目前已开通至东南亚、南亚的航线，航线数量位居中国北方港口第一位。青岛港、烟台港、日照港分别已经具备了担当起"海上丝绸之路""亚欧大陆桥""新亚欧大陆桥"的"桥头堡"的地位和责任，大大推动了"一带一路"的发展。下一步要继续完善"友好港口"联盟，以青岛港为龙头，与烟台港、日照港和威海港一起加强与东南亚及南亚港口，如新加坡港、巴生港、胡志明港、林查邦港、雅加达港、马尼拉港等建立合作关系，搭建港口合作平台。促进港口物流、临港产业、港口管理、人员培训、信息技术、政策互通等，提升山东与"一带一路"沿线国家和地区的互联互通水平；并积极举办港口论坛，制定港口联盟中长期交通合作规划、港口合作机制、港口物流服务、港口信息科技和港口国际海上便利化运输政策等。

三是探索青岛港和烟台港共同创建自由贸易港区。党的十八届三中全会提出的"在推进现有试点基础上，选择若干具备条件地方发展自由贸易园（港）区"精神，按照省政府试点建立青岛自由贸易港区的方案，结合青岛、烟台保税港区制造业、电子商务、交通运输等优势，共同创建自由贸易港区，进一步促进进出口贸易和区域经济协同发展，更好地发挥先行先试作用，打造开放型经济的"升级版"，为全国、全省的开放发展创造经验。以青岛前湾保税港区、烟台保税港区为基础试点建设自贸港区，对加快实施海洋强国战略，增强环渤海地区在东北亚的国际竞争力，提升我国对外开放水平意义重大。青岛港、烟台港应通过打造东北亚国际航运枢纽港的核心功能区、建设我国蓝色经济开放发展的先导区、打造沿黄河流域升级版的出海大通道、构建海关特殊监管区域整合升级示范区、建设文化产业国际交流试验区五个方面加快自贸港区建设。中国(上海)自由贸易试验区的获批,为全面深化改革和扩大开放探索新途径、积累新经验,使之成为推进改革和提高开放型经济水平的"试验田",并旨在形成可复制、可推广的经验。山东应抓住这一机遇,积极申请青岛保税港区成为自由贸易港(园)区,在体制机制上先行先试,实施"一线逐步彻底放开、二线安全高效管住、区内货物自由流动"的创新监管服务新模式,进一步提高贸易便利化水平;力争开展国际船舶登记制度、国际航运税收、航运金融、航运咨询、航运经纪业务等方面的政策创新试点,重点建设享受自由港政策的国际集装箱枢纽港,大大增加港口、仓储物流业的竞争力。

四是加快"一带一路"的通道运输基础设施建设。以交通运输部、铁道部共同推进铁水联运合作发展为契机,争取国家加快提升陆桥通道铁路运输能力,包括增开班列、建设铁路集装箱中心站和办理站、更新集装箱办理站设备,同时推进关键节点物流基础设施建设,包括加强日照等桥头堡物流基础设施建设、增加海运航线密度、内陆无水港建设、边境口岸换装能力提升等。

五是加快完善国内国际协调机制。国内方面,应加快完善国务院"一带一路"的大陆桥协调机制的功能,加强协调机制自身的能力建设,尽快提升其地位和作用;国际方面,建议成立由中国政府牵头、"一带一路"沿线国家和地区特别是中亚国家共同参与的、高层次的、政府间的"一带一路"协调委员会,就宏观规划、运输通畅、安全便利、信息跟踪、运价等政策和实务问题进行协调,并在此基础上,共同探讨签署包括运输价格、运输时间、信息服务、快速通关和运输安全等内容在内的"一带一路"多边过境运输协定。

第三章　山东与"丝绸之路"域外
各国交流合作的历史渊源

丝绸之路是历史上横贯亚欧大陆的贸易交通线,"海上丝绸之路"则是中国与世界其他地区之间的海上交通路线。中国是丝绸的故乡,山东则为中国蚕桑业的起源地和古代丝绸业最发达的地区,因而构成"一带一路"的重要源头。涵盖山东在内的古代丝绸之路,曾经极大地促进了东西方经济、文化、宗教、语言的交流和融汇,对推动科学技术进步、文化传播、物种引进以及创造人类新文明,均作出了重大贡献。

一、陆上丝绸之路的重要源头

丝绸之路是"中国古代经中亚通往南亚、西亚以及欧洲、北非的陆上贸易通道。因大量中国丝和丝织品多经此路西运,故称丝绸之路,简称丝路"[1]。丝绸之路开通后,中国与域外各国的政治、经济、文化交往日益繁盛起来,而山东则成为陆上丝绸之路的重要源头。

---

[1] 《中国大百科全书》总编委会、《中国大百科全书》编辑部编:《中国大百科全书》精华本第五卷,中国大百科全书出版社 2006 年版,第 3721 页。

(一) 山东地域的蚕桑养殖和丝织生产

1. 桑蚕养殖

山东是中国桑业和蚕业的发源地。作为起源地,形成初具规模的蚕桑业,需要具备一定的自然环境以及社会经济等条件。

从地理位置看,山东地区具有优越的地理条件。春秋战国时期,百家争鸣,著书立说,把禹时的九州冠以称谓,山东青州、兖州均列九州之内。历代政权治理山东海疆,均以青州为地域核心。古青州海疆辽阔、雄跨陆海,几乎囊括整个山东半岛。古青州多山丘陵,自此可北视渤澥、东走胶澳、南下淮海、西扼齐鲁内陆,地理位置十分重要。另外,其物资丰足,物产以盐、丝为主,丝绸贸易通达大汶河和济水,交通便利。古青州城处腹内,无出海口,但通过所辖属邑,便可以扬帆出海,航及南北,同时,沿海属邑之商贸物资又往往通过州治中心而集散流通。直至晚清时代,古青州作为一方政区,控扼沿海,仍然发挥着海疆重镇的作用。

《尚书·禹贡》中有云:"济、河惟兖州:九河既道,雷夏既泽,灉、沮会同。桑土既蚕,是降丘宅土。厥土黑坟,厥草惟繇,厥木惟条。厥田惟中下,厥赋贞,作十有三载乃同。厥贡漆丝,厥篚织文。浮于济、漯,达于河。"[①] 古兖州,起自黄河下游、济水,地为黑壤,地处中原交通要道,商业贸易发达,战国时与定陶均为中原地区商业都会,史有"富比陶卫"之说,这与其悠久的桑蚕业历史以及发达的丝织业有关。1976 年,兖州王因遗址古墓群出土,从墓中骨针、石纺轮等遗物来推断,兖州人早在新石器时代就已经使用纺织技术并在制作服饰中使用骨针。同时,兖州城的螺祖庙标志着兖州丝织业的发达和人们对织神"螺祖"的尊崇。李白诗云:"五月梅始黄,蚕凋桑柘空。鲁人重织作,机杼鸣帘栊。"杜甫有诗:"齐纨鲁缟车班班,男耕女织不相失。"这些诗作皆体现兖州桑蚕业之盛。至明清时,依然

---

① 周秉钧注译:《尚书》,岳麓书社 2001 年版,第 35 页。

"滋阳绢绸优于邻近诸县"①。

从气候环境来看，远古时代山东地区尤其是山东东部半岛地区的气候温暖湿润，属滨海型湿润气候。山东西部是低地河谷湿润气候，这一地区河湖密布，不异于今日江淮，这种温暖湿润的气候适宜蚕桑的生产与养殖。

除气候外，山东地区的土壤条件也十分优越。《尚书·禹贡》把九州的土地分为九等，雍州为上上，兖州为上中，青州为上下……三个上等州中，山东的兖州和青州皆列其中。青州和兖州的土壤成分极为相似，属盐碱性土壤，适合柞蚕桑树②的生长。

适宜的自然环境、相对发展的农业经济是蚕桑业勃兴的必要条件，远古时代的山东最早孕育出了农业生产的环境和条件，因而理所当然地成为中国蚕桑业最早发达的地区。

"有桑才有桑蚕，有桑蚕而后有丝，有丝便能引起人们的野饲桑蚕，进而驯化了，跟着产生了蚕业。"③ 山东蚕桑业的初步发达是在进入阶级社会以后。据史书记载，夏朝初年已种桑养蚕。到商周时代，山东蚕桑业持续发展，遥居全国之首。自战国以来直到唐宋时，山东地区的蚕桑技术一直处于领先地位。在种桑方面，古代山东具有最为悠久的历史。先秦时培育了低矮型鲁桑，后来又培育出了更好的黑鲁桑和黄鲁桑，奠定了近代鲁桑系的基础。到唐宋时代，山东地区已有了比较发达的桑树嫁接技术，在桑树管理和桑叶采摘等方面，山东地区的农民积累了丰富的经验，他们编排的一些春季采桑和秋季采桑的谣谚几经流传，对后代技术产生了较大影响。正是对种桑技术的不断改良使得山东的丝织业一直蓬勃发展至今，经久不衰。

在养蚕方面，无论在蚕种的选择、孵化、喂养，还是蚕茧的初加工等方

---

① 武秀主编：《兖州揽胜》，山东大学出版社 2002 年版，第 89 页。

② 柞蚕桑树是一种原生的靠根系衍生的野桑，系桑属科，适宜于生长在碱性土壤中。

③ 齐涛：《丝绸之路探源》，齐鲁书社 1992 年版，第 20 页。

面，古代山东人民都积累了一套宝贵的经验，这表明当时山东地区的饲蚕技术已达到了一个较高的水平。在北朝时代，山东等地普遍实行的"盐腌法"，是蚕丝发展史上的一项重大成就。清时，山东青州人采取放养野蚕的办法，并将放养柞蚕及育种的方法陆续传往各地。

另外，在染料植物的种植方面，古代山东地区普遍种植了兰草、地黄、红兰花等多种染料植物，其技术水平也是十分完备的，这既是山东丝织业发达的一个重要标志，又为山东丝织业的发达提供了良好保证。

2. 丝织生产

春秋战国时期，齐国的丝织业发展较为迅速，尤其是丝织物的种类逐渐向多样化和精美化发展，绸、纱、绮、罗、纨等新品种逐渐出现，采桑、缫丝、织帛日益成为齐国妇女的日常工作。从中我们可以看到蚕桑丝织业的初曙，这为不久以后开通的丝绸之路准备了充分的条件。

秦汉之前，山东因其起源地优势，在桑蚕生产量及供应量上稳居全国首位。秦汉时期，商业的活跃以及商业都会的繁盛，为丝织品生产量的大幅提升和丝织业的发展提供了有利的契机。司马迁在《史记·货殖列传》中描述西汉商品经济发达时有文："齐、鲁千亩桑麻"，即在齐鲁拥有千亩桑麻，这比较确切地反映了当时桑麻生产主要分布在齐鲁之地。班固在《汉书·地理志》中对西汉全国经济区划与物产进行了更为详细的叙述："太公以齐地负海舄卤，乃劝以女工之业，通鱼盐之利，而人物辐凑。……后其俗弥侈，织作冰纨、绮绣纯丽之物，号为冠带衣履天下。临淄，海岱之间一都会也"；鲁地"地狭民众，颇有桑麻之业，亡林泽之饶。俗俭啬爱财，趋商贾，好訾毁，多巧伪……"

在秦汉及其以后相当长一个历史时期内，绢帛还在流通中充当一般等价物，即起到货币的作用。作为货币的绢帛比其他物品更容易受到商品流通的影响，因此秦汉时期齐鲁商业的发达是丝织业发展的重要条件，也是丝织业发达的明确标志之一。

再者，秦汉封建王朝还采取保护农业与家庭手工业的政策，这对纺织业的发展起到了一定的推动作用。秦始皇时，鼓励"男乐其畴，女修其业，事各有序"①，即鼓励妇女从事家庭纺织业生产。汉时，设立官营纺织业机构，如在长安建立东西两织室，设织室令丞主管②。齐鲁地区不仅有全国最大的官手工业纺织工场，而且还有十分普及的家庭丝织业。多年来，山东地区出土了大量有关纺织的画像石与帛画，也充分反映了这一盛况。

汉代山东丝织业之发达，其突出表现是设在齐地的三服官，其主要职责是为皇帝生产冬、春、夏三季服装，故名三服官。同时，三服官还为皇室或政府的其他需要生产大批高档丝织品。既然在齐地为天子做服装，那么齐地当然是全国丝织业水平最高的地区。据考古挖掘证实，丝绸之路上就曾出土过齐三服官所生产的丝织品。

据史料记载，以西汉武帝为界，可以将齐三服官的发展划分为两个阶段，一是自西汉建国到武帝即位，二是自武帝到东汉时代。齐三服官在第一阶段的生产规模，不过是一年生产百匹左右的高级绢帛，有织工不超过数十人。到武帝以后，齐三服官作工各数千人，三服合计应当有万人左右，一年花销甚巨。第二阶段较之第一阶段，织工增加了数百倍，一年花费也增加了数百倍，扩展速度之快，令人叹止。齐三服官的快速膨化，除了因皇帝及皇室奢侈消费外，其重要原因就是丝绸之路的正式开通。

汉代山东地区的家庭丝织业十分普及，其纺织技术也十分发达。山东地区率先出现了手摇缲车和脚踏纺车替代旧式的手工缲丝方式，手摇缲车在唐代完全普及。到宋元时代，大纺车在山东等地的"麻布之乡皆用之"。大纺车的应用是手工纺织业生产工具的一个突出进步，对当时的手工纺织业生产起了一定的促进作用。

丝织业最关键的程序是织造，织造水平的高低取决于织机。商周时代，中原地区的织机是原始腰机，到春秋战国时代，原始腰机发展成为比较完整的手工机器，织机上出现了支架、蹑等重要部件，标志着织造技术已从原始的织作工具发展到了完整的织机阶段。在这一发展历程中，山东地区起到了

---

① 朱学勤：《秦始皇》，远方出版社 2005 年版，第 169 页。
② 朱亚非、张登德：《山东对外交往史》，山东人民出版社 2011 年版，第 60 页。

开风气的作用。从历史文献看,最早对织机结构进行完整描述的是鲁国妇女,其织机被称为鲁机,鲁机是春秋战国时代首先流行于山东地区的织机,到秦汉时代,山东地区在鲁机的基础上,又制造了结构更为灵巧、生产效率更高的斜织机。大家公认鲁机是由原始腰机向完整织机发展的典型代表,这对齐鲁地区丝织生产的发展是十分有利的。

自东汉以来,经过几个世纪的发展与开发,山东以外地区的蚕桑丝织业得到了较大的进步,魏晋南北朝隋唐时代,山东地区的纺织技术仍在不断的进步中。以束综提花机为例,至迟在两汉时代,中国出现束综提花装置。山东一带的提花机自魏晋以后,不断得到改进与提高。到了唐代,提花机织出的绫锦花纹更多了,反映了唐代山东地区提花机的高超水平。

隋唐时全国的丝绸业出现了万木竞芳、争奇斗艳的境况,山东地区的丝织蚕桑业不再是一枝独秀,但山东地区产量与质量的优势仍不可超越。就唐代丝织品的质量看,山东为首,河南、河北次之,四川、江南又次之。据统计,唐代山东上缴丝织品的州府共20个,人口户数为1017534,而四川上缴丝织品州府所含人口户数仅为586513,占山东的57.64%。唐代赋调的绢帛,完全是按人户征收,这表明唐代四川地区上缴丝织品的绝对数量只有山东的57.64%。[1] 唐代后期,尽管江南与四川的丝织业有了较大的发展,但山东丝织品的质量仍居全国之冠。据《元和郡县制》的记载,无论从缴纳绢帛州府的数量,还是在本地所占的比例,山东地区都远高于其他地区。从史籍中记载上缴丝织品的密度看,当时黄河下游地区丝织业的普及程度居全国之首,山东地区上缴丝织品州府的密度居全国之首,其丝织业普及程度也居全国首位。

明朝时,山东沿海地区依据本地的自然资源,其桑蚕业和纺织业都有明显的发展,此时柞蚕丝织品已经出现了高档产品,价格较高。山东东部沿海地区成为全国柞蚕丝织业最为发达的地区,产量与质量均居全国一流水平。

---

① 齐涛:《丝绸之路探源》,齐鲁书社1992年版,第187页。

（二）山东丝绸的征收与流通

1. 贡赋中的山东丝绢

秦汉时期，长安丝绢的来源主要是贡赋与官手工业所产。这一时期丝绢需求相对较少，进贡与官手工业所产基本上能满足中央王朝与皇室的需求，当时进贡丝绢的官手工业所产以山东为最，一般是直接调运长安。

西汉武帝实行均输法之后，这一状况有了极大改变。西汉武帝的即位，标志着中国历史的一个新时代的到来，北征匈奴、南通夜郎，西开丝绸之路，财政支出激增，中央王朝对丝绸的需求也迅速膨胀，原有的进贡方式所提供的丝绸已远远满足不了这种迅速增长的需求，均输法便在这种情况下应运而生。均输法施行后，中央王朝牢牢控制着各地丝绢的征调，丝绢一律由均输系统转运长安，作为国家的正式财政收入，不再给商人们留下多少余地。《盐铁论》卷一曾记有西汉文学之士与公卿大夫的一场争论，文学之士反对均输法，就特别提到均输法实行时，"齐阿之缣，蜀汉之布"是重点均输对象。齐，指古齐地；阿，指山东东阿一带。据《汉书》记载，均输法初实行时，一年可收入绢帛 500 万匹，其中，"齐阿之缣"的比重当居绝对优势。这本身充分反映了汉代山东蚕桑丝织业之发达。

东汉章帝时，纺织品开始代替钱粮成为政府的实物税收，此时期的丝绸既是商品，又起着货币的作用。大量的丝绸投放市场，极大地刺激了商业的繁荣和纺织业的生产。东汉在缴纳丝绢的州府的绝对数量上，山东位居全国首位。汉代自长安经丝绸之路远运中亚、西亚、欧洲的丝绸，绝大部分产自山东。

三国时代，曹操推行了新的赋税制度，所有民户以地亩与户为单位收取赋税，除每亩要缴纳四升粮食外，每户要缴纳二匹绢、二斤绵作为户调，这是中国古代正式通过赋税征收绢帛的开始。

北朝的北魏、北周、北齐王朝，实行的是均田制，均田制规定凡满一定年龄的民人，都可以得到一份土地，在这份土地中，一部分在身后或年老后要收回，另一部分则不予收回，不予收回的部分要按政府规定种植桑树或麻，在此基础上，则实行了一套完整的租调制度。租调制度规定，除了按人口比例缴纳田租外，还要缴纳一定数量的绢帛或麻布，生产桑蚕地区缴绢帛，其他地区缴麻布。这一历史时期，政府绢帛的征收重点地区是以山东（兖州、青州、济州、东兖州等州）为主的黄河下游地区。

唐代，庸调是长安丝绢的主要来源。朝廷规定，多数地方的庸调丝绢每年要陆运入京，而且朝廷要设立专门簿册对各地缴纳的丝绢等物进行登记，条目详细。庸调丝绢到达长安后，经由专门大臣监督核查收入国家府库，管理十分严格。唐代上缴丝绢最多的是黄河下游地区，而这其中，又以今山东境内上缴的绢帛最多，因此绢帛的主要来源是山东等地区。汉唐时代，集中到长安的丝绢除了供给皇室外，还用于对外赏赐、互市及对外采购、供军以及对内货币支付。当然，在外销丝绢中，山东地区的丝绢占据着最为重要的地位，山东是唐代长安丝绢最主要的供货地。

2. 丝路起点东移

汉唐时代，丝绸之路上丝绢贸易的突出特点就是官方的控制与垄断，中央王朝通过朝贡贸易、互市、和亲等方式，牢牢掌握着丝路贸易的控制权。所有的丝织品不许随便带出关境，也不许在关境各州随意交易。所有西去的丝绸都要经中央王朝批准，从而实现了政府对丝绸之路上丝绸贸易的垄断。

在这种政策下，汉唐长安是丝绸之路的最大集散地，是丝绸之路的起点。而山东地区则是丝绸之路的主要源头所在，由汉唐长安络绎西去的丝织品主要就是由山东供给，山东丝绸通过丝绸之路的起点长安这个窗口走向西方。一般丝绸之路上的丝织品都经过两个环节，一是中央王朝通过贡赋等方式，将山东等丝绸产地所产丝绸征发到长安；二是西方商队与使团从长安等地取得丝绸，转运西去。西方商人不能也不必直接从丝绸产地采运丝绸，这是由于在汉唐王朝的大量调运下，西北与内地丝绸的价格比较接近，商人们无须远涉千里，到产地采购。

但后来，西魏与东魏对立，北周与北齐对立，造成西魏和北周占据关中，掌控丝绸之路，东魏和北齐则占据着黄河下游，控制着丝绸之路的源头。这一时期，丝绸之路的起点东移，山东地区承担了丝绸之路源头与起点的双重身份。青州是当时山东最大的丝绸产地，也是当时丝绸之路的新兴起点，青州地区的丝绸商人不惮劳苦，将大量的本地丝绢远销西方。各地胡商到青州者亦是络绎不绝，他们设店列铺、贩卖转运，有的甚至长期定居山东。此时，长安的丝绸来源骤减，丝绢不再通过贡赋征调，而是通过商人转运，外加长安丝绢量少价高，许多西方商人或西北少数民族商队直奔丝绸之路的主源——山东，长安已很难继续维持丝绸之路最大集散地的地位，也不再是丝路的主要起点。

由丝绸之路的主源山东地区到长安，汉唐时代主要有三条运输丝绸的交通干线。一条是北路，由今西安（长安）东北行，自蒲津关渡河，再北上经太原、石家庄再东南行，到今济南一带，与中路会合。一条是中路，也是丝绸之路的主干线，由长安出发，东过潼关、三门峡、洛阳直抵定陶，由定陶东去兖州或由定陶北上，抵济南一带，再由济南一带东去，抵淄博、青州等地。第三条是南路，此路自长安到洛阳与中路重合，然后自洛阳东去，经郑州、开封、商丘抵徐州，再由徐州一带东北行，抵山东的莒县、诸城一带。

二、山东"海上丝绸之路"的航路开辟与变迁

山东"海上丝绸之路"与陆上丝绸之路是彼此联系、互为影响的，其开始于先秦时期，兴盛于秦汉魏晋时期，虽中间略有停滞，但一直持续。它是自山东沿海经辽东半岛、朝鲜西海岸到日本南部的一条海上交通线。韩国群山大学教授金德洙认为："'海上丝绸之路'应早于陆地丝绸之路，比陆地丝绸之路持续时间更长、范围更广、影响更大。"[1] 从形成的方式看，山东"海上丝绸之路"主要是由老百姓间歇性向海外迁徙形成的。山

---

[1]　金德洙：《张保皋与东方"海上丝绸之路"》，载耿昇等主编：《登州与"海上丝绸之路"》，人民出版社 2009 年版，第 135 页。

东与朝鲜半岛历代政权之间的"海上丝绸之路",最初主要是近海航路,即"登州海行入高丽渤海道",这条近海航路被称为"海上丝绸之路"的东方航线,存在时间最长,在整个古代一直被利用。山东"海上丝绸之路"把山东同外部地域连接起来,促进了山东乃至中国的对外文化交流,增进了中外人民的友谊,丰富了中国文化的内涵,并对整个人类文明史产生了深远的影响。

(一) 山东与朝鲜、日本的往来

山东海岸线长达 3121 公里,半岛沿岸有面积大于 5 平方公里的海湾 31 个,沿海港口 26 个。沿岸地区海湾、内河入海口密集。几千年来,山东先民们充分利用这些自然条件,不惧风浪,勇于开拓,扬帆远航,开辟了山东海上域外通道,使山东陆岸与外界社会紧紧联系在一起。朝鲜和日本是距离山东半岛最近的两个国家,相互之间很早就有海上往来。

据考古发现,新石器晚期山东居民就已乘坐独木舟去过朝鲜半岛。早期的独木舟,于 1959 年在山东荣成湾郭家村被发掘出来,长 3.9 米,宽 0.7 米,舱深 0.4 米,有两道隔梁,经测定为新石器时代遗物,距今约有六七千年的历史。西周,箕子移朝曾率数千人由山东半岛辗转迁徙朝鲜,并在朝鲜半岛建立了第一个王朝,这是早期中外交往中划时代的重大事件。由于山东毗邻朝鲜和日本的特殊地理优势,春秋战国时期,山东半岛的齐国就通过海上主动与朝鲜开展了贸易往来,开辟了东方"海上丝绸之路",开创了以国家形式(诸侯国)倡导和组织的主动对外贸易的先河。[①] 秦朝末年,齐人徐福组织颇有规模的移民集团自此条航线东渡日本,为丝绸之路的发展和繁荣奠定了基础。秦汉时期,由于国内政局动荡,战乱频发,数万山东居民携带家人和物产沿丝绸之路迁徙到朝鲜半岛,部分后又转赴日本。数次较大规模的移民,致使山东各种物产和生产技术被带往朝鲜和日本,尤其是山东地区先进的纺织技术和精美的纺织品很快在朝鲜半岛广为流传。20 世纪初,多

---

① 刘凤鸣:《山东半岛与古代中韩关系》,中华书局 2011 年版,第 56 页。

处汉代古墓在平壤附近被发掘出来，古墓中出土了大量的丝织品残片，经考古学家研究认为是出自汉代齐地三服官的产品。

秦汉时期，中国的造船和航海技术在世界上处于领先地位。秦汉帝王为示国威巡海，往往乘坐大型船舶，船只比较先进，推进与操作设备齐全，设置了长桨、尾舵、风帆等，能够充分利用海风航行。另外，由于秦汉大批山东移民的东渡，东方"海上丝绸之路"的开辟与发展，共同带动了日本生产力水平的大幅度提升，日本由原始社会向阶级社会的过渡时期也正与此时期吻合。

曹魏时，日本邪马台国卑弥呼女王和壹歧岛女王曾三次入贡朝廷，所携带之物中有较好的纺织品，朝廷应其所求回赠丝织品，这是正史中所记载的中国第一次向日本赠送丝织品。朝鲜和日本纺织业的逐步发展是与通过东方"海上丝绸之路"经朝鲜又转至日本的山东移民集团分不开的。山东移民到达朝鲜和日本后，以纺织为生，他们把先进的纺织技术源源不断地输入朝鲜和日本，推动了当地纺织业以及其他行业的进步。移民们精湛的纺织技术引起了日本政府的重视，日本政府派专人到中国寻求织工并学习纺织技术，日本使节往返的路线也正是东方"海上丝绸之路"。魏晋以后，通过丝绸之路到达朝鲜和日本的中国移民所从事的职业已多样化，但仍以从事纺织业者居多。

唐朝时，朝鲜和日本加大与山东交往的力度，希望借助与山东的交往来吸纳高度繁荣的唐文明。此时期，沿海贸易活跃，朝鲜和日本的商船频繁通过海路到达山东登州进行双边贸易。同时，新罗与山东常有文人和僧人往来，保持着密切的文化交流，法华院（在今荣成市赤山主峰之下）便是由新罗人建成的著名的佛事寺院。再者，大批新罗人、日本人入住山东，成为山东沿海的常住居民。由于新罗人多群集，山东沿海州县便专门建立起供新罗人定居的"新罗坊"和"新罗所"，集中安置新罗移民与过客。

五代至北宋，山东与海外的交流仍以朝鲜和日本为主，往来船舶尤以朝鲜居多。

元朝时，对外贸易的重点逐步转向南海，山东与朝鲜和日本之间仅保持简单的民间往来。

明初，倭寇威胁中国沿海，朝廷不得已实行海禁政策，断绝与日本的海上民间交往，海禁政策致使航路深受影响，山东的海外交流在很长一段时期内处于低潮。万历以后，日本武力侵犯朝鲜，明廷出兵援朝抗倭，中朝双方联系颇有缓和，由此山东朝鲜往来海船日益增多，虽军事支援船只占多数，但毕竟疏通了海上通道。明朝后期，海禁政策松弛，再者山东半岛林木稀疏，近海海产被过量采捕，山东沿海居民便将采捕活动延伸到朝鲜西海岸，这种山东沿海居民偷偷奔赴朝鲜海岸采捕的局面一直持续到清朝时期。

（二）沿海岸绕行的航线

古时的航海者若欲乘风破浪、驰骋海洋，除了需要具备一定的勇气和胆识，同时还需要掌握一定的航海技术。山东先民们自古以来便闯向了浩瀚的海洋，开辟了"海上丝绸之路"，使舟帆得以北达辽东、南下江淮、东抵朝日。几千年来，山东先民们历经风险、辨别方位、洞察天象、摸索航道，足迹遍布诸多海域。

山东凭借得天独厚的地理条件在春秋时期就开辟了与朝鲜半岛、日本列岛贸易和友好往来的"海上丝绸之路"的东方航线。战国时代中国与日本之间已经有了较多直接或间接的交往，而当时中国能与日本往来的，唯有燕国和齐国。日本与燕的来往，应是日本通过朝鲜与燕人的陆路交往，但日本与中国更多的交往，应是乘船越过朝鲜海峡后，沿朝鲜半岛西海岸北行，经辽东半岛，再过庙岛群岛进入山东半岛的齐地。

秦朝末年，陈胜起义反秦，燕、齐、赵多有民众移民到朝鲜。在这次大规模移民中，有不少山东人从海路到达朝鲜半岛。那时从山东半岛北端前往辽东半岛，海路最为近便，因而秦汉时期山东人摸索出清晰的海程和航道，跨海迁徙，往返中朝。汉代至魏晋南北朝时期，山东至朝鲜半岛和日本列岛的海上航线，便是历史上著名的"循海岸水行"的黄金通道。

汉代以后出现了有关山东沿海与朝鲜半岛之间海上交往的史籍记载。乐浪①人王景，其"八世祖仲，本琅邪不其人，好道术，明天文。诸吕作乱……仲惧祸及，乃浮海东奔乐浪山中，因而家焉"②。那时的山东人只能通过海上航道前往乐浪，即从今崂山西北出发，沿海岸线乘船到达辽东半岛，后沿辽东半岛东南海岸线行驶，抵达朝鲜半岛的西海岸。乐浪郡在汉朝管辖期间，开辟了通往日本的海上航线。由此可知，古代山东人航海去日本，应该先抵达乐浪，而后从乐浪穿朝鲜海峡抵达日本列岛。

魏晋时期，朝鲜半岛南部称韩，与曹魏朝廷的往来多走水路，经带方郡、乐浪郡西海岸，走秦汉时期的古海道，"循海岸水行"，沿辽东半岛沿海，经庙岛列岛，过渤海海峡，进入山东半岛的东莱郡，船只停放在东莱郡沿海港口，再横穿山东半岛走陆路到达洛阳。此时，中国到达日本是由位于今辽东半岛和朝鲜北部的带方郡海口入海，循海岸航行到朝鲜半岛南端的济州岛，再渡海到对马岛，进入日本境内。公元3世纪中期至6世纪末，由于从辽东到中原的交通受阻，中日交通路线有所改变，从朝鲜半岛的百济进入中国时不再沿渤海湾沿岸，而是横渡黄海到山东半岛，再沿海岸南下到达目的地。

隋代，中朝往来路线一般是循渤海、黄海沿岸或者横渡黄海两种方式。隋炀帝派遣文林郎裴世清出使倭国，仍然沿着乐浪到日本的航线行驶。在山东半岛直通日本航线开通之前，朝鲜半岛是航海者抵达日本的必经之途。

唐朝，山东沿海口岸邻里，锚地设施比较完善，航海所需物资供应充足，此时的造船业也非常发达，打造的海船起码可载一百余人。唐朝同朝鲜半岛上的新罗关系密切，双方的交往十分频繁，其航线主要有两条：一是"登州海行入高丽、渤海道"，具体航线为从登州经渤海海峡北上至辽东半岛南岸，复行至鸭绿江口，后沿朝鲜半岛西海岸南下，过身弥岛、大

---

① 乐浪，汉武帝于公元前108年设置的朝鲜四郡之一，治所在今朝鲜平壤一带，管辖今朝鲜半岛北部地区。公元4世纪初，被高句丽吞并。

② （南朝宋）范晔：《后汉书》，浙江古籍出版社2000年版，第697页。

同江口、椒岛、长渊县的长命镇、瓮津半岛外岛群、江华岛、大阜岛，至牙山湾内的海口，再陆行至朝鲜半岛东南部的庆州，这条航线航程比较长，但却十分安全。二是从山东半岛的登莱二州起航，横跨黄海直抵朝鲜半岛，这条航道路程较短但比较危险，风速适宜之日方可安全行驶并缩减行程。由于当时地文导航为主的海航技术要求航海者主要通过可视性地理坐标来判断航道，一旦远离陆岸，便容易迷失方向。另外，贴近岸岛行驶，如遇风暴等危险，航海者可及时避险，船只损坏时也可尽快驶向岸边。从登州北行以及进入辽东海域，一直有庙岛等许多岛屿及近岸山峰作为海上标志，相对来说，此航线较为安全，因此当时从山东出发经海路去新罗，大多采用这条航道。

（三）山东半岛东端越海直达航线

为了缩短航程和航期，使两岸通航更加便捷，山东人借助对季风利用和天文导航技术的掌握，逐步开发出由半岛东端越海直航抵达朝鲜半岛的最近航线，与朝鲜、日本进行海上往来。显庆五年（660 年），苏定方东征百济，就从成山扬帆起锚，直线驶向朝鲜半岛，大军在熊津江口登陆。[1] 自此，跨海直航逐渐多起来。唐朝的山东沿海开发取得了可观的成就，东端直达航线的开辟，使得山东沿岸与外界拉近了距离，为向海洋发展作出了极大的贡献。

唐以后的中国对外贸易往来口岸逐步南移，但山东与朝鲜、日本之间的交往从未中断。宋朝时，指南针开始运用到航海过程的定位中，海上远程航行因此有了更为精准的方位标准，所以，宋廷与朝鲜之间跨海直航的方式更加广泛推广，人们已很少再近岸绕行。后来为了避免辽兵袭击，高丽人提议将登陆地点改为南方明州。此后，登州港暂时进入封闭状态，明州港活跃。值登州封闭之际，山东航海者又开辟了密州板桥港直达高丽的官商两用航线，北宋板桥镇全盛之际，山东与朝鲜的泛海贸易很是兴旺。

---

[1] 参见《旧唐书》卷 83《苏定方传》，中华书局 1975 年点校本。

三、山东与朝鲜、日本的经济交往

（一）秦汉时期的海上贸易

秦汉时期，中国的造船和航海技术在世界上处于领先地位。在秦始皇、汉武帝渡海东巡及让方士到海外求仙药的推动下，民众走出家园、奔赴海洋意识增强。在以徐福集团为代表的大批沿海地区劳动人民向海外谋求生存与发展而纷纷东渡的实践中，自山东沿海过长山列岛、辽东半岛，沿朝鲜西海岸南下，渡对马海峡至日本北九州沿岸这一条中朝日海上交通线业已形成。这条路线虽然到日本迂回曲折，路程较远，但沿海岸而行，凭借日本海洋左旋回流的影响，对于当时航海工具还比较简单的中日移民而言，算是比较安全的航路。汉代日本使节也是经过这条路线来中国的。

此期间，由于吴越一带的海运条件不足以直接抵达朝鲜半岛，所以进入朝鲜半岛南部的主要来自燕、齐一带。燕国与朝鲜半岛北部陆路相连，人们往来多走陆路，而山东半岛的齐国与朝鲜半岛隔海相望，人们往来则走海路，因此秦汉时期山东半岛与朝鲜多通过海上进行贸易活动。

汉武帝设郡朝鲜进一步加强了朝鲜半岛与山东半岛的海上联系，带动了两地的贸易往来，同时，山东半岛发达的丝织业和航海业为海上贸易奠定了坚实的基础，据《盐铁论》记载，当时两地贸易可谓商贾汇聚，贸易万物。正是成千上万的山东人民，把商品以及生产技术源源不断地输入朝鲜和日本，推动了朝鲜和日本纺织业和其他行业的进步。当然，朝鲜半岛和日本的一些土特产也是通过海路传进山东半岛地区。

（二）隋唐时期"朝贡贸易"及民间经济往来

隋唐时期，中国出现了长期统一的局面，社会经济的迅速发展促进了"海上丝绸之路"贸易的发展。隋唐繁荣的经济政治以及开明的对外开放政策，使得中国与朝鲜、日本的交往日趋频繁，层次越来越高，规模越来越大，丝绸之路也进入历史上的鼎盛时期。隋唐的进步吸引了数以万计的邻国人士来求学、取经和经商。隋代，倭国先后四次派遣使臣朝贡隋王朝，隋朝廷也派裴世清出使日本。唐王朝与朝鲜和日本一些政权间的朝贡贸易是其重要的经济交流形式，其朝贡次数频繁，朝贡和回赐物品也远远多于曹魏时期。

朝贡贸易是一种官方使节在往返两国时以礼物赠答进行交换的贸易方式，其具有政治外交和经济贸易两层内涵。朝鲜半岛新罗与隋唐的朝贡，实际是一种内涵繁复的官方贸易，在很长的历史时期内，中国与朝鲜以及日本各政权之间的朝贡贸易均是通过东方"海上丝绸之路"进行的。

隋唐时期的山东是对外贸易和文化交流的重要基地，当时与朝鲜和日本的贸易活动大都在这里进行。其间，山东半岛与朝鲜半岛的人员往来和海上贸易达到有史以来的最高峰。山东半岛登州等诸多港口既是朝鲜和日本进出中国的主要口岸，也是彼此贸易的重要基地。唐中后期，由于与新罗往来日益紧密，经贸活动也日趋频繁，在山东半岛沿海，新罗商船遍布各个港口，甚至有许多新罗人定居在山东半岛，专门从事海运及经商活动，这有力地推动了唐与新罗，包括与日本的海外贸易。

在朝贡贸易中，大唐帝国为了展现自己的富饶与地位，对朝贡回赠的物品在数量和质量上往往都超过朝贡的物品。回赠物品以"锦彩""彩帛""文锦、五色罗、紫绣纹袍"等高档丝织品为主，而这些高档丝织品也正是山东一带所生产的。唐代山东是全国丝绸的主要生产地，双方通过山东半岛向外输出的物品，自然以丝绸制品为多，同时还有一些体现当时先进文化和先进科技的书籍。

隋唐王朝与朝鲜和日本之间的朝贡往来，是一种相对的官方贸易。朝鲜和日本派出的使团实际上是庞大的贸易使团，从隋唐王朝获得远远优于朝贡品的回赐品，是朝鲜和日本使团的目的之一。除了带给隋唐皇帝的贡品外，使团每个成员也会带有大量物品，用于到中国后交换生活必需品，但因为隋唐政府对使节按惯例供应食宿，所以使团成员往往将携带的物品在京都和地方市场销售或交换其他物品。"朝贡贸易"引起了朝鲜和日本对中国商品的浓厚兴趣，刺激了他们对中国商品的大量需求，吸引了大批民间商人加入海上贸易。

伴随地方诸侯势力的崛起，中朝各自政权对地方的控制力逐步减弱，地方诸侯和民间商人渐渐占据了商贸往来和文化交流的主导地位。山东半岛李氏家族和新罗"海上王"张保皋所从事的海上贸易，利用自身的权势，把持庞大的海上运输船队，使山东半岛与朝鲜半岛之间的海上运输呈现空前繁荣局面。

高丽后代李氏家族祖孙三代积极开拓海外贸易，发展经济，并被唐朝授权负责对新罗的外交事务达六十余年之久，其间李氏家族把持了山东半岛的陆运和海运，掌控了整个山东半岛的海外贸易。同时，李氏家族极为庇护新罗人，他们吸引大批新罗人来山东定居并加以庇护，以致李氏家族控制的山东半岛是当时新罗人来中国活动和居住数量最多的地区，这些地区有众多的新罗村、新罗坊、新罗馆、新罗所等。可以说，李氏家族在从掌管的外交事务中获利巨大的同时，也推动了民间海上贸易的发展。

新罗人张保皋在制止新罗人口贩卖、武力扫荡海盗、确保"海上丝绸之路"畅通等方面作出了巨大贡献。他利用控制新罗国西南海上的优势，凭借有利的地理位置和丰富的海上经验，发挥了自己熟悉中国情况的优势，从事利润丰厚的国际贸易。他还动员和组织了山东半岛一带的新罗侨民，在山东半岛建起国际贸易重要基地，把新罗国清海镇和山东半岛的赤山浦作为中韩日三国贸易的重要基地和主要通道，并且在赤山浦建起了新罗人从事佛事活动的主要场所赤山法华院，他几乎垄断了三国的海上贸易，成为当时东方最大的国际贸易集团，被称为"海上王"。

根据文献的记载，唐和新罗间的民间海上贸易已经比较普遍。如日僧圆仁的《入唐求法巡礼行记》记录了一些新罗人经"海上丝绸之路"赴唐朝经商的事。又如总章二年（669年），新罗人朴义湘即"附商船达登州岸"，返回新罗时，朴氏"复至文登旧檀越家，谢其数稔供施，便慕商船，迳巡解缆"。① 这里的"慕"当为"募"，可见，朴氏来去唐朝皆搭乘商船。又如文宗开成元年（836 年），新罗从海道运来一批铜，淄青节度使上奏唐廷批准进口。大中元年（847 年），圆仁和尚在文登赤山遇新罗人郑客、在密州诸城遇新罗人陈忠，后又遇到拥有 44 人的新罗金珍商队。由此可以看出，在山东半岛经商的新罗商船很多，商队庞大，贸易频繁，辐射面广。

民间贸易的情况还可以从唐朝的一些规定中反映出来：德宗建中元年（780 年），唐朝廷规定，不得与新罗做绫、锦、丝、布、银、铜、铁以及奴婢等交易。禁令从侧面反映了当时两国的民间存在进行上述各类物品贸易的事实。可见，公元 6 世纪末至 10 世纪，中国与朝鲜半岛的民间贸易一直在进行。

朝贡贸易、李氏家族、张保皋等垄断性的贸易集团以及有实力的金珍等新罗民间贸易船队，他们共同繁荣了这一时期的海上贸易。

（三）宋代设置市舶司及贸易活动

两宋时期，是中外贸易蓬勃发展的时期，登州、密州、莱州等沿海地区是山东对外交往活动主要聚集地，是中朝之间进行经济贸易和使节往来的重要通道。

宋哲宗时，由于安全原因登州已成军港，为了与高丽贸易往来的方便，北宋将密州板桥镇改为与高丽等外国通商的北方商港，先后在此设置了管理舶商贸易的榷易务和市舶司。自此，密州成为中朝交往的主要地点，山东半岛成为与朝鲜、日本交往的正式门户。除此之外，也有南方沿海以及南洋一些国家的商船至此，贸易一度繁盛。

宋代市舶司的主要职责是"掌藩货海舶征榷贸易之事，以来远人，通远物"②。当时密州市舶司的作用有两点：一是负责接待官方贸易使团，确定

---

① 赞宁：《宋高僧传·义解篇第二之一·唐新罗国义湘传》卷 4，中华书局 1987 年版，第 76 页。

② （元）脱脱等：《宋史·职官志》，中华书局 1977 年版，第 3971 页。

商品价格和数量。宋代与高丽的官方贸易以朝贡贸易形式进行，市舶司作价对方所带礼物，并回赠相应商品作为礼物，这是一种物与物、商品与商品的交换贸易。对于高丽的朝贡，宋朝政府如唐朝一样采取厚待远人的原则，用远高于高丽贡献物品价值的物品来回赠，其中主要是纺织品和手工艺品。北宋年间，由于高丽使节入贡较为频繁，政府还在山东等地设立馆驿负责接待，并征集商品与其贸易。二是对私商加以征税。市舶司除了检验高丽使节朝贡物品之外，还要对往来商船进行抽解和征税。两国之间彼此贸易往来首先向市舶司呈报具体情况，经检查批准后发给公文，才可通行；船舶返航，依然要向市舶司交纳公文，进港后，由官员验证查明，押解部分实物作为政府税收，政府再根据需要，按照规定价格官市若干份，后才听市于民。对于高丽驶入山东的商船，也按此法征税。

据史料记载，整个两宋期间，高丽遣使入宋达 50 余次，宋使至高丽达 20 余次。每次使节往返，都伴随着大批的贡品和礼物交换，品种之多、数量之巨是之前任何朝代无法比拟的。据《宋史·高丽传》和《宋史·食货志》等史料记载，高丽"朝贡"宋朝的商品数量大、种类多，主要有兵器、战马、丝绸、金银饰器、香油、人参、茯苓、松子、铜器、硫磺、青鼠皮及日用品之类。宋朝输向高丽的商品主要有：绫绢、锦罗、白绢、金银器、礼服、瓷器、玉器、马匹、玳瑁、药材、茶、酒、蜡烛、钱币、孔雀、鹦鹉等，另外，各种书籍、绘画、乐器等也大量传入高丽。宋的积极态度，维系和推动了宋朝和高丽之间的贸易。当时的山东是中国丝绸的主要产地，由于山东丝绸的高产高质，以及为了免却长途运输的劳苦和额外运费，宋朝使节及随行人员携带到高丽销售的物品大都在山东半岛购买，这在一定程度上直接促进了山东货物对朝鲜半岛的出口。同样，高丽使者借出入宋境之便利，从市场上直接购买丝绸类物品，从事贸易活动。由于宋朝的经济权力尽收于官府，士大夫必须兼营农桑之业才能赡养家庭，政府对这种私下的贸易活动，也大都持鼓励态度，朝廷支持并鼓励使臣以个人身份与高丽交易，还特许从国库中预支钱币，以置办与高丽交易的货物。

宋朝政府以经济手段迎合高丽追求经济利益的目的，促进了官方外交，为贡使贸易的发展提供了良机。但这也给宋朝造成了极大的经济负担,产生了不少社会问题,因此双方官方贸易曾经中断。1115 年,金国建立,高丽对金称臣,再次威胁到宋王朝,外加民生凋敝、财政拮据致使南宋政府多次婉拒高丽朝贡。宋孝宗时完全断绝了官方外交,朝贡贸易不复存在,仅靠私商往来维系贸易。

(四) 明清时期海运及"渔采贸易"

明清时期的人员往来和物资交流虽有较大规模,但也受到一些因素的制约。首先,造船业在明朝因林木缺乏和官方限制等种种原因逐渐陷入萎缩状态。民间拥有的海船一般都是小吨位船只,而且数量不多。嘉靖五年 (1526 年),朝廷勒令登州停止造船,甚至明末海运海战复起,海船用量急剧增加,山东的造船业也没有出现振兴的迹象。另外,还受到两国海禁和闭关政策的影响。海禁隔断了彼此之间的往来,给中朝日之间的正常交流造成了严重的障碍。再者,明后期至清代,伴随资本主义的萌芽,东南海沿岸贸易规模扩大、发展加速,山东半岛登莱一带却灾荒频生,经济发展缓慢。由于经济发展落后,商品的短缺,登莱一带与朝鲜和日本等国的经济交往受到了很大的影响,逐渐落后于南方地区。

明初,由于陆路不畅通,山东半岛成为中朝物资交流和人员往来最便捷的通道,通过山东半岛互相往来的使者、商人和商品增多。洪武九年 (1376 年) 五月,明政府将登州升格为府,高丽进贡中国的物品主要是马匹和布匹。据史料不完全统计,十几年内,从朝鲜运到中国的马匹达 35000 多匹。除了官方往来,民间来往中朝的也大有人在。另外,明初倭寇入侵,山东沿海军民与朝鲜人民共同配合、相互支援,屡次击退倭寇的入犯,维护了两国沿海的安全。在朝鲜缺少硫磺等制造武器的原料时,朱元璋下令将国内的硫磺从海路运往朝鲜。在明政府的援助下,朝鲜对沿海倭寇进行了有力的反击。在抗倭斗争中,中朝两国人民之间的友谊得到了增进。

永乐年间,明迁都北京,政治中心北移,同时海禁森严,中朝之间改由陆路交往,航海往来大为减少。万历末年,后金占据辽东大片疆土,中朝陆路交通被截断，山东与朝鲜的海上航线重新被启用。崇祯八年（1635年），后金降伏朝鲜，海上航线使用频率大幅上升。

明朝后期，中朝双方的官方联系陡然升温，日本侵入朝鲜，明政府派兵援朝，前后持续长达七年的时间。在此期间，登莱二州在海运中占有突出地位，成为明军支持朝鲜战争的兵源和物资输送基地，海路成为当时最重要的交通路线。明政府下令在山东沿海大兴屯田，设置卫所，将屯田所获用来供给军粮开支。同时将山东各地粮食转运到登莱一带，海运到朝鲜。与此同时，朝鲜方面也经常派遣船只前往山东沿海采购物资。

明朝，山东沿海人民一方面在防备倭寇方面作出了巨大贡献，另一方面与日本商人、僧侣和学者保持着正常交往。自明成祖永乐年间将首都自南京迁到北京后，外国使节必到北京。由于运河浚通，日本、朝鲜等国勘合船只均从杭州沿京杭大运河至北京，途经山东境内的济宁、临清、德州等城市时稍作停留并进行贸易，当地官府衙门予以接待。官方贸易形式一般是勘合船进入宁波后，先将货物发到或卸在运河沿岸各重要城市，由当地官员派人监督出售，然后在回国途中将所售货款换取的丝织品、土特产等实物带回。除了官方贸易，日本勘合船商人还从事一些私人小额贸易。勘合贸易加深了中日两国人民的相互了解，增进了两国的经济和文化交流，在一定时期、一定程度上减轻了倭寇对中国的威胁，有助于缓和两国的紧张局面。然而，勘合贸易并未如明廷所愿抑制住倭寇，后期反而成为明廷的负担，日本也因国内政乱无法组织勘合船，勘合贸易最终在嘉靖年间彻底结束。

因倭寇入侵，清代延续了海禁政策，严禁登莱沿海与朝鲜半岛之间的人员及贸易往来，但由于两地悠久的贸易历史和便捷的海上通道，两地之间的民间往来和海上贸易并没有被阻隔。顺治年间，朝廷厉行海禁，商船不许下海，海上民间商贸活动基本停止。康熙初年，出于对沿海渔民生计的考虑，朝廷允许沿海居民出海捕鱼，于是沿海的百姓常常以捕鱼、采药等名目与朝鲜沿海百姓进行贸易往来。此后禁令严厉放松多有反复。在这种背景下，山东与朝鲜的交往大为减少。另外，朝鲜使节来中国多走陆路，登莱沿海一带的交往一度较为沉寂。朝鲜为了配合清政府，并严下禁令，不允许山东等地船只私自入境，也曾多次将在朝鲜西海岸一带经商、采参的山东人押送回国。但在利益的诱惑下，朝鲜官员时有纵容交易往来。因此，山东沿海与朝鲜人民的交往有所减少，但却没有间断。

由于推行海禁闭关政策，清代与日本的交往也受到了限制。在朝鲜禁令偶有松懈时，日本商人便把朝鲜当作与中国进行贸易的跳板，双方的交易多在朝鲜的一些沿海港口进行，一些朝鲜商人也作为中间商从事中、日贸易。康乾年间，一些朝鲜人自登莱购得丝绸后，转卖给日本人，从中获利。

据记载，中朝日之间的海域时有"渔采贸易"活动，而且屡禁不止。在朝鲜半岛进行"渔采贸易"活动的，以山东半岛的船只为多，贸易量最大。这说明，多年的海禁并没有阻挡三国的民间交往及贸易往来。

清朝末年，政府腐败，列强侵入，清政府丧权辱国被迫接受不平等条约，烟台和青岛等港口城市相继开埠，东方"海上丝绸之路"承载了中国人民的屈辱。清光绪二十年（1894 年），甲午战争爆发，日本大举进攻中国和朝鲜，清政府腐败无能，不仅无力支援朝鲜，更没法保护自己的海疆和国土，日军在中国恣意横行，任意践踏，山东半岛更是首当其冲，昔日辉煌繁荣的东方"海上丝绸之路"瞬间弥漫在腥风血雨之中。

被迫开埠、甲午战争给中华民族带来了耻辱，同时也敲醒了人们的警钟，打开了山东与外部沟通的大门，西方文明通过"海上丝绸之路"涌入山东半岛，中国先进人士也纷纷走出国门寻找富国兴邦之路。

四、山东与朝鲜、日本的文化交流

在距今约四五千年前的龙山文化时代，山东半岛与朝鲜半岛、日本列岛的文化交流就已开始，并留下了大量的文化遗存。

（一）人口流动与迁徙

山东半岛人民群众早期向海外迁徙多是被迫的、不自愿的，是残酷战乱灾害迫使他们冒着九死一生的危险背井离乡，奔走海外异乡以求生存。虽然缺少文字记载，但从早期出土的文物看，山东人民远涉海外主要是到朝鲜和日本，他们迁徙的同时把当时较为先进的文明和技术带到这些地区，对加速这些地区的发展起到不可磨灭的作用。

箕子是商末贵族，子姓，名须臾，纣王时，曾官居太师，因封其国箕，故称为箕子。大多数学者都认为箕子最早活动在山东沿海一带，后在向山东西南部不断迁徙的发展过程中，融合了山东半岛上的一些小部族。箕子不满商纣王的暴政和淫逸，且屡谏不成，于是佯狂而为奴，鼓琴以自悲。昏君纣王不能领悟到他的忠心，反而将其逮捕入狱。公元前 1122 年，周武王攻占商都朝歌，将箕子释放。获释后的箕子从河南辗转行至山东半岛、辽东半岛，率数千人到朝鲜建立了朝鲜历史上的第一个王朝。

箕子到朝鲜以后的政绩主要有：一是为了让人民安居乐业，箕子在朝鲜当时尚未开发的土地上率先将商代的井田制移植到朝鲜，教民以耕种，并充分运用中原地区的先进生产技术对荒地进行开发，推动了朝鲜半岛早期的经济发展。二是箕子将商代文字、书籍、阴阳五行、礼乐制度、风俗习惯等带到了朝鲜，教人民以礼仪。三是箕子移民朝鲜后，为防所辖人民出现犯罪现象发生，"设禁八条"，教民崇尚法治。

在风俗方面，朝鲜半岛几千年来与山东半岛的人民多有相似之处，这在很大程度上发端于箕子集团将中国文化的东传。

徐福东渡。徐福东渡日本是早期山东历史上对外交往的重大事件。秦统一后，秦始皇数次东巡，宣威安邦。徐福原是生活在齐国的方士，他利用秦始皇追求长生不老的心理，两次得到秦皇允许打着官方旗号入海求仙人，实际是组织起能够到海外开发的千人庞大集团和丰厚的物资，进行有组织有目的的海外大移民。徐福船队的目标是朝鲜半岛南部或日本，航线是从山东半岛北部入海，沿着庙岛群岛，渡过渤海湾，抵达辽东半岛，沿海岸线至朝鲜半岛西海岸，再南下至日本九州岛。

徐福东渡，给当时生产力相对落后的朝鲜半岛南部以及日本带去了中国先进的文化和生产技术，为当地发展起到了很大的推动作用。汉时山东沿海人民沿着徐福集团东渡的路线大批迁往朝鲜，并有一部分南下去日本，为朝鲜和日本的开发与建设作出了贡献。韩国和日本至今仍在祭祀和纪念徐福。

秦之亡人。秦末,战乱和徭役逼迫许多百姓逃到海外谋生,秦朝的专制统治使许多不同政见者亡命他乡。山东半岛与朝鲜半岛隔海相望,流亡朝鲜半岛是山东的官员和百姓逃生的主要选择。

据史料记载,辰韩人来自中国,是由"避秦役"的"秦之亡人"组成的。① 因"避秦役"而移居朝鲜半岛南部的"秦人",多是从山东半岛"循海岸水行",乘船到了朝鲜半岛南部,并经马韩允许定居到了朝鲜半岛东南部,组建了辰韩部落。到南北朝时期,朝鲜半岛的邦国名称发生变化,高句丽把都城由纥升骨城迁到平壤,占据朝鲜半岛北部,马韩部落发展为百济国,辰韩和弁韩发展为新罗国。从北朝到隋唐,高句丽、百济、新罗都与山东半岛保持着密切联系。②

(二) 日本遣隋使、遣唐使登陆山东

隋唐时期,山东半岛作为通向日本朝鲜的门户的作用得到了很好的发挥。日本政府先后派出二十余次遣隋使和遣唐使。所有遣隋使和唐中期以前的遣唐使船均是经过山东沿海登岸,再向西进入河南,最后到长安。尤其是遣唐使成为唐代中日交往中的重要途径,其成员除了朝贡,还担负着学习和引进中国文化的重大责任。正是他们在中国孜孜不倦的学习和吸收中国文化,包括政治制度、经济制度、教育、法律、科技、军事等,然后带到日本,对日本社会最终完成"大化革新",为日本由奴隶制社会向封建制社会的转变作出了重要贡献。

隋建立后,分裂割据局面结束,社会经济得以发展。隋文帝末年出现繁荣景象。当时的日本处于推古朝时期,国内出现要求政治改革的强烈呼声,先进知识分子看到隋朝的繁华盛世便要求到中国来学习。

在这种背景下,日本政府于开皇和大业年间两次派使节到中国,并邀请

---

① 汉时,朝鲜半岛南部有三韩,即马韩、辰韩和弁韩。马韩位西,辰韩位东,弁韩位南。

② 王赛时:《山东海疆文化研究》,齐鲁书社 2006 年版,第 353 页。

中国派遣使节赴日本访问。开皇二十年（600年），日本使节到中国向隋文帝详细介绍了日本的状况。大业三年（607年），日本大使小野妹子一行向隋炀帝递交了国书，表达了日本天皇邀请隋使团访日的心愿。之后的裴世清访日便是受此邀请而成行的。裴世清访日是中华王朝政府派遣的第一个正式访日外交使团。自此后，中日关系展开了友好交往的新篇章。

公元608年，裴世清圆满完成使命，推古天皇派遣小野妹子之行伴其返回，与其同行的还有13名留学生和学问僧，作为日本政府派往中国的第一批留学生和学问僧，他们对中华物质文明和精神文明有着极为深刻的认识，为传播中国文化和推动日本政治改革作出了重要贡献。

日本大化革新时代，遣隋使提出要充分学习唐朝。在这种思想的指导下，日本先后派出15次较大规模的遣唐使团，其中7次从山东沿海登陆，8次从山东沿海返航，留学生和学问僧也随日本遣唐使团往返山东，自山东沿海登陆的留学生和学问僧一般每次100人左右，其中许多人后来成为日本著名学者。遣唐使团一般沿登州、莱州、青州、齐州（今山东济南）、曹州（今山东菏泽）进入河南，后经汴梁（今河南开封）、洛阳，抵达长安，此途亦是大唐文明传入朝鲜和日本的重要渠道。

新罗统一朝鲜半岛后势力日渐强大，与日本时有紧张，而当时朝鲜半岛上百济和高句丽充当对唐交通的媒介，所以这种紧张的关系使日本使节无法安全通过朝鲜的海岸。因此日本与唐朝新开辟了南路海上航线，自日本筑紫（今大阪）及南部的平卢岛、值嘉岛一带直渡东海抵达浙江宁波附近。[①] 这条航线虽航程短，但危险性远远大于经山东沿海的北路，因此公元8世纪后走南路往返的日本遣唐使船遇难者明显比之前走北路的要多。

依北线往返于山东半岛的日本遣唐使、学问僧、留学生及随行人员，虽然危险性相对要小，但依然困难重重，特别是唐后期自然灾害频生，安史之乱又导致登莱一带经济残破，遣唐使在途经此地时的粮食供应时常不足。面对种种磨难，他们学习传播中国文化的坚决信念从未动摇。这一时期，不仅

---

① 朱亚非、张登德：《山东对外交往史》，山东人民出版社2011年版，第74页。

儒家文化传入日本，中国的佛教亦经海路传入日本，并得以接受、流传和发展。

(三) 新罗人在山东的活动

隋朝至唐初，高句丽、新罗、百济三个政权在朝鲜半岛共存，除高句丽因与中国陆路相接，往来通过陆路以外，其余二国往来多走海路，山东登莱地区即为隋朝及唐初中国与百济、新罗交往的重要门户。

隋唐四百余年，新罗与隋唐王朝之间多方面往来最多，达 120 余次。唐代开元年间新罗援助登州击退了渤海靺鞨政权的入侵。唐宪宗年间，新罗出兵援助唐朝镇压节度使李师道的叛乱。在唐朝与新罗的经济交往中，山东沿海的登州、莱州是两国贸易的桥梁和通道。此时山东沿海一带的民间贸易相对官方贸易来说更为兴盛，在日本、新罗和山东的新罗商船往来较为频繁。

同时，新罗王朝不断派遣留学生到长安国子监学习，一般要求学习 10 年后回国效力。在这些留学生中涌现出像金云卿、崔致远等杰出人物，他们大都自山东沿海地区进入中国，到唐朝学习期满后出任唐朝官员或回国为官。他们把中华文明带回新罗，推动了新罗社会的改革和进步，山东地域文化包括民间习俗等更是与朝鲜当地文化相融合，并相互吸收。

唐代许多文人和僧人往来于两地之间，一些新罗著名的佛教僧侣也到过山东半岛，在今荣成市赤山主峰下，依然有当年新罗人张保皋建造的著名佛事寺院法华院。新罗佛教的早期传播者慈藏渡海至登州，后至长安，经五六年刻苦攻读后携藏经、妙像、幡花等归国。经他传播，新罗"一代佛法，于是兴显"。另外，如新罗僧慧业、玄太、真鉴禅师以及圆仁在《入唐求法巡礼行记》中提到的戒明法师等，都是在朝鲜历史上颇有名气的高僧，他们来华求法，或留居山东半岛，或途经山东半岛，均为中朝之间的相互了解及文化交流作出了贡献。

唐后期，山东半岛莱州、登州、高密诸地到处有新罗人开设的新罗所、新罗馆、新罗坊等客栈，反映了山东半岛与新罗之间交往的密集和发达。

唐以后，经五代十国时期朝代的更迭，中原五个王朝与朝鲜半岛的往来只能通过山东半岛，登州、莱州、密州等港口成为中原五个王朝与朝鲜半岛诸国、日本友好往来和商贸活动的主要口岸。

（四）明清时期朝鲜、日本文人学士与山东

明清时期，是继隋唐以后山东半岛与朝鲜、日本交往的又一重要时期。由于辽东半岛被后金控制，东北陆路通道不畅，朝鲜、日本使者及文人学士往来中国，均以山东为口岸，山东成为朝鲜、日本文人学士往来中国的必经之路。因此，这段时期文人墨士交流颇多。受中华文化的影响，朝鲜和日本文人习学汉诗，造诣颇深，故来华使者多奔向齐鲁学界交流诗作，山东与朝鲜的海上航线由此成为文化交流的重要渠道。

明初，往返登莱一带的中朝人员和商品之数量均超过宋元时期。明政府对待朝鲜和日本文士大都采取比较宽容和默许的态度。当时的登州就是文人们的诗会场所，蓬莱阁更是文人聚集之地，使团中的文人驻足登州，在办理公务之余留下了许多有感于景物与明朝文人唱和的诗文作品，“地隔言虽异，心同道已亲”（《东槎录·次赠别吴晴川》）① 正是表达了文人们的共同心声。洪武年间，朝鲜杰出学者郑梦周受朝鲜李朝的派遣，两次走登莱水路出使中国，留下《登州仙祠》和《蓬莱阁》等记载当地风情的诗文。两首诗不仅记载了蓬莱景观，而且追溯到徐福东渡的历史，由此可见，郑梦周对当地文化、中日交往有较深的了解和领悟。另外，洪武年间出使中国的郑道传、李崇仁、权近等朝鲜使臣也是从水路经过山东进京朝贡的，他们在登莱等地也都留下了诗文，成为中朝友好交往的见证。

永乐十九年（1421 年），明朝首都自南京迁到北京，之后外国使节凡来中国朝贡，必到北京。日本、朝鲜及一些其他外国使节，均自福州、浙江入明，从杭州沿京杭大运河至北京。自宣德年间到嘉靖年间，日本政府共派遣

---

① ［韩］林基中编：《燕行录全集》第 17 卷，韩国首尔东国大学出版部 2001 年版，第 604 页。

了 11 次勘合贸易船，路经大运河沿岸一些重要城市稍作停留，当地的官府衙门予以接待。山东运河两岸的济宁、临清、德州等重镇，便与朝鲜和日本的使者之间保持着正常的交往。来中国的勘合船使团成员中，除了政府使节和商人外，还有一些僧侣和文人学士，他们来中国主要是为了游览和学习。他们遍游山东的名山大川、古寺名刹，以此来广泛吸取中国文化。如日本著名的佛教僧侣了庵桂悟、策彦周良曾数次往返山东学习中国文化，画家雪舟等杨游齐鲁、登泰山，在中国学习绘画艺术，最终成为日本一代画圣。他们在山东受到政府和民众的热情款待，并与山东当地文人学士、僧侣结为好友，为推动中日文化交流作出了贡献。

明清之际，朝鲜政权还派遣留学生经海路至登、莱再转赴南京，少数学生还曾参加了明朝的进士考试，有的还被授予县丞职位。另外，有朝鲜贡使在往返途中与山东半岛的一些官员和学者人士建立了深厚的友谊。

明清时期是古代中朝、中日文人学士交流的高峰时期，彼此之间交流的深度与广度超过以往任何一个时期。流传至今的诗词文赋绘画都是中朝、中日文人学士通过"丝绸之路"广泛而深入交流的有力证据，可以帮助今人更好地了解中国与朝鲜和日本关系的悠久历史，有利于在新的平台上进一步加强跨文化交流与传播。

山东凭借得天独厚的自然环境以及相对发达的社会经济，理所当然成为中国蚕桑业最早发源和发达之地。山东蚕桑业之发达为其丝织业高质高量的发展奠定了基础，也为山东成为陆上丝绸之路的源头铺平了道路。

与陆上丝绸之路相互联系、互为影响的是"海上丝绸之路"。以山东为源头的东方"海上丝绸之路"兴起于先秦；兴盛于秦汉魏晋；盛唐时期，从山东进出中国大陆的东方"海上丝绸之路"达到空前繁荣；之后，航线和口岸逐步南移，但朝贡贸易的发展和遣隋使、遣唐使的大批涌入，山东与朝鲜和日本之间的贸易和文化往来从未中断；明时，中朝关系最为密切，山东通过海路向朝鲜运输了大批军需和民用物资，发展了中朝贸易，维护了中朝友谊，抗击了倭寇的侵略；清初，朝廷虽海禁严厉，但"渔采贸易"屡禁不止，山东沿海百姓与朝鲜和日本百姓的交往未曾中断；清末，烟台、青岛开埠，甲午战争的炮火，使清末的"海上丝绸之路"东方航线承载了中华民族的屈辱和觉醒。

山东半岛与韩日数千年来所积淀的友好文化和贸易往来，仍然对今天中国与韩日的经贸活动和友好往来，产生着重要而又积极的影响。陆海丝绸之路把世界不同的文明连接起来，促进了中外文化的交流，增进了中外人民的友谊，丰富了中国文化的内涵，并对整个人类文明史产生了深远的影响。

第四章 山东推进"一带一路"建设的意义与 SWOT 分析

建设"丝绸之路经济带"和 21 世纪"海上丝绸之路",是新形势下我国构建全方位对外开放新格局、培育发展新优势的重大战略部署,是适应国际经济格局新变化、顺应经济全球化和国际区域经济一体化纵深发展新趋势的必然选择。积极参与并推进"一带一路"建设,是山东贯彻落实中央决策和国家战略、加快对外开放步伐、进一步推动科学发展的一项重要任务。本章在阐述山东参与并推进"一带一路"建设意义的基础上,重点对山东参与并推进"一带一路"建设的内部条件和外部环境进行深入分析。

一、山东参与并推进"一带一路"建设的重要意义

建设"一带一路",是我国加强与周边国家往来的重大战略构想,是我国新一轮全方位对外开放战略的组成部分,对于形成全方位开放新格局、提升我国对外开放水平、促进我国经济转型升级具有十分重要的战略意义。作为我国东部沿海地区的经济文化大省之一,山东正处于经济社会转型发展、经济文化强省建设的关键时期。积极参与"一带一路"建设,推动山东与"一带一路"沿线国家和地区在更宽领域、更高层次上开展交流合作,有利于提升山东开放型经济发展水平、促进山东经济转型升级、增强山东在全国区域经济发展大格局中的地位和作用,意义重大。

（一）提升山东开放型经济发展水平的重要途径

经过 30 多年的改革开放，山东经济已深深融入全球经济体系。对外开放是拉动山东经济增长的重要动力，对外开放领域的不断扩大和对外经贸规模的持续提高，拓展了经济发展空间，加快了工业化、城镇化发展进程，对山东经济三十多年的持续快速增长发挥了重要作用。国际金融危机以来，全球经济格局发生了深刻变化，一方面，欧美等发达国家市场需求明显减弱，全球范围内市场、技术、资源等的竞争日益激烈，同时欧美等发达国家正在不断强化其在新一轮贸易规则中的话语权，对我国开放型经济发展构成明显的不利影响；另一方面，新兴经济体和发展中经济体快速崛起，占全球 GDP 的比重已经超过 50%，全球经济中心正在由发达国家逐渐向发展中国家转移。为适应国际经济格局的新变化，我国提出了"一带一路"的战略构想，以全新的理念推动我国新一轮对外开放。

"一带一路"的战略构想明确了我国深化对外开放的新路径。山东是一个开放型经济大省，对外贸易、利用外资、对外投资均处于全国前列，积极参与"一带一路"建设对于山东提升开放型经济发展水平、以开放促发展具有重要意义。一是有利于拓展对外贸易发展空间。经贸合作是"一带一路"建设的基础和主轴。"一带一路"沿线国家和地区大多是发展中国家和新兴经济体，总人口约 44 亿，经济总量约 21 万亿美元，分别约占全球的 63% 和 29%[1]，人口数量、市场规模和潜力巨大。积极参与"一带一路"建设，有利于山东农产品、工业产品出口多元化市场格局的形成，促进产品出口规模的扩大。同时，"一带一路"沿线许多国家能源资源富集，有利于山东拓展能源资源进口渠道满足经济发展对能源资源的需求。二是有利于企业扩大对外投资。目前，山东开放型经济发展已进入产品输出和资本输出并重阶段，企业"走出去"的意愿强烈。"一带一路"沿线的东南亚、中亚、南亚、西亚等重点区域多数国家虽然资源丰富，但加工制造能力相对薄弱，迫

---

① 高虎城：《深化经贸合作 共创新的辉煌》，《人民日报》2014 年 7 月 2 日。

切需要加快产业发展和产业升级，以增加就业和税收、提升工业化水平。积极参与"一带一路"建设，对接对方需求，加强与沿线国家之间的产业合作，将为山东轻工、纺织、建材、装备制造等传统优势产业"走出去"提供广阔舞台。三是有利于促进开放型经济新体制的构建。在推进"一带一路"建设过程中，一方面，我国将与沿线国家充分依靠既有的双多边机制，借助既有的、行之有效的区域合作平台，加强经贸合作；另一方面，我国将与沿线各方加强政策沟通，促进贸易和投资便利化，消除贸易和投资壁垒，降低贸易和投资成本；再一方面，我国将积极与沿线有关国家和地区发展新的自贸关系，逐步构建立足周边、辐射"一带一路"、面向全球的高标准自贸区网络。山东积极参与"一带一路"建设，有利于在深化与沿线国家经贸合作中加快开放型经济体制机制创新。四是有利于形成全方位对外开放格局。与全国的情况类似，改革开放以来山东的对外开放总体也呈现东快西慢、海强陆弱格局。同东部沿海地区相比，山东中西部地区尤其是西部地区对外开放起步较晚，开放型经济发展水平明显偏低。山东积极参与"一带一路"建设，有利于在推动东部沿海地区开放型经济率先转型升级的同时，加快本省中西部地区对外开放步伐，形成全方位对外开放新格局。

（二）促进山东经济转型升级的现实需要

改革开放以来，山东依托劳动力资源丰富等优势，加快推进工业化进程，充分利用国际国内两个市场、两种资源，积极承接发达国家产业转移，经济发展取得了巨大成就，成为经济总量位居全国第三的经济大省。山东是全国第一农业大省、第一工业大省，农产品出口额连续多年位居全国首位，规模以上工业主营业务收入位居全国第一。但是，近年来山东经济发展面临着产业结构不够合理、生产要素成本快速上升、资源环境约束日益加剧、市场竞争日趋激烈、工业产能过剩突出等矛盾和问题，加快经济转型升级已成为实现山东经济持续健康发展的客观要求。

山东积极参与"一带一路"建设，将有效提升对外开放水平，拓展经济发展的腹地与市场，对于促进经济结构调整和转型升级意义重大。一是有利于促进山东高端产业发展。近年来，山东积极实施高端高质高效产业发展战略，大力推进产业结构调整，加快发展高端制造业、战略性新兴产业和现代服务业。山东与"一带一路"沿线国家和地区产业互补性较强，积极参与"一带一路"建设有利于拓展山东高端产业海外市场，促进山东产业结构优化调整。同时，通过扩大与"一带一路"沿线国家和地区的经贸往来，有利于扩大国际物流、国际金融服务、跨境旅游等产业规模，促进山东现代服务业发展。二是有利于推进山东传统产业改造升级。山东是一个工业大省，传统工业仍是山东工业的主体。目前，山东产能过剩问题突出，钢铁、盐化工、煤化工、水泥、平板玻璃、石油炼化、工程机械等行业产能利用率不足，这些行业的产能利用率明显低于国际公认的正常水平。调结构、化解产能过剩，是山东经济发展面临的一个突出问题。"一带一路"沿线国家和地区大多劳动力成本低、资源能源丰富、工业化发展水平不高。山东积极参与"一带一路"建设，一方面可以拓展传统工业行业市场空间，扩大传统工业产品出口；另一方面可以通过产业合作促进传统产业优势产能向"一带一路"沿线发展中国家转移，拓展传统产业境外发展空间。同时，有利于提升山东企业的国际化经营水平，培育源于山东本土的跨国公司。三是有利于加快山东海洋经济发展。山东是一个海洋大省，2013 年全省海洋生产总值突破 1 万亿元，约占全省 GDP 的 18.1%。积极参与"海上丝绸之路"建设，加强山东与"海上丝绸之路"沿线国家在港口航运、海洋能源、经济贸易、科技创新、生态环境、海洋及滨海旅游等领域的合作，有利于发挥山东海洋资源丰富、海洋产业基础雄厚的优势，提升海洋经济发展水平，加快向海洋经济强省迈进。

（三）增强山东在全国区域经济发展大格局中地位和作用的必然选择

作为我国的人口大省、经济大省、文化大省，山东在全国发展大局中占有重要位置。黄河三角洲高效生态经济区建设、山东半岛蓝色经济区建设相继纳入国家区域经济发展战略，国务院将山东列为全国第一批海洋经济发展试点省份，这些都体现了山东在全国区域经济发展大格局中的重要地位和作用，体现了党和国家对山东发展的高度重视。近年来，国内区域经济发展格局发生明显变化，京津冀一体化发展、长江经济带建设已被纳入国家战略，相关规划和指导意见即将出台。在国内区域发展竞争日趋激烈的背景下，抓住国家重大战略机遇加快发展是山东增强在全国区域经济发展大格局中地位和作用的必然选择。

习近平总书记2013年相继提出建设"丝绸之路经济带"和21世纪"海上丝绸之路"的重大战略倡议以来，国内众多省份都在以最快的速度抢滩这一新时期的重大战略利好，不少省份已率先布局地方版的"一带一路"建设。山东作为东部沿海的经济大省，具有突出的区位优势、产业基础优势和对外开放基础优势，积极参与"一带一路"建设，有利于增强山东在全国区域经济发展大格局中的地位和作用。一是有利于山东成为我国全方位对外开放的重要门户。山东是"丝绸之路经济带"与"海上丝绸之路"的重要交汇点，港口和陆路运输优势突出，是连接"一带一路"的重要交通物流商贸枢纽、我国推动东西双向开放的重要桥头堡。加强山东与中亚、西亚、中东欧、东亚、南亚等区域经贸、产业、能源、交通物流、人文等领域的合作，有利于把山东打造成为我国全方位对外开放的重要门户，对环渤海区域和黄河流域中西部省份深化对外开放发挥重要促进作用。二是有利于山东在我国海洋经济对外合作中发挥突出作用。山东在海洋经济、海洋科技、海洋教育、海洋人才等方面具有突出优势，而且东亚海上合作平台已正式"落户"山东。积极参与"海上丝绸之路"建设，通过海上互联互通、港口城市合作机制以及海洋经济合作等途径，深化与东亚、东南亚国家的合作，将使山东在我国海洋经济对外合作中发挥更为突出作用。三是有利于山东成为促进全国东中西联动开放和中西部加快发展的重要引擎。新亚欧大陆桥横贯我国东、中、西部，覆盖了我国1/3的国土面积和人口，是连接东部沿海发达地区和中西部内陆地区的重要纽带，是"丝绸之路经济带"建设的重要依托。山东作为新亚欧大陆桥经济走廊的重要沿线地区，拥有青岛、日照等新亚欧大陆桥东方桥头堡，为广大中西部扩大东向开放提供了重要出海通道；同时，山东具有产业、科技、资金、人才、政策体制等方面的优势，我国中西部地区产业基础相对薄弱，山东通过与中西部地区开展产业链分工合作，推进产业、资金、技术、人才向中西部地区转移，有利于促进中西部地区的资源开发、产业发展，增强中西部地区扩大向西开放的产业支撑，促进我国东中西部联动开放、优势互补、协同发展。

二、山东参与并推进"一带一路"建设的内部条件分析

山东参与并推进"一带一路"建设具有诸多优势，同时，也存在一些需要克服和解决的薄弱环节。准确分析和把握山东参与并推进"一带一路"建设存在的优势和不足，对于科学制定相关策略至关重要。

（一）山东参与并推进"一带一路"建设的优势和基础

山东参与并推进"一带一路"建设的优势和基础体现在区位优势、交通物流优势、产业优势、对外开放基础优势、科技人文优势等多个方面。

1. 区位优势和交通物流优势

区位优势优越。从国际区位看，山东突出在渤海与黄海之间，是中国北方大陆伸向西太平洋的前缘，与朝鲜半岛、日本列岛隔海相望，是我国大陆最接近日韩两国的地区，处于东北亚经济圈的核心地带，参与东北亚发展合作和竞争的条件得天独厚；山东处于我国北方海岸线的中偏南段，与东北亚、东南亚、大洋洲通过海路实现道路联通条件良好，有利于开展与这些区域的经贸合作。从国内区位看，山东处在经济比较发达的长江三角洲和京津冀之间，北接京津冀，南联长三角，有利于与这些区域实现对接合作、协同发展；山东作为新亚欧大陆桥经济走廊的重要沿线地区，不仅是沿黄中西部各省区的重要出海门户，而且与我国中西部地区在经济发展上具有较强的互补性，尤其在能源、资源和原材料等方面，合作空间广阔。

交通物流优势突出。山东交通基础设施发达，基本构建起快速、便捷、

安全的综合运输体系。省域内"五纵四横一环八连"高等级公路网主骨架基本形成,公路密度达到每百平方公里 156 公里,是全国高速公路最长、质量最好的省份。铁路通车里程已达 4211.7 公里,专用线 500 余条;京广、京沪、京九线等高速铁路线经过山东,胶济和兖石铁路纵贯山东境内,铁路运输便利。以济南、青岛、烟台、威海四个国际空港为主的客货机场,共开通国际国内航线 300 多条。山东管道运输发展迅速,输油气管道长度已达 10035 公里。山东拥有丰富的港口资源和良好的建港条件,港口优势突出,目前初步形成了以青岛港、日照港和烟台港为主枢纽港,龙口港、威海港为地区性重要港口,潍坊、蓬莱、莱州等中小港口为补充的现代化港口群,沿海港口生产性泊位达到 501 个。山东是我国长江以北唯一一个拥有三个超两亿吨大港的省份,2012 年青岛港完成吞吐量 4.15 亿吨、日照港完成 2.84 亿吨、烟台港完成 2.7 亿吨,占全省沿海港口吞吐量的 91%。山东沿海港口航路密布,远洋航线通达全球 140 多个国家和地区,与 21 世纪"海上丝绸之路"沿线国家海路连接通畅。2012 年,山东省沿海港口吞吐量突破达到 10.6 亿吨,其中集装箱完成 1898 万标箱,外贸吞吐量完成 5.9 亿吨,外贸吞吐量和集装箱完成量均位居全国前列。作为全国首个开展陆海联运试点的省份,山东积极推进中韩水运合作,青岛、烟台、威海、龙口、石岛和日照六个口岸开通中韩陆海联运汽车货运项目,韩国开放的口岸是仁川港、平泽港和群山港,两国间的货车可以开上轮船直接"门到门",鲁韩贸易基本实现无缝化对接。近年来,山东仓储、物流业快速发展,到 2012 年年底已有在建物流园区 339 个,物流中心 407 个,骨干物流企业 661 个。四通八达、方便快捷的交通物流体系,为山东参与"一带一路"建设提供了便利条件。

2. **产业优势**

山东经济总量位居全国第三,2013 年,全省实现生产总值(GDP)54684.3 亿元,人均生产总值 56323 元(按年均汇率折算为 9094 美元)。近年来,山东按照增创农业发展新优势、推动工业由大变强、促进服务业跨越发展的思路,着力推进产业结构调整,2013 年三次产业比例为 8.7:50.1:

41.2。山东农业、工业、海洋经济发达，产业体系完备，与"一带一路"沿线国家和地区产业合作空间广阔。

山东的产业优势主要体现在以下几个方面：（1）农业产业优势。山东农业在全国占有重要地位，第一产业增加值多年位居全国第一位，粮棉油、瓜果菜、畜产品、水产品等主要农产品产量一直位居全国前列，农产品出口占到全国的四分之一，连续多年保持全国第一。2012 年，山东农产品进出口总值为 366.8 亿美元，其中出口额为 150.2 亿美元。（2）工业产业优势。山东是全国重要的工业大省，工业体系门类齐全，能源、化工、冶金、建材、机械、电子、纺织、食品等行业在全国占有重要地位；拥有一大批骨干企业和知名品牌，规模以上工业实现增加值、利润和利税位居全国前列，2012 年山东规模以上工业企业达到 38654 家。近年来，通过积极推进钢铁、汽车、有色金属、装备制造、船舶、信息、纺织等重点产业调整振兴，着力培育新材料、新能源、生物技术和新医药、新信息等新兴产业，山东工业产业结构得到进一步优化。山东制造业占全省规模以上工业的比重持续提升，2012 年制造业增加值占全省规模以上工业增加值比重达到 87.5%；高新技术产业蓬勃发展，电子信息、生物工程、医药制造、新能源和新材料等高技术工业已成为带动山东工业持续较快发展的重要力量，2012 年高新技术产业产值占规模以上工业比重达到 29.1%。（3）海洋经济优势。山东是一个海洋资源大省，海洋经济拥有良好发展基础，山东半岛蓝色经济区建设已上升为国家战略，海洋经济进入快速发展时期。近年来，山东海洋资源开发利用和海洋经济发展取得显著成效，形成了以海洋渔业、海洋交通运输业、海洋油气业、海洋船舶工业、海盐业、沿海旅游业为主体的海洋经济支柱产业，同时，海洋电力和海水利用、海洋化工、海洋药物、海洋工程建筑业等相关产业也已初具规模。2012 年山东海洋生产总值 9460 亿元，占当年全国海洋生产总值的比重达到 18.9%。

"一带一路"沿线国家和地区多数为发展中经济体，经济发展水平不一，产业跨度较大，与山东之间具有很强的产业互补性。目前，山东正在实施"腾笼换鸟"产业转型升级战略，山东良好的产业基础和巨大的产业发展潜力,为开展与"一带一路"沿线国家和地区的产业合作提供了坚实基础。

3. 对外经贸合作基础优势

山东是我国率先对外开放的沿海省份之一,又是经济实力雄厚、人口众多、市场潜力较大的经济大省、人口大省。改革开放以来,山东发挥自身比较优势,积极参与国际分工和竞争,不断融入经济全球化和区域经济一体化进程,对外贸易、利用外资规模快速扩大,近年来对外投资快速发展,对外经贸往来日趋密切,对外经贸合作基础优势突出。山东对外经贸合作基础优势体现在以下几个方面。

(1) 对外贸易规模位居全国前列。山东对外货物贸易规模分别在 2007 年、2011 年突破 1000 亿美元和 2000 亿美元大关;2013 年,全年实现进出口 2671.59 亿美元,占全国对外贸易总量的 6.4%,居全国第六位,其中出口 1345.1 亿美元,占全国的 6.1%,进口 1326.49 亿美元,占全国的 6.8%。近年来,山东服务贸易发展步伐加快,2011—2013 年山东服务贸易连续跨越 300 亿美元、400 亿美元和 600 亿美元三个台阶,2013 年全省服务进出口总额达到 613.5 亿美元,服务贸易在山东对外贸易总额中的占比稳步提升,2013 年为 18.2%。在对外贸易规模持续扩大的同时,山东货物出口结构和服务出口结构也在不断优化。

(2) 利用外资稳定增长。山东产业发达、基础设施条件良好,吸引外资能力较强,外商直接投资始终处于稳定增长态势。2013 年,山东新增外商投资项目 1405 个,合同外资 177.1 亿美元,同比增长 7.0%;实际利用外资 140.5 亿美元,同比增长 13.8%,占全国实际利用外资总量的 11.95%。山东利用外资主要集中在电子信息、汽车、造船、工程机械、造纸、化工等工业行业,但近年来服务业利用外资呈现快速增长态势。同时,山东利用外资项目的规模结构在不断优化,引进的世界 500 强企业投资项目日趋增多,山东在全球范围内配置资源、集聚高端要素的能力不断增强。截至 2013 年年底,已有近 200 家世界 500 强企业在山东省投资兴业,项目数量达到 568 个。

（3）对外经济合作迅猛发展。近年来，山东深入实施"走出去"战略，积极推动有实力的企业开展境外投资和对外承包工程，对外经济合作发展迅速。山东境外投资一直保持全国第二位，2008—2013年六年间，山东境外投资累计超过100亿美元，年均增长55.7%。截至2013年年底，全省累计核准境外企业（机构）投资项目2629项，协议投资总额130.95亿美元，其中中方协议投资额累计109.54亿美元，占协议投资总额的82.45%；山东境外投资分布区域达82个国家和地区，主要集中在亚洲、北美洲和欧洲，涉及产能转移、批发零售业、农业和采矿业等领域。山东对外承包工程始终走在全国前列，居全国第二位，对外承包工程业务主要集中在建筑、交通运输、电子通讯、石油化工和电力行业，而且呈现大项目日趋增多趋势。"十一五"期间，山东对外承包工程累计新签合同个数13507个，合同额323亿美元，完成营业额156亿美元，分别是"十五"期间的7.7倍和4.4倍。2013年，山东完成对外承包工程营业额84.8亿美元，占全国比重为6.2%。

（4）与"一带一路"沿线国家和地区经贸合作已有一定基础。近年来，山东与"一带一路"沿线国家和地区之间的经贸合作日益密切。从对外贸易看，近年来山东在巩固日韩及欧美等传统市场的同时，积极开拓新兴市场，与"一带一路"沿线一些国家和地区之间的贸易额快速增长。近年来山东与东盟、澳大利亚、俄罗斯等的贸易往来均保持较快增长态势，2013年山东对东盟进出口总额达309.63亿美元，东盟成为山东第二大贸易伙伴；对澳大利亚进出口总额达196.33亿美元，同比增长40.3%。从利用外资看，虽然香港、韩国、日本、美国仍居山东利用外资前列，但近年来新加坡、马来西亚、澳大利亚等在山东的投资较快增长，2013年在山东的投资额分别为5.8亿美元、1.2亿美元、1.2亿美元。从对外投资看，山东境外资源开发投资涉及俄罗斯、中亚、东盟、南亚等周边国家，伊朗等中东地区国家和澳大利亚等大洋洲国家；山东境外产业投资以亚洲为重点区域，除了香港外，项目主要流向地还有韩国、日本、新加坡、柬埔寨、越南等。截至2013年年底，山东累计在东盟投资设立企业457家，投资额36.8亿美元，分别占全省的 12.8% 和 24.1%。① 山东在东南亚建立了纺织基地，在澳大利亚、中亚等地建立了棉花种植基地，在泰国、印尼、马来西亚等东南亚国家建立了天然橡胶生产基地，在老挝、柬埔寨、俄罗斯等国建立了林业基地；在东盟、非洲等地区，开展了服装、棉花加工、纺织印染、日用轻工、食品加工、建筑材料等劳动密集型产业合作。山东对外工程承包业务，主要集中在亚洲和非洲，占据 80% 以上的份额；截至 2013 年年底，山东与东盟签订工程承包合同额 50.75 亿美元，完成营业额 44.5 亿美元；南亚的印度，中东的沙特阿拉伯，东南亚的新加坡，非洲的赤道几内亚、阿尔及利亚、尼日利亚、苏丹，大洋洲的澳大利亚，在山东对外承包工程市场中位居前列。良好的合作基础，使山东有能力、有条件在更大范围、更广领域、更高层次参与"一带一路"建设。

4. 对外开放合作平台与载体优势

山东在推进对外开放的过程中，高度重视对外合作平台建设。一方面，保税港区、出口加工区、综合保税区等海关特殊监管区域和众多的经济技术开发区等经济园区为山东参与"一带一路"建设提供了平台和载体支撑；另一方面，数量众多的友好城市，是山东参与"一带一路"建设的重要依托。

海关特殊监管区域是指经国务院批准，设立在中华人民共和国境内，赋予特殊功能和政策，由海关实施封闭监管的特定区域，包括保税区、出口加工区、保税物流园区、保税港区、综合保税区、跨境工业园区等多种形式。目前，山东已拥有青岛前湾保税港区、烟台保税港区、潍坊综合保税区、济南综合保税区、青岛保税区、青岛出口加工区、威海出口加工区、青岛保税物流中心、日照保税物流中心等 11 个海关特殊监管区域和保税监管场所。这些海关特殊监管区域突出的政策优势、功能优势和辐射作用，为山东深化对外经贸合作特别是参与"一带一路"建设提供了重要平台。

---

① 代玲玲:《山东"敲门"丝路新机遇　加强与东盟中东欧合作》,《大众日报》2014 年 3 月 19 日。

数量众多的经济园区，是山东参与"一带一路"建设、深化与沿线国家经贸合作的重要依托和载体。多年来，山东省高度重视经济技术开发区等经济园区建设，开发区数量位居全国前列。截至 2012 年，山东有经济技术开发区 149 家，其中，国家级经济技术开发区 13 家，省级经济开发区 136 家；拥有省级以上高新技术开发区 20 家，其中国家高新区 9 家，数量与广东、江苏并列第一。2012 年，全省经济开发区实现生产总值 22792.9 亿元，占全省地区生产总值比重达到 45.6%；实现公共财政预算收入 1463 亿元，占全省公共财政预算收入比重达到 36%；进出口总额、实际到账外资占全省比重均超过 50% 以上；全省 20 家省级以上高新区规模以上工业总产值占全省的 13.65%，工业增加值占全省的 16.06%，财政收入占全省的 11.72%，进出口总额占全省的 15.15%。山东的经济技术开发区和高新技术开发区已形成雄厚的产业基础，汽车及零部件、电子信息及家电、船舶、装备制造、化工、医药、食品加工、新能源等产业集群初具规模，已成为山东省扩大对外开放的重要平台，承接国内外产业转移的主要载体，促进区域经济发展的重要增长极。

友好城市是山东参与"一带一路"建设的重要依托。友城是地方政府的一种契约，是地方开展全方位对外交流合作的主渠道。山东友城工作起步于 1978 年，目前已与外国地方政府建立友好省州、友好城市 189 对，友好合作省州、友好合作城市 186 对，总计 375 对（以下统称友城），数量仅次于江苏省，位列全国第二位。山东已建成的友好城市中，一部分是与"一带一路"沿线国家和地区的城市之间建立的。友城为山东与"一带一路"沿线国家和地区开展经济、文化、科技等领域交流提供了重要支撑平台。

5. 科技人文优势

山东科技教育比较发达，文化底蕴丰厚，参与"一带一路"建设具有科技人文优势。山东位居全国科技创新能力较强的地区行列。2012 年，山东省研究与发展（R&D）经费支出达 1020.3 亿元，居全国第四位，占 GDP 的比重达到 2.04%；发明专利申请量和授权量分别为 40381 件和 7454 件，分列全国第四位和第六位；国家级工程实验室、工程技术研究中心、企业技术中心等平台总量居全国第一。科技部《中国区域创新能力报告 2012》显示，山东区域创新能力位居全国第六位。山东拥有一支高质量的科技人才队伍，截至 2012 年年底，全省拥有研发单位 3742 个，各类研发人员 38.2 万人，其中规模以上工业企业研发人员 30.39 万人。特别是，山东海洋科技力量雄厚，拥有海洋科研、教学机构 55 所，拥有海洋科技人员 1 万多名，占全国同类人员的 40% 以上，是全国海洋科技力量的聚集区和国家海洋科技创新的重要基地。而且，山东十分重视国际科技合作，目前全省已建设国家级国际科技合作基地 20 家、省级国际科技合作研究中心 255 家。山东教育发达，本科高校数量、在校生数量在全国均位居前列。较强的科技教育实力，是山东参与"一带一路"建设、开展与沿线国家交流合作的重要支撑。

山东具有明显的人文优势。山东是中国文化源头和中华民族重要发祥地之一，素有"孔孟之乡"美誉，以儒家文化为代表的齐鲁文化源远流长，在海外有着广泛而深远的影响，这是山东独有的优势。山东山川秀美，旅游资源丰富，自然风光秀丽，文物古迹众多。全省有 7 处国家重点风景名胜区、7 座国家历史文化名城、1 座中国文化名村、97 处全国重点文物保护单位。山东民风淳朴，社会治安环境在全国名列前茅。诸多的人文优势，为山东参与"一带一路"建设、开展与沿线国家人文交流、扩大在海外影响力提供了良好条件。

（二）山东参与并推进"一带一路"建设存在的薄弱环节

山东参与并推进"一带一路"建设，既具有诸多优势条件，也存在若干不足和薄弱环节。主要体现在以下方面：

1. 与"丝绸之路经济带"沿线国家之间的经贸合作基础比较薄弱

山东"东向"开放与"西向"开放存在明显的不平衡性，相对于与日本、韩国、东盟等 21 世纪"海上丝绸之路"沿线国家和区域而言，山东与"丝绸之路经济带"沿线的中亚、中东欧、俄罗斯等区域和国家之间经贸合作尚处于起步阶段，基础比较薄弱。以俄罗斯为例，山东与俄罗斯的经贸往来近年来虽有较快增长，但规模仍然很小。2013 年山东对俄罗斯进出口额只有 77.9 亿美元，其中，出口 34.5 亿美元，进口 43.4 亿美元，分别仅占当年全省进出口额、出口额、进口额的 2.9%、2.6%、3.3%；山东与俄罗斯的投资合作规模也比较有限，历年累计不到 10 亿美元。截至目前，俄罗斯在山东设立的企业只有 100 家左右，分布在木材业、化学原料及化学制品业等有限的几个行业，且大多为小型公司。山东在俄罗斯设立的公司有 200 家左右，主要从事农业和林业、矿业等资源开发，除个别企业（如烟台西北林业公司）外，总体来看规模也不大，投资领域仍然比较狭窄。[①]

2. 多数企业跨国经营层次不高、经验不足

近年来，山东大力实施"走出去"战略，积极推动有条件的企业加快"走出去"步伐，全球范围布局产业链，对外合作规模持续扩大、领域不断拓宽，企业跨国经营水平不断提升，涌现出了青岛海尔、烟台万华、潍柴动力、南山集团等一些践行"走出去"战略的先进企业。截至 2013 年年底，山东有 2000 多家企业开展了跨国经营，全省累计核准境外企业（机构）投资项目 2629 项。从目前情况看，山东企业境外投资仍存在诸多不足。一是境外投资项目规模偏小。目前，发达国家对外投资平均项目规模为 600 万美元，发展中国家为 450 万美元，而山东对外投资平均项目规模为 140 万美元，绝大部分对外投资项目中方投资在 100 万美元以下。二是投资结构不够合理。山东境外企业中，贸易型企业占比高，生产企业占比偏少。目前山东境外企业中，贸易型企业占 38%，生产企业仅占 30%。而且，山东企业对外投资的产业领域以纺织服装、轻工、机械等传统行业为主，产业层次不高。三是投资方式比较单一。山东企业对外投资以独资、合资等绿地方式为主，采用兼并、收购、参股等资本运作方式的较少。总体来说，山东对外投资起步较晚，多数企业跨国经营层次不高、经验不足。山东具备"走出去"条件的企业众多，但是，受国际经贸动态信息不畅、不熟悉国际投资规则及运作方式、缺乏跨国经营专业人才、风险管控体系不完善等因素影响，企业驾

---

① 吕文：《鲁俄合作商机待发掘》，《经济导报》2014 年 5 月 23 日。

驭国际生产经营的能力相对较弱，在一定程度上影响了企业开展国际化经营的成效。

3. 与"一带一路"沿线国家和地区之间缺少国家级合作平台和地方层面合作交流机制

对外合作机制建设，是促进对外合作交流的重要保障。目前，广西、广东、上海、福建等沿海省份和陕西、甘肃、宁夏、新疆等内陆省份，已分别与"一带一路"沿线区域和国家之间建立起一些有效的合作机制。以广西为例，不仅拥有中国—东盟博览会、中国—东盟商务与投资峰会、中国—东盟自由贸易区论坛、泛北部湾经济合作论坛等重要区域性合作平台，而且搭建起中国—马来西亚钦州产业园和关丹产业园"两国双园"、中国印尼经贸合作区、中国—柬埔寨现代农业示范中心、中国—越南跨境经济合作区等一系列产业合作和投资贸易的重要平台。这些合作机制和平台，提升了广西的影响力和知名度，促进了广西与东盟各国之间的合作。与上述省份相比，目前山东与"一带一路"沿线国家和地区之间的合作机制缺乏，既没有国家级平台，也缺少与"一带一路"沿线国家和地区地方层面之间的合作交流机制，在一定程度上制约着山东与"一带一路"沿线国家和地区之间合作的开展。

4. 开放型经济体制不完善

改革开放以来，山东涉外经济体制改革迈出坚实步伐。但总体看，山东开放型经济体制机制与经济全球化、国际规则要求还不适应，有些体制机制不适应国内外形势和开放型经济自身发展的需要。开放型经济体制不完善是山东参与"一带一路"建设面临的一个重要制约因素。

开放型经济体制不完善突出表现在贸易投资自由化、便利化还面临较多障碍。一是外资准入限制依然较多。近年来，山东在放宽外资准入方面取得了一些成效，但与当今国际经贸规则和构建开放型经济新体制的要求还有较大差距。准入前国民待遇加负面清单管理模式是世界各国推进国际投资合作的普遍做法。但目前山东与全国绝大部分地区一样，仍是实行准入后国民待遇，对外商投资准入特别是服务业领域投资准入仍有较多限制。二是对外投资体制改革相对滞后。近年来山东对外投资的发展很快,但目前在投资审批、外汇管理、金融服务和人员流动等方面仍然存在着诸多制约对外投资发展的不利因素,特别是现行的对外投资审批体制容易束缚住企业海外投资并购的手脚。三是对外贸易便利化面临体制机制制约。与进出口贸易相关的申报和审批手续仍然比较烦琐,通关、出口退税便利化程度有待提升。另外,由于外贸服务体系不完善、水平低下,尤其是金融和物流服务能力不足,山东在外贸交货方式、外贸支付方式等方面与国际通行做法存在明显差异,影响着山东外贸竞争力和效益的提升。以外贸出口为例,与全国的情况一样,目前山东超过 75% 的外贸出口交货方式是船上交货方式(FOB),即买家负责国际运输,90% 以上的外贸支付方式是"先款后货",即由买家担负外贸资金的压力和结算风险。与此相反,美国的外贸出口超过 80% 采用到岸交货方式(CIF),超过 75% 采用先货后款的 OA 赊销方式。①

5. 与"一带一路"国内沿线省份的经济合作仍比较薄弱

多年来,山东积极开展与国内其他省份在市场、资源、产业等方面的合作,取得了一定成效。在与西部省份合作方面,山东积极参与西部大开发,一批大型企业与西部地区在资源开发、市场开拓、企业重组、产业转移等方面开展了卓有成效的合作,2002 年以来有近 3000 家山东企业到西部寻求合作与发展,成功开展近 4000 个合作项目,合作金额超过 2000 亿元②;在与东部沿海省份合作方面,近年来山东积极推进与国内经济发达区域的合作,从长三角、珠三角等区域引进技术、投资项目,促进了本省区域经济发展。但是,总体来说,山东与"一带一路"国内沿线区域的经济合作仍然比较薄弱,合作领域和层次有待拓展和提升。以与我国中西部地区的合作为例,早在 1988 年山东就牵头成立了以黄河为纽带、以新亚欧大陆桥为依托的黄河经济协作区,覆盖山东、河南、山西、陕西、内蒙古、宁夏、甘肃、青

<hr>

① 魏强:《中国外贸现在"短腿"在哪里》,《南方都市报》2012 年 12 月 24 日。

② 崔维莉:《"海上丝绸之路"起点山东 500 多家企业亮相西洽会》,齐鲁网,2014 年 5 月 24 日,见 http://www.iqilu.com。

海、新疆、新疆生产建设兵团和黄河水利委员会9省11方，目的在于加强区域内经济协作、促进共同发展。然而，多年来黄河经济协作区并没有取得明显进展，山东作为黄河流域中西部省份对外开放通道促进东中西部联动开放发展的作用没有得到很好发挥。"一带一路"国内沿线省份在产业发展、对外开放、商贸物流等方面各有独特优势，密切与"一带一路"国内沿线其他省份的经济合作对于山东在更大地域范围内优化资源配置、增强自身竞争优势、更好地参与"一带一路"建设至关重要。

三、山东参与并推进"一带一路" 建设的外部环境分析

"一带一路"建设是当前和今后一段时期我国政治、经济、外交、文化等领域发展的战略重点之一，是新时期我国"三位一体"全方位开放格局建设的重要抓手，将充分依靠与有关国家既有的双多边机制，借助既有的、行之有效的区域合作平台，形成引领国际经济合作和竞争的开放区域。在"一带一路"建设中，山东既面临重要机遇，也面临不少挑战。

（一）山东参与并推进"一带一路"建设面临的机遇

"一带一路"沿线国家和地区，多数处于经济快速增长期和经济转型发展期，市场容量较大、投资机会较多，与我国之间又存在明显的发展梯度差距和较强的经济互补性。山东是新亚欧大陆桥经济走廊的重要沿线地区和"海上丝绸之路"的重要战略支点，又是我国重要的经济、文化、人口大省，"一带一路"建设为山东提供了拓展开放型经济发展空间，以及深化开放促转型发展的重要机遇。

1. 拓展山东与"一带一路"沿线国家和地区多领域合作的机遇

近年来，我国与"一带一路"沿线各国经贸合作日益深化，贸易投资合作快速发展，合作领域不断拓展。2013年，我国与中亚五国双边贸易额

达到 502.8 亿美元，比十年前增长了 100 多倍，我国已成为中亚五国最大的贸易伙伴[①]；我国与东盟的贸易额达到 4436 亿美元，是 2003 年的 5.67 倍，我国是东盟第一大贸易伙伴，东盟已成为我国第三大贸易伙伴，我国与东盟的双向投资已超过 1000 亿美元。"一带一路"建设将充分依靠我国与有关国家既有的双多边机制，借助既有的、行之有效的区域合作平台。上海合作组织是"丝绸之路经济带"上影响力最大的区域性国际组织，随着上合组织成员国之间贸易便利化水平的稳步提高，经贸往来将不断扩大；中国—东盟自贸区是"海上丝绸之路"经济带建设的重点区域之一，我国与东盟正在共同努力打造中国—东盟自由贸易区升级版；我国与南亚地区经贸关系日趋加深，正在与印度共同倡议建立中印缅孟经济走廊，中巴经济走廊规划和建设也已正式启动；中国与海合会自贸区谈判进入最后阶段，正在争取早日重启谈判。[②]"一带一路"建设，为山东拓展、扩大与沿线国家在经贸、科技、文化、教育、能源、交通、旅游、环保等多领域合作提供了重大机遇。

2. 推动山东更多企业"走出去"的机遇

伴随着经济全球化的发展，传统的国际分工格局已逐渐从贸易主导型转向投资主导型，对外直接投资成为世界经济发展的引擎和经济全球化的重要推动力量。20 世纪 90 年代以来，我国企业对外直接投资（FDI）开始起步，1997—1998 年东亚金融危机后我国政府提出"走出去"战略，目的在于借助对外直接投资（特别是境外加工贸易）带动相关产品出口。2005 年以来，随着国内人力和土地成本快速上升、产业升级步伐加快、资源环境约束增强，企业开始加速"走出去"，我国成为一个迅速成长的新兴对外直接投资（FDI）母国。2013 年，我国对外直接投资流量创下 1078.4 亿美元的历史新高，同比增长 22.8%，连续两年位列全球三大对外投资国。截至 2013 年年底，我国 1.53 万家境内投资者在国（境）外设立 2.54 万家对外直接投资企

① 郑柱子:《丝绸之路贸易往来提速 8 成　贸易额十年增百倍》，中国广播网，2014 年 2 月 13 日，见 http://www.cnr.cn。
② 魏晞、沈丹阳:《"一带一路"经贸合作已具备良好基础和条件》，中国新闻网，2014 年 12 月 23 日，www.chinanews.com。

业，对外直接投资累计净额（存量）达 6604.8 亿美元。[①] 与对外贸易集中于发达国家和地区不同，目前我国对外直接投资多数集中于发展中国家和地区。

"一带一路"沿线大多属于发展中国家和地区，是我国企业对外直接投资增长的潜力区域。近年来，随着"一带一路"沿线国家和地区工业化进程的加快，沿线的发展中国家希望摆脱"原材料供应地""商品倾销地"的被动地位，与外国开展产业合作的意愿强烈，对外国投资的产业层次要求也在提高。如，中亚各国希望与我国扩展产业合作领域，在交通、邮电、纺织、食品、制药、化工、农产品加工、消费品生产、机械制造等行业对其进行投资，并在农业、沙漠治理、太阳能、环境保护等方面进行合作。同时，"一带一路"沿线的国家与地区，尤其是欠发达国家与地区，期望通过参与"一带一路"战略改善落后的基础设施面貌，为当地经济社会发展提供有力支撑。山东产业发达、有实力对外投资的企业众多、对外投资和对外承包工程位居全国前列，"一带一路"建设为山东更多企业"走出去"带来了难得机遇，通过参与境外农业综合开发、资源勘探开发、加工制造业发展、经贸合作区建设，承揽海外重大基础设施和大型工程承包项目，引导劳动和资源密集型产业向境外适度转移，有利于缓解省内资源环境约束的压力，为发展高端高质高效产业腾出空间。

3. 建设自由贸易港区加快开放型经济体制创新的机遇

加快区域经济一体化是"一带一路"建设的突出重点。在"一带一路"建设过程中，一方面，我国将以周边为基础加快实施自由贸易区战略，与沿线更多国家和地区发展自由贸易关系，尽早形成辐射"一带一路"的高标准自贸区网络；另一方面，将加快推进自由贸易园区或港区建设，推进贸易投资便利化、自由化，打造区域开放型经济发展高地。

建设自由贸易园（港）区，目的在于通过开放型经济体制创新的先行

---

① 《2013 年度中国对外直接投资统计公报》发布，中国政府网，2014 年 9 月 11 日，www.gov.cn。

先试，以开放促改革、促发展。自由贸易园（港）区在投资管理制度、贸易监管制度、金融制度以及综合监管制度等方面先行先试，有利于加快构建开放型经济新体制，促进投资贸易便利化，提升我国制造业和服务业发展水平和国际竞争力。作为我国首个自由贸易园（港）区，中国（上海）自由贸易试验区挂牌一年来已取得明显成效。目前，围绕"一带一路"建设，我国不少沿海沿边城市提出了增设自由贸易园区或港区的意见和方案。山东作为开放型经济大省之一和我国与日韩经贸合作的前沿，建设自由贸易园（港）区具备优势条件，特别是青岛保税港区已具备向自由贸易港区转型的坚实基础。"一带一路"建设，为山东在借鉴上海自贸区经验的基础上加快青岛保税港区向自由贸易港区转型提供了重要机遇，青岛贸易自由港区有望纳入国家"一带一路"建设总方案，开展投资贸易便利化、自由化先行先试，在加快山东开放型经济体制创新、辐射带动周边及沿黄河其他省区对外开放等方面发挥引领、示范作用。

4. 建设区域性国际商贸物流中心的机遇

"一带一路"建设，扩大对外经贸往来是目标，畅通、做强物流运输是基础。建设区域性国际商贸物流中心，打造联通国际国内的现代商贸物流网络体系，是推动"一带一路"沿线国家和地区贸易畅通和民心相通的前提和关键。我国商务部出台的《关于促进商贸物流发展的实施意见》明确提出，以"丝绸之路经济带"和"海上丝绸之路"沿线区域物流合作为重点，在"一带一路"国内外沿线主要交通节点和港口建设一批物流中心。[①]

山东是"丝绸之路经济带"与"海上丝绸之路"的重要交汇点，交通物流、商贸综合优势突出，向西可通过新亚欧大陆桥连接国内中西部地区及中亚五国，向东可通过主要港口连通东北亚、东亚及整个环太平洋地区，具备建设区域性国际商贸物流中心的有利条件。从海洋交通物流看，山东沿海有一类开放港口 24 处，已形成以青岛港为龙头、日照港和烟台港为两翼、

---

① 中国证券报记者:《"一带一路"建设方案望近期公布 着力打造经济走廊》,《中国证券报》2014 年 9 月 26 日。

其他区域性港口为补充的开放型海洋运输体系，其中，青岛港港口航线密度、外贸货物吞吐量和集装箱吞吐量均居我国北方港口首位。从陆路运输和海陆联运看，山东是新亚欧大陆桥经济走廊的重要沿线地区，不仅境内多条骨干铁路与陇海、兰新铁路相连相通，而且拥有青岛、日照等新亚欧大陆桥东方"桥头堡"，海陆联运也有较好基础，青岛港已与"丝绸之路经济带"沿线的甘肃、宁夏等18个省区市签署口岸战略合作框架协议，与西安、郑州、成都、兰州、乌鲁木齐等20多个重要节点城市开展建设"无水港"合作。从保税物流体系看，山东已拥有青岛保税港区、烟台保税港区、日照保税物流中心、潍坊综合保税区、济南综合保税区等诸多海关特殊监管区域。"一带一路"建设，为山东依托综合交通运输优势、对外商贸物流优势，建设联通国际国内的商贸物流网络体系，打造以青岛为龙头的区域性国际商贸物流中心，提供了难得机遇。

5. 加强山东与"一带一路"国内沿线省份经济合作的机遇

对于所有国内沿线省份来说，"一带一路"是可以共同利用的发展轴线，明确各自的差异化定位，加强合作，是利用好这一新时期重大战略实现共同发展的关键所在。"一带一路"建设，新亚欧大陆桥经济走廊、中伊土经济走廊、中蒙俄经济走廊、中巴经济走廊、孟中印缅经济走廊、中新经济走廊等"六大经济走廊"的构建，为山东加强与国内沿线省份经济合作提供了重要机遇。

"丝绸之路经济带"建设，不仅将新疆、陕西、甘肃、宁夏等中西部地区推到了对外开放的前沿，进一步促进中西部地区的改革进程，不断释放改革红利，同时为东部地区的产业向中西部地区转移和集聚提供了通道和空间。中西部省份"西向"开放的区位优势、平台优势，"东向"开放的物流需求，为山东深化与中西部省份商贸物流合作带来机遇；同时，中西部省份加快产业发展的客观要求，为山东发挥产业优势、加强与中西部省份产业合作、推动传统优势产业产能向中西部省份转移带来机遇。

21世纪"海上丝绸之路"建设，将通过海上互联互通、港口城市合作以及海洋经济合作等途径，促进我国与东盟、南亚、中东、东非和欧洲之间的经贸合作,逐步形成区域大合作。我国东部沿海各省份参与 21 世纪"海上丝绸之路"建设各有独特优势,但是单打独斗不利于推进我国与沿线国家和区域的合作,因此,国家层面更加强调我国东部沿海各省份的联动。① 在 21 世纪"海上丝绸之路"建设推进过程中,一方面,山东凭借港口优势、海洋科技优势、海洋经济基础优势,面临着与长三角、福建、珠三角、环渤海等地在港口物流、海洋科技、海洋经济等领域加强合作的机遇;另一方面,山东凭借产业发达优势,面临着与广西、云南等沿边省份加强产业合作、商贸合作的机遇。

(二) 山东参与并推进"一带一路"建设面临的挑战

"一带一路"建设面临诸多制约因素,既有国际层面因素,也有我国自身因素,这些都在一定程度上对山东参与"一带一路"建设形成不利影响。同时,习总书记提出建设"一带一路"倡议以来,国内各省区市参与"一带一路"建设的热情很高,纷纷提出地方版的参与思路和举措,山东参与并推进"一带一路"建设面临国内区域竞争激烈的挑战。

1. "一带一路"建设面临复杂的外部环境

习总书记提出建设"一带一路"倡议以来,国际社会高度关注、反响强烈,得到很多沿线国家的积极评价和响应。但是,"一带一路"建设面临复杂的外部环境,面临着诸多现实挑战与难题。首先,面临大国地缘战略博弈的挑战。"一带一路"沿线国家和地区具有重要的地理位置和战略价值,东南亚、南亚、中亚、西亚乃至中东欧都是大国角力的焦点区域,俄罗斯力推"亚欧联盟"、欧盟积极推动"东部伙伴计划"、美国提出建设"新丝绸之路"和"印太走廊"设想等;② 俄罗斯在中亚地区保持着传统的影响力,美国在东南亚地区存在重要战略利益,印度作为地区大国一直希望主导南亚地区事务,日韩争相与东盟发展紧密的经贸关系;同时,区域内热点问题不

---

① 龙金光等:《从全国区域发展新格局中借势借力》,《南方日报》2014 年 7 月 28 日。

② 国家发展和改革委员会国际合作中心:《"一带一路"重点区域和国家风险状况分析》,2014 年 5 月 8 日,见 www.icc-ndrc.org.cn。

断，大国在伊朗、叙利亚、乌克兰等问题上进行博弈。如何协调好与美、俄、欧盟、印度、日韩之间的关系，成为我国推进"一带一路"战略需要面对的现实问题。其次，一些沿线国家政局不稳，将增加我国在这些国家投资的政治风险。"一带一路"沿线国家和地区多处于现代化建设阶段，面临突出的政治转制、经济转轨、社会转型的艰巨任务，国内政治经济的稳定性和成熟度较差，一些国家政局动荡不安，局部冲突时有发生，这将增加我国在这些国家投资的政治风险。[①] 即使是政局平稳，也面临着一些国家社会法律机制不健全等问题，贸易投资风险较大。第三，沿线少数国家抱以既合作又防范的矛盾心态，带来很多不确定性，这些都抬高了我国深化与其合作的门槛。第四，地区安全和领土争端问题。中亚地区是"丝绸之路经济带"建设的重点区域，我国和中亚国家建设能源、交通大通道，有利于各方发展；但是，中亚地区是多种思想、文化、宗教相互作用的交汇点，也是当今世界各种文化、思想、宗教相互冲突最激烈的地区之一[②]，如何防范极端势力、恐怖组织渗透，维护地区安全，保证能源输送安全、道路运输安全，是"丝绸之路经济带"建设面临的一个突出问题。在美国插手的大背景下，我国与中国南海周边国家之间的冲突、我国与日本之间的钓鱼岛争端持续发酵，东亚海洋领土争端加剧，对建设"海上丝绸之路"颇为不利。第五，贸易和投资领域来自其他国家的竞争。我国开展与"一带一路"沿线国家和地区的经贸合作，在高端市场和低端市场分别面临来自发达国家和发展中国家的竞争，开拓沿线国家市场、到沿线国家投资都难免会触动已在当地开展业务的其他国家企业的利益；特别是美国、日本、欧盟等发达国家和经济体对外投资规模大、产业层次高，我国企业对"一带一路"沿线国家和地区投资在向产业链高端延伸时将会遭遇来自发达国家企业的竞争压力。上述复杂的外部环境，都会对山东开展与"一带一路"沿线国家和地区之间的

---

① 丛培影、黄日涵：《"一带一路"开启中国睦邻友好合作新篇章》，《南方日报》2014 年 9 月 24 日。

② 左凤荣：《共建"丝绸之路经济带"面临的机遇与挑战》，人民网国际频道，2014 年 5 月 19 日。

合作产生明显的不利影响。

2. 沿线国家之间"道路联通""贸易畅通"仍存在诸多障碍

包括"政策沟通""道路联通""贸易畅通""货币流通""民心相通"的互联互通是"一带一路"建设的基本内容，其中，"道路联通"是基础，"贸易畅通"是重点。近年来，"一带一路"沿线国家和地区之间"道路联通""贸易畅通"水平有所提升，但是，仍存在诸多障碍。

"一带一路"沿线国家和地区基础设施互联互通建设比较滞后，多数骨干通道存在缺失路段，不少通道等级低、路况差、安全隐患大，一些国家之间铁路技术标准不统一，运输周转环节多、时间长、效率低，海上航道安全问题频发，海上运输信息合作水平不高。[①] 道路联通、物流运输便捷，才能推动相关国家和地区的贸易畅通和民心相通，"道路联通"滞后成为制约"一带一路"建设的重要瓶颈。"一带一路"建设在"道路联通"方面需要充分发挥新亚欧大陆桥的作用，这也与山东参与"一带一路"建设密切相关。但是，目前新亚欧大陆桥"通而不畅"问题相当突出。与西伯利亚大陆桥相比，新亚欧大陆桥的竞争力正在减弱，在 2014 年 4 月铁路运输费用再次上涨后，新亚欧大陆桥国内运输成本已经较西伯利亚大陆桥高出30%。[②] 而且，由于铁路技术标准不统一、物流信息不通畅、通关效率低下等原因，压缩跨国物流成本和时间的难度很大。当务之急，需要加快铁路技术标准体系对接、建立沿桥各国国际大通关便利机制、畅通陆水联运通道、加强物流信息化合作，降低成本，提升竞争力。

在"贸易畅通"方面，近年来，"一带一路"沿线国家和地区之间贸易领域逐步拓展、贸易规模不断扩大，但仍面临通关效率低、贸易壁垒较多等问题。如，"丝绸之路经济带"沿线的一些中亚国家对跨境贸易征收高额关税，边界手续繁杂，边界管理机关低效率、不作为，都严重影响着"贸易畅通"。再如，作为 21 世纪"海上丝绸之路"重点区域的东盟，结构相对松

---

① 李金早：《深化经贸合作　把"一带一路"建实建好》，《人民日报》2014 年 8 月 12 日。
② 张莉：《"一带一路"建设不宜"浓妆艳抹"》，《国际商报》2014 年 9 月 2 日。

散、缺乏效率和执行力，甚至出现过个别国家为保护本国产业不惜违反承诺单方面提高关税的案例。此外，"一带一路"沿线一些国家非关税壁垒较多，技术性贸易措施透明度差、程序烦琐，贸易便利化水平低下。

3. 公民和企业在海外的合法权益保护亟须加强

随着我国对外开放不断扩大，企业和公民走出去与日俱增。截至 2013 年年底，我国 1.53 万家境内投资者在国（境）外设立 2.54 万家对外直接投资企业，分布在全球 184 个国家（地区）；我国公民年出境人数自 2010 年首次突破 5000 万人次后，逐年攀升，并一直保持每年约 20% 的速度递增，2013 年我国大陆居民出境达 9818.7 万人次，同比增长逾 18%。近年来，随着我国公民和企业"走出去"步伐的加快，合法权益乃至人身安全问题也越来越突出，每年因所在国政局动荡、恐怖袭击、社会治安不靖、自然灾害和公共卫生事件、突发事故和劳务纠纷等风险引发的领事保护事件呈明显增多趋势。[①]

我国外交部在保护海外中国公民和企业安全和合法权益方面做了不少工作，已经初步建立起"境外中国公民和机构境外保护工作部际联席会议"机制和中央、地方、企业和使领馆"四位一体"的联动保护机制，实实在在地提升了维护海外中国公民和机构正当权益的能力。[②] 但是，中国游客被偷被抢、中国劳工被绑架、中国企业被袭击的事件仍时有发生。目前，我国领事保护的能力建设与海外领事保护的实际需求尚存较大差距，例如，我国驻外使领馆平均每个领事官员需面对约 20 万名海外中国公民的领保任务，而美国、日本、俄罗斯、英国每个领事官员面对的本国境外公民数量分别为 0.5 万人、1 万人、1.3 万人、2.9 万人。[③]

"一带一路"沿线区域，多数是大国角力的重要区域，有些是多个文明

---

① 蔡双燕、唐枫：《中国公民和企业应增强海外安全意识》，2013 年 11 月 21 日，见 www.chinanews.com。

② 徐松、刘欣：《有力维护海外中国公民和法人的正当权益》，2012 年 3 月 11 日，见 www.xinhuanet.com。

③ 徐松、刘欣：《有力维护海外中国公民和法人的正当权益》，2012 年 3 月 11 日，见 www.xinhuanet.com。

交汇的区域，有些是政治经济稳定性和成熟度较差的区域。中亚地区宗教极端主义和恐怖主义仍是重大安全威胁，各国边境冲突也时有发生；西亚地区局势的不确定性有增无减，未来发展趋势仍显扑朔迷离；南亚地区恐怖主义和分裂势力严重威胁着地区安全，各国普遍存在政治派系斗争激烈、政府执政能力受到制约、政局稳定性不足等现象，国家之间也因为领土、宗教和种族等原因而矛盾重重；东南亚地区局势基本保持平稳，但面临政治和经济发展转型的压力，不确定因素较多。① 目前，我国许多"走出去"的企业特别是中小企业，自身缺乏对国际市场的准确把握，对外国法律条款等不了解，遇事应对能力不足。随着"一带一路"建设的推进，更多的中国公民和企业将进入沿线区域和国家，我国在海外公民和企业利益安全保障上存在的"短板"成为不容忽视的重要问题。面对"一带一路"建设过程中的海外安全风险，一方面，我国政府需要加大在人力、物力、财力和队伍建设上的投入，加强和完善海外领事保护，加快建立海外安全风险预警和防控长效机制，切实维护我国企业和公民在海外的合法权益；另一方面，需要加强对企业和公民的教育、培训，增强其海外风险意识和防范应对能力，促使其遵守当地法律，尊重风俗习惯，履行好社会责任，与驻在国融洽相处。

4. 国内沿线各省份之间竞争激烈

虽然国家尚未正式公布"一带一路"规划，哪些省份会列入规划尚未确定，但在地方层面，许多省区市已将"一带一路"建设视作加速自身经济社会发展的重大机遇，积极纳入地方施政目标之中。据中国人民大学重阳金融研究院"丝绸之路经济带"课题组统计，包括新疆、陕西、甘肃、宁夏、青海、重庆、云南、四川、山西、浙江、江苏、山东、湖北、福建、河南、贵州和西藏等17个省区市已将"丝绸之路经济带"战略列入2014年年度政府工作报告之中②，多数沿海省份的2014年政府工作报告提出将积极参

---

① 国家发展和改革委员会国际合作中心：《"一带一路"重点区域和国家风险状况分析》，2014年5月8日，见 www.icc-ndrc.org.cn。
② 郭芳、谢玮：《"一带一路"：新全球化时代的经济大动脉》，《中国经济周刊》2014年第32期。

与 21 世纪"海上丝绸之路"。国内各省区市参与"一带一路"建设的热情强烈，纷纷提出各有特点的思路和举措，甚至出现了非常激烈的竞争。面对国内众多省份的同台竞争，如何利用好自身优势，实现与其他省份的错位发展、良性竞争，借力国家战略加快本省经济社会发展和开放型经济水平提升，率先形成参与国际经济合作竞争新优势，在促进我国东中西部联动开放发展中发挥主力军作用，是山东参与"一带一路"建设面临的巨大挑战。

国内各省份参与"一带一路"建设的竞争主要体现在以下方面：一是战略定位的竞争。各省份结合自身地理区位、资源禀赋和发展基础，纷纷提出自身参与"一带一路"建设的战略定位。如，在"丝绸之路经济带"沿线省份中，新疆提出打造"丝绸之路经济带"核心区，建设区域性交通枢纽中心、区域性商贸物流中心、区域性金融中心、区域性文化科教中心、区域性医疗服务中心、国家能源资源"三基地一通道"；甘肃提出建设"丝绸之路经济带"黄金段，成为丝绸之路的黄金通道、向西开放的战略平台；陕西提出建设丝绸之路新起点，成为"丝绸之路经济带"的交通物流商贸枢纽、文化科教交流核心区、承接产业转移示范区、高端生产要素聚集区；等等。再如，在 21 世纪"海上丝绸之路"沿线省份中，广西提出打造 21 世纪"海上丝绸之路"新门户，广东提出打造 21 世纪"海上丝绸之路""桥头堡"，海南提出打造成为 21 世纪"海上丝绸之路"的重要枢纽，福建提出成为"海上丝绸之路"互联互通的重要枢纽、经贸合作的前沿平台和人文交流的重要纽带，等等。二是对外通道建设的竞争。目前"丝绸之路经济带"沿线有"渝新欧""郑新欧""汉新欧""蓉新欧""西新欧"等多条国际货运班列同线竞争，安徽合肥也通过与上海铁路局进行战略合作，开通了中亚国际货运班列。这些货运班列同质化竞争明显，普遍存在的问题是，出境时满载，但返回时却严重缺乏货源。[①] 东部沿海的主要港口城市纷纷提出打造"双向开放"的"桥头堡"，加强港口集疏运体系建设和海陆联运发展。

———————————

① 经济日报采访组：《陕西建设"丝绸之路经济带"调研行：从陆地到陆海空网》，《经济日报》2014 年 7 月 2 日。

三是自由贸易园（港）区建设的竞争。借"一带一路"建设的东风，各省份自贸区竞逐"遍地开花"，2014 年年初就有 12 个省市的自贸区方案进入多部委联合调研的阶段。① 不仅东部沿海的辽宁、天津、山东、江苏、浙江、福建、广东等省份在积极争取，中西部的新疆、陕西、四川、安徽、宁夏等省份也都纷纷着手设计自贸区方案，争抢贸易自由化、投资便利化先行先试机遇。四是国家级重要平台、重大项目的竞争。各省份都在积极制定规划、方案，梳理、开列本省衔接国家"一带一路"战略的项目目录，争抢国家级重要平台、重大项目。

---

① 蔡颖：《多地或再掀自贸区申报潮　津粤有望率先突围》，《经济参考报》2014 年 9 月 11 日。

第五章　山东参与并推进"一带一路"建设的思路、原则、定位和目标

建设"丝绸之路经济带"和21世纪"海上丝绸之路",是中国适应经济全球化新形势、扩大同各国各地区利益汇合点的重大战略,是中央实施新一轮对外开放的重大举措,必将形成政策、人才、资本、项目建设等优势集聚。山东积极参与"一带一路"建设,应在深刻把握其背景、意义和现实条件的基础上,明确其总体的建设思路、基本原则、战略定位和发展目标,为山东参与并加快"一带一路"建设指明方向。

一、山东参与并推进"一带一路"建设的总体思路

紧紧把握国家推进"一带一路"建设的重大战略机遇,按照"政策沟通、道路联通、贸易畅通、货币流通、民心相通"的基本要求,以走在前列为工作标准,发挥地缘优势、资源优势和市场优势,以开放合作为主线,以扩大双向投资为重点,以通道建设为突破,以重大项目为载体,以体制机制创新为保障,以园区建设为支撑,着力推动与"一带一路"沿线国家和地区的产业合作、货物贸易、能源资源合作、金融合作、人文交流和平台建设,深度参与国际区域合作,不断拓展对外经贸合作领域和空间,努力打造成为"一带一路"开放高地,促进山东对外经贸结构优化和竞争力提升,加快山东经济文化强省建设。

(一) 以开放合作为主线

"一带一路"是开放包容的经济合作倡议。经贸合作既是古丝绸之路的核心要义,也是如今我国推进"一带一路"建设重要的精神引领,是"一带一路"建设的基础和先导。因此,山东在参与"一带一路"的建设过程中,要始终贯穿开放合作这一主线,积极开展面向沿线国家的贸易促进活动,加强与沿线国家的产业合作、资源合作、金融合作、科技合作、环境合作、交通基础设施合作以及旅游合作等,促进进出口贸易、货物贸易和服务贸易的平衡协同发展。同时,积极吸纳沿线国家优势资源和先进要素向山东集中,吸引沿线国家企业来山东投资兴业。通过国际合作加深各方了解、增进友谊,促进山东与"一带一路"沿线国内省份和国外区域的共同发展。

(二) 以扩大双向投资为重点

充分发挥产业对"一带一路"的带动作用,推动山东与沿线国家经贸合作由简单商品贸易向相互投资转变,实现贸易与投资的互动发展。加强山东与沿线国家产业互动,立足比较优势,推动山东装备制造业走出去、过剩产能转出去和科技资源的全球布局,并通过产业合作,培育一批具有国际竞争力的跨国企业,使山东在更高层次上参与国际产业分工,实现产业结构调整和产业布局优化。

(三) 以通道建设为突破

山东参与"一带一路"建设要把完善对外和对内通道作为重要突破口,抓住关键通道、关键节点和重点工程,加快构建与"一带一路"紧密衔接、畅通便捷、安全高效的互联互通网络。[①] 对外重点加强港口综合服务功能和集疏运体系,完善与沿线国家的空运和海运通道;对内加强各种运输方式的有效衔接,加快打造综合交通运输枢纽,以海港为支撑,深化与铁路和内河

---

① 高虎城:《深化经贸合作 共创新的辉煌》,《人民日报》2014 年 7 月 2 日。

航运等方面的合作，创新多式联运模式，推进水陆联运、河海联运，打通连接京津冀、长三角和东北地区的陆海通道，形成便捷、通畅、高效、安全的现代综合运输网络。通过实施大物流通道策略，拉近腹地支撑地和口岸的空间距离，打造亚欧大陆东向出海的物流运输主通道。

（四）以重大项目为载体

各类重大项目的实施建设是山东参与"一带一路"建设的重要载体，山东融入"一带一路"要突出重点，扎实推进，以促进实现"五通"为基本要求，尽快确定一批重点项目并推动落实，在高端制造业、先进服务业、循环经济等领域形成一批产业辐射作用强、市场影响大、创新活力足的合作示范项目，并发挥重要引领和带动作用，使其真正成为推动山东参与"一带一路"建设的主要力量。一方面，先行启动一批重点项目，引导产业集聚，突出发展特色，不断提高投资质量和效益，形成项目与人才、资金良性互动的局面。另一方面，不断拓展重点项目涵盖范围，努力培育品牌项目，加快推进重点项目建设实施方式创新，完善重点项目建设协调服务机制，提升重点项目保障能力，推进产业高端高质高效发展，加快建设面向"一带一路"的现代化高端产业基地。

（五）以体制机制创新为保障

山东参与"一带一路"的建设要以创新为根本动力和保障，尤其是创新体制机制。深化与沿线相关国家紧密合作，以推动贸易投资便利化为重点，加快构建统一的区域市场，实现各自的法律、法规、政策的对接，在贸易投资便利化、基础设施建设、跨境电子商务等领域加强合作，提升贸易通关效率，减少对外投资审批环节，放宽跨国经营人员出境限制等[①]；以特殊区域先行先试为重点，推动保税港区、综合保税区等园区先行试验，探索海

---

① 朱明国：《发挥广东优势 大力推进 21 世纪"海上丝绸之路"建设》，《南方日报》2014 年 6 月 4 日。

关特殊监管区域管理制度创新；推动金融监管模式创新，着力推动跨境金融产品和服务创新，加强区域金融合作，提高整个"一带一路"地区的金融联动效应。通过机制创新实现以点带面、整体推进，形成山东参与"一带一路"建设的新优势。

（六）以园区建设为支撑

以境外友好城市为依托，进一步促进山东在"一带一路"沿线国家和地区的境外园区的建设，加强在沿线国家经贸园区资金支持力度，形成产业示范区和特色产业园，推动跨国产业链的形成。同时，提升山东境内国家级新区、保税港区、综合保税区、国家级经济开发区发展水平，推进中外合作产业园区以及特色国别园区建设，创新开发管理模式，改善投资环境，吸引"一带一路"沿线国家和地区企业来山东投资兴业。

二、山东参与并推进"一带一路"建设的基本原则

以发展的总体思路为导向，山东在参与"一带一路"建设的过程中应坚持以下原则：

（一）坚持海陆统筹

山东凭海而立、因海而兴。海陆统筹是山东经济发展的突出特点，也是山东参与"一带一路"建设的优势所在。因此，山东参与"一带一路"建设应坚持统筹考虑海洋资源与陆地资源的关系，统筹推进海陆全方位对外开放，形成海陆互动、协调发展的格局，缔造山东省在新一轮发展中保持竞争优势的重要引擎。一方面，要坚持海陆统筹开发。发挥山东地理位置优势，将海洋经济和陆地经济通过资源互补、产业互动、布局互联，促进以海洋为纽带的横向经济联合，通过资源要素统筹配置、优势产业统筹培育、基础设施统筹建设、生态环境统筹整治，提高海洋经济的质量和效益，推进海陆交

通、海陆产业等一体化进程，实现空间资源的再整合，辐射带动省内腹地乃至我国广大西部内陆地区经济发展。另一方面，要坚持海陆统筹开放。"一带一路"是国家对外开放布局由"向东开放"到"东西双向开放"的战略调整，对新时期开放型经济的发展提出了新的要求。山东处于"一带一路"交汇的十字节点，推进东西双向开放的关键点就在于海陆的统筹连接问题。山东参与"一带一路"建设，必须充分依托"丝绸之路经济带"和"海上丝绸之路"两条商贸物流大通道，注重向南、向西开放与向东开放的结合，不断拓展与中亚、欧洲等路桥沿线国家以及东盟等东南亚、南亚沿海国家的合作领域；注重山东西部地区深化开放发展和东部沿海地区开放型经济转型升级的结合，统筹推进沿海地区与内陆地区的开放发展，依托新亚欧大陆桥，加快推动鲁南等沿桥地区深度开发开放，加快形成海陆统筹的全方位对外开放新格局。

（二）坚持内外联动

"一带一路"战略本身就是要形成沿途国家的共商、共建、共享的合作机制。作为国内省份而言，山东积极参与"一带一路"建设，也应坚持国际、国内、省内的合作联动，形成强大合力，实现多元共生、均衡发展。一是要坚持与沿线国家和地区的交流互动。坚持国际深化与沿线国家和地区经济文化合作，积极争取与沿线国家缔结一批新的友好城市，深化经贸合作，促进文化交流，巩固交深"老朋友"，结识拓展"新朋友"。二是要坚持省际联动。统筹与沿线城市联动发展，深化山东与沿线对口支援省市的互动交流，加强与长三角、珠三角、环渤海和沿黄流域中心城市的交流与合作，推进与新疆、陕西、甘肃、宁夏等内陆城市的合作，努力在产业分工、区域物流、交通基础设施、智力合作等方面实现联动发展，加快建设"一带一路"沿线城市空中走廊、通关合作机制、官产学合作机制，促进城市合作常态化，实现协调开放发展新格局。三是坚持省内东中西联动。充分发挥山东半岛蓝色经济区和黄河三角洲高效生态经济区两大国家战略政策叠加、先行先试的优势，使山东参与"一带一路"建设产业发展与省会城市群经济圈和西部经济隆起带和沿途各省以及全国整体开放战略结合起来，突出东中西区域联动，因地制宜地制定半岛地区、鲁中、鲁西地区对外开放新战略，推动产业的有序转移和承接，形成分工协作、优势互补、均衡协调的区域开放新格局。

（三）坚持重点推进

山东参与"一带一路"建设是一项复杂的系统工程，合作的对象众多，合作的领域广阔，需要进一步突出重点，加以推进。因此，应根据沿线国家的情况和自身利益所在，深入把握山东与沿线国家在发展阶段、产业结构、资源禀赋上差异互补的特点，形成优势互补，明确重要合作国别和重点合作领域，确定不同的合作策略，针对各国不同国情实行"一国一策"，综合利用多种贸易形式，形成差异化发展战略，增强针对性与可操作性，对重点国别、优先领域、关键项目，集中力量取得突破，形成示范效应。

（四）坚持人文相通

参与并推进"一带一路"建设，要充分发挥山东作为孔孟之乡、历史文化资源丰富的优势，通过与沿线等国家和地区的文化交流加深友谊、加强互信、提升合作、促进共赢。坚持经贸为主，多维并进，在进行经贸往来的同时，开展以民间交流和文化交流为重点的友好往来，通过各种形式突出和弘扬儒家文化，用文化纽带不断增强山东对"一带一路"沿线国家和地区的吸引力和感召力，不断发展民心相通、民间相亲的友好关系，树立山东改革开放新形象，提升山东在"一带一路"沿线各国的影响力。

三、山东参与并推进"一带一路"建设的战略定位

山东参与并推进"一带一路"建设的总体战略定位是，把握当前经济结构调整、发展方式转变、对外经济合作面临深刻变革的总体态势，结合自

身区位、资源和市场等综合优势，秉持发展的总体思路和策略原则，在参与、加快"一带一路"建设过程中将山东打造成为面向日韩、辐射东南亚、陆通中亚欧的"一带一路"北方综合枢纽和海上战略支点。

（一）海陆交汇互动的东北亚国际航运枢纽

山东是"丝绸之路经济带"与"海上丝绸之路"的重要交汇点，地理位置得天独厚。从全国沿海港口看，在一纵一横的"一带一路"交汇点上，山东各大港地理位置具有不可比拟的优势。山东沿海共有一类开放港口24处，港口密度居全国之首且均为不冻港，现已形成以青岛港（中国沿海五大港口之一）为龙头，以烟台、日照港为两翼，其他地区性港口为补充的沿海港口布局。其中，青岛港港口航线密度、外贸货物吞吐量和集装箱吞吐量均居北方港口首位。从陆向看，山东拥有青岛、日照两大新亚欧大陆桥东方"桥头堡"，青岛与陆上丝绸之路经过地甘肃、宁夏等18个省区市签署了口岸战略合作框架协议，与西安、郑州、成都、兰州、乌鲁木齐等20多个城市建设"无水港"或进行战略合作，开展海铁联运和多种形式的联运。从海陆双向看，山东的地理位置，决定了在"一带一路"沿线国家和地区战略的推进中，必将发挥重要的作用。因此，应进一步提升山东在"一带一路"交通网络建设中的地位，以山东半岛蓝色经济区港口群（青岛港为中心、烟台港、威海港、日照港为骨干，沿海其他港口积极参与）为主体，深化与乌鲁木齐、霍尔果斯等西部口岸合作，搭建"青新欧"等跨国货运铁路直达通道，加快面向日韩的门户机场建设，打造与中亚、日韩等区域贸易交往快速通道，推动"丝绸之路经济带"向东部沿海延伸，促进"海上丝绸之路"向中西部地区拓展，加快海陆双向衔接[①]，形成与"一带一路"紧密相连的综合立体交通运输网络，建设成为以山东半岛蓝色经济区为线、以山东全境为面，实现以环渤海和沿黄省区为辐射范围、集商品、资本、信

---

① 贾峰：《规划建设"四大功能载体" 打造"一带一路"综合枢纽城市》，《青岛日报》2014年3月23日。

息、技术于一身，海港、空港、陆地港为一体，海陆空资源统筹发展、结构合理、功能完善的东北亚国际航运枢纽，把山东打造成为"一带一路"交汇互动的国际战略通道支点。

（二）国家东西双向开放的"桥头堡"

山东地理位置优越，向西通过新亚欧大陆桥可连接中西部地区及中亚五国，向东出海与东北亚各国临近，直接面向东亚及整个环太平洋地区，是亚欧与亚太板块的交汇点，具有深化国际国内合作、聚集生产要素、吸引各方投资和带动区域发展的良好区位条件和广阔的辐射范围，在促进东西开放上具备独特的优势。因此，要强化山东服务环渤海，沟通东北亚，面向整个"一带一路"地区的战略地位，全面推动东西双向开放，在开放功能、合作领域、载体平台等方面不断突破，成为带动整个环渤海地区乃至我国北方地区向东北亚、东南亚、中亚、欧洲全方位开放的门户地区，全面构建起东北亚地区向西拓展和中亚地区东向出海的战略平台。山东应充分利用"一带一路"东西双向开放窗口的有利地位，向东深化与环太平洋经济圈特别是日韩的全方位网络化合作，深入推进中韩地方经济合作示范区建设，推动双方经济贸易和人文交流健康发展，将山东打造成为"丝绸之路经济带"与韩国"亚欧倡议"对接融合的重要节点；向西以新亚欧大陆桥为依托，加强与"丝绸之路经济带"沿线城市和中亚五国、俄罗斯、土耳其及欧洲的合作对接；向南不断扩大与东南亚、南亚、中东等21世纪"海上丝绸之路"国家和地区交流，不断提升向东向西开放的层次和水平，确立山东国家东西双向开放的门户和"桥头堡"地位。

（三）"一带一路"区域性国际商贸中心

发挥山东港口、基础设施、贸易发展等综合优势，打造对整个东北亚区域以及大陆桥沿线国家和地区具有较强集聚力和辐射力的区域性国际商贸中心。建设大宗商品交易集散中心，培育具有电子交易、公共信息、口岸通关、金融配套、航运综合、行政审批等功能的大宗商品综合交易平台，在山东建设沿线国家和地区贸易合同的签单中心、订单分拨中心以及价格调节中心。① 大力发展转口贸易，鼓励港口管理者通过提供仓储设施、服务配套、租金优惠等条件，吸引国际贸易商、生产商在港口附近设立中转基地和加工中心。不断拓展商贸对外合作层次，以申建自贸港（园）区为引擎，加快推动山东金融改革，大力推进贸易投资便利化，实现传统对外贸易向现代国际贸易转变，搭建起与"一带一路"沿线国家和地区经贸交流合作的桥梁。

（四）国家海洋开发合作核心区

充分发挥山东参与海洋合作的国家战略、国家级平台、国家级科研院所等综合优势，以山东半岛蓝色经济区和青岛西海岸新区建设为依托，以东亚海洋合作平台建设为重要载体，拓展港口综合服务功能，加快建设东亚海洋合作交流中心，设立东亚海洋经济合作示范区、东亚海洋人才教育中心，立足东亚、辐射亚太，在海洋科技、环境保护、灾害应对、海洋经贸等领域，与东亚、东南亚国家开展多层次务实合作，加快完善国际海洋事务沟通协商机制和组织体系，努力将山东建成全国乃至东亚、东南亚地区海洋开发合作核心区，打造"一带一路"重要的海上战略支点。

（五）全国海陆统筹、东中西联动发展的重要引擎

山东是新亚欧大陆桥经济走廊的重要区域，也是沿黄地区发展的龙头，是两大经济带的重要交汇节点。山东参与"一带一路"建设，将为我国中西部的发展打造动力强大的新引擎。对"丝绸之路经济带"和21世纪"海上丝绸之路"沿线的我国中西部地区来说，山东拥有无可比拟的产业、科技、资金、人才、政策体制等方面的优势，应充分发挥山东作为动力强大、功能全面的互动输出端的作用，不断挖掘西部地区的发展潜力，通过进行产业、资金、技术、人才方面的转移，帮助中西部地区产业结构优化和经济转型升级，实现良好的东西部区域发展互动，成为全国东中西联动发展的重要引擎。

---

① 古璇、古龙高:《建设连云港区域性国际商贸中心》,《大陆桥视野》2011年第7期。

四、山东参与并推进"一带一路"
建设的发展目标

"一带一路"发展战略，为山东提升开放型经济发展水平带来了新机遇。积极参与"一带一路"建设，对促进山东与沿线国家要素有序自由流动、资源高效配置、市场深度融合，推动形成全方位对外开放新格局具有重要战略意义。山东参与"一带一路"建设，必须明确目标定位、突出重点、勇于探索，提升山东在"一带一路"战略中的地位，努力形成开放合作的新思路、新政策、新格局。

（一）山东参与并推进"一带一路"建设的总体目标

山东省应充分发挥自身特点及与沿线地区经济产业互补优势，积极推动与沿线国家的合作，不断拓展合作领域，扩大合作层次，在投资、贸易、会展、金融、旅游、港口物流等领域培育合作典范，进一步提升开放型经济水平，在参与"一带一路"建设的过程中，推进国家在东亚地区乃至更大范围的自贸区建设和区域经济一体化进程，不断开辟新的发展环境，促进经济持续增长、产业转型升级和开放布局优化，加快山东富民强省新跨越。

1. 打造新亚欧经济走廊核心经济增长极

区域增长极的培育是实现区域经济增长的重要途径，经济增长极作为一个区域经济发展新的经济力量，其自身不仅形成强大的规模经济效应，还对其他经济产生支配效应、乘数效应和极化与扩散效应等带动整个区域的进步。山东是新亚欧大陆桥经济走廊的重要区域，是环渤海经济圈的核心要塞，产业基础良好，能源资源丰富，上下游产业链较为健全，发展后劲足，具备成为辐射带动更广阔范围的区域增长极的潜力和可能。因此，山东参与"一带一路"建设，应以打造新亚欧经济走廊核心经济增长极为重要目标，塑造核心地位，发挥主导作用，强化产业支撑、创新支撑、环境支撑，发挥比较优势，突出地方特色，加强资源共享，进一步完善、深化顶层设计，突出项目带动和模式创新，切实增强山东的要素集聚、经济带动、城市辐射、改革示范作用，带动"一带一路"沿线地区和整个环渤海区域的经济发展。

2. 构筑全国高端产业集聚区

经过三十多年的快速发展，山东经济取得了显著的成绩，但随着发展阶段的变化，山东的经济发展也面临着劳动力成本上升、资源能源过度消耗、创新能力不足以及区域经济发展不平衡等问题和挑战，急需通过产业结构的调整与升级加以应对。产业转型升级已成为推进山东经济发展方式转变的突出重点。因此，山东参与"一带一路"建设，应以推进山东产业转型升级为目标，坚持腾笼换鸟、凤凰涅槃的思路，加强与沿线国家地区的产业联系合作，推进与沿线国内地区省际间的产业对接协作以及与日韩的经贸合作等方面不断深化，真正把推动发展的立足点转到提高质量和效益上来，积极实施创新驱动发展战略，大力调整经济结构，提升产业层次，加快形成具有国际竞争力的高端产业集群，努力在转变经济发展方式、全面提高经济发展质量和效益上发挥重要的引领作用。

3. 打造重要的区域经济合作战略平台

积极争取我国与中亚、东盟等国家和地区之间各领域双多边合作框架协议、载体建设等在山东启动落实，积极与"一带一路"沿线城市开展战略性对话并建立常态化交流平台与机制。推动山东省与"一带一路"沿线经贸往来密切或经济利益较集中的沿线国家以及地方政府，通过多种形式缔结"经济合作伙伴关系"，加强双方经济、贸易、投资等相关信息交流，在政府、经济团体、企业间建立形式多样的务实交流渠道，并与沿途国内各省建立起完善的省际合作机制，形成"一带一路"区域经济合作的重要平台。

4. 优化山东对外开放格局

当前，经济全球化深入发展，区域经济一体化加快推进，全球增长贸易投资格局正在进行深刻的调整和变革，我国与中亚、东南亚、南亚等国家经贸合作的内在需求进一步增强，建设"一带一路"正是我国构建全方位开放新格局的重大举措。山东参与"一带一路"建设，应通过与沿线国家合作领域的拓展和合作层次的提升，不断提升东西双向开放水平，统筹构筑山东东西部良性互动的开放新格局。充分发挥山东半岛蓝色经济区和黄河三角洲高效生态经济区两大国家战略政策叠加、先行先试的优势，使山东参与"一带一路"建设的开放战略与省会城市群经济圈、西部经济隆起带和沿途各省以及全国整体开放战略结合起来，因地制宜地制定半岛地区、鲁中、鲁西地区对外开放新战略，形成海陆统筹、东西互济的全方位开放新格局。

5. 推动区域经济一体化进程

山东处于亚太经济一体化的重要交汇点，尤其位于山东半岛的青岛、烟台、威海等城市一直处于山东乃至全国对外经贸合作的前沿地带，在推动国家间经济贸易和双边关系健康发展上发挥了重要作用。山东可以在"一带一路"战略中发挥区域合作高地作用，通过山东与"一带一路"沿线国家和地区更深层次的经贸、人文合作，促进地方经济合作，进一步提升贸易投资便利化水平，推动中国—东盟自贸区升级版的尽快建成，推进中韩自贸区、中日韩自贸区以及其他区域经济安排的建设进程，促进区域经济一体化发展。

（二）阶段性目标

山东参与推进"一带一路"建设要围绕总体目标，分步实施、有序推进，根据不同时期的重点任务和目标的不同，提出短期、中期和长期三个阶段性目标。

1. 短期目标

争取用五年左右的时间，重点推进和实现山东与"一带一路"沿线国家和地区互联互通基础设施支撑能力不断提升，启动并实施一批重点带动项目，境外合作园区载体初具规模，合作机制初步设立，同时与沿线国家和国内省份建立较紧密的合作关系，合作格局初步形成。

——互联互通能力逐步提升。空中、陆上和海上航线逐步完善，连接环渤海地区通达日韩、中亚、东盟等沿线国家和地区的国际大通道全面建成，形成能够支撑山东与日韩以及"一带一路"沿线国家和地区进行全方位合作的综合交通体系。山东半岛港口群与日韩、东盟等国家港口协作体系全面建成，建立与重点区域的港口战略合作联盟，增加集装箱运输航线，共同发展集装箱联运与国际中转、物流配送等航运物流业务，形成现代港口航运服务体系，出海通道功能进一步完善；以山东省铁路主骨架为依托，路网规模进一步扩大，路网结构不断完善，打通环海、省际铁路大通道，构筑起沿海快速铁路、港口集疏运和集装箱便捷货物铁路运输、大宗物资铁路运输和省际客货铁路运输体系；民航吞吐能力全面提升，形成区域性国际航空港体系，将青岛胶东国际机场打造成为环渤海区域性枢纽机场和面向日韩的门户机场，建设成为环渤海湾地区重要的航空货运枢纽、货运集散地和快件处理中心。

——平台建设初步完善。东亚海洋合作平台基本建成，各类展会资源深度整合，构筑特色鲜明、主题突出的国际海洋合作、国际经贸合作和文化交流合作"三位一体"平台体系，国际国内区域合作深化拓展，形成山东省对"一带一路"沿途国家经贸、产业、人文学术定期交流机制。

——合作机制初步设立。在国外，山东对外友好城市在"一带一路"沿线的布点基本完成，建立起"'一带一路'友好城市"日常工作机制，加强双方经济、贸易、投资等相关信息交流，初步形成覆盖整个"一带一路"的友好协作关系。在国内，构建起区域信息合作机制，形成"一带一路"合作共赢的信息管理网络服务系统；构建起区域创新资源合作机制，山东与"一带一路"沿线各省之间各类科技创新机构之间的资源共享和优势互补；构建起区域平台共享机制，充分利用相关国际论坛、展会展览等平台，推动与新疆、陕西、广西、福建等"一带一路"沿途的国内省份联合举办专题经贸、文化交流等活动，促进形成"一带一路"省际合作与联动机制。

2. 中期目标

山东与"一带一路"沿线国家和地区在经贸、产业、科技、文化、航运物流等各方面合作水平和层次明显提高，贸易投资便利化程度大幅提升，"一带一路"北方综合枢纽和海上战略支点作用初步显现，开放型经济发展取得突破性进展。到2030年基本实现以下几点：

——双向开放门户作用充分发挥。推动形成山东与日韩、中亚、东南亚等区域合作交流平台与机制的建立，综合服务环渤海地区开放发展的功能全面提升，建立有利于政府、民间、企业多层次交流合作机制，不断拓展交流合作的广度和深度。深入推动我国与日韩、中亚、东盟等多方产业对接合作取得明显成效，"一带一路"双向开放门户作用得到充分发挥，建设成为服务环渤海地区面向"一带一路"上的现代产业基地、区域金融中心和国际商贸中心，同时实现山东与"一带一路"沿线各省联动发展，构建起产业合理分工、配套服务共建共享、生态环境协调保护、生产要素合理集聚的区域一体化合作机制，形成海陆统筹、东西互动的全方位对外开放新格局。

——贸易合作水平大幅提高。山东与"一带一路"沿线国家和地区的贸易额大幅增长，贸易商品结构逐渐优化，外贸发展方式逐渐转变，出口商品的国际竞争力不断提高，高新技术产品、拥有自主知识产权产品的出口比例提升，在更深层次上融入了全球分工体系。与"一带一路"沿线国家和地区贸易结构逐步向货物贸易与服务贸易并重转变，实现出口目标市场实现多元化，形成与中亚、东盟等主要国家的稳固经贸关系。

——对外投资合作层次明显提升。推动山东受国家宏观调控较大和贸易摩擦较多的钢铁冶炼、氧化铝等企业向"一带一路"沿线贸易壁垒小的国家和地区转移，实现家用机械、电子家电等产业向更贴近目标市场的国家转移。通过在沿线国家和地区建设加工制造型、现代农业产业园等境外经贸合作园区，引导劳动密集型、资源消耗性的纺织服装、橡胶轮胎等企业向劳动力成本低、资源丰富的国家转移，拉动饱和产能的输出，拉长产业链条，延长产品生命周期，实现优势产能活力在境外激发与延续。充分发挥山东对外承包工程的优势，鼓励企业到沿线国家扩大对外工程承包业务，广泛参与沿线国家基础设施建设。

——投资贸易便利化程度大幅提升。深入推动海关程序便利化，实现山东青岛港、日照港等口岸与"丝绸之路经济带"跨区域口岸合作，完善"属地申报，口岸验放"的区域大通关模式，推动口岸功能互为延伸，为陆桥经济带营造高效、便捷的出海口，形成"大通关"的区域联合。积极推进推动"丝绸之路经济带"关检合作升级，加强沿线检验检疫合作，加入并推动拓展新亚欧大陆桥检验检疫合作机制，不断创新出入境检验检疫监管模式。积极探索为"一带一路"重点沿线国家商务人员和游客提供落地签证便利，对省内重点企业人员出国和沿线外籍高科技人才、高层次管理人才来鲁提供签证便利。

——人文交流成效显著。充分利用东南亚等国家和地区鲁籍华侨人数众多的优势，以创办一系列文化交流活动为载体，以旅游、教育资源为切入点开展与沿线国家人文合作，打造深化合作奠定坚实的民心民意基础。教育领域，不断发展与沿线各国的文化教育方面的服务交流，在山东建设一批面向"一带一路"沿线国家和地区教育培训中心和留学生基地，建立区域性文化交流基金和专项教育基金，扩大相互间留学和培训规模，并为长期合作培育和储备人才与人脉资源。文化方面，利用"一带一路"沿途国家的孔子学院，以孔子文化为主题，通过与沿线国家互设文化馆、旅游节等活动，打造一批文化交流项目，与沿线国家进行交流，增强山东在"一带一路"沿线国家和地区影响力和文化亲和力，增强竞争优势，促进经济合作向广领域、深层次、永续化发展。旅游方面，以国际旅游为突破口，与丝绸之路沿线国家联合推广"好客山东"和沿途国家及地区旅游整体形象，合作开发建设丝绸之路国际旅游精品路线，简化往来手续，扩大与沿线各国游客往来，提升国际旅游合作层次和水平，增加文化认知度与认同度。

——海上战略支点体系初步形成。配合山东半岛蓝色经济区等国家战略的实施，进一步优化港口功能和结构，形成各具特点、分工清晰的口岸发展布局，实现青岛港等主要枢纽港的专业化和集约化发展，推进青岛港、日照港、烟台港、威海港等山东港口群整体竞争力的提升。通过青岛港在国内外巨大的影响力，努力推广成功的"青岛港模式"，在整个山东港口群中统筹规划，服务于整个"一带一路"沿线地区。同时，重点面向东南亚及南亚等地，通过投资、参股、租赁、建立友好港口等多种形式，深度参与海外重要商港、渔港的运营、航道维护、港口综合服务等，建立起一系列海上战略支点，初步形成山东海上战略支点体系。

3. 长期目标

通过前两个阶段的建设发展，到本世纪中叶，山东作为海陆衔接航运枢纽功能充分发挥，东西双向开放桥头堡作用充分发挥，与"一带一路"沿线国家和地区在产业、贸易、港口物流、文化、科技、旅游等方面的全方位合作体系形成，成为与日韩、中亚、东南亚等国家区域合作的重要平台和高地，成为新亚欧经济走廊的重要经济增长极，全面建成"一带一路"的北方综合枢纽和海上战略支点。

第六章 山东参与并推进"一带一路"建设的战略布局

    自从 2013 年习近平总书记提出"一带一路"重大倡议以来,沿线各国政要、民间组织负责人纷纷对这一战略构想给予高度评价和热烈回应。俄罗斯、海湾阿拉伯国家合作委员会各成员国、乌兹别克斯坦、吉尔吉斯斯坦、波兰等国家或国际组织的领导人均明确表示愿意积极参与建设"丝绸之路经济带",通过促进互联互通和人文交流的发展推动经济合作,把自身经济的发展和中国的繁荣更加紧密地联系在一起。一名欧盟委员会前官员说:"丝绸之路是一个备受呵护的孩子,很多母亲都想照顾他……"① 总体而言,"一带一路"沿线国家和地区能源资源丰富、市场广阔、人口数量众多、市场潜力巨大,而且正处在经济快速增长期和转型期,对我国优化对外开放格局具有重要意义。山东应充分抓住这一有利时机,在深入分析各国经济发展实际和增长潜力的基础上,全面考量,突出重点,深化合作,拓展山东对外开放的广度和深度,力争在"一带一路"沿线国家和地区形成要素自由流动、资源高效配置、市场深度融合的国际合作新格局,在国内形成优势互补、高效互动、相互借力的省域合作新架构,在省内形成海陆统筹、优势明显、东西互济的省内开放新体系。

---

    ① 马小宁等:《托举各国人民梦想 承载四海宾朋愿景 "一带一路"共创共享发展新机遇》,《人民日报》2014 年 7 月 1 日。

一、突出重点，推动形成紧密有致的国际合作新格局

"一带一路"涉及东亚、南亚、非洲、欧洲等五六十个国家和地区，总人口约占全球人口总数的三分之一。这些国家资源禀赋各异、历史文化传统千差万别、经济发展水平不一，与山东经济合作的基础与发展潜力也各不相同。我国在推进"一带一路"建设的过程中秉承"开放、包容"的精神，既不搞封闭、排外的一体化机制，也不划定统一的合作标准，而是充分利用各区域已有的区域合作规则——"一国一策"，共同推进双边或多边合作的发展。这就决定了山东在参与"一带一路"建设的过程中应当坚持具体问题具体分析，在紧密结合国家实施"一带一路"战略的发展目标和战略布局的基础上，充分发挥山东比较优势，找准与沿线国家合作的契合点，深度开拓与山东具有长期经贸合作关系、未来发展前景良好的国家的市场。

（一）充分利用东亚合作快速发展机遇，推动形成鲁日韩生产共同体

中日韩三国地缘相近，隔海相望，经济互补性强。改革开放以来我国经济快速发展，市场潜力巨大，但面临着较大的技术缺口、管理缺口和资金缺口；而日韩两国历经20世纪四十多年的发展，积累了发达的资本密集型产业和高级技术产业，能够为正在进行工业化发展的我国提供发展所需要的资金和经验。此外，近年来，随着区域一体化的发展，东亚越来越成为国际经济发展的热点地区。中日韩经济合作具有较好的发展基础。改革开放以来，山东也积极发挥地缘优势，强化与日韩的合作，取得了较好的业绩。在改革开放之初，日本曾一度成为山东第一大贸易伙伴。2002年由于受到日本国内需求下降、商品检验检疫标准提高等一系列因素的影响，山东对日贸易增长幅度开始落后于东亚的部分国家，从而导致日本在山东对外贸易中的排序由第一大贸易伙伴下降为第二大贸易伙伴。2002年山东对日本进出口总额

73.7 亿美元，占全省对外贸易总额的五分之一。进口的主要产品主要集中于机电、钢材等产品，出口产品主要以服装、纺织品、机电产品、水海产品、煤为主。2005 年由于山东与美国经贸合作进一步发展，使得美国成为山东的第二大贸易伙伴，而日本位居第三。近年来由于日本右翼势力不断抬头，中日关系出现较大的波折，日本在山东对外经济合作中的地位不断下滑，但仍然保持着重要的地位。2013 年山东与日本进出口总额 242.34 亿美元，为山东第五大贸易伙伴，其中，出口 171.81 亿美元，为山东第三大出口市场；进口 70.53 亿美元，为山东第七大进口市场。来自日本的跨国公司投资在山东对外经济合作中也占据着重要的地位。2012 年山东批准外商投资项目 1333 项，合同外资金额 165.57 亿美元，实际使用外资 123.53 亿美元，其中引进日本投资项目 113 项，合同外资金额 9.87 亿美元，实际使用日资 7.20 亿美元，分别占山东利用外资项目总数、合同外资总额、实际使用总额的 8.45%、5.96% 和 5.82%，是山东第四大外资来源地。① 从 1992 年中韩两国建交以来，山东与韩国经贸合作增长迅速。山东省与韩国隔海相望，民间素有"可闻邻国鸡鸣犬叫"之说，得天独厚的地缘和相近的文化优势，铸就了山东与韩国密切的经济文化交流和友好情结。特别是中韩建交以来，山东与韩国在经济文化等方面的交流合作日益扩大，截至 2010 年年底，山东已累计批准韩国投资项目 2.06 万个，实际投资累计 269.51 亿美元，占山东利用外资的比重为 26.5% 左右，占韩国对华投资总额的半壁江山，这也使山东成为中国韩资企业最密集的地区。双方的进出口占两国贸易总额的比重达到七分之一左右。2010 年，山东省与韩国进出口贸易额 280.9 亿美元，对韩出口 137.8 亿美元，从韩国进口 143.1 亿美元，韩国继续成为山东第一大贸易伙伴。同时，双方在文化、旅游、教育等诸多领域的交流也在不断发展。目前常驻山东的韩国人士超过 10 万人，济南、青岛、烟台、威海四个国际机场每周飞往韩国的航班近 200 个班次，青岛、烟台、威海、日照和荣成都有直通韩国的客货班轮，更为双方的合作和人员往来提供了非

---

① 东盟和欧盟分别统计，排序含中国香港在内。

常便利的条件。从上述分析中可以看出，山东与日韩经贸合作基础良好、优势突出，相互贸易依存度不断提升，已经具备了从一般的经贸合作向更深层次合作的可能。

近年来，中、日、韩深化经贸合作的体制机制不断取得突破，对话协调机制日臻完善。1999 年 11 月中、日、韩三国领导人在出席东盟与中、日、韩领导人会议期间举行早餐会，共同开启三国对话合作进程。2008 年中、日、韩领导人在日本福冈召开会议，同意建立"面向未来、全方位的伙伴关系"，这是三国领导人首次在"10+3"框架之外建立合作机制。从此，"10+3"领导人会议和三国领导人会议成为中、日、韩三国对话协商的主要形式。经过十多年发展，中、日、韩合作已建立起较完备的合作体系，形成了以领导人会议为核心，以外交、经贸、科技、文化等 18 个部长级会议和 50 多个工作层机制为支撑，全方位、多层次、宽领域的合作格局。其主要成果在经贸合作领域主要有，2002 年开始建立中、日、韩自贸区开展可行性研究；从 2004 年开始三国相关部门根据《中日韩推进三国合作的联合宣言》就中、日、韩投资协定进行了多轮磋商；并于 2012 年 5 月 13 日达成《中华人民共和国政府、日本国政府及大韩民国政府关于促进、便利和保护投资的协定》，该协定内容丰富，囊括了国际投资协定通常包含的所有重要内容，如投资主体、跨国投资在东道国享有的权利和义务、缔约方相互之间的最惠国待遇、投资的禁止性业绩要求、法律保护、对投资企业征收的程序和补偿标准、投资退出的原则和程序、投资者和缔约一方的投资争端解决程序以及相应的救济措施。该协定于 2014 年 5 月 17 日正式生效，将为三国投资者提供更为稳定和透明的投资环境，进一步激发三国投资者的投资热情，促进三国间经贸活动更趋活跃，推动三国经济的共同发展和繁荣，为山东吸收日韩资金的稳定和可持续提供了制度保障。2001 年泛黄海中日韩经济技术交流会议开始启动，是三国间唯一由政府、经济团体、企业、大学和研究机构共同参与的次区域合作机制，重点探讨三国相关地区在贸易、投资和科技领域的合作方案。在贸易自由化方面，中日韩三国连续举办了四届运输与物流部长级会议，提出了建立无缝物流系统、发展环境友好型物流业、实现物流安全与高效的平衡的目标，建立了东北亚物流信息服务网络，开通了三国物流信息共享服务接口，形成了物联网、云计算、网络安全、新一代移动通信等领域的交流与合作。此外，还在科技、环保、农业、水利、文化、教育、旅游卫生等方面建立了合作机制，多个城市成为友好城市。上述情况表明中日韩合作已经拥有了充分的体制机制保障，如果中日韩自贸区（或者中韩自贸区）谈判一旦达成，三国合作将成为东亚经济合作的引领区。在此有利的时机下，山东应当紧紧抓住当前的机遇，充分利用中、日、韩三国已经拥有的机制和规则，深化与日韩的经贸合作，以推动形成东亚生产共同体为方向，将鲁日韩的经贸合作提升到新的高度。

在"一带一路"建设的大背景下，山东加强与日、韩的合作应当突出以下四方面。首先，加快面向日韩的产业合作基地建设。结合国家"一带一路"的发展规划，做好做强现有的对日韩合作的特色产业园，如青岛中日创新产业园、东营中日生态产业园、烟台中日现代产业园、潍坊中日装备制造产业园、威海中日医药及医疗器械产业园、日照中日健康食品产业园、滨州中日纺织服装产业园、青岛中韩创新产业园、东营中韩装备产业园、烟台中韩新能源汽车产业园、潍坊中韩海洋化工产业园、威海中韩信息技术产业园、日照中韩汽车零部件产业园、滨州中韩现代农业园特色产业园；构成建立健全产业合作推进机制，制定山东与日韩的产业合作发展专项规划，积极搭建研发合作联盟、技术标准联盟、市场合作联盟、产业链条合作联盟等产业联盟，促进山东与日韩的产业一体化发展，使山东与日韩的产业分工从目前的垂直分工转变为水平分工，从目前的产业间分工转变为产业内分工，乃至产品内分工，从而形成紧密联系的生产网络。制定和实施差异化的利用外资政策，鼓励日、韩跨国公司在我国设立地区总部、研发中心、财务中心等功能性机构，加快山东制造业产业链条与日韩产业链的对接。其次，发展商贸中心，努力深化鲁辽韩物流合作。以青岛为中心，建设面向韩国、辐射山东乃至华北地区的山东国际商贸中心，推动形成鲁日韩商贸一体化的进程。通过制定发展规划，强化财政支持和税收支持，引导和鼓励山东大型企业开展跨国采购业务，推动中小型物流企业资产重组，鼓励日韩物流企业投资山东，发展山东企业强化相互合作，形成较为完善的物流产业主体结构。支持山东企业在韩国建立采购基地或销售中心，引导企业在本省内完善进口市场体系，鼓励进口企业与流通企业，特别是与我国中西部地区、东北地区流通企业建立联系，形成较为完善的物流网络。以综合保税区为依托，在山东半岛试点离境退税机制，努力培育日本、韩国进口集散地和贸易示范区。做大做强专业化贸易平台，特别是建立专业电子商务平台、公共服务平台和网上购物网站为一体的网上国际贸易体系，形成网上交易和实体贸易相结合、大宗批发和商品零售相结合的交易体系。以青岛、大连和韩国仁川、釜山等港口的现有合作为基础，发展中韩港口联盟，共享区域物流发展的成果。最后，建设国际通道，推动鲁辽韩交通网络建设。充分利用山东半岛、日本的地理位置得天独厚、港航基础设施优良、中韩滚装客货班轮运输经验丰富的有利条件，按照中韩两国签署的《中韩陆海联运汽车货物运输协定》的要求，进一步推动青岛、烟台、威海、日照等港口以及大连、营口与韩国仁川、釜山、平泽等港口开展中韩陆海联运汽车货物直达运输，为鲁日韩国际物流合作搭建平台。积极推进青岛、烟台、威海、日照以及大连等港口与韩国的仁川、釜山、光阳、蔚山、平泽、群山、济州等港口的战略合作。共同开发国际航线和发展集装箱联运与国际中转、物流配送、邮轮客运等业务。加强鲁日韩三地之间的海上火车轮渡的建设，使之成为直接连接日韩与亚欧大陆桥和亚欧大陆桥的纽带。争取韩国的支持与合作，尽快完成平泽港与平泽火车站之间的铁路建设，实现从港口到火车站的无缝对接，扫除大连、烟台、平泽之间的铁路海上轮渡建设障碍。组织有关专家学者开展研究，出台山东半岛、日本各港口间的铁路海上轮渡发展规划，争取在青岛港、威海港、日照港之间开通铁路海上轮渡，形成覆盖山东半岛、日本沿海港口的密集铁路海上轮渡网络。加快烟台—大连海底隧道建设步伐，推动山东威海—韩国仁川海底隧道的可行性研究，争取在不远的将来，开工建设上述两条海底隧道，使山东、日本、韩国之间建立起陆地交通网络。

（二）重点发展境外园区，推动形成鲁俄经贸战略合作区

在 20 世纪末的对外开放中，山东一直较为注重加强与日韩及欧美发达国家的经贸合作，形成了以美、日、欧盟、韩国为主要贸易伙伴的对外开放格局。但进入新世纪以来，随着俄罗斯经济的恢复、投资环境的优化以及中俄关系的改善，山东对俄罗斯经贸合作逐步恢复和发展起来，俄罗斯逐步成为山东重要的合作伙伴。在"一带一路"建设的新时期，对俄合作在山东对外开放中占据了越来越重要的地位。鉴于俄罗斯特殊的国情和山东对俄罗斯经贸合作的发展阶段所限制，在当前"一带一路"建设的过程中，山东对俄经贸合作难以在俄罗斯主要经济区内全面展开，而应当是在目前已经具备一定基础和优势的各类经济园区中展开。通过在俄罗斯建设园区，并力争推动更多地在俄园区上升为经济特区，以此带动鲁俄经贸合作的发展。

1. "一带一路"背景下推动形成鲁俄经贸战略合作区的必要性和可行性进一步凸显

首先，山东已经与俄罗斯进行了较长时期的合作，增强了了解。多年来，山东与俄罗斯经贸合作都保持着良好的发展态势，主要表现为规模不断扩大，合作的内容不断丰富。由于受到历史因素的影响，在 20 世纪 90 年代初期山东对俄经贸合作曾经出现过一段高速发展时期，但后来由于山东产品质量不一、竞争不规范以及其他因素的影响，鲁俄经贸合作出现了滑坡与徘徊不前的状况，在俄罗斯国内也出现了一些对中国产品的不良印象。进入新世纪以后，山东企业进一步加强了对俄罗斯市场的重视和调研，两国领导人也多次互访，并建立了定期会晤机制，双方合作逐渐度过磨合期，进入了稳定协调发展的快车道，特别是在 2006 年以后鲁俄经贸合作呈现出良好的持续发展态势。据统计，2007 年山东对俄贸易额 35.97 亿美元，同比增长 40.49%，其中出口 13.74 亿美元，同比增长 71.01%，进口 22.23 亿美元，同比增长 26.54%。2008 年增长速度虽然有所放缓，但依然保持了较好的业绩。当年山东对俄贸易额 42.61 亿美元，同比增长 18.47%，其中出口 18.02 亿美元，同比增长 31.19%，进口 24.59 亿美元，同比增长 10.61%。国际金

融危机的发生使鲁俄经贸合作受到较大影响，进出口贸易在 2010 年进入最低谷。从 2011 年开始，鲁俄贸易内在活力再　次摆脱外部影响而显现出来，山东对俄进出口额达 68.26 亿美元，是上一年的 14.89 倍。2012 年山东对俄进出口额达 84.32 亿美元，同比增长 23.53%，其中出口 31.89 亿美元，同比增长 3.12%；进口 52.43 亿美元，同比增长 40.45%。2013 年山东对俄罗斯贸易额 77.85 亿美元，排在美国、东盟、韩国、欧盟、日本、澳大利亚、巴西、印度尼西亚之后，为山东第九大贸易伙伴。在对俄贸易良性发展的基础上，山东与俄罗斯之间的投资合作也呈现了稳中增长的势头。2013 年山东批准俄罗斯投资项目 9 项，合同俄资额 980 万美元，实际使用俄资 816 万美元，但在山东利用外资中所占的比例不足 1%，这说明俄罗斯对山东投资还处在刚刚起步阶段，仍有较大的增长空间。山东对俄罗斯的投资也呈现出规模逐步扩大的趋势。特别是在国际金融危机发生以后，山东利用欧美等国经济低迷的有利时机，积极扩大海外投资，自然资源丰富的俄罗斯也成为山东对外投资合作的重要地区之一，2012 年山东对俄投资项目数为 9 个，投资总额达到 2259.2 亿美元，其中中方投资额 2139 万美元。截至 2013 年年底，山东共在俄罗斯投资项目 186 个，中方投资额 3.49 亿美元。在境外投资规模不断扩大的同时，山东对俄投资合作的质量也在不断提高，主要表现为对俄投资的主体日益宽泛，不但有中航林业有限公司、烟台西北林业有限公司这样的大型企业，也包括诸多中小企业，既有国有企业，也有民营企业；既有东部发达地区企业，也有中西部发展中地区企业；既有资源能源开发企业，也有加工制造企业。截至 2012 年年底，山东对俄投资的企业和机构 177 家，资源开发企业有 25 家、加工制造企业 72 家、贸易公司 34 家、代表处及其他机构等 45 家。

其次，山东与俄罗斯产业互补性较强，为推动形成鲁俄经贸合作区奠定了基础。俄罗斯是资源大国，是当今世界目前为止唯一一个不仅可以完全满足本国对燃料和能源的需求，而且还可以对外出口的国家。根据《2020 年前俄罗斯能源战略》中的预测，俄罗斯的石油储量约为 440 亿吨，占世界石油储量的 1/10，目前已探明的天然气储量近 48 万亿立方米，占世界探明储量的 35%，其天然林蓄积量约 807 亿立方米，占世界总储量的 1/4，煤炭蕴藏量为 2000 亿吨，居世界第二位；铁、铝、铀、黄金的蕴藏量均居世界前列。① 自 2000 年以来，特别是近年来，俄罗斯大力发展石油加工工业，目前俄罗斯原油初加工能力仅次于美国，初加工产量位列美国、日本和中国之后居世界第四位，但俄罗斯能源加工工艺和水平相对滞后，企业生产设备落后，亟须寻求合作伙伴，为山东开拓俄罗斯市场奠定了基础。在农业和森林资源方面，俄罗斯面积广大，森林覆盖率高，耕地土质肥沃，劳动力严重短缺，耕地撂荒问题比较突出。而山东正是一个劳动力大省，拥有较强的森林采伐能力和土地耕种能力。由于受到历史传统的影响，俄罗斯经济发展由重化工产业引导，航空航天产业和武器装备业可称雄世界，核工业和核机械制造业实力雄厚，出口潜力大，国际竞争力强，可以为山东发展提供所需要的先进技术。

最后，俄罗斯对外开放的步伐大大加快，为鲁俄合作提供了制度保障。经过 18 年的艰苦的谈判，2012 年 8 月俄罗斯正式加入 WTO，成为 WTO 第 156 个成员国。加入 WTO 不仅将世界最后一个重要经济体纳入贸易规则体系之内，还将使俄罗斯关税不断降低，市场准入不断扩大，经济管理日趋完善，这必将大大加速俄罗斯对外开放的步伐。近年来，我国高度重视对俄罗斯的关系，两国签订了一系列的纲领性文件，为山东开拓俄罗斯市场提供了良好的保障。2012 年，在普京访华期间，中俄两国共同宣布圆满实现《2009—2012 年中俄睦邻友好合作条约实施纲要》，并制定《2013—2016 年中俄睦邻友好合作条约实施纲要》，保证"在中俄战略安全磋商机制框架内加强双方在地区以及全球问题上的沟通和协调"。② 2013 年中俄两国签订《关于合作共赢、深化全面战略协作伙伴关系的联合声明》，进一步明晰了未来中俄合作的主要领域和合作机制，为山东强化与俄罗斯合作提供了保障

---

① 百度文库：《俄罗斯承包工程市场分析》，见 http：//wenku. baidu. com/view/bf2b0a0852ea551810a6873e.html。

② 联合早报：《从普京访华看中俄美关系犬牙交错》，转引自 http：//help.3g.163.com/12/0608/09/83FFOF2B00964JJE_ 2.html。

和平台。

2. 以重点产业合作为导向、以境外合作园区为抓手，推动鲁俄合作发展

顺应当前区域经济一体化发展趋势和国际产业结构调整方向，着眼于山东经济结构调整的需要和提前布局抢抓亚欧经济一体化发展新机遇的要求，解放思想，大胆创新，按照优势互补、互利共赢、安全高效的原则，完善合作机制，创新投资方式，培育跨国公司，营造合作氛围，进一步拓展山东对俄投资合作的广度和深度，在资源合作的基础上加快农业、制造业、科技、基础设施等领域的合作，全力推进对俄投资合作向更大规模、更广领域、更高层次发展。山东在深化对俄投资合作的过程中应当突出以下领域合作。

一是林业合作。俄罗斯林业资源丰富，开发潜力巨大。山东应积极采用多种投资方式，深度开发俄罗斯林业资源。发挥山东劳动力资源丰富、劳动者吃苦耐劳的优势，积极开拓林业劳务合作，弥补俄罗斯林业人力资源缺口。鼓励企业以设备投资的方式到俄罗斯建立林木采伐企业，以提高俄罗斯森林工业的设备装备水平。适时引导企业开展木材加工业生产合作，鼓励开展纸浆造纸工业、木制品工业、家具工业等领域的投资，鼓励企业将先进的木材加工技术向俄罗斯转移，不断提高木材加工的深度和提高产品的附加值。

二是能源资源合作。在俄罗斯资金短缺、地质勘探人员流失严重的西伯利亚和远东地区进一步加强双方地质勘探的合作，发挥山东企业特别是地矿企业的人才、技术优势，强化对石油天然气的联合开发，扩展山东与俄罗斯投资合作的产业链条。结合国家统一部署，积极寻求时机，争取更多的参与俄罗斯石油、天然气管网建设项目。强化双方沟通与协调，合作开发低排放煤炭开采和储存新技术、先进管网开发技术以及其他新能源技术。扩大在可再生能源的合作，特别是水电站、风能资源领域的合作。

三是农业合作。以国家商务部、农业部、财政部《关于加快实施农业"走出去"战略的若干意见》为指导，将对俄农业合作纳入山东农业开拓国际市场的总体进程。鼓励山东企业在俄罗斯兴办各种形式的综合开发小农场、跨国农业合作示范区，将现有的农业合作项目进行统一的规划、整合，促进其向经济联系和专业化发展，形成具有较大规模和较强影响力的农业合作园区。积极推动农产品加工、仓储、物流领域的投资，特别是山东出口竞争力强、在俄罗斯需求量较大的产品和较具出口竞争力的农产品生产加工。重点发展肉牛种畜生产基地、动物胚胎生产基地和人工牧草种植基地。进一步加强山东与俄罗斯在绿色产品领域的分工、生产方面的合作，按照俄罗斯《农业国家纲要》确立的农业优先发展部门引导企业对俄农业投资，强化在良种培育、油菜种植多年生植物栽培和流行病防御部门的技术合作，推动农业科技合作。大力推广绿色模式、绿色工艺、绿色技术，大力推广以测土配方施肥为核心的节约型施肥技术和节约型施药技术，将山东高效、低毒、低残留农药新品种引入俄罗斯，探索建立安全农业生产示范区。

四是制造业合作。发挥山东纺织服装的产业优势，加强对俄战略性投资合作，引进国际纺织行业的新理论、新技术、新方法、新工艺，研制开发新品种、新花色、新款式，增加纺织品的科技含量，扩大高档、优质、高附加值纺织品的生产比重，开发多功能复合纤维、高仿真纤维、功能化纤维等差别化纤维品种；积极鼓励山东企业在俄罗斯投资开发用于土木建筑、深海油田采集、飞机和现代化国防、未来新能源提取、生物工程技术、环境保护、农业生产等产业用纺织材料。鼓励机械电子、化工建材、轻工食品等行业的技术、资本优势企业，贸易先行，投资跟进，利用现有设备和成熟技术，赴俄罗斯建立生产基地、营销网络和售后服务中心，开展境外加工贸易，带动设备、原材料、零部件出口；积极鼓励资源依赖型的钢铁、医药产业赴俄罗斯开展市场寻求型投资，缓解山东资源供应紧张的困局，满足俄罗斯上述产品的市场供应缺口。

五是科技合作。推动山东具有领先优势的产业对俄罗斯投资，如家用电器、电子信息、机电一体化、节能与环保、医疗装备、现代交通装备等领域。鼓励企业以上述领域技术入股俄罗斯企业等。在俄罗斯技术领先的行业，特别是重工业等领域，采用以投资换技术的方式，加强投资合作，提高山东产业发展的技术水平。特别要突出高技术合作项目，注重科技创新能力的提升；突出山东与俄罗斯科技合作基地及科技园区的辐射和带动作用；突出引进技术的消化、吸收和创新，并取得明显的经济效益，成为山东新的经济增长点。此外，加快山东与俄罗斯科研院所的合作步伐，通过联合兴办高等院校、科研机构、研发中心等途径整合双方的科技优势资源。

为此，进一步落实《中俄投资合作规划纲要》的精神，抓住俄罗斯加入 WTO 以后贸易门槛不断降低、市场准入不断加大、投资环境趋于规范的良好时机，积极鼓励山东企业在认真学习中俄托木斯克木材工贸合作区成功经验的基础上，进一步增强山东对俄罗斯投资合作的紧迫感，积极开展对俄投资合作或建立境外园区。根据山东对俄投资合作的发展状况和优势，结合国家及山东对外投资规划，出台在俄经贸园区发展框架方案或指导性意见，对不同区域内对俄经贸合作的重点给予必要的协调和指导，引导企业走差异化发展的道路。从产业经济角度，合理评估在俄经贸园区的主导产业，明确经贸园区的优势，对经贸园区的交通、资源、供应链、产业特色、市场覆盖率、经贸园区获得利益点等方面加以分析和把握；引导企业充分考虑俄罗斯国情需要，结合企业的技术、管理、人才优势和国际商务经验，以及拥有的国内潜在招商资源，对经贸园区未来的产业方向和商务功能作出明确、具体的定位。

（三）抢自贸区红利，打造中澳合作先行区

随着全球化趋势的加快，全球经济中心向以中国为代表亚太地区转移，中国成为澳大利亚最重要对外关系之一。2014 年 11 月中国与澳大利亚两国元首共同宣布实质性结束中澳自由贸易协定谈判。该谈判自 2005 年 4 月启动，谈判内容涵盖货物贸易、服务贸易、投资自由化等诸多领域。根据谈判的结果，在协议签订以后，澳大利亚逐步降低最终取消对中国所有产品的关税，而中国也在将逐步取消绝大多数出口澳大利亚的产品关税，双方互相给予对方最惠国待遇，不断采取措施，增加企业投资的市场准入机会、可预见

性和透明度。① 中澳自贸区的建设将对促进双边经贸合作产生重要的影响。在新形势下，山东应当抢抓中澳自贸区的红利，充分发挥现在山东与澳大利亚合作领先的优势，打造中澳合作先行区。

1. 山东与澳大利亚合作的现状

（1）对澳贸易正在进入质、量并行提升的阶段。在改革开放前期，山东注重发挥地缘优势积极开拓日韩市场。但近年来，山东积极实施市场多元化战略，进一步加大了开拓澳洲市场的步伐。2006 年山东对澳大利亚进出口总额 23.98 亿美元，其中出口额 7.84 亿美元，进口额 16.14 亿美元。到 2013 年，山东省对澳大利亚贸易额 196.3 亿美元，较 2006 年增长 7.19 倍，其中，对澳出口 32.7 亿美元，较 2006 年增长 3.17 倍；从澳进口 163.5 亿美元，较 2006 年增长 9.14 倍。截至 2013 年，澳大利亚已成为山东省第六大贸易伙伴、第三大进口来源地、第十大出口市场。在贸易量不断扩大的同时，山东对澳大利亚进出口的商品结构也在不断优化。从原来的纺织服装及衣着附件向机械设备、电子电器、橡胶轮胎、金属制品拓展，山东从澳大利亚进口的商品涉及铁矿砂、铝矿砂、铝铜等资源产品以及棉花、粮食等农产品。

（2）相互投资进一步扩大。近年来鲁澳双向投资日趋活跃，发展势头总体良好。2007 年山东批准澳大利亚外商投资项目 17 项，合同外资 1183 万美元，实际使用外资 3698 万美元；2008 年山东批准澳大利亚投资项目 22 项，同比增长 29.41%，合同外资 6109 万美元，同比增长 416.40%，实际使用外资 6225 亿美元，同比增长 68.33%；国际金融危机的发生严重影响了山东与澳大利亚合作的进程，2009 年山东实际使用澳大利亚投资 4587 万美元，同比下降 26.31%，但合同外资依然实现了 11.98%的增长，表明了澳大利亚对山东投资的信心。2013 年，山东新批澳外商投资中，实际使用澳大利亚外资 1.2 亿美元，同比增长 50.1%。据统计，2007 年山东核准对澳投资项

---

① 孙琦子：《中国自贸区进程加速：与澳大利亚自贸区完成实质性谈判》，见凤凰网，http：//finance.ifeng.com/a/20141117/13283764_ 0.shtml。

目 6 项，中方投资额为 6027 万美元，2013 年山东核准在澳大利亚设立企业（机构）22 家，中方投资 5.6 亿美元（含内保外贷境外融资 2.4 亿美元）。截至 2013 年年底，山东省核准在澳大利亚设立企业（机构）139 家，中方投资 60 亿美元（含内保外贷境外融资约 43 亿美元）。投资的主要领域逐渐拓展到能矿资源、服务贸易、制成品加工、纺织、基础设施、农业等。在澳大利亚开展的投资合作的企业也不断增加，兖矿集团、山东黄金、济宁如意集团等企业的投资项目取得了较好的业绩。

（3）服务贸易发展迅速。随着经济合作的深化，山东与澳大利亚之间人员交流随之密切起来。1995 年山东接待来自澳大利亚的游客仅为 3046 人，到 2000 年增长到 5956 人，约翻了一番。到 2005 年达到 10643 人，再次翻番。在接下来的 5 年里，鲁澳之间人员往来更加频繁。2010 年，中国取代美国成为澳大利亚最大的服务出口市场。山东作为中国对澳交往的前沿省份，在其中发挥了重要的作用。2010 年山东接待来自澳大利亚的游客首次突破 4 万人关口，较 5 年前翻了两番。2012 年山东接待澳大利亚旅游人数达到 62649 人次，同比增长 10.84%，在山东各客源国中排名第 10 位。2013 年虽然略有减少，但仍然超过 5.6 万人。

（4）经济合作的体制机制建设不断突破。主要表现在以下两方面：一是山东与澳大利亚的南澳州建立起了友好省州关系。在友好省州的框架下，山东与南澳州人员往来频繁，高层交往活跃，重大外事活动不断。自国际金融危机发生以来，山东省领导先后 6 次访问南澳州，接待来自澳大利亚的高规格代表团 10 余批次。目前，两省州有 2 对城市、2 对大学、3 对中学、1 对小学、1 对港口、1 对医院缔结了友好关系，在经贸、教育、培训、文化等各个领域也均有较好合作。二是建立起了推动沟通与互信的对话协调机制。2013 年在济南举办了首届山东省—南澳州合作发展论坛，对双边经贸合作的形势与未来发展方向进行了研讨。签署了《山东省与南澳州关于加强交流和合作的备忘录》《山东省与南澳州关于 2014 年合作举办以山东为主题的澳亚文化节的备忘录》以及相关企业合作备忘录。

2. 山东与澳大利亚合作的重点

紧紧抓住中澳自贸区谈判带来的机遇，以山东和南澳州友好省州关系为载体，按照"文化先行、经济为重、整合资源、互利共赢"的发展思路，在"一带一路"建设中继续加大山东与澳大利亚在经济、文化、科技等全方位的合作与交流，巩固山东在全国对澳合作领头羊的地位。

一是进一步加强农业领域合作。农业领域是山东省对澳交往与合作的一个重要领域，要以提升山东省农业发展水平和竞争力为目标，逐步扩大对澳农业交往，通过"引进来"与"走出去"相结合，加强在品种、技术、资金、人才与经验等方面的交流，形成"多渠道、多层次、全方位、宽领域"的对澳交往格局。在不断强化与南澳州、维州等州农业领域的交流的过程中，鼓励具有较强市场竞争能力的企业到澳洲进行投资合作，建设人工牧草基地，发展畜牧业生产及畜产品加工，在国际和地区渔业与海洋生物管理协议的框架下，开展近海海产养殖业和远洋渔业，大力发展特色农产品加工，积极引进澳洲优良品种，推动山东省农作物品种升级换代；鼓励澳大利亚企业在山东投资建厂，大力发展农产品配送、物流与供应链管理，提供农业金融服务和对矿业用地进行复垦。进一步强化与澳大利亚的农业技术交流，引进包括种植业、畜牧业等领域在内的农业高新技术和适用技术，加快扭转山东省农业技术相对落后和储备不足局面，鼓励澳大利亚在山东设立有机农产品示范工厂、农产品展示中心、农业技术示范中心或以专用技术为重点的养殖业示范项目。加大对澳农产品出口，逐步形成以蔬菜、水果、畜产品、水产品等劳动密集型产品为代表的出口优势产品，并培育一批具有带动和示范作用的农业产业化龙头企业。

二是加强经贸领域的合作。加大对企业"走出去"的支持力度，积极推动山东与澳大利亚在能源资源开发和基础设施领域的合作，提升山东与澳大利亚的经贸合作水平。在积极开拓与南澳州能源资源合作的同时，进一步完善山东与西澳州的合作框架，为山东和西澳州的矿产资源开发企业提供合作平台，鼓励山东企业拓展矿产资源投资的范围，推动山东企业和澳洲企业在资源能源评估与开发、环境管理、资源开采后恢复等方面的合作。鼓励和支持实力强、信誉好、开拓国际承包工程经验丰富的企业到澳大利亚承揽交通、能源、电力、冶金、建筑等国际承包工程。与澳大利亚联合推动基础设施方面的合作,加快山东与澳大利亚互联互通的进程。进一步调整在澳大利亚承包工程的项目结构,跟踪国际建设投资的发展趋势、投资流向和发展潜力,积极承揽技术含量高、效益好且能带动省内机械设备、原材料、技术和劳务出口,特别是带动电力、采矿、化工等成套设备出口的项目。加强基础设施技术领域合作,特别是在跨境项目、互联互通项目、新技术和新材料的应用、绿色节能型项目等方面重点加强合作。

三是加强生态环保和新兴产业领域的合作。积极推进山东和澳大利亚在生态环保产业和新兴产业在技术、资金、信息、人员等方面的交流合作,以项目建设为切入点,积极推进鲁澳生态环保机制建设,不断提升双方合作质量和效益。在原有合作机制的基础上,以山东省和南澳州为基础,开展"鲁澳绿色使者计划"活动,尽快搭建"鲁澳环境合作示范平台",将澳大利亚在国际上领先的环保技术、设备和方法引进山东。不断采取措施,强化山东和澳大利亚科技学术部门之间的交流,在双方均关心的问题上,如污染减排、流域水污染防治、燃煤电厂脱硫脱硝等开展联合攻关,共同推动双方科技进步。充分发挥山东和澳大利亚海岸线绵长、浅水面积巨大、海洋科技人才丰富的优势,推动鲁澳在海洋产业的合作,特别是在印度洋等地区开展各类气候监测、海洋气候资料分析和海洋气候预报为主题的多学科海洋研究,共同提高双方在应对气候变化、海洋生态保护、海洋灾害预报等方面的能力,推动建立海洋灾害救助机制。

四是人文交流合作。积极探索鲁澳教育合作的新路径,大力推进鲁澳教育交流与合作,交流互鉴,优势互补,促进鲁澳交往进一步深化发展。抢抓中澳自由贸易区建设的机遇,推动山东省内各高校与澳大利亚高等院校之间建立合作关系,在更多的学校设立教师国外培训基地,支持和鼓励各级教育专任教师赴澳参加培训和研修活动;设立各种形式的"伙伴计划",促进本地学校与国际学校结对,打造包括国际学校、涉外教育学校、公办学校、民办学校在内的校际交流沟通平台;充分发挥友好城市在鲁澳人文交流中的作用，设立友城留学生学习、进修基地和鲁澳友城留学基金，支持山东符合条件的学生到澳友城留学，鼓励澳友城学生到山东学习、实习和考察交流；依托山东大学与阿德莱德大学创办的孔子学院，进一步拓展孔子学院的数量，设立专项经费，鼓励和支持有条件的学校和教育机构到澳友好城市设立"孔子课堂"，并根据澳大利亚的人文特点调整充实有关课程，使孔子学院能够更容易被当地民众接受。更加重视文化交流在增进鲁澳公众相互理解与友谊方面的作用。以澳亚文化节"山东周"为契机，积极开拓澳洲商业演出市场，发挥山东作为儒家文化发源地和文化艺术形式多、地方特色浓郁等方面优势，鼓励和支持山东文化企业赴澳大利亚举办山东特色民俗文化展，加强在影视、文化创意等领域的合作，引进澳大利亚的资金、技术和先进理念，提高山东文化企业的竞争能力，积极引进澳大利亚的优秀文化作品，通过文化交流进一步加强鲁澳之间，特别是青年一代相互之间的理解和认同；深化鲁澳青少年在文化、社会、科技等领域的交流；联合打造一系列创意新颖、形式活泼的青少年文化交流项目和品牌活动，如"鲁澳青年文化之旅"、山东国际青少年艺术周、山东国际少年儿童文化艺术节、鲁澳青少年音乐比赛等，进一步加深鲁澳青少年的联系与交流。加大山东与澳大利亚主要旅游城市之间的互动与合作，建立和完善旅游城市合作渠道，共同推动鲁澳旅游合作机制发展，通过官方旅游网站互相链接、平面媒体互换、参加旅游展览会等，搭建互利共赢的营销平台，互相提供各自的旅游信息，为对方推广旅游资源及旅游产品提供便利与支持。在双方的主流媒体上强化旅游宣传，特别是积极借助网络资源向新一代受众进行推广。推动双方旅游企业、航空公司等开展务实合作，推动双方共同开发旅游产品，共享旅游资源，增大游客交流规模，并为对方企业到本地开拓市场、开辟航线、投资合作等提供信息咨询、技术服务等支持，力争在中澳自贸区建成后实现旅游合作的大发展。

（四）突出转型升级，推动形成对东盟合作快速增长区

东盟是我国重要的经贸合作伙伴之一，积极发展与东盟的经贸合作关系是我国全方位对外开放战略的重要组成部分。2002 年 11 月在第六次中国—

东盟领导人会议上我国与东盟十国领导人签署了《中国与东盟全面经济合作框架协议》，标志着中国—东盟建立自由贸易区的进程正式启动。中国—东盟自贸区与欧盟（European Union）、北美自由贸易区（NAFTA）并称为当今世界三大区域经济合作区，也是世界上人口最多、最有发展潜力和活力的由发展中国家组成的最大的自由贸易区。在自贸区的利好刺激下，我国对东盟经贸合作进入了快车道。2013年9月国务院总理李克强在第十届中国—东盟博览会和中国—东盟商务与投资峰会指出：在经历了合作的"黄金十年"之后，双方要继往开来，创造新的"钻石十年"①，并为此提出了打造中国—东盟自贸区升级版的倡议。该倡议的主要内容与当前"一带一路"战略的思路相吻合，共同为山东积极开拓东盟市场、推动山东与东盟合作快速发展带来了良好机遇。由于地缘优势的存在，中国—东盟自贸区建立初期我国东南、南方省市首先受益，但随着合作的不断进展，区位优势将逐渐降低，山东等北方省市将成为加强与东盟经贸合作的重要推动力量。

1. 新形势下山东与东盟合作的潜力进一步增强

长期以来，山东一直视东盟为重要的经济合作伙伴。改革开放以来，山东省与东盟的贸易合作从无到有，并保持了较快的发展势头，除了部分时期受到金融危机等国际经济形势因素的影响外，其他年份均保持了两位数的增长。2000年山东对东盟进出口总额13.25亿美元，同比增长58.3%，其中出口增长48.5%，进口增长79.7%，为山东对东盟贸易增长较快的时期。2008年国际金融危机的爆发对山东对外经贸的发展产生了较大的影响，对东盟的贸易往来出现了较大幅度的下滑。但到2011年随着国际形势的好转和企业信心的增强，山东对东盟的进出口迅速恢复，并再创新高。2011年山东对东盟贸易总额286.11亿美元，同比增长771.6%，是危机前2007年的2.7倍，其中出口额98.62亿美元，同比增长743.5%，是2007年的2.07倍，进口额187.49亿美元，同比增长782.7%，是2007年的3.21倍（见表

---

① 李克强：《打造中国—东盟自贸区升级版》，和讯网，见 http://news.hexun.com/2013-09-04/157710158.html。

6-1)。上述情况再一次表明了山东与东盟贸易合作的巨大增长潜力。2012—2013 年山东与东盟的进出口进入中低速增长的"新常态",但仍然保持了 4%左右的增长速度。2013 年,东盟已成为山东第二大贸易伙伴、最大的进口来源地。在贸易合作快速发展的同时,山东与东盟的相互投资也取得了较大的进展。在山东利用东盟投资中,以新加坡为最多。截至 2013 年,新加坡累计对山东投资 55.7 亿美元,占东盟对山东投资的七成。国际金融危机以后,山东抢抓"走出去"的机遇,积极开拓东盟投资市场,对印度尼西亚等国的投资合作实现了较大的发展。

表 6-1 东盟十国与山东省进出口合作数据表

单位:万美元

年份	进出口	同比增长 (%)	出 口	同比增长 (%)	进 口	同比增长 (%)
1997	103277	-0.7	73656	13.8	29621	-24.7
1998	67544	-34.6	43529	-40.9	24015	-18.9
1999	83722	24	57529	32.2	26193	9.1
2000	132505	58.3	85425	48.5	47080	79.7
2001	148172	11.8	88287	3.4	59885	27.2
2002	207630	40.1	117593	33.2	90037	50.3
2003	296381	42.7	155699	32.4	140682	56.2
2004	448751	51.4	244812	57.2	203939	45
2005	571698	27.4	314869	28.6	256829	25.9
2006	758761.0	32.7	373231.0	18.5	385530.0	50.1
2007	1060342.0	39.7	476588.0	27.7	583754.0	51.4
2008	1509381.0	42.3	627469.0	31.7	881912.0	51.1
2009	1249980.0	-17.2	469522.0	-25.2	780458.0	-11.5
2010	328241.6	-73.7	116918.8	-75.1	211322.8	-72.9
2011	2861090.0	771.6	986222.0	743.5	1874868.0	787.2
2012	2963932.0	3.6	1081218.0	9.6	1882714.0	0.4
2013	3096497.7	4.5	1232772.3	14.0	1863725.4	-1.0

资料来源:《山东统计年鉴》各年度,山东人民出版社。

随着"一带一路"建设的发展和中国—东盟自贸区升级版的打造，山东与东盟的合作潜力将进一步积淀。一方面，在国家层面上，随着自贸区谈判的进展，关税和非关税壁垒会进一步降低，贸易障碍的减少将有利于经贸往来的发展。以项目合作为基础的跨境经济合作区正在加速推进，有望成为深化中国与东盟经贸合作的新引擎。另一方面，在山东省层面上，山东与东盟经济合作的体制机制将进一步完善，特别是在以下几个方面取得突破性进展：新加坡—山东经贸理事会在协调双边合作方面的作用进一步加强，中国—东盟博览会合作平台将为山东对东盟合作提供新的动力；高层往来将更加频繁，山东与东盟的政策协调能力会进一步提高。受此影响，山东与东盟的经贸合作将成为山东未来对外开放中的新亮点，也将成为我国"一带一路"建设的重要增长点。

2. 抓住机遇，推动山东与东盟合作快速发展

充分利用打造中国—东盟自由贸易区升级版带来的关税不断降低、市场开放不断扩大、贸易和投资自由化便利化水平不断提升的有利时机，加快实施技术、品牌、营销、标准四带动战略，积极提高企业自主创新能力，进一步增强山东企业的出口竞争力；积极推动加工贸易转型升级，着力提高传统加工贸易档次和附加值，引导加工贸易向研发、销售和售货服务等环节延伸，逐步实现由代加工向设计再向自创品牌转变；制定有效的进口战略，调整和优化进口结构，完善进口价格管理和风险防范机制，实现进口和出口均衡发展；进一步加强对东盟各国环保法规、环境标志制度的研究和信息搜集，全面跟踪和关注这些国家对山东产品出口的贸易壁垒情况，建立健全贸易摩擦预警机制，降低贸易摩擦带来的损失。以此推动山东与东盟经贸关系快速发展，使山东与东盟双边贸易额在山东对外贸易总额和中国—东盟贸易总额中的比重均获得快速上升，推动形成山东—东盟经贸快速增长区。

二、强化沟通，推动形成互利共赢的省际良性竞合新局面

"一带一路"建设是我国对外开放的重大战略之一，涉及全国各省区市。山东在构建参与这一战略的布局架构的时候，应当充分考虑到其他省区市的优势、发展重点，实行错位发展。只有这样，才能避免山东在诸多产业上面临恶性竞争，并借助部分省区市已有的合作优势推动山东经济的发展。在未来的发展中，山东在省际合作框架上应当主动融入四个经济圈。

（一）积极参与环渤海区域经济一体化发展

2014年3月5日李克强总理在作政府工作报告时指出，加强环渤海及京津冀地区经济协作。其后，习近平总书记在听取京津冀协同发展工作汇报时强调，实现京津冀协同发展是一个重大国家战略，要坚持优势互补、互利共赢、扎实推进，加快走出一条科学持续的协同发展路子。环渤海经济圈将成为我国发展的"第三极"。山东应充分认识环渤海经济圈的重要价值，并主动参与其建设。一是应尽早根据京津冀一体化的发展方向，调整自己的产业发展重点，积极承接京津产业转移。二是主动融入环渤海交通体系建设。积极争取国家的支持，进一步提升山东在"海上丝绸之路"交通网络建设中的地位，以山东半岛蓝色经济区港口群（青岛港为中心，烟台港、威海港、日照港为骨干，沿海其他港口积极参与）为主体，建设以山东半岛蓝色经济区为线，以山东全境为面，实现以北京、天津、河北、河南、山西为辐射范围，集商品、资本、信息、技术于一身，海港、空港、陆地港为一体，海陆空资源统筹发展、结构合理、功能完善的交通枢纽。三是依托现有港口、城市和产业聚居区，建设各种功能完善配套的物流园区，在"海上丝绸之路"国家建设物流合作园区，完善区域性物流园区体系。进一步完善面向华北各省市的地区交通网络，建设高效综合物流运输体系，构建区域性公共物流信息服务平台，建立物流企业信息反馈机制，构建区域性物流快速反应机制。

四是积极推动国际分销服务贸易发展，构建区域性分销中心。加强商贸基础设施建设，打造一批区域性国际商品市场。

（二）经略带动我国海洋经济合作带发展

进一步发挥山东半岛蓝色经济区在全国海洋经济发展的作用。一方面，采取措施推动丁字湾海上新城、潍坊海上新城、海州湾重化工业集聚区、前岛机械制造业集聚区、龙口湾海洋装备制造业集聚区、滨州海洋化工业集聚区、董家口海洋高新科技产业集聚区、莱州海洋新能源产业集聚区、东营石油产业集聚区的发展，使山东真正成为"建设具有较强国际竞争力的现代海洋产业集聚区"。另一方面，还应积极构建省际海洋经济合作体系。通过设立建设东亚海洋合作交流中心、海洋发展论坛、东亚海洋博览会、青岛国家东亚海洋人才教育中心、青岛国家东亚海洋科技合作基地、海洋交易市场、应对突发性海洋自然灾害合作机制等方式，沟通、协调、帮助其他省市海洋经济发展，并通过发起东亚海洋产业合作示范项目推广计划等方式推动山东富余海洋产能向其他省市转移。

（三）打造我国省区开放合作网络的重要节点

在"一带一路"建设中，有四个省区因为特殊的优势而发挥着特别的作用，即具有对日韩合作区位优势和良好基础的山东、面向东盟开放合作机制建设先行一步的广西、具有众多台胞资源的福建和居于新亚欧大陆桥我国最西北出口的新疆。在未来的发展中，山东应重视与上述三省区之间的联系。在巩固发挥已有联系机制（如援疆制度等）的基础上，积极探索新的省际合作新机制，如共同召开经济发展论坛、积极参与在对方召开的经贸洽谈会、优化城市合作网络、共设研究课题等，将山东所掌握的有关日韩经济发展动向及投资项目向上述三省区转移，从上述三省区中获取有关我国西北方向、东南方向、南方等国家和地区有关的经济信息或投资项目。

三、统筹规划，优化山东参与"一带一路"建设的省内格局

（一）加强与沿线国家交流合作功能区建设

一是推进海关特殊监管区的功能与资源整合。整合山东各类海关特殊监管区域，使各类特殊监管区域基本具备保税加工和保税物流两大功能，并实施统一的配套政策和管理措施，形成各区域特点突出、协调发展的战略格局。二是进一步拓展山东境内两大保税港区国际中转的主导功能，在大力发展集装箱港口中转的同时，突出发展物流增值性较高的更高层面国际中转，大力发展面向东北亚的加工、保税和转口贸易，促进东北亚航运中心的建设。三是加快建设国际贸易中心。进一步拓展海关特殊监管区域的贸易功能，提升青岛保税港区、烟台保税港区、潍坊综合保税区等海关特殊监管区域的贸易自由化程度，带动分销业、运输业、仓储业等相关行业发展，加快形成以青岛为核心的国际贸易中心。四是推进青岛贸易自由港区建设。省政府已向国务院呈报了《关于试点建设青岛贸易自由港区的请示》，山东应以此为契机，积极争取在体制机制上先行先试，以试点建设青岛自贸区引领山东对外开放升级。

（二）推进国际运输合作，打造立足日韩辐射东盟非洲的国际物流基地

大力加快推进区域性保税物流体系和物流园区建设，进一步提高物流产业在山东省经济发展的地位和作用，形成较为完善的物流产业发展支撑措施，增强物流产业的发展后劲。依托现有港口、城市和产业聚居区，建设各种功能完善配套的物流园区，在"海上丝绸之路"国家建设物流合作园区，完善区域性物流园区体系。进一步完善面向华北各省市的地区交通网络，建设高效综合物流运输体系，构建区域性公共物流信息服务平台，建立物流企

业信息反馈机制，构建区域性物流快速反应机制。推进国际分销产业发展，打造区域性国际商贸基地。积极推动国际分销服务贸易发展，构建区域性分销中心。加强商贸基础设施建设，打造一批区域性国际商品市场。

第七章 山东与"一带一路"
沿线国家和地区的贸易合作

"一带一路"沿线国家和地区能源丰富，资源富饶，市场广阔，人口数量众多，发展潜力巨大。当前大多数"一带一路"沿线国家和地区正处于经济快速增长期和转型期，与山东具有巨大的合作空间。积极参与"一带一路"沿线国家和地区贸易合作有利于促进山东与沿线国家和地区要素有序自由流动，有利于进一步提高资源配置，有利于促进彼此之间市场的互相融合，对推动山东经济形成海陆统筹、东西互济、面向全球的全方位开放新格局有着重要的意义。

一、山东与"一带一路"沿线国家和地区
贸易合作的现状

作为东部沿海经济大省，山东无论从历史文化渊源出发，还是从经济地理的角度看，与"一带一路"沿线的东盟、欧洲、亚太、大洋洲、非洲等地区的合作具有悠久历史和扎实基础，商贸往来比较频繁，长期互联互通，在对外贸易上奠定了良好的基础条件。

（一）山东与来自"一带一路"沿线国家和地区的贸易规模不断扩大

除 2009 年受金融危机影响山东贸易额与"一带一路"沿线国家和地区

的贸易额均有所下降外,2001—2012 年山东贸易总额与"一带一路"沿线国家和地区的贸易额维持持续上涨态势,贸易规模不断扩大(见图 7-1)。2001 年山东与"一带一路"沿线国家和地区进出口贸易额 289.63 亿美元,来自"一带一路"沿线国家和地区的进出口贸易额为 232.29 亿美元,占比 80%。2009 年受全球金融危机的影响,山东进出口总额有所下降,贸易总额为 1386 亿美元,比上年下降 12%;其中,山东与"一带一路"沿线国家和地区的贸易总额为 1059.3 亿美元,但所占比重仍然达到 76%,贸易额同比上年下降 13%,基本与山东对外贸易额的下降速度保持一致。2012 年山东全年进出口总额 2455.45 亿美元,与"一带一路"沿线国家和地区的进出口贸易额为 1813.28 亿美元,是 2001 年的 7.8 倍,受山东外贸市场多元化战略影响,山东与"一带一路"沿线国家和地区的贸易所占比重略有下降,为 74%。

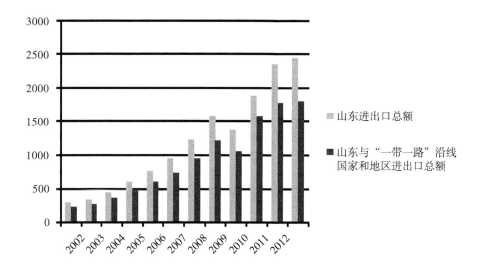

图 7-1 山东进出口总额与"一带一路"沿线国家和地区进出口总额(单位:亿美元)

资料来源:《山东统计年鉴(2002—2013)》。

2013 年山东全年进出口额 2671.6 亿美元,比上年同期增长 8.8%。高于全国增长率(7.6%)1.2 个百分点,是世界贸易增长率(3.3%)的 2.7

倍,进出口总额占中国贸易总量的 6.0%。其中,与来自"一带一路"沿线国家和地区的欧盟、日本、韩国、东盟、中国香港、澳大利亚、俄罗斯联邦等七个主要"一带一路"沿线国家和地区贸易额达到 1405.9 亿美元(见表7-1),占比达到 53%;山东出口到东盟、中国香港、澳大利亚增速均超过了两位数,分别是 14.1%、16%、15.9%,从澳大利亚进口的份额超过30%,达到 47%。山东与"一带一路"沿线国家和地区的贸易往来不仅有力地促进了山东经济社会发展,也为中国贸易增长和经济发展作出了积极贡献。

表 7-1 2013 年山东省与"一带一路"沿线国家和地区进出口贸易主要国别(地区)总值

国家	出口(亿美元)	同比(%)	进口(亿美元)	同比(%)
欧盟	212.1	3.4	80.4	7.5
日本	161.4	−6	61.7	−12.5
韩国	127.1	−4.5	167.4	11.7
东盟	123.3	14.1	186.4	−1.1
中国香港	55.2	16	—	—
澳大利亚	32.7	15.9	163.7	47
俄罗斯联邦	34.5	8.1	43.4	−17.6

数据来源:中华人民共和国青岛海关,见 http://qingdao.customs.gov.cn/publish/portal105/。

(二) 山东与"一带一路"沿线国家和地区的贸易额同比增长率与山东进出口总额同比增长率基本保持同步态势

山东与"一带一路"沿线国家和地区的进出口总额年增长率在 2001 年速度最快,达到 65%,远远高于同期山东对外贸易总额的增速。随后直至2009 年一直保持与全省进出口总额接近的增速(见图7-2),但在 2010 年山东与丝绸之路国家的贸易增速有了明显提高,增速达 49%,远远高于全省36%的增速 13 个百分点。其后在 2011 年,由于受主权债务风险上升、经济复苏乏力、政治风险增加等因素影响,与"一带一路"沿线国家和地区的贸易增速下滑至 13%，低于全省贸易增速 12 个百分点。2012 年继续保持同步态势，因此可以从一定意义上说，与"一带一路"沿线国家和地区之间的贸易大大促进了山东对外贸易的发展。

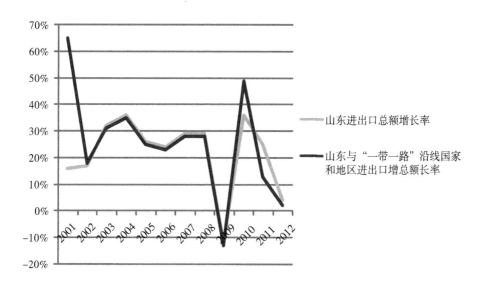

图 7-2　山东进出口总额与"一带一路"沿线国家和地区的进出口总额增长率（单位:%）

资料来源:《山东统计年鉴（2002—2013）》。

（三）山东与"一带一路"沿线国家和地区的贸易区域韩日热度降低，东南亚上升幅度较大

从图 7-3 中可以看出，2001 年山东与"一带一路"沿线国家和地区的进出口贸易中，东南亚占 3%，主要包括新加坡、印度尼西亚、马来西亚等国家。大洋洲的澳大利亚占 2%。欧洲占 17%，主要包括英国、法国、德国、意大利、荷兰、瑞士、瑞典、俄罗斯等国家，德国是欧洲对山东投资最多的国家，2001 年进出口贸易额为 9.5 亿美元，其次是俄罗斯，进出口额 6.6 亿美元。东亚占 51%，其中，日本和韩国是与山东进行贸易最多的国家和地区，分别占比 24%，21%，日本是与山东贸易最多的国家，2001 年贸易额 69.5 亿美元；中国香港和台湾与山东贸易额占比 6%。

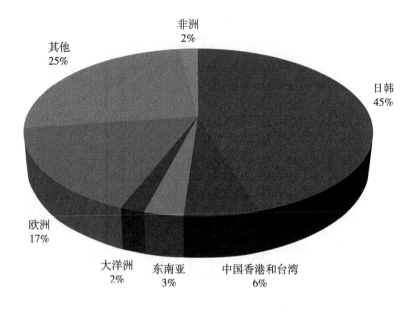

图7-3 2001年山东与"一带一路"沿线国家和地区贸易额分布

资料来源:《山东统计年鉴2002》。

2012年与"一带一路"沿线国家和地区的贸易额中,东南亚占13%(见图7-4),比2001年增加10个百分点,正逐步成为与山东贸易的热点地区,印度尼西亚是东南亚国家中与山东进行贸易往来最多的国家,2012年达到77.72亿美元,是2001年的23倍。大洋洲与山东贸易额幅度提升至6%,比2001年提高4个百分点,其中,2012年澳大利业与山东贸易额139.75亿美元,新西兰9.97亿美元,分别是2001年的45倍、15倍。欧洲方面,贸易额略有下降,基本与2001年持平,与山东与韩日两国的贸易额相差不大,其中与山东贸易增长较快的国家为德国61.78亿美元、荷兰32.63亿美元、英国39.1亿美元、法国19.7亿美元、俄罗斯84.33亿美元(是2001年山东与其贸易额的13倍)。就亚洲来说,韩日占21%,与韩日的贸易热度有所降低,相比2001年比重大幅下降达24个百分点,其中日本占比10%,韩国11%。中国香港和台湾与山东贸易也有较大幅度增长,比重达到14%。非洲比例由2001年的2%提升至2012年的5%。山东与大洋洲、中亚之间贸易合作偏弱，仍有较多的发展空间。

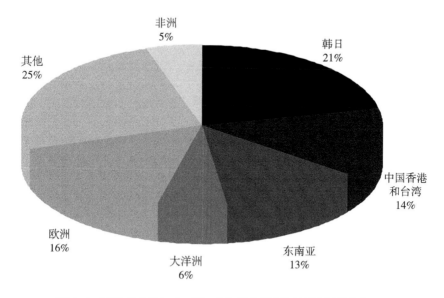

非洲 5%

其他 25%

韩日 21%

中国香港和台湾 14%

欧洲 16%

大洋洲 6%

东南亚 13%

图 7-4 2012 年山东与"一带一路"沿线国家和地区贸易额分布

资料来源：《山东统计年鉴 2013》。

（四）从各区域内部来说，山东对"一带一路"沿线国家和地区的贸易内部集中度较高

从地区分布看，山东对"一带一路"沿线国家和地区贸易构成区域集中度加强，与东盟、东南亚国家的贸易合作日益密切，与中亚合作仍待进一步加强。在亚洲，与东亚的贸易主要集中在日、韩，占比达到了 39%（见图 7-5），与中国香港、台湾的比例达到了 6%。在东南亚，与主要国家的贸易占比达到了 24%，东盟比例占到 22%。与东亚的朝鲜半岛、蒙古，与东南亚的越南、老挝、柬埔寨、缅甸、菲律宾、文莱和东帝汶等几个国家的贸易比例仅占 9%，贸易金额仅为 9.3 亿美元，为 2013 年山东与最少贸易额往来的新加坡的 3/10，与中亚的合作没有官方的具体统计，说明数量与规模都不大，亟须加强与中亚的合作。

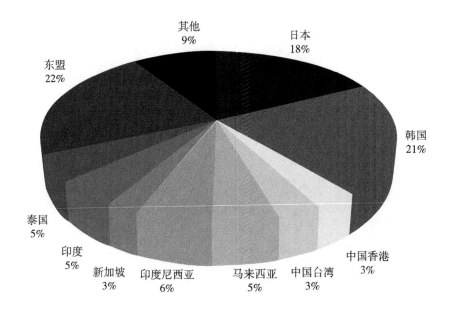

图 7-5 2012 年山东与亚洲主要国家和地区贸易额占比情况

资料来源:《山东统计年鉴 2013》。

以欧洲为例,2012 年欧洲十个国家占与山东贸易的比例达到了 81%(见图 7-6),其他欧洲国家仅占到了 19%的份额。就欧盟内部来说,英国、德国、法国、意大利、荷兰、西班牙、瑞典、比利时 8 个主要国家与山东的贸易额达到了 232.5 亿美元,占比 57%,远远超过了其余 19 个欧盟国家的贸易总额。俄罗斯占比为 21%,其他 19%的比例被其他几十个欧洲国家所占,因此贸易集中度较高。

大洋洲有 14 个独立国家,与山东贸易额以新西兰与澳大利亚为主,这两个国家与山东的贸易额占比达到 98%(见 7-7),其余 2%为其余十几个国家所占,同样具有比较高的贸易集中度。

非洲与山东贸易额较少,贸易额为 121 亿美元,占比仅为 5%左右。但在这 5%的比例中,仍与南非有较高的贸易集中度,但贸易额也仅仅占到山东与整个非洲贸易额的 23%,企业 77%的比例分散到非洲其余五十余个国家中。

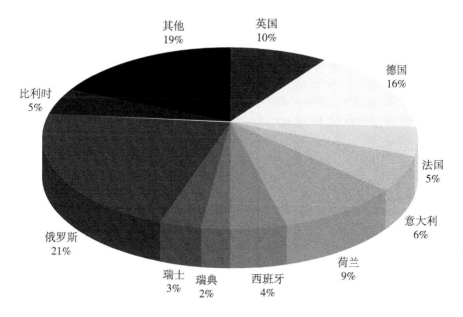

图 7-6　2012 年山东与欧洲主要国家贸易额占比情况

资料来源:《山东统计年鉴 2013》。

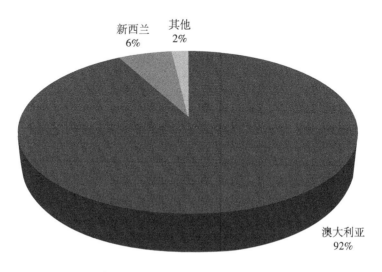

图 7-7　山东与大洋洲主要国家贸易额占比情况（2012 年）

资料来源:《山东统计年鉴 2013》。

(五) 山东大宗货物贸易与东盟、欧盟、澳大利亚较多

2013 年山东口岸进口天然橡胶 136.5 万吨（见图 7-8），自东盟进口天然橡胶 135.5 万吨，占同期山东口岸天然橡胶进口总量的 99%。其中自泰国和马来西亚分别进口 82.4 万吨和 26 万吨，自印度尼西亚和越南分别进口 20.9 万吨和 5.6 万吨①。

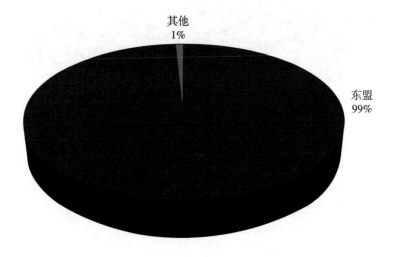

其他
1%

东盟
99%

图 7-8　2012 年山东进口天然橡胶比例

资料来源：中华人民共和国青岛海关，见 http://qindao.customs.gov.cn/publish/portal105/。

就钢材来说（见图 7-9），2013 年山东口岸出口钢材 559.3 万吨，东盟、韩国和中东（17 国）为主要出口市场。山东口岸对东盟出口钢材 157 万吨，占到山东整个钢材出口量的 28%；对韩国出口 100.2 万吨，占到山东整个钢材出口量的 18%；对中东（17 国）出口 78.7 万吨，占到山东整个钢材出口量的 14%；上述三者出口量合计占出口总量的 60%。同期，对欧盟出口 24 万吨，减少 31.4%；对香港出口 23.2 万吨，增加 35.2%。

---

① 《2013 年山东天然橡胶进口情况分析》，见 http://www.askci.com/news/201401/26/2617011199466.shtml。

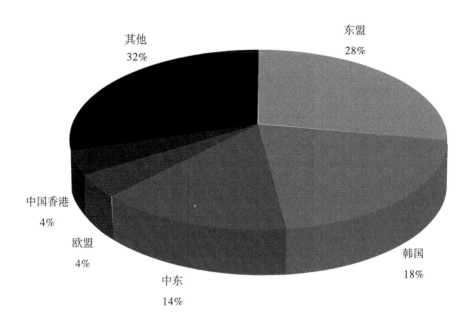

图 7-9 2012 年山东出口钢材市场比例

数据来源：中华人民共和国青岛海关，见 http://qingdao.customs.gov.cn/publish/portal105/。

其他方面，2013 年，山东进口铁矿砂 1.9 亿吨，澳大利亚为主要进口来源地，自澳大利亚进口铁矿砂 9073 万吨，进口量占进口总量的 57.9%；出口玩具 3.5 亿美元，其中对欧盟出口 9636 万美元，占比 28%，对日本出口 1398 万美元，占比 3%；出口轮胎 1.9 亿条，对欧盟、东盟分别出口 3768 万条、1367 万条，分别占出口轮胎总数的 21%、5%；出口手持（包括车载）无线电话机 4401 万台，欧盟为主要出口市场之一，数量为 1066 万台，占出口总量的 24%。

二、山东与"一带一路"沿线国家和地区 贸易合作面临的挑战与优势

(一) 山东与"一带一路"沿线国家和地区贸易合作面临的挑战

1. TPP、TTIP 和 SPA 对山东与"一带一路"沿线国家和地区贸易合作带来不利影响

中国在 2013 年取代美国成为全世界最大的贸易国，对外贸易额占到全球的 1/10，未来 20 年中国市场潜力巨大。但是，当前美国进行"ABC 世贸"改革，即 Anyone but china，也就是"除中国外的世贸"。通过 TPP 先联络大西洋周边的国家，再通过 TTIP 联络太平洋周边的国家，PSA 联络大约 21 个国家专门搞服务业，美国拉拢欧、日，建立一个具有高度自由化、大大超越 WTO 全面性经贸的自由化网络，而由于中国等国家发展相对欠发达不能大幅度互惠开放本国市场因而难以加入其中。这些网络一旦建成，美国将不但完全控制太平洋和大西洋的制海权，而且将进一步主导亚洲和欧洲的政治、经济秩序，其称霸全球的战略目标将变为现实，这势必将抵消中国的硬实力发展成果，在新规则的制定中无发言权，为中国贸易的发展带来不利影响。

（1）TPP "一带一路"沿线国家和地区贸易合作带来不利因素

TPP 即跨太平洋伙伴关系协议（Trans-Pacific Partnership Agreement）是由跨太平洋战略经济伙伴协定（Trans-Pacific Strategic Economic Partnership Agreement）发展而来。作为一个区域性的多边自由贸易协定，它与一般性区域性自由贸易协定有很大不同，协定内容涉及范围更广、开放程度较高、具有较强的互补性，其主旨在于降低关税壁垒，全面开放市场，使得协定国之间经济贸易一体化的进程大幅度加快。

2002 年，亚太经济合作会议成员国中的新西兰、新加坡、智利和文莱等四国首先发起并开始酝酿 TPP。TPP 原名亚太自由贸易区，是一个多边关

系的自由贸易协定，目的在于促进亚太地区的贸易自由化。2005 年 5 月 28 日，文莱、智利、新西兰及新加坡四国协议发起泛太平洋伙伴关系，并与澳大利亚、马来西亚、秘鲁、美国及越南五国磋商。2009 年 11 月，美国正式提出扩大跨太平洋伙伴关系计划，澳大利亚和秘鲁也同意加入。2011 年 11 月 10 日，日本正式决定参与 TPP 谈判，但是中国一直没有被邀请参与 TPP 谈判。同时，美国积极与东南亚各成员国签订协议，重申泛太平洋伙伴关系将汇集无论是发达国家还是发展中国家在内的整个太平洋地区的各经济体，并最终成为一个统一的贸易体。目前 TPP 的 12 个成员国占了全球 GDP 的近 50%，全球海外直接投资的 30%。

TPP 给中国带来的深远影响，给山东与"一带一路"沿线国家和地区的合作带来一定冲击。由美国催生的"泛太平洋伙伴关系"，除越南是唯一社会主义国家成员外，其余的主要成员与入会协谈国大多由资本主义体系的国家组成，将与中国主导的"东盟加六（中国、日本、韩国、澳大利亚、新西兰、印度）"抗衡，产生排挤效应。

（2）TTIP 对"一带一路"沿线国家和地区贸易合作带来不利因素

2013 年 6 月，由欧盟领导人和美国总统奥巴马启动 TTIP（Transatlantic Trade and Investment Partnership）即"跨大西洋贸易与投资伙伴关系协定"谈判。欧美平均每天贸易额达 27 亿美元，相互投资达 3.7 万亿美元，协定达成后，美欧关税降至为零，将覆盖世界贸易量的 1/3、全球 GDP 的 1/2，并将成为迄今历史上最大的自由贸易协定。[①] 因此，TTIP 不但将改变世界贸易规则、重新划定产业行业标准，而且将挑战新兴国家，尤其是金砖国家间的准贸易联盟，并对其产生不利影响。

TTIP 将会使美国和欧盟两大经济体进一步融合。欧美将建立起全球最大的自由贸易区。届时，美欧之间的所有关税将被取消，非关税贸易壁垒也将大大减少，商品和服务的准入门槛将更低，监管和标准将被统一。英国和德国最近的研究结果预测，TTIP 每年会使全球经济增长近 1000 亿欧元（约

---

① 《世界贸易的三大新契机》，见 http://wallstreetcn.com/node/67596。

合 1360 亿美元），使全球平均人均收入提高 3.3%。据欧盟独立研究报告，TTIP 生效后，欧盟对美国出口总体上将增长 28%，欧盟每年将从中受益 1190 亿欧元，同时也将为世界带来 1000 亿欧元的 GDP 增长。①

TTIP 谈判一旦达成，知识产权、劳工标准等方面的规则将由美欧重新制定。一方面，在美欧之间贸易壁垒降低，但另一方面，对区外经济体则构成更高的壁垒，从而使得贸易发生转移。也就是说，中国无论对美还是对欧盟出口都将面临双重的竞争压力，并再次沦为规则的被动接受者与跟随者。未来双边、多边和地区间贸易谈判都有可能采取美欧实施的技术和法规标准，美国继续保持着全球贸易规则制定方面的垄断地位和话语权。

（3）PSA 对"一带一路"沿线国家和地区贸易合作带来不利因素

2013 年 1 月 15 日，美国联合包括欧盟、澳大利亚、加拿大、哥伦比亚、以色列、哥斯达黎加、巴基斯坦、中国香港、中国台湾、日本、墨西哥、新西兰、智利、挪威、秘鲁、韩国、瑞士、土耳其、巴拿马、冰岛在内的 21 个 WTO（世界贸易组织）会员启动 PSA（Plurilateral Services Agreement）"诸边服务业协议"谈判。这是在全球国际化的国与国"服务业"领域开辟的第一条国际通道，占全球服务业贸易量达 2/3。

据全球国际市场预料，PSA 未来的谈判内容主要包括金融、移动通信、传播、电信、电子商务、运输、旅游、物流、物联网、互联网等所有服务业领域。作为全球高收入财富国家的象征，服务业不仅是全球产业链中最关键的产业终端，而且更是提升全球各国财富的根源所在。美欧日 21 国的 PSA 规则是美国为搁置 WTO、出台 TPP 之后又一个更深刻的规则，是全球第一个具有划时代意义的"服务业"贸易规则，并将垄断全球服务业近 80% 的业务总量，更是掌控了发展中国家崛起的重要支柱产业即服务业游戏规则。

目前，中国全部缺席 TPP、TIPP、PSA，而这几个协定几乎把中国最主要的贸易伙伴"一网打尽"。在过去的半个多世纪以来，中国没有参与过"市场经济地位国"、世界贸易组织及 21 世纪以来最新的跨洲的 TPP、TIPP、

---

① 《什么是 TTIP？》，见 http://news.xinhuanet.com/politics/2013-04/24/c_124625150.htm。

PSA 谈判等任何一个国际经贸游戏规则的制定。PSA 以北美自由贸易区为躯干，外加 TPP 和 TTIP 的两侧联动，"一体两翼"战略有助于进一步推动美国进行新的全球政治布局，并有可能架空 WTO 在全球贸易上的话语权，从而使得全球贸易出现全新格局，并对中国产生深远影响。在此严峻情况下，中国有必要与"一带一路"沿线国家和地区携手进行贸易经济等合作以冲破突围，求同存异，加快区域经济融合，提高经济循环速度和质量，促进互利共赢，以制衡美日对中国在全世界范围内的围堵夹击政策。

2. 山东与"一带一路"沿线国家和地区经济合作存在制约因素

（1）"一带一路"沿线国家和地区区域内部发展不平衡

由于开放次序和开放程度的不同，"一带一路"沿线国家和地区内各地自然、区位、社会经济条件的差异，整个区域发展很不平衡，例如在东盟，各成员间的经济发展水平和开放程度也有较大差异，越、老、缅、柬四国的人均 GDP 与新兴的工业化国家新加坡之间相差约 70 倍。[①] 中亚内部之间也有较大差异，据世界银行发布《2013 年世界各国人均国内生产总值排名报告》显示，中亚五国 GDP 哈萨克斯坦一国的人均 GDP 比其他四国的总和还多 680 美元，是塔吉克斯坦的近 12 倍。各国从自身利益出发，对推动丝绸之路建设的立场和主张有所不同，"一带一路"沿线国家和地区内部发展的不平衡不利于成员国间经济政策的协调与沟通，不利于山东与之进行贸易合作和往来。

（2）山东与"一带一路"沿线国家和地区经济结构具有竞争性

山东与"海上丝绸之路"沿线国家和地区既存在合作关系，也存在竞争关系。随着产业的转移和承接，"一带一路"沿线国家和地区的经济形式逐渐趋同，贸易产品互补性越来越小，竞争性增加。随着印度尼西亚、越南、泰国等"海上丝绸之路"沿线国家和地区不断加入到对发达国家的合作中，山东在劳动力方面的优势将不再明显。同时，在较大程度上出口产品

---

① 《泛珠三角与东盟贸易合作发展研究》，见 http://www.caexpo.com/news/info/focus/2011/10/11/3544816_3.html。

也存在类似现象,即在全球产业链中,"一带一路"沿线一些国家利用劳动力和资源优势来承接国际分工的中低端加工组装环节,核心技术欠缺,产品附加值低,劳动密集型和中低技术密集型产品在出口市场上竞争性较强。中亚、非洲国家的国际分工层次较低,自然资源较多、劳动力密集而资本缺乏、技术落后,经贸结构雷同、出口市场单一,在资源密集型、劳动密集型产品的贸易中可能竞争大于合作。

（3）风险防范体系有待进一步健全

"海上丝绸之路"沿线国家或地区相对较为复杂,既存在相对较为发达的市场经济,也存在较为落后的农业经济;政治体制、文化传统等也存在较大差异。山东与"海上丝绸之路"沿线国家和地区能否顺利合作,风险防范尤为必要。一是贸易风险预警机制需要进一步完善。东盟是山东贸易往来重点地区之一,与驻外使领馆沟通有待进一步加强,对高风险国别和地区信息搜集和研究需要细化。非洲作为欠发达地区,地区冲突较多,也需要进行风险预警和防范。二是与"一带一路"沿线国家和地区有关的航道安全等问题有待进一步巩固。海上来说,航道安全是"海上丝绸之路"贸易发展的必要保障,是贸易持续稳定发展的关键,因此有必要把建设保障航道安全的"海上驿站"作为重中之重。"海上驿站"不仅可以进行货物装卸、提供轮船和人员补给服务,更要保障周边航道安全,为各国的贸易往来提供安全、便捷的海陆通道。就陆上来说,连接丝绸之路的亚欧大陆桥横穿中国、中亚、西亚、东欧和西欧二十多个国家和地区,是世界上最长的一条大陆桥,其安全问题也尤为重要,这一方面的安全问题需要进一步加强。三是对"一带一路"沿线国家和地区深化交流合作的研究有待进一步深化。由于山东长期以来只与"一带一路"沿线国家和地区的几个热点国家进行贸易往来,与其他国家联系较少,双方在文化、习俗、法律制度间的差异,加上信息不对称,使得双方对贸易往来的成功率有所顾虑。因此,亟须从长期从事对外关系,特别是对沿线各国交流与合作研究的科研院所、高校成立相关部门对"一带一路"沿线国家和地区进行文化、法律、制度、习俗及经济特点等的重点研究。

3. 山东与"一带一路"沿线国家和地区服务贸易有待进一步发展

众所周知，服务贸易可以减少资源和能源的消耗，帮助企业获得产业的高端附加值，是当前世界经济发展的制高点。加快发展服务贸易，对于山东从经济大省迈向经济强省、从贸易大省走向贸易强省、从制造经济转向服务经济，具有重大战略意义。尽管山东服务贸易取得了快速发展，2013 年统计的服务进出口占对外贸易的比重达到 18.7%，比 2012 年同期提高了 4 个百分点。另据山东省商务厅统计，2013 年山东服务进出口总额达到 613.5 亿美元，同比增长 44.4%，对亚洲出口 275.4 亿美元，同比增长 92%，对 15 个国家和地区服务出口总额过亿美元，中国香港、新加坡、伊朗、中国澳门、英属维尔京群岛位列前五位，① 但是对于与大多数"一带一路"沿线国家和地区的服务贸易来说，整体发展水平比较低，规模比较小，服务贸易出口增长滞后，仍以建筑、旅游和运输服务等传统服务出口为主，境外商业存在的服务收入比重较小等许多问题仍然大量存在，发展彼此间的服务贸易需要很长的一段路要走，任重而道远。

(二) 山东与"一带一路"沿线国家和地区合作的优势

习近平明确提出，要建设好"丝绸之路经济带"和 21 世纪"海上丝绸之路"，与周边国家和地区为基础的贸易合作尤为重要。通过加快实施自由贸易区战略，可以进一步扩大贸易、投资合作空间，从而构建区域经济一体化新格局。也就是说，未来要从综合经济体变成一个大市场，中国要与"一带一路"沿线国家和地区共同发展，更是把周边作为战略依托。因此，虽然山东与"一带一路"沿线国家和地区合作有着诸多困难与挑战，但是潜力巨大。

陆上"丝绸之路经济带"向东连着充满活力的亚太地区，向西经过我国的甘肃、新疆到达中亚、西亚、非洲和欧洲地区，沿线国家和地区经济互

---

① 《山东去年服务贸易额破 600 亿美元　亚洲为最大出口地区》，见 http://news.iqilu.com/shandong/yaowen/2014/0129/1849972.shtml。

补性强，互利共赢的合作潜力巨大。而"海上丝绸之路"将中国和东南亚国家临海港口城市串起来，向南到达大洋洲，沿线国家和地区港口较为发达，通过海上互联互通、港口城市合作体制机制以及海洋经济合作等途径，最终形成海上"丝绸之路经济带"。初步估算，"一带一路"沿线总人口约44亿，经济总量约21万亿美元，分别约占全球的63%和29%。① 2013年我国与沿线国家和地区的贸易额1万亿，占我国对外贸易总额的1/4，这为山东进一步发展创造了良好的国际环境，山东也面临前所未有的良好机遇期。

1. 山东具备区位及交通优势

山东位于中国东部沿海，黄河下游，东临渤海、黄海，处于"丝绸之路经济带"和连接"海上丝绸之路"的交会点，更具面向东北亚，毗邻日韩、地处亚欧大陆桥东桥头堡优势，是"海上丝绸之路"的重要节点，更是海上交通运输和陆上交通运输的一个交汇点，使渤海经济圈、长三角与珠三角经济圈紧密结合，并加强与我国中西部地区诸省份的经济联系，使山东将更好地对接欧洲、非洲、东北亚、南亚和东南亚市场，更为进一步互相深化贸易合作提供了巨大的发展空间。

山东现代综合交通体系完备，由铁路、公路、民航、港口、管道等组成，国内可贯通我国东、中、西部各省区，国际上可以通往世界主要国家和地区，具有四通八达的立体综合运输网络。山东北接东北老工业基地和京津冀发展带，中通环渤海经济圈中的日韩等国，南临东盟地区，向西通过亚欧大陆桥经过中国中西部地区、穿过中亚、直达欧洲，是重要的桥梁和纽带，完全能够成为"海上丝绸之路"的最北部战略节点和陆上丝绸之路的起点，依托山东在"一带一路"综合枢纽和主导地位，开发中亚和欧洲，进一步巩固"一带一路"的日韩传统市场、辐射发展东盟以及南亚和非洲等新兴市场。在海上来说，山东海运发达，是全国唯一拥有三个超双亿吨海港的省份，交通优势明显。山东青岛是太平洋西岸重要的国际贸易口岸和海上运输

① 《"一带一路"经济总量约21万亿美元 约占全球29%》，见 http://www.cqn.com.cn/news/cjpd/962441.html。

枢纽、集装箱干线港，2013 年港口达到 4.58 亿吨，完成集装箱 1552 万标准箱，均居世界第七位；青岛港已与 130 多个国家和地区的 450 多个港口开展贸易往来，是联系"海上丝绸之路"的重要通道。① 在陆上来说，作为与古丝绸之路基本重合的新亚欧大陆桥更是联系我国中部地区直通欧洲的物流大通道，东起山东日照，通过陇海兰新、日照—侯马—西安和北疆铁路，国内通往河南、陕西、甘肃、宁夏、新疆，然后从新疆阿拉山口出境，最终抵达中亚、荷兰、比利时等欧洲口岸，全长 1.09 万公里，辐射 40 多个国家和地区。② 因此，山东在我国的这一独特的区位及交通优势必将有利于山东抢抓"一带一路"的先机，实施更加主动的开放战略，在提高开放型经济水平上取得新突破，在更广领域和更深层次上参与"一带一路"沿线国家和地区的国际经济贸易竞争与合作。

2. 贸易往来优势

山东与"一带一路"沿线国家和地区产业互补性较强，贸易往来频繁。遵循"平等互利、讲求实效"，注重"守约、保质、薄利、重义"。近年来，山东积极实施出口市场多元化战略，主动开拓新兴市场，同时加大同新兴市场的贸易往来，贸易空间不断拓展，"一带一路"的许多国家、地区与山东保持着良好的贸易关系。一是山东与"一带一路"沿线国家和地区产业互补性较强。山东产业基础优势突出，具有与"一带一路"沿线国家和地区进行对接的优越条件。"一带一路"北端的日本、韩国经济较为发达，科技先进，山东从日韩进口的主要是信息技术产品、机械设备等资本和技术密集型产品；山东服装、农产品、水产品、纺织品、蔬菜、塑料制品等劳动密集型和部分资本密集型传统产业较为发达，粮棉油、瓜果菜、畜产品、水产品等主要农产品产量一直位居全国前列，这是山东对日韩出口的主要产品。"一带一路"南端的非洲是如东非、南非、西非等一个个小市场，由于处在工业化的初级阶段（与中国经济发展距离相差 10—20 年），非洲对民生及能

---

① 安然：《6 年建成"一带一路"综合枢纽城市》，《中国经济导报》2014 年 4 月 8 日。
② 《山东海陆兼具　或跻身丝路战略》，见 http://paper.dzwww.com/jjdb/data/20140310/html/2/content_1.html。

源产品的需求更迫切，随着东南亚市场劳动力成本上升，非洲的人口红利期正在到来，非洲承接制造业转移正当时，非洲可以承接山东的产业就像中国承接美日的产业一样。山东中小企业加工制造能力强，可以与非洲企业进行互补，劳动密集型企业在非洲具有巨大的发展空间。与中亚的能源、农业合作等均具有一定的互补性，为双方进一步深化经贸合作提供了空间。

二是山东在"一带一路"沿线国家和地区的企业美誉度较高。山东深受儒家文化影响，讲诚信讲道德的观念较为突出，在与"一带一路"沿线国家和地区的经贸合作过程中，不仅仅追求短期利益，更为重视与当地的长远发展，赢得了较高的企业美誉度。如山东电力建设第三工程公司积极拓展"一带一路"沿线国家和地区市场，以 EPC（设计、采购、施工）为主要方式合作建设大型电力项目，获得有关国家的"国家节能奖""国家安全最高奖"等，大大提升了山东在"一带一路"沿线国家和地区的形象。山东高速外经集团塞尔维亚 E763 高速公路项目，标志着山东企业首次进入欧洲高端工程市场，也代表着欧洲对山东企业质量和成绩的认可。

三是境外资源开发已成为山东的独特优势。山东紧紧抓住"一带一路"这一战略，加快实施山东"走出去"战略的总体部署和要求，围绕山东经济发展的现实需要，不断加强与具有较好资源开发价值、政局较为稳定、经济互补性强的国家和地区的境外资源开发的力度，已成为山东的独特优势。近年来，"一带一路"沿线国家和地区也越来越重视可持续发展，由原来的资源和能源出口转变为鼓励引进外资和技术进行本土联合开发。根据东盟资源和产业互补性强的特点，山东积极与当地开展电力、煤炭、林业、橡胶等产业的合作。从"海上丝绸之路"沿线来看，与印尼、越南、印度、马来西亚、孟加拉国等东盟及南亚国家的煤炭资源开发，马来西亚、印尼、西非地区等地区的木材资源开发，澳大利亚、印尼、印度的铝土资源以及尼日利亚、安哥拉、埃及、阿尔及利亚、苏丹等非洲地区的油气资源开发均已取得很好的成绩。从陆上丝绸之路来说，与中亚地区的能源合作、与俄罗斯机电产品、农产品和轮胎、资源性产品合作、与南美丰富的矿产资源合作、与非洲的石油资源合作等已经取得较好成绩。

3. 海洋合作优势

山东省海岸线 3024 公里，沿海滩涂面积 3000 平方公里，近海海域面积 17 万平方公里，卤水资源丰富，鱼虾蟹贝藻等 600 余种，产量居全国前列，具有良好的海洋合作优势。一是港口优势。发展"海上丝绸之路"离不开港口的大力发展，山东是我国重要的海洋大省，占全国 1/6 的海岸线。2013 年，全省沿海港口完成吞吐量 11.8 亿吨，其中外贸吞吐量 6.6 亿吨、集装箱 2076 万 TEU（标准集装箱）、矿石 3.3 亿吨。山东沿海共有一类开放港口 24 处，港口密度居全国之首并且均为不冻港，现已形成以青岛港（中国沿海五大港口之一）为龙头，以烟台、日照港为两翼，其他地区性港口为补充的沿海港口布局。青岛港全年可以通航靠泊，与"海上丝绸之路"沿线国家和地区在内的 160 多个国家和地区有贸易往来，外贸货物吞吐量和集装箱吞吐量均居北方港口首位，港口条件优越，远胜天津和辽宁省的大连。日照港和岚山港湾阔水深，建港和航运条件十分优越，特别适合开发建设 10 万—30 万吨级的深水泊位，承接大宗货物的优势突出。当前，青岛前湾保税港区正在试点建设自贸港区，这必将对打造东北亚国际航运枢纽港的核心功能区，加快与"海上丝绸之路"沿线国家和地区的全方面合作发挥重要作用。二是海洋科技与人才优势。山东省海洋科研实力居全国首位（中国唯一一所海洋类"211"高校——中国海洋大学也在山东），科技进步对海洋经济的贡献率超过 60%。① 国家和省属涉海科研、教学事业单位及省部级海洋重点实验室百余家。山东的海洋科研人才优势突出，目前仅青岛就拥有海洋专业技术人员 5000 多人，占全国同类人员的 40% 左右，其中高级职称 1700 余人，涉海两院院士 20 余位，占全国的 70% 左右，国家海洋创新成果奖数量占全国的 50%，在海洋科学研究与高层次人才培养方面均为全国一流水平。三是海洋产业优势。山东省海洋生产总值居全国第二位，海洋渔业、海洋盐业、海洋工程建筑业、海洋电力业增加值均居全国首位，海洋生物医

---

① 《再造一个"海上山东"》，见 http://news.ifeng.com/gundong/detail_2011_03/26/5381146_0.shtml。

药、海洋新能源等新兴产业和滨海旅游等服务业发展迅速，海洋产业体系较为完备。较为发达的港口、产业与人才优势是山东参与"一带一路"建设的重要支撑。

4. 产业基础优势突出

2013 年山东省实现国内生产总值（GDP）54684.3 亿元，逼近 5.5 万亿元，经济总量位居全国第三位。山东已经形成完整的产业体系，有较为完善的基础设施，较高层次的科技教育水平，与"一带一路"沿线国家和地区进行贸易合作具有较为广阔的空间。山东农业在全国占有重要地位，粮棉油、瓜果菜、畜产品、水产品等主要农产品产量一直位居全国前列，2013年山东省农产品出口 152.1 亿美元，占全国的 22.7%，连续 15 年保持全国首位。工业门类齐全、基础雄厚，已形成钢铁、汽车、造船、石化、轻工、纺织、有色金属、装备制造、电子信息等一大批骨干企业和知名品牌，规模以上工业实现增加值、利润和利税居全国前列。近年来，通过积极调整振兴优势产能产业，加大力度培育新材料、新能源、生物技术和新医药、新信息等战略性新兴产业，进一步优化了山东工业产业结构，对接价值链高端产业的能力显著提升。山东海洋经济发达，海洋生产总值 2013 年超过 1 万亿元，约占全省 GDP 的 18.1%，主要经济指标继续保持全国先进行列。基本形成较完备的海洋、临海、涉海产业体系，海洋生物、能源、港口、矿产等资源富集，具有明显的高端产业特征。海洋科技人员占全国一半以上，科技进步对海洋经济的贡献率超过 60%，向海洋强省全速迈进，与"海上丝绸之路"国家的海洋合作具有优势。总之，作为一个开放大省，山东良好的产业基础和巨大的产业发展潜力为山东与"一带一路"沿线国家和地区的贸易合作提供了坚实基础和条件。

5. 对外开放合作平台与载体优势

发展"一带一路"更需要发达的对外开放平台与载体。山东高度重视对外合作平台建设，已经形成了以保税港区、出口加工区、综合保税区等为支撑的全方位、多层次开放平台体系，合作条件便利。这些区域突出的政策优势、功能优势和辐射作用，为山东深化与"一带一路"沿线国家和地区的贸易合作提供了重要平台。山东省现有 156 家省级以上经济园区，其中，国家级经济技术开发区 12 家，保税港区 2 家，综合保税区 2 家，出口加工区 3 家，省级经济开发区 137 家，为山东大力发展与"一带一路"沿途主要国家的合作提供了平台和载体支撑。

三、山东与"一带一路"沿线国家和地区贸易合作的重点领域

贸易合作对推动山东与"一带一路"沿线国家和地区的经济合作和发展有着重要作用，是山东与"一带一路"沿线国家和地区的核心内容。鉴于"一带一路"沿线国家和地区有着各自的特点与优势，山东应着力推进以下领域合作。

（一）过剩产能

由于世界经济不景气导致的外部需求持续萎缩、国内经济增速有所放缓，在此双重影响下，山东一些行业存在产能过剩问题比较严重，甚至部分呈现行业性整体亏损的状况，尤其是在一些规模经济行业，高产能、高库存、高成本、低需求、低价格、低效益的问题非常突出。其中，山东部分行业产能过剩较为严重，钢铁行业产能利用率为 85%，水泥、平板玻璃、工程机械企业为 80%，纯碱和烧碱企业为 70%左右，炼化企业为 60%。山东 2014 年加入国家淘汰落后产能计划的目标行列，共涉及钢铁、水泥、电解铝、平板玻璃、船舶、炼油和轮胎七大产能严重过剩行业。由于经济发展阶段的差异，过剩产能对山东是负担，但对经济发展较为落后的国家来说则是财富。一是构建"一带一路"沿线国家和地区的过剩产能海外市场营销网络。积极利用"好品山东"网络营销服务平台等多种方式，加强建设过剩产能企业自有营销渠道，在"一带一路"沿线国家和地区设立境外展销中心，实现与"一带一路"沿线国家和地区过剩产能的贸易和终端市场营销功能。船舶和海洋工程装备企业要积极遵守国际新规范、新公约与新标准，

可建立"一带一路"沿线国家和地区海外销售服务基地，以加大国际市场开拓力度，进一步扩大国际市场份额。轮胎企业积极适应欧洲等国际市场准入标准，以"一带一路"建设为契机，提高国际贸易维权能力，提升品牌竞争力，增强国际市场占有率。二是拓展与"一带一路"沿线国家和地区的过剩产能投资合作。当前，我国与东盟、南美、南非等区域、与俄罗斯、澳大利亚等国家间建立了不同形式的双边机制，因此，山东要充分利用国家间多边合作机制，主动参与各种与"丝绸之路经济带"有关贸易经济活动，推动钢铁、水泥、电解铝、炼油、轮胎等行业优势企业以多种方式"走出去"，优化制造产地分布，消化过剩产能。三是设立境外经贸合作区。该园区可以吸引省内企业集中入园，降低投资风险，钢铁、电解铝等行业要积极建立境外原材料基地和初级加工产品生产基地，提高企业跨国经营水平，提升国际发展空间。政府健全信贷、外汇、保险、财税、人员出入境政策措施，进一步完善支持企业"走出去"政策。当前非洲处于经济发展比较低端的阶段，可以与其加强合作，一方面增强企业跨国经营能力，另一方面优化利用过剩产能。

(二) 制造业

当今世界经济发展全球化是大势所趋，没有任何一个国家可以脱离其来发展经济，因此，各国和地区的企业开展国际贸易合作和往来已形成趋势和潮流。为促进经济平稳较快发展，山东有必要融入全球化这一国际大趋势中，参与世界范围内的市场竞争。但随着山东对外贸易的不断增长，贸易摩擦日益增多，涉案产品包括太阳能光伏电池、钢铁及制品、硬木胶合板、轮胎、日用陶瓷、服装及配饰等。山东应大力实施海外产业转移，变"国内生产国外销售"为"国外生产国外销售"。一是促进纺织业转移到非洲。非洲拥有山东发展所需要的资源、更多的投资机会、较低的劳动力资源，因此，山东可以把劳动密集型产业以及过剩产能转移到非洲。非洲的劳动力优势明显，非洲有10亿人口，但劳动力价格偏低，目前的工资水平是中国的十分之一。随着生产规模的扩大，物流成本将进一步下降，管理人员、原材料本地化，成本会逐渐下降，利润将进一步提升。另外，加工类产品从非洲出口到欧洲、美国，可以免掉成衣 8% 至 10%、运动鞋 27%、帆布鞋 33% 的关税。① 与此同时，随着在非洲的山东企业产品质量的不断提升及出货时间的加快，来自欧美的订单会逐渐增加。这样一来，在非洲的加工制造业，利润会日益可观。二是吸引欧盟的先进制造业到山东。德国、法国、意大利等制造业比较先进，加强与这些国家的贸易合作，形成先进制造业集群、生产型产业集群等；奥地利、荷兰、比利时、卢森堡国家信息通讯、机械制造及节能环保项目较为先进，可加强这些项目的对接。

（三）海洋产业合作

海洋产业的开发具有广阔前景，是不断扩大和加快发展的全球性宏伟事业。山东作为一个海洋经济大省，具备向海洋经济强省跨越的基础和条件。当前应充分发挥山东半岛蓝色经济区的资源及政策优势，大力发展海洋经济，联合环渤海以及日韩等国家和地区加强与东盟沿海国家的海洋合作，建立与重点国家在海洋领域的交流合作机制，推进山东与日韩及东盟国家在海洋科技、海洋生态、海洋新兴产业、海洋环境保护等领域的深度对接和联合发展。一是深化海洋经济贸易领域的交流合作。通过各种形式和载体，加强与日韩及东盟在海洋生物医药、海洋可再生能源、海水综合利用、海洋工程装备及高端船舶制造、海洋精细化工等海洋新兴产业领域的合作，建设海洋产业转移基地、海洋工程装备制造基地、海上旅游观光基地等，加快现代海洋产业集聚。积极引进日韩及东盟的跨国企业来山东投资开发海洋项目，鼓励涉海企业与跨国公司开展合作，支持有条件的企业在境外建立原料基地、生产基地、营销中心和海洋合作园区。二是加强海洋科技和人才教育合作。通过合作研讨会、国际培训、联合培养等方式，促进各方在海洋相关领域的人员交流；通过联合研究等形式协调各方合作，推进山东与日韩及东盟国家

---

① 《中国产业转移非洲调查》，见 http://finance.ifeng.com/a/20140607/12495922_0.shtml。

海洋科技研发机构的联合，整合海洋科技研发资源，联合建立海洋科技孵化器。三是加强港口与海洋航运的合作。推动友好港口建设，以青岛港为龙头，以日照、烟台、威海等半岛其他港口为依托，加强与新加坡港、巴生港、胡志明港、林查邦港、雅加达港、马尼拉港等东南亚及南亚港口结成"友好港"，在港口物流、临港产业、港口管理、信息技术、政策互通等方面加强交流合作，进一步提升海上合作和互联互通水平，推动国家"海上丝绸之路"建设。积极开展海上航线合作，在中韩"4+1"港口战略联盟基础上，建立中日韩—东盟港口战略合作联盟，推动中日韩—东盟国际航运共同市场建设，实现资金、贸易人员在共同市场中的自由流动。

（四）资源能源合作

山东是资源能源消耗大省，铝土矿、天然橡胶、铜矿、铁矿进口分别占全国进口的 89.4%、52.9%、23% 和 15.2%。经济发展与资源相对不足的矛盾越来越突出，实现国民经济可持续发展，必须开展境外资源能源合作，而"一带一路"沿线国家和地区资源能源丰富，可加强合作。一是深度拓宽能源合作的领域。把握东南亚及南亚等海上国家由原来的资源和能源出口转变为鼓励引进外资和技术进行本土联合开发的趋势，推动山东企业与当地开展电力、煤炭、林业、橡胶、远洋渔业捕捞等领域合作，鼓励山东企业赴东盟等国家开展橡胶、棉花、稻米等绿色农业和特色农业合作种植，鼓励山东能源企业与东盟等东南亚和南亚国家联合开展矿产资源投资开发、电力建设运营服务、经济园区建设等业务，推动山东优势造纸企业开展林业资源开发、造纸制浆等项目，支持山东沿海地市的渔业优势企业开展远洋渔业与海洋生物合作。重点推动山东与东南亚、南亚等地区电力合作、与中亚的天然气合作、与非洲地区的天然气、矿产与电力合作、与泰国、柬埔寨等地橡胶产业合作、与印尼等国家镍矿、铁矿、煤炭资源开发合作等项目。二是加强能源技术领域的合作。积极推动"一带一路"沿线国家和地区加强能源领域的技术联合研发，提高技术水平，提升自主创新能力，提升能源加工效率和资源深加工能力。利用中国与日本、欧盟、俄罗斯等许多能源消费国和生产国都建立的能源对话与合作机制，山东应加强与这些国家的能源开发、利用、技术、环保、可再生能源和新能源等领域合作。三是充分发挥丝绸之路沿岸地区的能源资源优势和终端能源市场优势，强化互补合作。以能源合作为主线，带动山东与"一带一路"沿线国家和地区上下游产业、工程建设、技术装备和相关服务业发展。

（五）农业合作

山东与"一带一路"沿线国家和地区农业互补性很强，随着合作的深入开展，越来越多的农产品互相进入对方市场，不仅丰富了贸易结构，也为各国消费者提供了更多高品质食品的选择。一是进一步加强与"一带一路"沿线国家和地区在农业科技、农田水利和农业机械设备等领域的合作。澳大利亚、新西兰两国都是农业大国，农产品国际贸易在世界上占有较大份额，可以进行有关农业项目的合作。二是建立"一带一路"示范农场，全方位展示"一带一路"沿线国家和地区的现代化农业技术和设施，使之成为农业合作与交流的重要平台。三是健全农业合作机制。山东农科院应发挥作用，一方面在畜禽遗传资源、生物技术、农产品加工等领域与"一带一路"沿线国家和地区进行合作，另一方面，在生态农业、农业资源利用和环保方面开展新的合作。在水资源管理、水环境保护、水灾害防御等方面与欧盟加强交流与合作。在林业经济管理、木材加工、生物质能利用及林业产业链建设等领域与俄罗斯进行合作，共同推进林业事业发展。山东与中亚在农业资源和生产条件等方面互补性较强，建议建立农业投资基金，采取以资金、技术等换土地经营权、使用权，或者以投资换粮食等形式，与中亚进行深层次的农业合作。

（六）金融保险

金融保险发展海外事业是适应中国经济全球化趋势的必然选择，是"一带一路"建设的重要支撑。目前我国外资银行保险公司的数量已经与中资银行保险公司旗鼓相当，可以说我国金融保险业"引进来"的力度较大。相比之下，我国银行保险公司在国外设立机构的数量则比较有限。国内金融保险行业竞争激烈，国外业务才刚刚起步，有些领域还是空白。截至 2012 年年末，山东境外企业资产总额达 419 亿美元，境外投资存量超过 1 亿美元的企业达 20 家，境外资产超过 1 亿美元的企业达 35 家，且大多数是以与"一带一路"沿线国家和地区之间为主的投资项目。如此之大的企业规模、资产总量为山东金融保险行业走出去提供了广阔天地。一是山东的金融保险积极走出去。客户企业境外投资，山东金融保险机构应抓住经济全球化、中国经济与"一带一路"沿线国家和地区联系日益紧密的机遇，立足本土，积极"跟出去"，加强与"一带一路"沿线国家和地区的金融基础设施建设，积极扩大跨国跨境经营，推动金融服务的跨境合作，促进跨境电子商务平台建设，建立大宗商品现货和期货交易中心，拓宽服务领域，延长服务链条，实现海内外一体化发展。二是申请建设"一带一路"沿线国家和地区金融综合改革试验区，加强与"一带一路"沿线国家和地区的金融交流与合作，以跨境金融业务创新为主线，积极探索实现人民币资本项目在"一带一路"沿线国家和地区可兑换的多种途径，提高相互之间的贸易投资便利化程度。三是共同防范金融风险。山东与"一带一路"沿线国家和地区要增强"一带一路"金融服务和保障能力，将风险降至最低。

四、山东与"一带一路"沿线国家和地区贸易合作的对策建议

"一带一路"沿线国家和地区之间政治体制、文化习俗、法律规章等存在较大差异，各国之间经济发展水平不尽相同，既有先进的发达国家，也有落后的发展中国家。因此，山东与"一带一路"沿线国家和地区的贸易合作需要因地制宜，建立一定的体制机制。

（一）建立健全山东与"一带一路"沿线国家和地区贸易合作平台

山东与"一带一路"沿线国家和地区贸易合作平台对于推动山东与

"一带一路"沿线国家和地区开展贸易交流与合作，推进区域经济一体化，建设外贸强省具有重要意义。一是建设"一带一路"贸易合作交流中心。该中心不仅可以作为"一带一路"沿线国家和地区部长联席会议、合作交流大会及主题论坛会址，也可以作为平台办事机构和配套机构办公场所，更可以作为"一带一路"沿线国家和地区博览会综合展馆、"一带一路"交易市场等。二是设立"一带一路"沿线国家和地区经济合作示范区。在青岛等城市建立国家级"一带一路"沿线国家和地区合作示范区，吸引"一带一路"沿线国家和地区各国企业来山东投资，开拓国际海上货物交通航线和旅游航线，提高贸易投资自由化及人员往来便利化水平，建设成为山东推进与"一带一路"沿线国家和地区贸易合作的重要对外窗口。同时，积极推动企业"走出去"，扶持山东企业对外投资，推动在其他"一带一路"沿线国家和地区设立对等合作区域，拓展与"一带一路"沿线国家和地区经济贸易合作的广度和深度。三是发起"一带一路"沿线国家和地区产业合作示范项目推广计划。积极引进"一带一路"沿线国家和地区企业来山东投资开发项目，对符合条件的合作项目给予资金、信贷、财税、外贸、外汇等方面的扶持政策；鼓励和支持有条件的山东企业以独资或合资方式在"一带一路"沿线国家和地区建立原料基地、生产基地、营销中心和合作园区，结合自身比较优势开展对外投资。四是举办"一带一路"沿线国家和地区博览会。博览会每两年举办一届，涵盖的领域有商品贸易、科技交流、投资合作、服务贸易、文化交流等内容，同期举办"一带一路"沿线国家和地区交流大会及专题论坛，打造东亚合作的新平台。五是建立"一带一路"沿线国家和地区人才教育中心。积极开展国际人才培训，并组织开展学术研讨及青少年科普教育活动，促进与"一带一路"沿线国家和地区各国的人文交流和了解互信。六是建立"一带一路"沿线国家和地区科技合作基地。组织开展一批基础科学及应用技术国际联合攻关，建设若干国家级领域工程（技术）合作研究中心，建立面向"一带一路"沿线国家和地区的科技信息、技术转让、金融支持等服务网络，促进和提升东亚地区科技研发水平。七是建立应对突发性自然灾害合作机制。依托科研机构，组织建设灾害预警信息共享网络，推动建立与"一带一路"沿线国家和地区灾害应对联动体系，提升防灾减灾能力。

(二) 深化山东与"一带一路"沿线国家和地区的合作

山东应抓住"一带一路"建设的重大机遇，进一步深化与中亚、欧洲、非洲的贸易合作，拓展开放型经济发展空间。一是加强与中亚五国的合作。中亚是山东消费品和制成品的出口市场、重要的能源和原材料进口市场，依托大陆桥扩大与中亚地区的经贸合作规模，改善对中亚国家投资的方式和结构，改变单一的资金投入，增加设备、技术、人力资本的投资。加强与哈萨克斯坦、乌兹别克斯坦、吉尔吉斯斯坦、土库曼斯坦、塔吉克斯坦等地区近年来宏观经济总体保持增长，但受国际金融危机及欧债危机的拖累，经济增长速度有所放缓，这些国家有着与中国加强贸易合作的强烈愿望。二是加强与欧盟国家的贸易合作。欧盟是山东传统的贸易合作伙伴，其在山东的进出口贸易中占了较大份额，山东应进一步加深与欧盟的贸易合作，充分利用对方先进的技术，加强与欧盟大型跨国公司的合作，提升山东企业的价值链。三是加强与俄罗斯的贸易合作。鼓励有实力的生产企业到俄罗斯远东地区参与境外森林资源开发合作，建立木材深加工基地，推进商品贸易、服务贸易和技术贸易联动，促进传统领域与新兴领域联动。四是加强与非洲地区的合作。抓住当前非洲承接制造业转移的有利时机，促进山东的优势产能、纺织产业转移到非洲，充分发挥山东轻工、纺织、服装、机械、汽车、建材、家电等行业的产能优势，指导企业到具备条件的国家和地区投资办厂、就地加工。五是与东盟国家积极开展国际海洋生物资源开发，建立境外渔业综合基地，有序开展远洋渔业合作。

(三) 推进贸易便利化

所谓贸易便利化，即简化、协调国际贸易程序，消除不合理的行政障碍，降低交易成本与支出，减少交易过程的复杂性，实现货物和服务更好地跨境流通。纵观改革开放以来山东对外贸易的发展历程，贸易便利化可以降低贸易成本，减少管理制度和操作程序对贸易流动的影响，实现贸易的高效率。一是加强"一带一路"沿线国家和地区口岸条件的改善和基础设施的建设，提高口岸的通关效率。作为向中亚、中东欧及东盟开放的重要的陆路及海陆通道，山东与"一带一路"沿线国家和地区的边境贸易便利化水平直接决定了山东与"一带一路"沿线国家和地区边境贸易的发展。因此，应加大对山东口岸和基础设施的建设力度，尤其是加强新亚欧大陆桥建设，这将经济相对落后的亚洲和经济高度发达的欧洲沿线国家和地区以及东盟自由贸易区、北美自由贸易区、中日韩自由贸易区和欧盟等自由贸易区有效连接起来，大大推动新亚欧大陆桥东西双向开放和区域贸易自由化。目前山东还没有通往东盟国家的航班，建议尽快开通。二是创建稳定、有序的政策环境，推进双方贸易较快发展。"一带一路"的许多国家处于向市场经济转轨阶段，政策缺乏连贯性和稳定性，法律法规欠缺，政策与法规法随意性强，在立法、投资环境、金融、政府管理等方面还存在诸多问题，在一定程度上影响山东与"一带一路"沿线国家和地区贸易的正常发展。因此稳定的政策环境对贸易发展有着重要作用。三是大力发展电子商务在贸易中的应用。山东与"一带一路"沿线国家和地区应充分重视电子商务发展，充分利用第三方电子信息平台推动彼此之间贸易便利化发展，利用计算机和通信网络实现无纸化贸易，减少因贸易手续烦琐导致的交易成本增加、报关效率低等问题，使得与"一带一路"贸易效率和水平大大提高，促进边境贸易便利化发展。

（四）扩大对外投资以带动贸易发展

近些年来，山东一部分企业通过到"一带一路"沿线国家和地区建厂开展装配生产，大大带动了国内上游产品的出口；还有一部分企业通过在"一带一路"沿线国家和地区承包工程加大了钢铁及制品、机械产品、塑料制品等各种建筑材料及消费品的国内采购量，带动了出口额的增长。随着劳动密集型产业的能力在逐渐增强，国内各项要素成本也在逐步升高，转移投资到其他国家成为一种必然趋势和选择。这不但有助于山东产品绕开贸易壁垒，而且奠定了山东外贸产业转型升级的基础，促进贸易增长的同时创造了更多的转型升级空间。山东应积极在东盟、中亚、东欧、非洲等地进行投资，以投资带动贸易发展。一是充分发挥山东轻工、纺织、服装、机械、汽车、建材、家电等行业的产能优势，指导企业到具备条件的"一带一路"沿线国家和地区投资办厂、就地加工。鼓励有实力的企业并购"一带一路"沿线国家和地区先进技术、知名品牌和营销网络，实现境内外产业联动发展。鼓励大企业以项目为载体、以资本为纽带，组建新型跨国经营联合体，带动中小企业配套发展，提高走出去协同竞争力。发挥山东承包工程企业优势，以承揽的铁路、公路、港口、电站等"一带一路"沿线国家和地区大型基础设施项目为依托，带动配套产业转移。二是加快境外园区建设。加快与"一带一路"沿线国家和地区的境外合作区建设，积极发挥产业聚集功能，推动关联产业境外集群式发展。借鉴境内开发区管理模式，确定与"一带一路"沿线国家和地区境外园区建设规划、企业招商、基础设施建设、资金投入等考核标准，制定省级境外园区认定办法，认定一批省级境外园区，并支持具备条件的省级境外园区升格为国家级境外经贸合作区。

（五）加强金融合作

金融是推动山东与"一带一路"沿线国家和地区贸易发展的重要力量，是区域经济合作的重要纽带。山东与丝绸之路国家的贸易合作需要金融部门提供更快捷、更方便、更安全的支付结算服务。因此，要允分发挥金融支持的作用，更好地服务于双方贸易的发展。一是要积极引进金融投资类机构。要鼓励全国性银行、保险、信托、金融租赁等各类金融机构在山东增加设立分支机构和网点，积极进行金融业务创新，促进山东与"一带一路"沿线国家和地区贸易的发展；积极吸引"一带一路"沿线国家和地区的各大金融机构在山东设立全国性的金融服务、财富管理等总部机构，或设立区域性的业务总部、营运总部等专营、功能性服务机构，为山东与"一带一路"沿线国家和地区贸易的发展提供更多的融资平台和完备的金融服务体系。二是设立"一带一路"产业投资基金。将投资基金设定在一定规模之内，用于成长前景良好的中小投资项目，并随着"一带一路"贸易的逐渐发展，可推动产业投资基金进一步走出去，发展成为国际化的产业投资基金。三是扩大中长期出口信用保险承保规模，增加对"一带一路"沿线国家和地区境外投资项目贷款专项保险，开发境外风险保障新险种，对企业与"一带一路"沿线国家和地区境外投资合作项目投保给予保费支持、融资担保等服务。

第八章　山东与"一带一路"
沿线国家和地区的投资合作

由于"一带一路"沿线国家和地区在市场开拓、资源开发、空间发展上与山东吸引外资和对外投资的方向和纬度高度吻合，山东与"一带一路"沿线国家和地区的投资合作发展日趋密切。近年来，山东一直把开拓并深化与"一带一路"沿线主要国家和地区的相互投资合作作为扩大对外开放的战略重点之一。

一、山东与"一带一路"沿线国家和地区投资合作的现状分析

（一）外商直接投资比重不断上升，规模不断扩大

如图 8-1 所示，2001 年山东实际使用外商直接投资总额 36 亿美元，来自"一带一路"沿线国家和地区的外商直接投资 28.8 亿美元，占比 79%。2011 年山东实际使用外商直接投资总额 111.6 亿美元，来自"一带一路"沿线国家和地区的外商直接投资 98.6 亿美元，占比达到 88%。2013 年 1—11 月份，山东外商直接投资项目数 1233 个，来自"一带一路"沿线国家和地区的项目数 1120 个，占比 90.8%；合同外资金额 149 亿美元，来自"一带一路"沿线国家和地区 135.7 亿美元，占比 90.9%；实际使用外商直接投

资 124.9 亿美元，来自"一带一路"沿线国家和地区 109.7 亿美元，占比 87.9%。[①]

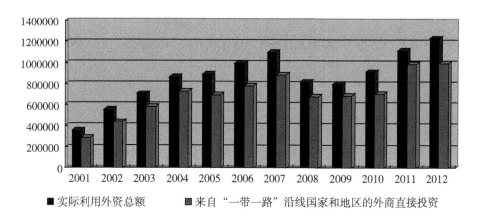

图 8-1　山东来自"一带一路"沿线国家和地区的外商直接投资（单位：万美元）

资料来源：《山东统计年鉴（2002—2013）》。

如图 8-2 所示，山东实际使用来自"一带一路"沿线国家和地区的外资规模增长较快，2012 年达到 99.5 亿美元，是 2001 年的 3.46 倍。2001—2012 年山东实际使用来自"一带一路"沿线国家和地区的外商直接投资年均增长率达到 10.8%，高于 10.7% 的全省实际使用外资总额增长率，也高于 10.2% 的来自其他沿线国家和地区的实际使用外资增长率。同时，山东实际使用来自丝绸之路沿线国家和地区的外资增长更为平稳，来自其他国家和地区的实际使用外资增长波动性更大。

（二）外商直接投资区域分布集中度较高，但引资多元化力度较弱

如图 8-3 所示，2001 年来自"一带一路"沿线国家和地区的外商直接投资中，东南亚占 7.1%，主要包括新加坡、泰国、马来西亚、菲律宾等国

---

① 山东省商务厅网站，www.shandongbusiness.gov.cn，其中来自"一带一路"沿线国家和地区的数据，本书根据洲分别统计测算。

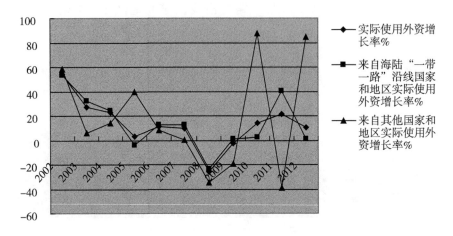

图 8-2　山东实际使用外资增长率

资料来源:《山东统计年鉴（2002—2013）》。

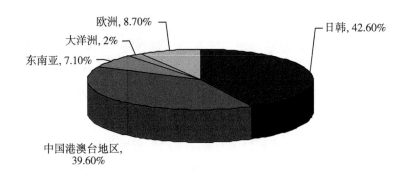

图 8-3　2001 年山东来自"一带一路"沿线国家和地区外商直接投资地区分布

资料来源:《山东统计年鉴 2002》。

家；大洋洲的澳大利亚占 2%；欧洲占 8.7%，主要包括英国、法国、德国、意大利、荷兰、瑞士、瑞典、匈牙利等国家，英国是欧洲对山东投资最多的国家，2001 年投资额达到 8041 万美元。

东亚占 42.6%，是来自丝绸之路国家和地区的第一大外商直接投资来源地区，包括日本和韩国，其中日本占 11.9%，韩国占 30.7%，韩国是山东来自"一带一路"外商直接投资第一大国家，2001 年投资额 8.8 亿美元。港澳台对山东投资占比 39.6%，是第二大来源地区。

如图 8-4 所示，2012 年来自"一带一路"沿线国家和地区的外商直接投资中，东南亚占 7.3%，比 2001 年增加 0.2 个百分点，新加坡是东南亚国家中对山东投资最多的国家，2012 年达到 7.1 亿美元，比 2001 年增长 281%；大洋洲占 2.1%，其中，2012 年澳大利亚对山东投资 7968 万美元，欧洲占 6.8%，比 2001 年下降了 1.9 个百分点，对山东投资增长最快的国家为法国、德国、荷兰，其中法国 1.7 亿美元，德国 1 亿美元，荷兰 1.4 亿美元；东亚占 18.40%，相比 2001 年比重大幅下降，其中日本占比 7.2%，韩国 11.2%。港澳台对山东投资增长迅速，比重达到 64.3%，是山东第一大外商直接投资来源地，显示了山东吸引外商直接投资的区域较为集中，中国港澳台地区对于山东外商直接投资的重要性凸显，也显示了山东仍需加强引资的多元化。

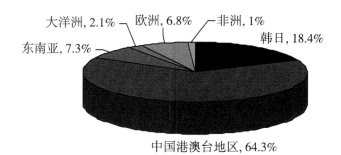

图 8-4 2012 年山东来自"一带一路"沿线国家和地区外商直接投资地区分布

资料来源：《山东统计年鉴 2013》。

（三）从流量看，山东对外直接投资迅猛增长

如图 8-5 所示，2005 年山东境外投资项目总数 157 个，对"一带一路"沿线国家和地区投资项目总数为 133 个，占比 84.7%；2008 年山东境外投资项目总数达到 247 个，对"一带一路"沿线国家和地区投资项目总数 221

个，占比达到 89.5%，是历史最高。2009 年后虽然对"一带一路"沿线国家和地区投资占比有所下降，基本在 80% 左右，但是项目数量有了很大的增加，2012 年达到 293 个，是 2005 年的 2.2 倍。

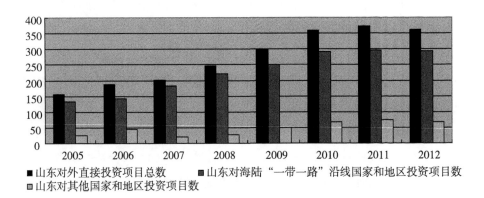

■山东对外直接投资项目总数　■山东对海陆"一带一路"沿线国家和地区投资项目数
□山东对其他国家和地区投资项目数

图 8-5　山东对"一带一路"沿线国家和地区的投资项目数（单位：个）

资料来源：《山东统计年鉴 2006》。

从协议投资额流量来看，如图 8-6 所示，2005 年山东对"一带一路"沿线国家和地区的协议投资额 1.2 亿美元，占山东对外直接投资协议总额的 80.8%。2006 年山东对"一带一路"沿线国家和地区协议投资额达到 3.95 亿美元，增长 227.7%。2012 年为 40.3 亿美元，是 2005 年的 33.4 倍。2005 年至 2012 年，山东对"一带一路"沿线国家和地区的境外投资年均增长 55%。

从中方协议投资额流量来看，如图 8-7 所示，2005 年山东对"一带一路"沿线国家和地区的中方协议投资额 1.1 亿美元，占山东对外直接投资中方协议总额的 81.2%。2012 年为 33 亿美元，是 2005 年的 31.1 倍。2005—2012 年，山东对"一带一路"沿线国家和地区的投资中方协议额年均增长 53.6%，远高于"一带一路"沿线国家和地区对山东的外商直接投资年均增长 10.8% 的增长率。

（四）从存量看，山东对外直接投资稳步增加，地位日益重要

如图 8-8 所示，2005—2012 年，山东对"一带一路"沿线国家和地区

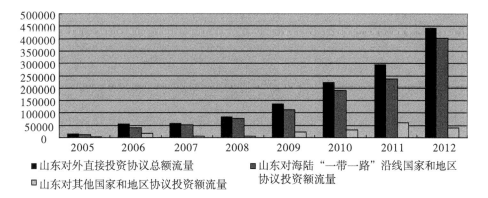

图 8-6 山东对"一带一路"沿线国家和地区协议投资额流量（单位：万美元）

资料来源：《山东统计年鉴（2006—2013）》。

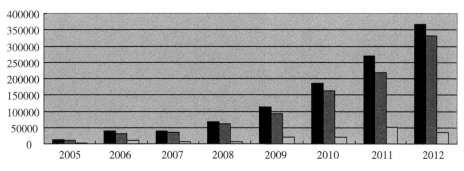

图 8-7 山东对"一带一路"沿线国家和地区中方协议投资额流量（单位：万美元）

资料来源：《山东统计年鉴（2006—2013）》。

的对外直接投资稳步增加，投资项目总数累计达到 2539 个，年均增长率 15%。协议投资总额存量达到 125 亿美元，年均增速 33%。2012 年山东对 "一带一路"沿线国家和地区的协议投资总额存量占到对外协议投资总额的 86.7%（见图 8-9）。中方协议投资额存量达到 102 亿美元，年均增速 35%，快于协议投资总额存量的增长率。2013 年山东对"一带一路"沿线国家和地区的中方协议投资总额存量占到对外中方协议投资总额的 85.6%（见图 8-10），充分说明了"一带一路"沿线国家和地区对于山东对外直接投资的重要地位。

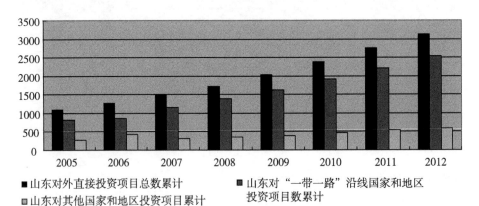

■山东对外直接投资项目总数累计　　　■山东对"一带一路"沿线国家和地区投资项目数累计
▫山东对其他国家和地区投资项目累计

图 8-8　山东对"一带一路"沿线国家和地区的投资项目累计（单位：个）

资料来源：《山东统计年鉴（2006—2013）》。

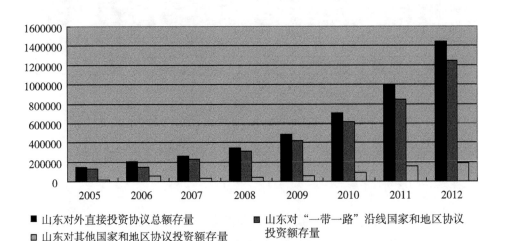

■ 山东对外直接投资协议总额存量　　　■ 山东对"一带一路"沿线国家和地区协议投资额存量
▫ 山东对其他国家和地区协议投资额存量

图 8-9　山东对"一带一路"沿线国家和地区的协议投资额存量（单位：万美元）

资料来源：《山东统计年鉴（2006—2013）》。

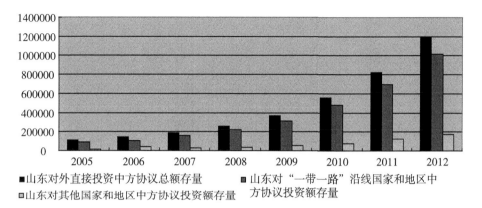

图 8-10　山东对"一带一路"沿线国家和地区中方协议投资额存量（单位：万美元）

资料来源:《山东统计年鉴（2006—2013）》。

（五）从地区分布看，山东对外直接投资构成区域集中度加强

从洲际分布来看，2005 年山东对"一带一路"沿线国家和地区投资项目主要分布在亚洲，占 67.75%，非洲 14.3%，欧洲 15%，大洋洲 3%（如图 8-11 所示）。

其中，在亚洲，山东的投资项目主要分布在东亚的日本和韩国，占 35.6%；东南亚和南亚国家占了 22.2%，其中南亚主要是印度和斯里兰卡。2005 年山东对外直接投资在港澳台地区占 21.1%，主要是香港地区。中亚五国中，2005 年山东只投资了哈萨克斯坦，占比 2.2%。环中亚经济带中，山东主要投资了阿联酋 9 个项目，巴基斯坦 1 个，伊朗 1 个，约旦 1 个，占比 13.3%。如图 8-12 所示。

2012 年山东对"一带一路"沿线国家和地区的投资项目中，亚洲有所下降，但仍然占 60% 多。大洋洲占比明显上升，达到 9.2%（如图 8-13 所示）。

2012 年山东对于亚洲的投资项目中，东亚韩国和日本比重大幅下降，为 22.2%。同时，加大了对于东南亚和南亚经济带沿线国家和地区的投资力

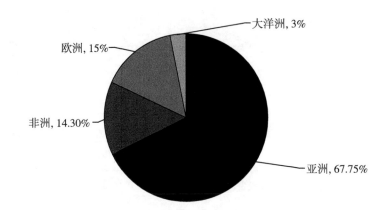

图 8-11　2005 年山东对"一带一路"沿线国家和地区投资项目洲际构成

资料来源:《山东统计年鉴 2006》。

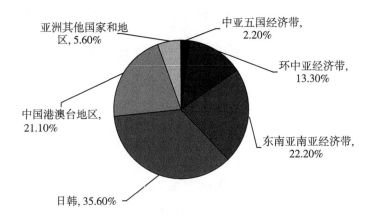

图 8-12　2005 年山东对"一带一路"沿线亚洲国家和地区投资项目亚洲地区分布

资料来源:《山东统计年鉴 2006》。

度,占比大幅上升,达到 40.6%。港澳台占比也出现上升,达到 28.3%。山东对于中亚五国经济带的投资项目数持续下降,占比只有 0.6%,在塔吉克斯坦只有 1 个项目。环中亚经济带占比 4.4%,相比 2005 年也出现下降(如图 8-14 所示)。

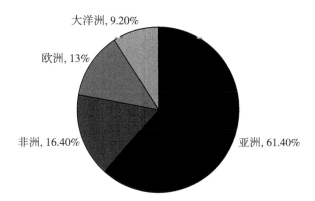

图8-13　2012年山东对"一带一路"沿线国家和地区投资项目洲际构成

资料来源:《山东统计年鉴2013》。

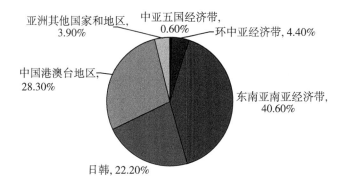

图8-14　2012年山东对"一带一路"沿线亚洲国家和地区投资项目地区分布

资料来源:《山东统计年鉴2013》。

　　从山东对"一带一路"沿线国家和地区投资协议额分布来看,2005年山东在东亚韩国和日本占比并不高,为11.5%,考虑到同年山东在东亚日韩投资项目数占比为35.6%,可知山东在日韩项目的平均协议投资额较少。东南亚和南亚经济带占比为28.9%,是山东第一大境外投资协议额的区域。相比同期投资项目数占比22.2%,山东在东南亚、南亚区域的项目平均协议投资额较大,是山东重点投资的区域(如图8-15所示)。

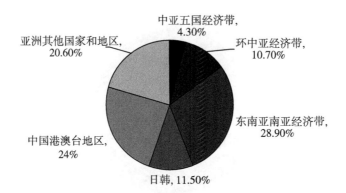

图 8-15　2005 年山东对"一带一路"沿线亚洲国家和地区投资协议额地区分布

资料来源:《山东统计年鉴 2006》。

2012 年山东对"一带一路"沿线亚洲国家和地区投资协议额分布中,日韩只占 5%,显示了山东在此区域投资的大幅下降。同时,东南亚和南亚经济带占比大幅上升为 42.5%,港澳台为 42%,中亚五国经济带只有 0.4%,环中亚经济带为 8.5%。山东重点投资的区域集中度日益提高(如图 8-16 所示)。

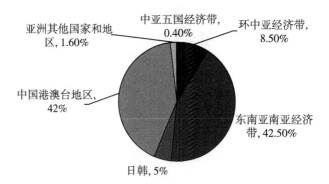

图 8-16　2012 年山东对"一带一路"沿线亚洲国家和地区投资协议额地区分布

资料来源:《山东统计年鉴(2002—2013)》。

从中方协议投资额来看,2005 年山东对"一带一路"沿线亚洲国家和地区的投资中，日韩占 11.8%，东南亚和南亚经济带占比 29.4%，港澳台 24.7%，中亚五国经济带 4.4%，环中亚经济带 8.8%。2012 年日韩占比下降为 3.4%，东南亚南亚经济带增长为 43.6%，港澳台增长为 45.9%，中亚五国经济带 0.4%，环中亚经济带 5.5%（如图 8-17、图 8-18 所示）。

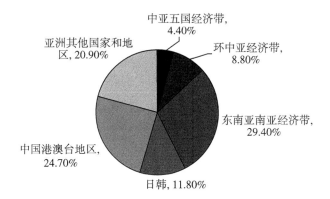

图 8-17　2005 年山东对"一带一路"沿线亚洲国家和地区投资中方协议额地区分布

资料来源：《山东统计年鉴 2006》。

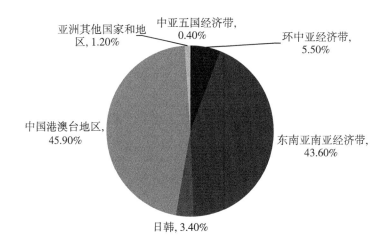

图 8-18　2012 年山东对"一带一路"沿线亚洲国家和地区投资中方协议额地区分布

资料来源：《山东统计年鉴 2013》。

二、山东与"一带一路"沿线国家和地区投资合作的潜力分析

近年来,山东吸引外资与对外投资双向发展迅速。来自"一带一路"的许多国家和地区都对山东进行过大量投资,是山东吸收外商直接投资的重要来源地。同时,随着"走出去"步伐的加快,山东在"一带一路"的许多国家和地区都有了对外投资,截至 2012 年,山东已对 117 个"一带一路"沿线国家和地区进行过对外直接投资,投资项目数累计达到 2539 个,占对外投资项目累计总数的 81.4%,协议投资额存量 125 亿美元,占对外投资协议总额的 86.7%,中方协议投资额存量达到 102 亿美元,占对外投资中方协议总额的 85.5%。

(一) 定性分析

"一带一路"沿线国家和地区经济发展水平多样、能源资源丰富、市场广阔、人口数量多、市场规模和潜力独一无二,且正处于经济快速增长期和转型期,市场开放度也在逐渐加大,与山东具有巨大的投资合作空间。积极参与"一带一路"的建设,扩大并深化与"一带一路"沿线国家和地区投资合作,有利于促进山东与沿线国家要素的有序自由流动、资源的高效配置、市场的深度融合,有利于推动山东经济发展格局形成海陆统筹、东西互济的全方位开放新格局。

首先,经济发展水平是影响双方投资发展潜力的重要指标。"一带一路"沿线国家和地区经济发展水平差异性很大,横看整个"一带一路"沿线经济带,具有明显的区段特征:一头是繁荣的亚太经济圈,另一头是发达的欧洲经济圈,在中间形成了一个经济凹陷带。东部有日本、韩国等发达经济体,西部有英国、德国、法国等传统经济体,中间是大量的发展中国家,经济发展水平整体落后,社会波动起伏较大。对于山东对外直接投资而言,"一带一路"沿线国家和地区经济发展水平差异既是机遇,也是挑战。

其次，能源资源丰富是"一带一路"经济凹陷带国家和地区的鲜明特征。哈萨克斯坦是中亚地区最大的石油生产国和出口国，其原油远景储量高达120亿吨。土库曼斯坦是中亚地区最大的天然气生产国和出口国。其天然气可采储量达7.94万亿立方米，排名在俄罗斯、伊朗、卡塔尔之后，居世界第四位，远景储量更是高达23万亿立方米。对于山东而言，大力加强与这些具有较好资源开发价值、政局较为稳定、经济互补性强的国家和地区的境外资源开发的力度，对于经济可持续发展具有越来越重要的作用。

第三，"一带一路"沿线国家和地区市场广阔、人口数量、市场规模和潜力独一无二。2012年，中亚经济带共有人口约6500万人，GDP规模3000亿美元；环中亚地区人口数量达19.6亿人，GDP规模达7.8万亿美元；亚欧经济带是"丝绸之路经济带"的拓展区。该地区覆盖了亚欧大陆主要国家和地区，是"丝绸之路经济带"完全版图区。该地区的（含环中亚地区、不含中国）人口规模达到27.4亿人，GDP规模高达26.7万亿美元。同时，"海上丝绸之路"的东盟地区人口约6.1亿，GDP规模约2万亿美元，日韩合计人口规模1.77亿，GDP规模达到7.2亿美元。①

第四，"一带一路"沿线国家和地区的外资政策正在逐步转变。近年来，"一带一路"沿线国家和地区越来越重视可持续发展，由原来的资源和能源出口逐渐转变为鼓励引进外资和技术进行本土联合开发。如哈萨克斯坦是中亚国家中拥有石油资源最多的国家，采油业发展很快，前景看好。目前80%以上可供出口，但是其石油加工和石化工业很不发达。石油深加工能力差，高标号汽油和航空煤油产量很少，尚需大量进口。哈萨克斯坦能源矿产部为实施里海哈萨克斯坦区域国家开发规划，至少需要280亿到300亿美元的投资。无论是资金上还是技术上，哈萨克斯坦自身都无力承担，必须从外部引进大量的资金和先进的技术。从"海上丝绸之路"沿线国家和地区来看，印度尼西亚、越南、马来西亚、印度、孟加拉国等东南亚南亚国家的煤炭资源开发，马来西亚、印尼、西非地区等地区的木材资源开发，澳大利亚、印

---

① 《联合国贸易发展会议数据库》，见 www.unctad.org。

尼、印度的铝土资源以及尼日利亚、安哥拉、埃及、阿尔及利亚、南北苏丹等非洲地区的油气资源方面,当地国家政府都在出台政策,积极鼓励引进外资共同合作开发,对于山东而言,"一带一路"沿线国家和地区具有良好的开发投资前景。

(二) 模型设定

本书拟采用引力模型来实证分析山东与"一带一路"沿线国家和地区的投资发展潜力。引力模型最初的起源在于物理学,基本含义是物体间的引力与其质量存在正相关的关系,而与距离存在负相关的关系。首先利用引力模型研究双边贸易的决定因素的有丁伯根(Tinbergen,1962),其研究表明双边贸易流量与两国 GDP 成正比,而与距离成反比,从而证明了用引力模型研究双边贸易的可行性。之后许多的学者在一般均衡框架下利用引力模型开始研究国家间的双边贸易问题,并取得了与经验事实比较一致的结论。由于引力模型较好地对国际贸易问题进行了解释,不少学者开始将引力模型延伸到国际投资的研究,如安德森(Anderson,1979);玛库森(Markusen)、麦斯克斯(Maskus),2002;伊顿(Eaton);高国伟(2009)等。

国际直接投资的引力模型认为,两国之间的国际直接投资总量与两国之间的距离存在负相关,与两国的经济规模存在正相关。存在这样关系的原因,是因为跨国公司到其他国家或地区进行对外直接投资时,往往需要从投资母国运输部分原材料或者半成品到东道国,而原材料或者半成品的运输又是需要运输成本的,距离越远则运输成本相对越高,所以距离就成为限制国际直接投资的一个重要因素。

随着研究的深入,国际直接投资的引力模型加入了许多新的影响因素,如一国汇率的变动、是否具有共同语言、两国是否是邻国、是否加入某种自由贸易安排、存在技术性贸易壁垒问题等,这些因素都使得国际直接投资引力模型的解释力大大增强(蒋冠宏,蒋殿春,2012)。

考虑到数据的可获得性,本书选取了以下统计指标作为投资引力模型的解释变量,来研究山东对外投资合作潜力的相关因素。

1. 经济规模

东道国的市场规模是影响山东对外直接投资的重要因素。一般而言，东道国的经济规模越大，说明对外来投资的需求越多，即越有利于规模经济和范围经济优势，从而提高资源利用效率。Chakrabarti（2001）的研究发现，对外直接投资与东道国的经济规模呈正比关系。Taylor（2002）、Zhang（2003）和 Deng（2004）在研究中国对外直接投资时也发现，在经济规模较大的地区，中国对外直接投资的可能性也较大。在引力模型中，山东省经济规模作用也不可忽略。因此，为了检验山东对外直接投资的潜力，提出假设 1。

假设 1：山东对外直接投资与东道国经济规模和自身经济规模正相关。

2. 距离

按照直接投资引力模型和国际经济学的基本理论推断，在地理邻近的地区更容易投资（巴克利（Buckley）和卡森（Casson），1981）。与东道国之间距离的远近意味着运输成本和交易成本的高低，与东道国的距离越远，运输成本和交易成本越大，也会影响对跨国公司管理的效率。因此，提出假设 2。

假设 2：山东对外直接投资与东道国的距离负相关。

3. 外商直接投资

通过引进外资，并利用外资企业的技术、知识、营销和管理技能等外溢效应和示范效应，无疑会增强一国国内企业的所有权优势和内部化优势。同时，由邓宁的国际生产折中理论可知，一国国内企业的所有权优势和内部化优势得到增强，就会增加该国的对外直接投资。因此，提出假设 3。

假设 3：外商直接投资与山东对外直接投资正相关。

4. 汇率

史蒂文斯（Stevens，1993）认为，一国汇率的贬值有利于出口，但不利于对外直接投资。即本币贬值，外国资产变得更加昂贵，这不利于对外直接投资。反之，汇率升值不利于出口，但是有利于对外直接投资。因此，汇率也是影响一国/地区对外直接投资的因素之一。本书研究了人民币实际有效汇率对于山东对外直接投资的影响，并提出假设4。

假设4：人民币升值与山东对外直接投资正相关。

5. 共同语言

语言作为影响交易成本的工具，会影响投资者的决定（Kim等，2013）。两国之间如果存在共同语言，则意味着文化差异不是很大，投资成本减少，因而更有利于两国之间的投资合作。因此，提出假设5。

假设5：共同语言与山东对外直接投资正相关。

6. 两国相邻

一般而言，相邻两国的文化差异不会很大，因而，一国对相邻国家的投资所遇到的文化冲击相对更小，企业经营更易成功，本地化的成效也更大。因此，提出假设6。

假设6：两国相邻与山东对外直接投资正相关。

综合上述这些因素，本研究的国际直接投资引力模型设定为：

$$\ln(fdi_{ijt}) = \beta_0 + \beta_1 \ln(gdp_{it}) + \beta_3 \ln(sgdp_{it}) + \beta_4 \ln(dis_{ijt}) + \sum_n \alpha_n C_{jt}^n + \varepsilon_{it}$$

$$(1)$$

其中，fdi_{ijt}表示山东对外直接投资，gdp_{it}表示东道国的GDP，代表其经济规模。$sgdp_{it}$表示山东的GDP，代表山东经济规模。dis_{ijt}为山东和东道国之间的距离，表示投资的距离成本。β_0为常数项，ε_{it}是残差项。C_{jt}^n为观察变量，根据前述理论假设主要包括：外商直接投资、汇率、共同语言和两国相邻等变量。

（三）实证结果

本研究采用面板数据进行实证分析，面板数据分析方法是最近几十年来发展起来的新的统计方法，面板数据可以克服时间序列分析受多重共线性的困扰，能够提供更多的信息、更多的变化、更少的共线性、更多的自由度和更高的估计效率。

本研究选取了以下"一带一路"沿线国家和地区作为样本国家进行实

证研究，主要包括东北亚：韩国、日本、俄罗斯；东南亚：新加坡、泰国、菲律宾、印度尼西亚、马来西亚；大洋洲：澳大利亚、新西兰；欧洲：英国、法国、德国、意大利、荷兰、瑞士、丹麦、西班牙、瑞典、比利时；东非：毛里求斯；中国香港、澳门等，总计23个国家和地区。

需要说明的是，由于统计资料的缺乏，或因为投资的不连续性，或因为有统计的投资年份太少，一些非常重要的"一带一路"沿线国家和地区，如中亚五国哈萨克斯坦、吉尔吉斯斯坦、塔吉克斯坦、乌兹别克斯坦、土库曼斯坦等，非洲的苏丹、阿尔及利亚、安哥拉、几内亚、加纳、加蓬、津巴布韦、喀麦隆、肯尼亚、莱索托、利比里亚、利比亚、马里、马达加斯加、毛里求斯、毛里塔尼亚、摩洛哥、马拉维、莫桑比克、纳米比亚、南非、南苏丹、尼日利亚、塞内加尔、塞拉利昂、塞舌尔、北苏丹、坦桑尼亚、突尼斯、乌干达、赞比亚等国家和地区，没有进入本次实证研究的样本国家和地区之内，希望随着时间的积累，统计数据逐渐完善，补充在后续研究中。

同样由于数据的缺失，面板数据研究的样本时间长度为2007—2012年，研究总样本数23×6即138个。

山东GDP、外商直接投资、对外直接投资的相关数据均来自《山东统计年鉴（2002—2013）》。两国间的距离、共同语言、两国是否相邻的数据来自法国国际预测研究中心数据库（CEPII），人民币实际有效汇率来自联合国贸易发展数据库（UNCTAD）。

研究采用的计量软件为stata12.0版，是一套提供使用者进行数据分析、数据管理以及绘制专业图表的完整及整合性统计软件。

首先，对于山东对外直接投资与东道国GDP、山东GDP、距离作回归检验，结果见表8-1"投资引力模型检验结果"的"回归1"列。其次，对于山东对外直接投资与东道国GDP、山东GDP、距离及吸引外商投资因素，再作回归检验，结果见表8-1"回归2"列。其中，Lfdi即代表外商直接投资。

表 8-1 投资引力模型检验结果

变　量	回归 1	回归 2	回归 3	回归 4	回归 5	回归 6
C	-19.840*** (0.010)	-22.423*** (0.008)	-5.545 (0.475)	-24.149*** (0.001)	-22.466*** (0.002)	-13.347 (0.101)
LGDP	0.554*** (0.003)	0.557*** (0.004)	0.536*** (0.004)	0.723*** (0.000)	0.612*** (0.001)	0.697*** (0.000)
LSGDP	3.587*** (0.000)	3.629*** (0.000)	5.538*** (0.001)	3.518*** (0.000)	3.557*** (0.000)	5.445*** (0.001)
Ldis	-1.625*** (0.006)	-1.475** (0.011)	-1.621*** (0.006)	-1.199*** (0.006)	-1.354*** (0.003)	-0.989** (0.036)
Lfdi		0.104 (0.111)				0.097 (0.146)
Lrate			-7.357 (0.105)			-7.105 (0.124)
Lan				1.887** (0.026)		1.397* (0.066)
coj					1.435 (0.211)	0.935 (0.398)
R^2	0.829	0.826	0.832	0.815	0.827	0.825
样本数	138	138	138	138	138	138

注：*、**、***分别表示 10%、5% 和 1% 的显著性水平。

　　同理，表 8-1 中回归 3 到回归 5 都是在考虑了山东与东道国 GDP、距离的基础上，再分别考虑人民币实际有效汇率、是否有共同语言和两国是否相邻等观察变量，分析对山东对外直接投资的影响。其中，C 为常数项。LGDP 代表东道国的 GDP，LSGDP 为山东省的 GDP、LDIS 代表山东与东道国之间的距离，Lrate 代表人民币实际汇率，Lan 代表是否具有相同语言，coj 代表两国/地区是否相邻。

最后，回归 6 是将所有因素放在一起，进行回归检验，分析相关因素对于山东对外直接投资的综合影响。从回归 1 到回归 6 的分别检验，实际上是遵循了分析逐步从简单到复杂的回归过程。

1. 对于假设 1 的验证：符合假设，显著

从总体上看，回归 1—6 的检验结果和引力模型预测结果基本一致。从各变量的回归系数看，"一带一路"各个东道国 GDP 系数显著为正，说明东道国市场规模越大，越有利于山东对"一带一路"沿线国家和地区的直接投资，即山东对外直接投资与"一带一路"东道国市场规模正相关。表格中山东 GDP（SGDP）的系数显著为正，说明山东经济规模的扩大对于山东向"一带一路"沿线国家和地区的对外直接投资有着显著正影响。即随着山东经济实力的增强，山东对"一带一路"沿线国家和地区的直接投资增加，即山东对外直接投资与山东自身市场规模正相关。

2. 对于假设 2 的验证：符合假设，显著

山东与"一带一路"沿线国家和地区间距离系数显著为负，说明随着两国距离的增加，山东对"一带一路"沿线国家和地区的对外直接投资减少，这验证了前文山东对"一带一路"沿线国家和地区的地区分布，山东对外直接投资大部分集中在亚洲，特别是香港、澳门特区以及东南亚地区。即验证了假设 2，山东对"一带一路"的对外直接投资与东道国距离负相关。

以上变量是对山东对外直接投资引力模型的基本检验，检验结果与传统引力模型一致，即对外直接投资与双边市场规模呈正相关关系，与东道国距离呈负相关关系。

3. 对假设 3 的验证：符合假设，不显著

从观察变量系数看，回归 2 和回归 6 的检验都表明，外商直接投资的系数为正，但不显著。这说明山东省利用"一带一路"沿线国家和地区的投资，确实会促进山东对这些国家和地区对外直接投资的增加，但是效果不明显。

4. 对假设4的验证：不符合假设，不显著

从观察变量系数来看，回归3和回归6的检验都表明，汇率系数是为负且不显著。这与假设4不一致。可能的原因是：除了人民币汇率的上升或者下降会对山东对"一带一路"沿线国家和地区对外直接投资产生影响外，人民币实际汇率的稳定性也会对其产生影响，尤其是对跨国并购的影响更大。所以，人民币实际汇率的稳定性可能使汇率水平变动对于山东对"一带一路"对外直接投资的影响不符合假设，显著水平不高。

5. 对于假设5的检验：符合假设，显著

表8-1中，回归4和回归6所显示，虚拟变量是否有共同语言的系数显著为正，说明山东如果与"一带一路"沿线国家和地区有共同语言，更有利于山东对这些沿线国家和地区的对外直接投资，这也解释了山东对香港和新加坡等地区和国家的投资较多的原因。结论验证了假设5，即共同语言与山东对外直接投资正相关。

6. 对于假设6的检验：符合假设，不显著

表8-1中，回归5和回归6对于虚拟变量两国相邻的系数为正，但不显著，这说明山东与"一带一路"沿线国家和地区如果相邻，确实会促进山东与这些东道国或地区的直接投资，但是作用并不显著。

(四) 潜力分析

基于前面回归的分析，可知表8-1中，回归3的拟合度相对其他的回归较高，因此，采用回归3方程的系数，可计算山东对"一带一路"沿线国家和地区的对外直接投资拟合值（对数形式），并与山东对"一带一路"沿线国家和地区的对外直接投资实际值（也采用对数形式）进行比较，可以分析山东对"一带一路"沿线国家和地区的投资潜力。

山东对"一带一路"沿线国家和地区的投资潜力值可以用公式（2）表示，即：

$$潜力值 = 实际值 / 拟合值 \tag{2}$$

若潜力值大于1，则意味着山东对"一带一路"沿线国家和地区实际投资额大于拟合值，相对投资过度，不宜再投；

若潜力值小于1，则意味着山东对"一带一路"沿线国家和地区实际投资额小于拟合值，相对投资不足，尚有潜力。

1. 相对投资过度的国家和地区

如表8-2所示，山东相对投资过度的"一带一路"沿线国家和地区有：香港、新加坡、泰国、菲律宾、印度尼西亚、马来西亚、澳大利亚、新西兰、德国、意大利、俄罗斯等。

表8-2 山东对"一带一路"沿线国家和地区投资潜力值估计

潜力值 年份 国家和地区	2007	2008	2009	2010	2011	2012
韩国	0.936727	0.915595	0.934554	0.900595	0.945507	0.938481
日本	0.914599	0.85321	0.86702	0.920825	0.880079	0.865328
中国香港	1.611608	1.557186	1.537084	1.52042	1.463774	1.440983
中国澳门	0.777467	0.668997	1.100462	1.005292	0.905598	0.850418
新加坡	1.28765	1.223048	1.271007	1.315913	1.320698	1.340726
泰国	1.513286	1.358022	1.320928	1.267831	1.240246	1.198414
菲律宾	1.102005	1.105702	1.168325	1.125599	1.041524	1.041183
印度尼西亚	1.469384	1.372845	1.350576	1.247925	1.179223	1.142223
马米西亚	1.632931	1.445385	1.420108	1.290649	1.184176	1.185248
澳大利亚	1.776794	1.596662	1.59673	1.492647	1.440775	1.422209
新西兰	1.159904	1.004288	1.11425	1.083036	1.180842	1.112315
英国	0.939086	0.869817	0.95723	0.915491	0.876046	0.902304
法国	0.990936	0.892975	0.861056	1.001684	0.986287	0.978997
德国	1.065902	1.046889	1.044701	1.040005	1.008202	1.009528
意大利	1.157338	1.042031	1.026908	0.962286	1.013343	0.984844
荷兰	0.894507	0.877955	0.953182	1.062627	1.060424	1.074825
瑞士	0.991842	0.857456	0.820008	0.74798	0.67969	0.851597

（续表）

年份 潜力值 国家和地区	2007	2008	2009	2010	2011	2012
丹麦	0.994486	0.872144	0.83635	0.770785	0.825214	0.873799
西班牙	0.982428	0.916604	0.88245	0.825538	0.769395	0.743518
瑞典	0.127055	0.113018	0.447994	0.408929	0.47824	0.838169
比利时	0.640993	0.564287	0.721157	0.841493	0.774801	0.762562
毛里求斯	0.00464	0.001019	0.001248	1.804626	1.583967	1.465518
俄罗斯	1.374303	1.268434	1.352503	1.274614	1.198271	1.154454

从山东对"一带一路"沿线国家和地区的区域分布可知，这些国家和地区在山东对外直接投资中占有重要地位，如香港，2012年山东对其投资的协议额和中方协议额都占到40%以上。同时，山东对于新加坡、泰国等东南亚国家的对外直接投资的比重，也在40%左右，因此，对这些东南亚国家的投资，本实证研究表明，已经相对出现过度，山东应谨慎投资。

投资相对过剩的具体原因，主要有：

一是地理距离比较近，相似的语言文化背景，促进了大量投资。山东对香港、新加坡等的大量投资，符合经济理论和经济模型的基本分析，由于地理距离比较近，投资的成本比较低，同时，相似的语言，沟通起来相对比较容易，相同的文化背景，对于许多并购的问题认识起来比较一致。因而，对于山东许多企业而言，大量投资集中于亚洲地区，在亚洲又集中于香港、新加坡等地。

二是产业结构存在互补性，山东富余产能对外调整的需要，使得对东南亚国家的投资大量增加。山东与菲律宾、泰国、马来西亚、印度尼西亚等东南亚国家在产业结构上存在互补性，同时，在经济发展过程中，山东富余产能亟须向外转移。2008年金融危机以来，山东重点推动富余产能向以地理位置比邻、交通通讯便利的东南亚等周边国家转移，为山东富余产能的对外转移提供了良好的发展渠道，使得对上述东南亚国家的投资大量增加。

三是东道国的各种资源禀赋符合山东的实际需求，投资集中度较高。澳大利亚、新西兰、俄罗斯等国家自然资源丰富，铁矿石、石油、天然气储量位居全球前列，且品质等级优良。对于山东而言，经济发展面临越来越严重的资源制约，为了保障稳定可持续的增长，大量增加对于澳大利亚、新西兰、俄罗斯等国家的对外直接投资，投资项目区域集中度高，投资协议额度大。

四是欧债危机导致欧洲部分国家资产评估价格相对较低，使得对欧洲一些国家的投资大幅增加。2008年金融危机之后，许多发达国家企业濒临倒闭的边缘，包括葡萄牙和希腊在内的一些深陷债务危机的欧盟国家在其经济复苏计划中，同意变卖一些国有资产，评估的价值相对较低，具有投资机会。同时，许多企业对于德国、意大利等国家企业品牌、产品品质、生产技术、制造工艺仰慕已久，纷纷在此期间投资并购，促进山东对欧洲这些国家的投资大幅增长。

五是受宏观经济形势影响，没有足够的调查研究，盲目投资、跟风投资相对较多。对于许多企业而言，受国家整体宏观经济发展向好的影响，企业资金相对比较充裕，但盲目投资、跟风投资仍然比较严重，投资前不去做足够的调查研究，仅凭印象或者合作伙伴的介绍，就去国外进行投资。投资区域不是按照需求，而是人云亦云，导致许多对外直接投资短期内大幅增加，但是成效不足。

2. 相对投资不足的国家/地区

同理，如表8-2所示，山东投资相对不足的"一带一路"沿线国家和地区主要有：韩国、日本、中国澳门、英国、法国、瑞士、丹麦、西班牙、瑞典、比利时等。山东对于这些国家和地区的投资目前都相对比较少，投资的潜力比较大，值得加强投资合作，加大投资力度。

投资相对不足的主要原因在于：一是部分国家非经济因素影响较大，对这些国家的投资相对表现不足。投资主要受经济因素影响，但是非经济因素在投资中有时候会起到很大的作用。政治因素在山东对日本的投资中，表现得比较明显。2005—2012 年，山东对日本的对外直接投资无论是项目数、投资协议额、中方投资协议额都持续大幅下降。二是东道国国内限制较多，各种法律法规制约了山东对一些国家的投资合作。山东对部分国家投资不足的原因，在于这些国家市场比较完善，法律法规比较健全，对于我国进入的企业要求比较严格，资质要求高、管理要求严、服务要求全。因而，在一定程度上制约了山东企业对这些国家的投资。大部分欧洲国家如丹麦、瑞典、比利时等在环保标准、员工待遇、管理创新方面对于外来投资者都有严苛的规定，使得山东企业进入欧洲市场的投资合作相对不足。三是地理距离相对较远，文化背景不一样，跨文化交流能力较弱，沟通成本较高，影响了投资的力度。随着经济全球化的深入、通信技术的革命和现代化大型运输设备的投入运行，使得这些障碍不断地缩小，地球村日益形成。然而，相对亚洲各国而言，欧洲国家的地理距离仍较远，同时，文化背景又有很大的差异，企业跨文化交流能力仍显薄弱，使得投资双方在人员交往、沟通交流、谈判协商等方面仍存在不小的障碍，投资力度相对较小。四是投资合作的载体相对滞后，投资合作的体制机制尚不完善，影响了对外直接投资的深入。与部分国家的投资合作缺乏对外开放的平台和载体，虽然山东已经建成了各种保税区，如出口加工区、物流基地、物流园区，但是在投资合作的平台和载体建设上仍较为滞后。同时，政府间合作体制机制建设尚不完善，对"一带一路"西段的欧洲大部分国家没有建立自由贸易区，没有建立起类似与东南亚各国的机构联络渠道及合作机制，合作关系和经常性的业务往来尚不密切，贸易投资纠纷的处理还没有形成一定的做法，投资合作的体制和机制方面还有待进一步发展。五是我方企业风险防控能力不高，对于部分国家和市场投资相对不足。对外直接投资的风险相对较大，企业不但要处理来自自然环境中出现的各种风险，如地质灾害造成的损失，还要处理来自市场经营、企业管理中遇到的各种问题。因而，对于企业对外直接投资而言，要有较高的内部管理水平和较强的风险防控能力，才能在瞬息万变的国际市场上站稳脚跟。

三、山东与"一带一路"沿线国家和地区 投资合作的路径分析

"一带一路"沿线国家和地区相对较为复杂，既存在较为发达的市场经济体，也存在较为落后的农业经济体；同时，"一带一路"沿线国家和地区在政治体制、文化传统、宗教信仰等方面，也存在着较大的差异。山东与"一带一路"沿线国家和地区能否顺利开展投资合作，路径选择十分重要。

本章第二部分中山东对"一带一路"投资潜力的分析，具有一定的研究价值和现实意义。但值得注意的是，由于我国在 2003 年才初步开展对外直接投资数据的统计工作，山东对"一带一路"沿线国家和地区的投资统计也开始得相对较晚，数据存在一定的缺失，根据数据所作的计量分析，也会存在一定的偏差。

同时，由于"一带一路"沿线部分国家近年来对外开放政策变动性大，实施鼓励或限制外资措施的可能性大，这些不确定性的因素，也导致山东对这些沿线国家和地区的投资呈现出时断时续、不规律性的变动趋势，尚没有形成稳定的、连续的统计数据，对于计量研究的影响也存在着很大的不确定性。因此，对于"一带一路"沿线国家和地区投资合作的路径分析，也不能仅依靠定量分析，还必须结合定性分析和具体国家具体情况，进行全面综合的研究。

（一）始终坚持双向相互开放、全域多元联动、务实发展共赢的投资合作原则

双向相互开放，即在与"一带一路"沿线国家和地区的投资合作中，注重通过谈判和协商的相互开放，注重向南开放与向东开放的结合，促进"一带一路"西延和北扩的结合，从而不断拓展开放的领域和范围，形成全方位对外开放的新格局。

全域多元联动，即在"一带一路"沿线国家和地区投资合作过程中，要体现全领域联动的原则，坚持投资与贸易的联动、海上与陆上的联动、经

贸与人文领域的联动，实现多元共生、均衡发展的良好局面。

务实发展共赢，即深入把握山东与"一带一路"沿线国家和地区在发展阶段、产业结构、资源禀赋上差异互补的特点，扩大同"一带一路"沿线国家和地区在各领域的务实发展合作，形成优势互补，共享机遇、共迎挑战，实现共同发展，达到共同繁荣。

（二）切实做好深度调研，把握具体国家和地区的具体情况，有针对性地开展投资合作

不同的国家和地区经济发展的状况不一，投资增长的潜力各不相同。对于亚洲而言，由于地理距离较近，同时又与山东具有相同的文化背景，一些国家如新加坡又有同样的语言能够进行有效交流，使得山东对于"一带一路"的投资大部分集中于亚洲。目前来看，对于亚洲的投资存量中，香港已达 45%，东南亚和南亚经济体已达 43.6%，如果继续在亚洲市场进行投资，则继续增长的空间有限，潜力不足，风险加大。

反之，山东对于英国、法国等欧洲国家投资占比相对较少。统计数据表明，2005 年山东对欧洲投资项目数比重只有 15%，2012 年占比不到 13%。从 2012 年山东对"一带一路"沿线国家和地区投资协议额流量来看，欧洲仅占 5.2%，从存量看，也只占 8.1%。因此，山东对于这些欧洲国家的投资基数较低，增长具有潜力，未来投资增速空间较大。

对于具体投资项目而言，做好前期的可行性调研是十分必要的。在特定条件下，如规模经济和产业集聚，结论可能正好相反。越是投资流量和存量多的国家和地区，反而越具有投资的价值和潜力；对于另一些国家和地区，越是没有投资流量和存量，越是说明了这些国家和地区不适宜进行相关的投资和合作。

（三）探索建立新的协调合作机构，充分利用好各种自贸区的优惠安排，促进和深化投资合作

在"一带一路"沿线国家和地区中建立一个协调合作机构，既有利于

各国及地区的各级政府节约资源、提高效率,又有利于企业在国际化经营过程中获得更多的助力。目前山东与"海上丝绸之路"北端的日本、韩国合作机制建设较为完善,与东南亚国家,尤其是东盟国家合作起步虽然较晚,但是相比起来进步较快。目前来看,已经与东盟国家建立了商协会组织、国际合作组织、各国驻华商务处等机构的联络渠道及合作机制,并与中国—东盟中心、中国东盟商务理事会等国际合作组织建立了密切的合作关系和经常性的业务往来,还与东盟各国驻华经贸参赞处保持了较为密切的沟通。对于具体合作项目的交流、投资和贸易的纠纷处理等问题,还专门成立了"山东—东盟项目合作办公室",以负责承接、协调、推进山东与东盟各国的合作项目。由于种种原因,与南亚及非洲部分国家的政府交往相对较少,合作机制、合作机构等方面还有待进一步发展。

山东应充分利用好国家通过谈判取得的各种自贸区的优惠安排。如中国商务部部长高虎城和瑞士联邦委员兼经济部长约翰·施奈德-阿曼 2013 年 7 月 6 日在北京正式签署中国—瑞士自由贸易协定,是中国与欧洲大陆国家签署的首个自贸协定,中国—瑞士自由贸易区于 2014 年 7 月 1 日正式生效。该自贸协定的签署是两国经贸合作发展中的又一里程碑的事项,为未来两国在经贸往来、投资合作各领域制定了可预测的制度框架,必将为双方经济发展带来长远、积极的影响。山东应积极抓住中国—瑞士自贸协定带来的机遇,扩展在瑞士的投资,为进一步投资欧洲做好准备。

(四) 积极应对各种隐性投资壁垒和障碍,努力实现投资便利化

各种形式和层次的国家和地区间自由贸易区的成立,无疑为"一带一路"沿线国家和地区间的贸易与投资各方提供了合作的平台和载体,然而,受贸易保护主义的影响,各种隐性投资和贸易壁垒及障碍仍然大量存在。

2010 年 1 月启动的中国和东盟自由贸易区实行"零关税"的政策,但是,由于山东与东盟国家一些同质化较为严重的产品可能对其造成一定冲击,东盟相关国家在各个行业协会的压力下,采取了很多带有贸易保护主义性质的非关税壁垒。由于各种隐性贸易与投资壁垒的存在,虽然中国与东盟

国家已签订了《货物贸易协议》《服务贸易协议》和《投资协议》，但这些协议落实的实际效果并不尽如人意。

为加强与"一带一路"沿线国家和地区的投资合作，有必要落实如《投资协议》等各个条款，真正相互给予投资者国民待遇、最惠国待遇和投资公平公正待遇，提高投资相关法律法规的透明度，为双方投资者创造一个自由、便利、透明、公平的投资环境，并为双方的投资者提供充分的法律保护，从而进一步促进沿线国家和地区的投资便利化和逐步自由化。

（五）建立科学有效的风险防范预警机制，防控各种投资风险

风险无处不在，对于"一带一路"沿线国家和地区而言，澳大利亚、新西兰、俄罗斯等国家都是自然资源丰富的国家。这些国家政治环境相对稳定，法律环境良好，人民生活处在较高水平，一般而言，对外投资风险不大。然而，随着山东围绕经济发展的现实需要，不断加大境外资源开发的力度，对于资源丰裕国家的投资大幅增加，导致许多资源丰裕国家的投资风险也在逐渐加大。如澳大利亚外国投资审查委员会有针对性地对我方企业进行审查指引，当地民众对来自中国的投资也逐渐持有敌意态度，澳政府和国会也不断以国家安全等为缘由，出台新的法案法令以限制中方投资，同时不断开征新的资源税、碳税等。这些政策的变化，都对我国企业进入资源丰富国家的投资增加了成本限制和投资风险。

对于企业而言，要高度重视，采取有效措施，建立科学有效的风险防范预警机制，坚持预防为主，加强对东道国的研究，做好科学规划，投资前期就要对东道国的各种社会习俗、宗教信仰、法律环境、外汇管制、金融开放等多方面进行充分了解，并在此基础上，对与项目有关的资金、资源、场地、技术设备、市场销售、产品成本和经济效益等因素进行深入细致的投资项目可行性研究，对于投资和经营管理过程中可能出现的各种风险进行综合性的评价，以做到有备无患，努力降低对外投资的各项安全隐患，提高决策的科学性。同时，还可以积极利用各类金融及其衍生性政策工具进行风险防范的操作，如对外投资企业可以通过中长期出口信用保险、特定合同保险等

投融资产品，积极获得资金便利，以有效规避信用风险并化解投资风险。

（六）推动优势产业、富余产能的海外基地建设，促进科技资源的投资并购合作

"一带一路"沿线国家和地区人均收入不等，经济发展水平存在较大差异，为山东通过立足比较优势，推动山东装备制造业"走出去"、富余产能"转出去"，科技资源的全球布局，提供了广阔的空间。

山东在先进制造业上具有技术、装备、规模的相关优势，可以通过加强上下游领域的合作，带动相关行业到适宜的"一带一路"沿线国家和地区进行投资合作，实现对外投资从环节合作向链条合作的转变。同时，由于山东受国家宏观调控影响较大，贸易摩擦较多的钢铁冶炼、氧化铝等企业，可以考虑向东盟等贸易壁垒小、当地需求又比较旺盛的国家和地区转移。鼓励山东家用机械、电子家电等产能向更贴近目标市场的国家如欧盟、中东等地区转移。

通过在适宜的"一带一路"沿线国家和地区建设加工制造基地、现代农业产业园等境外经贸合作园区，还可以引导劳动密集型、资源消耗型的纺织服装、橡胶轮胎等企业向劳动力成本低、资源丰富的国家转移，拉动富余产能的输出，拉长产业链条，延长产品生命周期，实现饱和产能活力在境外激发与延续。

同时，"一带一路"沿线也有许多科技资源丰富、研发能力强的国家和地区，山东应大力支持相关企业到科技实力较强的"一带一路"沿线国家和地区，建立或并购研发机构，开发利用境外智力资源，加强与国外先进研发机构的交流与往来，努力提升山东自主研发的能力，大力开发具有自主知识产权的适用技术和实用产品，拓展在"一带一路"沿线国家和地区配置科技资源的渠道和范围。

（七）大力实行贸易投资一体化战略，实现投资与贸易的良性互动

随着信息科技的发展，国际分工逐步深化，发达国家的产业内分工、产

业内贸易比重逐渐增加，经济全球化的深入，进一步促进了贸易与投资一体化的发展。

目前来看，通过深化对"一带一路"沿线国家和地区的投资合作，以建立生产企业、连锁经营、境外产业园区等方式，可以更好地促进山东相关产品出口。如通过顺应东盟国家产业转型升级趋势，可以着力加强山东与东盟国家在高新技术产业方面的合作，提高新兴产业在东盟国家贸易中的比例，拓展双方在高科技如现代生态农业、农产品深加工、生物医药、海洋科学和热带生物资源等领域的交流与合作，增加山东的机电产品、成套设备和高新技术产品的出口，努力提高出口商品的附加值和非价格竞争的能力。

同时，山东与"一带一路"沿线国家和地区贸易额大幅增长，贸易商品结构逐渐优化，外贸发展方式逐渐转变，出口商品的国际竞争力不断提高，高新技术产品、拥有自主知识产权产品的出口比例提升，又可以使得山东在更深层次上融入了全球分工体系。山东的贸易结构逐渐向货物贸易与服务贸易并重开始转变，出口目标市场逐步实现多元化，"一带一路"沿线国家和地区对山东优势产品的出口需求，又可以带动山东相关企业通过各种渠道到目标国家进行投资，从而实现投资与贸易的良性互动。

(八) 积极争取重大投资项目列入国家"一带一路"总体规划

国家"一带一路"总体规划的主线是经济合作，优先是基建、交通的互联互通和贸易投资的便利化，基本的方式是通过平等协商、循序渐进来实现与"一带一路"沿线国家和地区的合作共赢，打造利益的共同体，为亚洲的整体振兴提供动力。

目前来看，山东在"一带一路"建设中，具有区位及交通优势，恰好处于"一带一路"两大战略的交汇处。在投资合作方面，与"一带一路"沿线国家和地区产业互补性较强，产业基础优势十分突出，具有与其进行对接的优越条件。同时，山东企业在"一带一路"沿线国家和地区的企业美誉度较高，深受儒家文化影响，讲诚信讲道德的观念较为突出，在与"一带一路"沿线国家和地区的经贸合作过程中，不仅仅追求短期利益，更为重视与当地的长远发展，赢得了较高的企业美誉度。

山东积极实施"走出去"战略，与东道国当地开展电力、煤炭、林业、橡胶等产业的合作，均已取得很好的成绩，境外资源开发已成为山东的独特优势。山东还具有海洋合作的优势，沿海共有一类开放港口24处，港口密度居全国之首且均为不冻港，现已形成以青岛港为龙头，以烟台、日照港为两翼，其他地区性港口为补充的沿海港口布局，同时，山东海洋科技与人才优势位居全国前列。

山东高度重视对外开放合作平台与载体的建设，优势明显。目前，山东已拥有青岛前湾保税港区、烟台保税港区、潍坊综合保税区、济南综合保税区、青岛保税区、青岛出口加工区、威海出口加工区、青岛保税物流中心、日照保税物流中心等海关特殊监管区域和保税监管场所。

山东在参与国家"一带一路"建设中，要努力成为东北亚地区沟通"一带一路"的北方综合枢纽（"桥头堡"）、国家东南双向开放的门户和交流合作平台及"一带一路"产业合作示范高地。

因此，山东要通过各种形式和载体，深化山东与"一带一路"沿线国家和地区在高新技术、先进制造业、金融、海洋合作等领域的合作，争取与"一带一路"沿线国家和地区政府间合作示范项目的优先建设，争取有关试点政策针对"一带一路"沿线国家和地区的先行先试，争取重大投资项目列入国家"一带一路"整体规划，将山东打造成为"一带一路"的投资合作高地。

第九章 山东与"一带一路" 沿线国家和地区的产业合作

"一带一路"沿线国家和地区能源资源丰富、市场广阔、具有巨大的人口数量和发展潜力，且正处于经济快速增长期和转型期，与山东具有巨大的合作空间。在发展与"一带一路"沿线国家和地区合作中，产业合作居于举足轻重地位。山东作为我国的经济大省和开放大省，特别是作为我国与"一带一路"沿线国家和地区开展经济合作具有区位、资源、市场等优势的重要省份，与"一带一路"沿线国家和地区的产业合作具有较大发展潜力。因此，不断加强与"一带一路"沿线国家和地区的产业合作对促进山东省与沿线国家和地区要素有序自由流动、资源高效配置、市场深度融合，推动山东省经济发展格局形成海陆统筹、东西互济的全方位开放新格局有着重大的意义。

一、山东与"一带一路"沿线国家和地区 产业合作的现状及特点

"一带一路"沿线包括大约60多个国家，总人口40多亿，GDP 20多万亿，人口总数及 GDP 分别占全球的60%左右和30%左右。由于沿线国家和地区数量众多，因此我们初步根据其不同特点将其分成海上"丝绸之路"沿线国家和地区和陆上"丝绸之路"沿线国家和地区进行研究。

（一）山东与海上"丝绸之路"沿线国家和地区产业合作的现状

海上"丝绸之路"即"一带一路"战略的"一路"——21世纪"海上丝绸之路"，以传统主线的西线为主，从东南沿海，经南海、马六甲海峡到达印度洋和东非。海上"丝绸之路"沿线国家和地区众多，是山东省输入能源、资源的大通道，主要的国家和地区是以日本、韩国和东盟为主，因此我们的分析也以山东与日本、韩国和东盟国家的产业合作为主。

1. 海上"丝绸之路"沿线国家和地区经济和产业发展概况

海上"丝绸之路"沿线国家和地区与山东省隔海相望，除了日本、韩国之外基本上属于发展中国家，有着传统的友好往来。近年来，双方产业合作关系发展很快、势头很好。海上"丝绸之路"沿线国家或地区既存在较为发达的国家和自贸区合作组织（如日本、韩国和东盟），也存在较为落后的个体农业经济；政治体制、文化传统等也存在较大差异。即使是相对较为发达的东盟自贸区合作组织，内部各国经济发展也参差不齐，按照经济发展水平可分为三个层次。新加坡和文莱属于第一层次，两国合计的人口、面积分别仅占东盟的0.79%和0.14%，其人均国内生产总值都高出世界平均数几倍。马来西亚、泰国、菲律宾、印度尼西亚等属于第二层次。其他国家属于第三层次，其人均国内生产总值仅为世界平均数的10%左右。总体来看，海上"丝绸之路"沿线国家和地区整体经济发展水平是较低的。但随着东盟自由贸易区于1993年开始实施，东盟经济取得了较快的增长，海上"丝绸之路"沿线其他国家的经济也有了很大的提高。

2. 山东与海上"丝绸之路"沿线国家和地区产业合作的现状

山东与海上"丝绸之路"沿线国家和地区产业合作经历了一个由被动到主动、由间接到直接的发展过程。逐步建立起一种以政府为主导，以企业为主体，通过贸易、投资、金融、技术等方面进行合作的模式，大大促进了双方产业的发展和合作。尤其是近年来，山东一直把深化与海上"丝绸之路"沿线国家和地区合作作为扩大开放的重点战略之一，尤其是更加重视与日本、韩国和东盟国家的经贸合作。山东省商务厅统计资料显示：山东高度重视发展与日本、韩国的对外贸易，山东与日本、韩国贸易的规模不断扩大。1997 年山东与日本的贸易额为 39.65 亿美元，2004 年突破百亿美元大关，2013 年达到 240 亿美元；1997 年山东与韩国的贸易额 43.96 亿美元，2004 年突破百亿美元大关，达 126.17 亿美元，2013 年达到 300 多亿美元，是山东最重要的贸易伙伴。山东作为中国的经济大省和开放大省，在参与海上"丝绸之路"建设特别是与日本、韩国开展经济合作具有区位、资源、市场等优势的重要省份，与日韩的产业合作具有较大发展潜力。东盟也是山东参与海上"丝绸之路"建设的重要区域。2013 年，山东省与东盟十国进出口贸易总额 309.6 亿美元，同比增长 5.3%；其中，出口 123.4 亿美元，同比增长 13.9%，进口 186.2 亿美元，同比增长 0.3%。目前，东盟既是山东省第二大贸易合作伙伴，也已成为山东对外投资最活跃的地区。山东与东盟产业各具特色，要素资源、发展水平和产业结构都不尽相同，产业合作具有一定的互补性，为双方进一步深化经贸合作提供了空间。在快速发展的贸易的推动下，山东和东盟各国在农业、旅游、加工业等产业的技术合作与双向投资也发展迅猛，越来越多的东盟企业把山东视为投资的"黄金地带"。截至 2013 年年底，东盟十国对山东省投资项目 2397 个，合同外资额 109.3 亿美元，实际到账外资额 75.9 亿美元。其中，来自新加坡投资项目 1406 个，合同外资额 81 亿美元，实际到账外资额 61.4 亿美元。同时，山东对东盟各国的境外投资也发展迅速：截至 2013 年年底，山东省累计核准在东盟国家投资设立企业（机构）457 家，核准中方投资 36.8 亿美元（含内保外贷境外融资 1.8 亿美元），分别占全省的 12.8% 和 24.1%。对外工程承包和劳务合作：2013 年，与东盟十国新签工程承包合同额 13.3 亿美元，完成营业额 13.4 亿美元，派出 8934 人。截至 2013 年年底，签订工程承包合同额 50.75 亿美元，完成营业额 44.5 亿美元，累计派出 68734 人。

山东与海上"丝绸之路"沿线国家和地区产业合作中，能源、资源方面合作是一大亮点。南亚、东南亚等国家资源和能源储量丰富。近年来，这些国家的政府开始重视可持续发展，由原来的资源和能源出口转变为鼓励引进外资和技术进行本土联合开发。山东省部分企业盯住这些国家需求积极

"走出去",与当地开展电力、煤炭、林业、橡胶等领域合作。一是电力方面的合作。目前,南亚、东南亚等区域的国家经济增长、基础设施建设对电力需求量一直处于高位,电力缺口巨大。巴基斯坦电力需求缺口达到4500—5000兆瓦,印度过去五年电力供需缺口一直在10%左右。东南亚电力生产和配套设施发展滞后,电力承包市场蕴藏广阔空间。为此,山东电力建设第三工程公司积极拓展国际市场,以EPC(设计、采购、施工)为主要方式,与印度、孟加拉国等多个国家合作建设大型电力项目,其中在印度市场获得业主颁发的"优质竣工证书",获得印度国家节能奖、国家安全最高奖等。截至2013年,公司国内外总装机容量已经超过33515兆瓦,成为国内年均装机容量最多的工程公司。二是矿产资源合作。印尼铁矿、煤矿等矿产资源丰富,是全球最大的发电燃煤开采国和动力煤出口国。山东省的恒顺电气股份有限公司以新加坡全资子公司作为国外业务总部,在印尼进行矿产资源投资开发、电厂建设运营服务、经济园区建设等业务,先后进行了印尼ASAM电厂投资以及印尼东加煤矿、印尼中加煤矿的资产收购项目。在印尼中加里曼省开展煤矿开发,已于2013年12月试产,预计未来三年的煤炭产量将分别达到150万吨、200万吨、250万吨。另外还与印尼公司签署镍矿收购框架协议,对镍储量达1.1亿吨的PT CNI矿区进行开采,建设镍铁冶炼工业园。南山集团全资子公司南山铝业司与红石氧化铝国际公司合作,在新加坡成立公司,到印度尼西亚建厂,投资比例为南山铝业70%、红石公司30%。项目位于印度尼西亚廖内省的宾坦岛,一期拟建设年产70万吨氧化铝、25万吨电解铝、13万吨碳素,配套建设3台150吨/小时高温高压煤粉锅炉、1台25兆瓦高温高压抽汽凝汽式汽轮发电机组、1台25兆瓦高温高压背压式汽轮发电机组的自备电厂、2个35千吨级泊位和8个10千吨级滚装泊位的港口及配套生活区。项目建成后,产品氧化铝、原铝除供应南山铝业公司外,全部供应国际市场。该项目建设既能加快消化国内电解铝行业过剩产能,也符合印度尼西亚政府的外商投资管理政策。三是与东南亚国家石油开发合作。山东省的杰瑞集团是一家从事油气增产成套设备、油气工程设计总包等于一体的国际化综合性企业集团,重点加强了与东南亚地区国家的合作。在东南亚地区,印尼曾是亚洲唯一的石油输出国组织(Organization of the Petroleum Exporting Countries,简称 OPEC)成员国,但由于油田老化以及产量下降,使印尼成为石油净进口国,并于 2008 年退出了 OPEC。印尼政府为提高油气生产,不断进行油气勘探、开发及老油田增产。下一步,公司将积极进军印尼油气市场,建立开采基地,把海外开采的油气运回中国,为缓解油气短缺局面贡献力量。

山东与海上"丝绸之路"沿线国家和地区的金融合作虽然起步较晚,但也取得了很大的进展。随着国家推进金融领域的对外开放,山东青岛和烟台抢抓机遇积极开展韩元结算和跨境结算,这不仅是深化金融开放的重要手段,也是促进贸易服务便利化的重要内容。2013 年青岛跨境人民币实际收付结算额达到 1281.85 亿元,同比增长 95.6%,试点以来业务金额累计达 2670.44 亿元,业务额在山东省列第一位,在全国各省市排名第八位,跨境人民币结算量占全市同期国际收支结算量的比重已达到 14.52%,人民币已成为青岛对外贸易和投资第二大结算货币。截至 2013 年年底,烟台共有 661 家企业办理跨境人民币业务,有 22 家银行的 90 家分支机构备案成为境内结算银行,共与境外 84 个国家和地区发生跨境人民币资金往来,金额达 593.8 亿元,人民币成为烟台对外贸易和投资第二大结算货币。为促进贸易投资便利化,青岛和烟台将扩大人民币结算范围试点,推广青岛市跨境人民币业务综合服务系统应用,探索外资股权投资企业在资本金结汇、投资、基金管理等方面的新模式。这已成为山东与海上"丝绸之路"沿线国家和地区金融合作的重点。

3. 山东与海上"丝绸之路"沿线国家和地区产业合作的特点

通过对山东与海上"丝绸之路"沿线国家和地区在贸易、投资、能源资源、金融等方面的合作分析,可以看出,主要有以下几个特点:

(1)山东与日本、韩国贸易的互补性较强,体现了不同的比较优势。总的来看,山东对日本、韩国出口的主要是服装、水产品、纺织品、煤炭、蔬菜、电器及电子产品、箱包及设备、塑料制品、运输工具、冻鸡、花生仁、水果等。山东自日本、韩国进口的主要是机械及设备、汽车零部件、电器及电子产品、高技术产品、钢材、有机化学品、仪器仪表、化学纤维短纤、金属制品等。

（2）日韩对山东的投资的一是主要以制造业为主，主要集中于纺织、服装、食品、轻工、机械、造船、海运、电子、化工、医药、建材、物流、服务外包等行业。二是投资的方式大多为独资经营，实地调研显示日商韩商独资企业占89.0%，其他方式仅为11.0%。三是投资的区域主要集中在山东东部沿海地区。日韩对山东的投资80%以上集中于东部沿海地区的青岛、威海、烟台、潍坊等市。四是投资主体以中小企业为主。据统计，日商投资项目的实际投资平均规模为152.75万美元，韩商投资项目的实际投资平均规模为132.82万美元。

（3）能源资源合作已成为山东参与海上"丝绸之路"合作的亮点。山东与印尼、越南、印度、马来西亚、孟加拉国等东盟及南亚国家的煤炭资源开发，与马来西亚、印尼等地区的木材资源开发，与澳大利亚、印尼、印度的铝土资源开发均已取得很好的成绩。

（二）山东与陆上"丝绸之路"沿线国家和地区产业合作的现状

陆上"丝绸之路"即"一带一路"战略的"一带"——"丝绸之路经济带"，"丝绸之路经济带"是贯通亚欧两大洲的经济大陆桥，是繁荣的亚太经济圈和发达的欧洲经济圈的中间地带。

1. 陆上"丝绸之路"沿线国家和地区经济和产业发展概况

陆上"丝绸之路"沿线国家和地区按照区域划分可分为三大类：中亚经济带（主要有哈萨克斯坦、吉尔吉斯斯坦、塔吉克斯坦、乌兹别克斯坦、土库曼斯坦等国家）、环中亚经济带（主要包括俄罗斯、阿富汗、印度、巴基斯坦、伊朗、阿塞拜疆、亚美尼亚、格鲁吉亚、土耳其、沙特、伊拉克等中亚、南亚和西亚地区）、亚欧经济带（主要包括欧洲德国、法国、英国、意大利、乌克兰等地区，北非埃及、利比亚、阿尔及利亚等地区）。在这三大类区域经济带中，中亚经济带是建设"丝绸之路经济带"的核心区域。但是由于历史和地缘因素的影响，中亚地区的经济发展水平还相对缓慢一些，经济发展水平整体较为落后，社会波动起伏较大。但中亚地区地处亚洲中心，是连接亚欧两洲陆路的重要通道，具有广阔的发展空间，"丝绸之路经济带"的建设为中亚地区的发展带来了良好的机遇。统计数据显示：2012年，中亚地区共有人口 6500 万人，GDP 规模为 2987 亿美元。[①] 因此，中亚地区具有进行地区稳定、能源资源、经济贸易合作的天然需求和开发潜力。

2. 山东与陆上"丝绸之路"沿线国家和地区产业合作的现状

改革开放以来，山东提出了"巩固发展亚洲市场，深度开发欧美市场，综合开发新兴市场"的市场开拓新策略，按照"平等互利、讲求实效"和"守约、保质、薄利、重义"的原则，积极实施出口市场多元化战略，不断开拓新兴市场，加大同新兴市场的贸易往来，贸易空间不断拓展，世界上许多经济组织、国家、地区尤其是欧洲大部分国家或地区都与山东保持着良好的贸易关系。2012 年，山东与欧盟、中东、俄罗斯进出口贸易额分别为279.48 亿美元、102.03 亿美元和 84.33 亿美元，占山东进出口贸易总额的18.97%。此外，利用亚欧主要国家的投资总体呈上升趋势。2012 年，山东利用亚洲资金 10.3 亿美元，同比增长 50.95%；利用欧洲投资 0.22 亿美元，同比增长-73.54%。虽然 2012 年山东利用欧洲投资呈负增长，但 2011 年以前山东利用欧洲投资一直呈增长态势，2011 年山东利用欧洲投资 0.85 亿美元，同比增长 11.34%。

同山东与海上"丝绸之路"沿线国家和地区的合作类似，山东与陆上"丝绸之路"沿线国家和地区能源资源方面的合作也是一大亮点：一是电力合作。目前，西亚等区域的国家经济增长、基础设施建设对电力需求量一直处于高位，电力缺口巨大，如伊拉克电力缺口竟然达到 7000 兆瓦。山东电力建设第三工程公司与伊拉克等中亚西亚多个国家合作建设大型电力项目。二是与中亚国家石油开发合作。山东省的杰瑞集团不断加强与中亚地区国家的合作，如在俄罗斯成立了办事处，在哈萨克斯坦建立了子公司，在阿塞拜

---

① 胡鞍钢：《"丝绸之路经济带"战略内涵、定位和实现路径》，《新疆师范大学学报》（哲学社会科学版）第 35 卷第 2 期，2014 年 4 月。

疆安排了常驻人员，在土库曼斯坦完成了土库曼斯坦国家石油公司历史上第一次压裂作业。中亚国家工业基础相对薄弱，油气设备比较陈旧。下一步，公司将积极争取国家对外推荐，进一步密切与中亚国家石油天然气公司的合作，帮助这些国家实现设备的更新和技术的提升。积极争取国家政策性贷款或信用保险的倾斜，提升工艺技术水平，将更多的产品、服务推向海外。三是与俄罗斯木材资源开发合作。烟台西北林业公司主导的"中俄—托木斯克木材工贸合作区"已经于 2007 年 11 月成功竞标，这是我国林业最大的对外合作项目，也是俄罗斯 30 年来林业领域最大的投资项目（年可采伐木材 450 万立方米，项目总投资 9.6 亿美元）。目前，项目实施取得阶段性成果。2013 年，实现采伐 40 万立方米，深加工产品达到 20 万立方米。预计到 2020 年，将实现年采伐加工 450 万立方米的规划目标，打造林产一体化森工集团。

3. 山东与陆上"丝绸之路"沿线国家和地区产业合作的特点

通过对山东与陆上"丝绸之路"沿线国家和地区在贸易、投资、能源资源、金融等方面的合作分析，可以看出，主要有以下几个特点：

（1）合作总体水平较低，并存在多层次性和不平衡性。山东与陆上"丝绸之路"沿线的经济和产业发展总体水平较低，并且存在发展的不平衡性和多层次性。从产业角度来说，由于陆上"丝绸之路"沿线国家和地区多数国家都还处在工业化时期，有些国家农业所占比重还相当大，没有形成明确的产业分工。这就决定了目前山东与陆上"丝绸之路"沿线国家和地区的产业合作仍然是一种比较简单的起步阶段的合作。随着陆上"丝绸之路"沿线国家和地区经济的不断发展，双方各自的产业调整和传递速度会加快，将逐渐形成山东与陆上"丝绸之路"沿线国家和地区产业间纵向与横向、交叉多方位的合作。

（2）从合作内容来说，以第二产业为主。从上述山东与陆上"丝绸之路"沿线国家和地区之间贸易、投资、金融等方面合作的情况来看，尽管三大产业都有合作，但第二产业明显居于主体地位。

（3）山东与非洲、中西亚等国家的能源资源合作已成为山东的独特优势。山东紧紧抓住陆上"丝绸之路"这一战略，加快实施"走出去"战略的总体部署和要求，围绕山东经济发展的现实需要，不断加强与具有较好资源开发价值、政局较为稳定、经济互补性强的国家和地区的境外资源开发的力度，与尼日利亚、安哥拉、埃及、阿尔及利亚、苏丹等非洲地区的油气资源开发均已取得很好的成绩，已成为山东省的独特优势。

二、山东与"一带一路"沿线国家和地区产业合作的障碍分析

（一）经济和产业发展上障碍分析

山东与"一带一路"沿线国家和地区产业合作的障碍，首先是来自于经济和产业发展本身。"一带一路"沿线国家和地区经济发展差异较大，经济发展的国家又普遍存在发展水平较低的现象，而且存在较大的竞争性，这些因素对山东参与"一带一路"沿线国家和地区产业合作带来一定的困难。

1. 经济和产业发展水平相差较大

山东与"一带一路"沿线大多数国家（除日本和韩国外）不仅经济和产业发展水平普遍较低，而且参差不齐，双方的出口产品主要还是以中初级或技术含量低的产品为主，双方贸易还停留在低水平、低数量的发展阶段。不仅山东与"一带一路"沿线国家和地区发展参差不齐，"一带一路"沿线国家和地区内部发展也参差不齐。如海上"丝绸之路"沿线的东盟十国，新加坡的人均 GDP 是越南、老挝、缅甸、柬埔寨四国人均 GDP 的 70 倍左右，是欧盟内部的 16 倍和北美自由贸易区内部的 30 倍。东盟国家内部经济发展的不平衡不利于成员间经济政策的协调。传统观点认为区域内各国经济发展水平存在巨大差异会导致该地区的经济合作前景非常广阔，因为经济发展水平的巨大差距表明各国经济存在着较强的互补性。其实在开展区域经济合作的过程中，发展水平的差距往往是阻碍各国建立制度化合作机制的最大障碍。"一带一路"沿线部分国家发展水平存在较大差异，既存在相对较为发达的市场经济，也存在较为落后的农业经济；政治体制（政局不稳，局

部冲突时有发生)、文化传统等也存在较大差异。因此"一带一路"沿线国家和地区之间采取贸易投资自由化的政策往往会对有关国家的产业产生较大的冲击，而欧盟之所以在创建过程中阻力比较小，就是因为各国的经济发展水平与经济实力比较接近，采取贸易投资自由化的政策对各国产业的冲击较小。山东与"一带一路"沿线国家和地区之间经济科技发展不平衡、经济和产业发展水平的参差不齐，既体现了开展产业合作的必要性，但也加大了合作的难度。

2. 产业竞争比较明显

山东与"一带一路"沿线大多数国家处于较为相近的经济发展阶段，产业结构比较相似，基本处于相同的国际分工阶梯之中，都有丰富的劳动力资源和自然资源；都通过发展外向型经济来实现本国的现代化；双方在产业结构和工业发展程度上基本上处于同一档次；双方发展经济所需的国际资本重要来源地也都是美国、日本、欧洲及新兴工业化国家和地区；出口产品均为资源性初级产品和劳动密集型制成品；利用外资的重点都放在电力、资源和交通等基础设施方面等。因此，山东与"一带一路"沿线国家和地区在吸收外资、出口市场以及引进和吸收先进技术等方面存在激烈的竞争。

3. 山东与日本、韩国经济方面的差异带来很大制约

一是产业间的激烈竞争。由于日本、韩国的产业发展较早，尤其是在船舶制造产业、家用电器产业和汽车产业等方面仍继续保持着很高的竞争力，特别是采取知识产权保护的策略对其比较尖端的技术进行保护，因此，山东在相关领域同日本、韩国必然要展开激烈的竞争。二是相差悬殊的经济发展水平。日本长期保持世界第二（最近才被中国超过）、亚洲第一经济大国的地位，韩国作为新兴工业化国家，经过多年的经济高速发展，也取得了相当的成就。山东人均水平仍远远落后于日韩，在经济发展的质量与效益方面同样相差甚远。三是差异明显的经济结构。日本是高度发达的现代化国家，其高新技术产业在全球都居于领先地位；韩国也是较为发达的现代化国家，资本密集型产业和技术密集型产业发展水平也较高；山东与日本和韩国相比产业结构层次最低。经济结构差异越大，各方需要进行的经济结构调整程度越高，对不同社会利益集团产生的影响也越深刻，因此面临的社会压力和阻力也就越大。

（二）经济体制及经济政策上障碍分析

1. 市场经济不完善

一体化的产业合作是以完善的市场经济体制为基础的。20 世纪 70 年代末以来，中国开始了以市场为导向的经济体制改革和以国际市场接轨为目标的对外经济开放的步伐。特别是 90 年代以来，中国确立了以建立社会主义市场经济体制为改革目标和建设开放型经济为对外开放目标之后，中国全面加快了发展市场经济和对外开放的进程，并在 21 世纪初初步建立了社会主义市场经济体制。随着 2001 年中国正式加入世界贸易组织，中国的市场经济开始了与国际市场经济体制全面接轨的进程。入世 14 年来，中国按照世贸组织要求完善国内市场管理体制，已逐渐接近国际市场经济要求，但仍存在较大差距。"一带一路"沿线多数国家市场经济不发达，市场体系和市场机制不健全，政府管理市场经济的经验也比较缺乏。

2. 经济结构不完善

结构性问题是"一带一路"沿线大多数国家经济中的一个普遍性问题，也是一个涉及全方位的问题，包括地区结构、城乡结构、产业结构、产权结构等，其中产业结构居于中心地位。在全球化和区域一体化发展过程中，发展中国家的结构性问题暴露得更加彻底。今大的经济全球化是以金融和高科技为主导的。全球化反映的是生产要素大规模跨国流动，产业资本大规模跨国投资，强势企业大规模跨国联合等等。高技术化反映的是质量的飞跃，其中既有新兴产业及企业的崛起，也有传统产业及企业的高技术改造。对传统产业尚未得到充分发展的发展中国家来说，无疑是一个严重考验。

（三）政治文化及其他方面障碍分析

1. 政治制度和政治体制的复杂性

"一带一路"沿线国家和地区大多有着悠久的历史，且多数曾经沦为西方列强的殖民地或半殖民地，各国社会制度不同，近代以来政治体制也存在很大差异。如中国、越南和老挝主要实行的是人民代表大会制度，泰国、马来西亚和柬埔寨等东南亚国家主要实行的是君主立宪制（由于历史原因，这种制度在各国的表现形式也存在差异），印度尼西亚和菲律宾等岛国主要实行的是总统负责制的共和制（具体表现形式也有不同），新加坡主要实行的是议会共和制，文莱主要实行的是绝对君主制，缅甸主要实行军政合一的体制，等等。

2. 文化的复杂性

在文化方面，"一带一路"沿线国家和地区不尽相同。总体来讲，他们分别受到中国文化、印度文化、伊斯兰文化和西方基督教文化四大文化的影响，形成不同的文化圈。尤其是近年来随着伊斯兰原教旨主义势力的抬头及伊斯兰世界与欧美等西方国家的矛盾不断激化，不同文化信仰间冲突时有发生。

3. 其他外部干扰因素

这里面比较重要的就是 TPP 的影响。跨太平洋战略经济伙伴关系协定（Trans-Pacific Partnership Agreement，TPP）最早成立于 2005 年，是由文莱、智利、新西兰、新加坡四国协议发起签订并生效的经贸协议。美国于 2008 年 2 月加入，并借助 TPP 的已有协议，开始推行自己的贸易议题，全方位主导 TPP 谈判。TPP 将突破传统的自由贸易协定模式，达成包括所有商品和服务在内的综合性自由贸易协议，发展成为涵盖亚洲太平洋经济合作组织（APEC）大多数成员在内的亚太自由贸易区，成为亚太区域内的小型世界贸易组织。美国虽然不是一个亚洲国家，但它是全球唯一的超级大国，并不断充当"世界警察"的角色，始终直接或间接插手亚太地区事务，尤其是 2008 年 2 月加入跨太平洋战略经济伙伴关系协定后开始直接干预亚洲事务。这对山东与"一带一路"沿线国家和地区产业合作带来一定的不利影响。

三、山东与"一带一路"沿线国家和地区产业合作的重点

(一) 现代农业领域

现代农业是以广泛应用现代科学技术为主要标志的农业。目前，现代农业的水平已成为衡量一个国家和地区现代化程度的重要标志之一。山东农业在全国占有重要地位，粮棉油、瓜果菜、畜产品、水产品等主要农产品产量一直位居全国前列，农产品出口占到全国的四分之一，连续多年保持全国第一。与"一带一路"沿线国家和地区开展农业国际经济技术合作具有得天独厚的条件。"一带一路"沿线国家和地区农业发展差别很大，中亚国家是传统的农牧业国家，农业所占比重较大；新加坡和文莱农业所占比例较低，新加坡农业在国民经济中所占比例不到1%，文莱农林渔业的产值在国内生产总值所占比例近3%。因此，山东与"一带一路"沿线国家和地区的现代农业合作有着较大合作潜力。在不断完善已有的农业信息交流合作的基础上，要进一步建设大型、通用的农业信息数据库，使双方农业信息交流更加畅通、便捷和高效。潍坊的"东亚畜禽交易所"的建设就是一个很好的例子。潍坊市是全国重要的畜牧业生产和加工出口基地，是亚太地区畜牧业主产区之一和重要的交易市场。目前，潍坊正在建设集高端食品区、总部聚集区、科研孵化区、物流配送区、产业孵化基地为一体的综合服务平台——中国食品谷。建设东亚畜禽产品交易所可利用潍坊中国食品谷的仓储、交易、流通平台优势，充分发挥畜禽产业优势，进一步促进畜禽食品标准化生产和交易，合理有效配置全国乃至东亚地区的畜禽食品资源。建设"东亚畜禽交易所"，一是拓宽潍坊与日本、韩国、香港、东南亚、澳大利亚、印度等"一带一路"沿线国家和地区的贸易合作关系，吸纳禽畜牧业生产、加工、贸易企业为会员企业，实现禽畜肉类产品线上交易、线下交割、人民币结算，打造成一座集原料交易、产品深加工、冻品国际贸易、冷链物流、货币

结算于一体的国际级畜禽食品交易平台。二是实现与"一带一路"沿线国家和地区各国相关政府机构、专业协会、重点企业的联系互动，形成机制化、多层次协作平台。三是将潍坊港打造为与"一带一路"沿线国家和地区各国港口互联互通的畜禽食品专业码头。四是推出"畜牧节"。其间，将有来自"一带一路"沿线国家和地区的国际知名品牌企业和专业采购团的代表、客商与会，并举办风筝会、东亚畜禽食品交易洽谈会、东亚畜禽食品交易研讨会、寿光蔬菜交易等一系列大型经贸活动。

（二）加工制造业领域

加工制造业是山东与"一带一路"沿线国家和地区产业合作的重中之重。山东经济总量位居全国第三，而且拥有完整的产业体系，基础设施比较完备，科技教育水平较高。工业体系门类齐全，拥有一大批骨干企业和知名品牌，规模以上工业实现增加值、利润和利税居全国前列；近年来，通过积极推进钢铁、汽车、有色金属、装备制造、船舶、信息、纺织等重点产业调整振兴，着力培育新材料、新能源、生物技术和新医药、新信息等新兴产业，山东工业产业结构得到进一步优化，对接高端产业的能力明显增强。"一带一路"沿线国家和地区既存在相对较为发达的新兴工业化国家，也存在较为落后的尚未完成工业化的国家。因此要立足比较优势，推动山东省装备制造业走出去、过剩产能转出去和科技资源的全球布局，并通过产业合作，培育一批具有国际竞争力的跨国企业，使山东在更高层次上参与国际产业分工。一是先进制造业走出去。发挥山东省产业技术、装备、规模优势，加强上下游领域合作，带动相关行业实现境外投资从环节合作向链条合作的转变。二是过剩产能转移。推动山东省受国家宏观调控较大和贸易摩擦较多的钢铁冶炼、氧化铝等企业向东盟等贸易壁垒小的国家和地区转移，鼓励家用机械、电子家电等产业向更贴近目标市场的国家转移。通过在东盟等国家和地区建设加工制造型、现代农业产业园等境外经贸合作园区，引导劳动密集型、资源消耗型的纺织服装、橡胶轮胎等企业向劳动力成本低、资源丰富的国家转移，拉动饱和产能的输出、拉长产业链条，延长产品生命周期，实现优势产能活力在境外激发与延续。三是科技资源全球布局。支持大企业到科技实力较强地区建立或并购研发机构,利用境外智力资源,加强与国外先进研发机构的交流,提升自主研发能力,开发具有自主知识产权的技术和产品,拓展在全球配置科技资源的渠道。四是实现投资与贸易的良性互动。通过深化对"一带一路"沿线国家和地区的投资合作,以建立生产企业、连锁经营、境外产业园区等方式不断促进山东相关产品出口;同时以"一带一路"沿线国家和地区对山东省机电等优势产品的出口需求,带动相关企业通过各种渠道到目标国家进行投资。

(三) 能源产业领域合作

一是深度拓宽能源合作的领域。把握东南亚及南亚等"一带一路"沿线国家和地区由原来的资源和能源出口转变为鼓励引进外资和技术进行本土联合开发的趋势,推动山东企业与当地开展电力、煤炭、林业、橡胶、远洋渔业捕捞等领域合作,鼓励山东省企业赴东盟等国家开展橡胶、棉花、稻米等绿色农业和特色农业合作种植,鼓励山东省能源企业与东盟等国家联合开展矿产资源投资开发、电力建设运营服务、经济园区建设等业务,推动山东省优势造纸企业开展林业资源开发、造纸制浆等项目,支持山东省沿海地市的渔业优势企业开展远洋渔业与海洋生物合作。重点推动山东与东南亚、南亚等地区电力合作,与泰国、柬埔寨等地橡胶产业合作,与印尼等国家镍矿、铁矿、煤炭资源开发合作等项目。二是加强能源技术领域的合作。积极推动"一带一路"沿线国家和地区加强能源领域的技术联合研发,提高技术水平,提升自主创新能力,提升能源加工效率和资源深加工能力。三是充分发挥"一带一路"沿岸地区的能源资源优势和终端能源市场优势,强化互补合作。以能源合作为主线,带动上下游产业、工程建设、技术装备和相关服务业发展。

(四) 现代服务业领域

现代服务业发展水平,是衡量一个国家和地区经济社会发达程度的重要标志之一，也是一个国家和地区综合实力、国际竞争力的集中体现。近年来，山东把加快发展服务业特别是现代服务业作为转方式、调结构的重要战略任务，现代服务业呈现较快发展态势，成为山东重要的经济增长点。具体来说，主要应重点采取以下措施：

1. 不断深化金融合作

建设"一带一路"，核心是经济发展，而金融是经济发展重要的推动因素。山东参与"一带一路"建设，应以山东金融改革为推动力，以《关于加快全省金融改革发展的若干意见》为指引，大力培育金融产业，强化金融对"一带一路"建设的支撑作用，深入促进贸易服务便利化。一是积极布局各类金融机构。在种类上，要形成各类金融机构共生发展的局面，应鼓励全国性银行、证券、保险、期货、信托、金融租赁等各类金融机构在山东增设分支机构和网点，开展业务创新；在外资来源上，应重点引进发达国家金融资本，加快引进世界 500 强外资金融机构，并使外资金融资本来源渐趋多元化；同时，以"一带一路"为依托，加快引进金融机构，以满足来源于该地区产业资本的业务需要，为山东吸引"一带一路"沿线国家和地区外商直接投资提供良好平台。支持"一带一路"沿线国家和地区金融机构和其他境内外金融机构在山东设立国际性或全国性管理总部、业务运营总部，加快提高金融国际化水平，逐步形成环渤海的金融中心。二是加强跨区域金融合作。加强与环渤海地区及"一带一路"沿线国家和地区和省区金融中心交流合作，主动承接金融产业转移和金融功能外溢，探索建立面向"一带一路"的区域性资本市场、票据市场、产权交易中心和电子交易平台等，开展并购贷款、异地贷款、银团贷款业务，推动国内外金融机构和沿线国家和地区社会资金共同参与"一带一路"重点项目建设。三是推进金融产品创新。充分依托青岛自由贸易港区和中日韩地方经济合作示范区不断推进的优势，结合青岛财富管理中心建设，探索设置金融实验区，大力推进金融产品创新，深化韩元挂牌交易，建设区域性韩元结算中心；推动跨境人民币业务创新，扩大人民币结算范围试点，推广青岛市跨境人民币业务综合服务系统应用，增强"一带一路"金融服务和保障能力。

2. 努力加强物流合作

一是建立港口间信息网络和航运物流平台。以青岛港物流信息平台为基础，整合其他港口的内部信息资源，建立山东港口间的信息共享系统，实现干线港、支线港、喂给港之间信息渠道的畅通和知识技术共享，有效缓解港口过度拥堵或者闲置的情况，实现港口管理经验、技术等资源的交流沟通。构筑电子政务、电子商务、电子物流三位一体的跨部门、跨行业、跨地区的港航电子数据交换（EDI）平台，实现港口码头与船舶代理、船运公司和口岸各有关单位之间的物流信息联网，提高港口群系统整体的运作效率，促进港口群大耦合系统的形成。二是培育大型国际物流企业，提供一站式陆桥运输服务。加快大型货代物流企业整合力度，以资本为纽带，通过参股、控股、兼并、联营、组织专业化协作等形式，培育形成一批具有国际竞争力的大型物流企业，发挥其在"一带一路"沿线国家和地区综合开发中的主导作用。加强与国内外大型铁路和船运公司的联系与协作，通过签署港航陆桥运输战略合作协议等方式扩大联合、推进并购，形成合作与利益共同体，重点发展海铁联运、过境运输、散杂货和集装箱运输代理等核心业务，构建完整的国际多式联运供应链，培育我国最大的陆桥运输业务经营商和国内沿桥区域具有领先地位的综合物流服务供应商，成为国内外客户首选的低成本、高质量的大陆桥综合物流平台。

3. 加快推进人文交流与合作

充分利用东南亚各国鲁籍华侨人数众多的优势，以创办一系列文化交流活动为载体，以旅游、教育资源为切入点开展与沿线国家和地区人文合作，为深化合作奠定坚实的民心民意基础。教育领域，大力鼓励和发展与东盟各国的文化教育方面的服务交流，在山东建设一批东盟教育培训中心和留学生基地，建立区域性文化交流基金和专项教育基金，扩大相互间留学和培训规模，并为长期合作培育和储备人才与人脉资源。文化方面，利用"一带一路"沿途国家的孔子学院，以孔子文化为主题，通过与沿线国家和地区互设文化馆、旅游节等活动，打造一批文化交流项目，与"一带一路"沿线国家和地区进行交流，积极推动山东蓬莱与泉州、宁波、广州、扬州等城市的联合"海上丝绸之路"申遗计划，增强山东在"海上丝绸之路"沿线国家和地区影响力和文化亲和力，从而增强竞争优势，促进经济合作向广领域、深层次、永续化发展。旅游方面，以国际旅游为突破口，与丝绸之路沿线国家和地区联合推广"好客山东"和沿途国家及地区旅游整体形象，合作开发建设丝绸之路国际旅游精品路线，简化往来手续，扩大与沿线各国游客往来，提升国际旅游合作层次和水平，增加文化认知度与认同度。

四、推进山东与"一带一路"沿线国家和地区产业合作的对策建议

（一）构建与沿线国家和地区的产业整合和产业升级的合作推进机制

1. 形成更紧密的产业分工

经过近十多年的发展，山东与"一带一路"沿线国家和地区之间已形成了初步的产业分工，但是还不够，还应该形成更紧密的产业分工体系。综合传统和现代产业分工理论，结合山东与"一带一路"沿线国家和地区产业的特点，可以从比较优势、竞争优势、战略优势等三个方面进一步密切双方的产业分工：一是传统比较优势方面。在农业方面，山东在农业机械、中医中药等方面具有一定的比较优势。"一带一路"沿线国家和地区则在粮食、热带水果和其他热带资源方面有明显的比较优势。在工业方面，"一带一路"沿线部分国家在电子产品方面具有比较优势。在第三产业方面，"一带一路"沿线国家和地区在旅游方面具有一定的比较优势。山东与"一带一路"沿线国家和地区可以通过专业化生产来增强相互的产业合作，以此增强它们在农业、机械和诸如旅游业等服务行业的实力和核心能力。二是竞争优势方面。随着各国产业竞争由传统的水平竞争向垂直竞争过渡，各国竞争的基础也逐渐从比较优势转向竞争优势。实际上今天发达国家之间的合作，已主要表现为竞争合作。山东与"一带一路"沿线国家和地区之间的合作也主要

是竞争合作。市场经济是以分工和竞争为基础的，无论是分工还是竞争都是竞争的构成形式。竞争合作是指竞争与合作并存，在竞争中合作，在合作中竞争。三是战略优势方面。合作形成规模经济，有助于产业"上质量、上水平"。随着山东与"一带一路"沿线国家和地区经济和产业的发展，合作的空间将越来越大。

2. 推动产业升级和产业集聚

首先是要提高农业和一般工业合作中的科技含量。其次，要推进高科技企业的合作。高科技企业代表了现代经济的发展方向，也应该成为山东与"一带一路"沿线国家和地区产业升级和产业合作的主要方向。双方政府在科技合作过程中，应该将高科技企业的合作作为重点内容，从政策上给予扶持。双方的高科技企业自身也应该抓住有利时机，引领山东与"一带一路"沿线国家和地区的产业合作向前发展。再次，推进山东与"一带一路"沿线国家和地区之间的产业集聚。产业集聚是现代经济和现代产业发展的一个重要特点和重要途径，越来越成为推动产业升级的有效手段。科技型产业的发展跟传统产业发展不一样，要求有许多配套条件，既有硬件的，也有软件的，这些配套条件并不都是由政府提供，而有许多恰恰是要靠企业之间相互提供，产业集聚或称为产业集群就由此产生了。发达国家之间的区域合作已成为推动产业集群的有效手段。产业集群是政府和市场在科技创新过程中进行合作的重要场所。可以根据实际推进山东与"一带一路"沿线国家和地区农业园区、工业园区和高科技产业园区建设。双方可以相互在对方设立农业园、工业园和高科技园。最后，在推动产业升级的过程中，既要注意推进大企业之间的合作，也要鼓励中小科技型企业进行合作。比如可以利用现有的双边科技合作协定和中国东盟科技合作联委会机制的有利条件，积极参与政府渠道的科技经济合作。双方在生物技术领域、功能食品、农业等领域开展了卓有成效的合作。科技型中小企业应该善于利用这个渠道申请项目和资金的支持。要建立和发挥中介服务和咨询机构作用。特别是中小企业需要中介咨询机构提供大量的合作项目信息和渠道，提供有关法律、知识产权、金融、保险、税务以及高水平的外语翻译等诚信可靠的服务。建议在各国政府有关部门支持指导下，利用市场机制，创建和充实几个中介咨询机构，为双方科技型中小企业提供全方位和一站式服务。

（二）营造与沿线国家和地区良好的产业合作环境

1. 完善基础设施环境

基础设施涉及公路、铁路、海运、内河运输、航空运输和管道运输等多式联运。因此，青岛、日照等山东港口城市应该重点从加大港口、铁路、公路、航空等基础设施建设力度，创新多式联运模式方面入手，打造多元化的陆桥运输体系，建设东北亚以及新亚欧大陆桥沿桥区域的国际交通物流枢纽。一是健全现代港口航运服务体系，提升出海通道功能。大力发展集装箱干线运输，积极引进战略合作伙伴，开辟集装箱远洋干线航线和加密航班，开通新的国际集装箱航线和至中亚、欧洲过境集装箱国际联运班列通道，在此基础上，连通铁路、港口等集装箱基础设施，提升集装箱过境运输能力和效率，形成东中西港铁联运、海陆一体的大通道。借鉴《天津北方国际航运中心核心功能区建设方案》，开展国际船舶登记制度、国际航运税收、航运金融业务等方面的政策创新试点，探索建设自由贸易港区。支持沿海港口在中西部沿桥地区设立内陆口岸，探索"口岸前移、就地办单、港铁联运、无缝对接"的国际陆港模式。二是加强铁路公路航空基础设施建设，完善综合交通体系。整合现有交通资源，加强各种运输方式的有效衔接，加快综合运输枢纽建设，大力发展多式联运、甩挂运输等先进运输方式。

2. 完善公共服务环境

加快推进外经贸体制机制改革，必须推进政府职能和管理方式的变革。要加强政府职能转变，增强服务意识，简化办事程序，提高办事效率，进一步精简行政审批事项，减少审批环节，下放审批权限，通过贯彻实施《行政许可法》规范行政行为；加强社会信用体系建设，大力整顿市场经济秩序，切实保护知识产权，为各类企业创造统一开放、公平竞争的市场环境；不断完善产业配套能力，促进外商投资企业加大对中国特别是山东企业的采购能力，提升产业合作的水平；支持符合条件的省级开发区升级，以及具备条件的国家级、省级开发区扩区和调整区位，积极推进山东与"一带一路"沿线国家和地区的大型企业集团共建产业园区。

（三）建立与沿线国家和地区产业共性技术合作交流研发平台

1. 东亚海洋合作平台建设

东亚地区是新时期我国建设海洋强国必须争取的重要领域，建设东亚海洋合作平台对于推动我国与东盟、日韩各国开展海洋领域交流与合作，推进区域经济一体化，为我国发展争取良好的周边环境，维护国家海洋权益，建设海洋强国具有重要意义。国家把平台建设放在山东青岛，建设模式可采取"1+X"，所谓"1"就是青岛，"X"是周边的烟台、威海、日照、潍坊等城市。当前重点任务是把"1"建设好，一是建设东亚海洋合作交流中心。该中心可作为各国海洋部长联席会议、合作交流大会及主题论坛会址，以及平台办事机构和配套机构办公场所，并承担东亚海洋博览会综合展馆、海洋交易市场等功能。二是设立东亚海洋经济合作示范区。三是发起东亚海洋产业合作示范项目推广计划。四是举办东亚海洋博览会。五是建立青岛国家东亚海洋人才教育中心。六是建立青岛国家东亚海洋科技合作基地。七是建立海洋交易市场。八是建立应对突发性海洋自然灾害合作机制。

2. 烟台大通道建设

通过大通道建设，烟台北上将与横贯俄罗斯的亚欧大陆桥相接，南下与横贯中国的新亚欧大陆桥相交，将成为连接南北、贯通亚欧的世界两大交通动脉的交通枢纽城市，更可辐射至我国东北地区、环渤海地区、长三角、珠三角等四大经济区域，对山东经济的腾飞意义重大。随着中韩铁路轮渡项目、烟大铁路轮渡扩展项目、渤海湾海底隧道建设等的推进实施，烟台将进一步确立面向东北亚的国际交通物流枢纽地位。国务院已于2011年1月明确了中韩铁路轮渡项目中方登陆点设在烟台，中韩铁路轮渡由此登陆，将可直接进入我国铁路主干线，通过陇海铁路从新疆出境，经中亚各国抵达欧洲，打通中亚五国及外高加索地区到亚欧大陆的陆路通道，并延伸亚欧大陆桥至日本。但韩方登陆点至今尚未确定。政府应积极推动该项目进入实质性建设，在两国高层领导会晤、高官会议上达成阶段性成果，以进一步密切中韩交流合作，促进东北亚经济一体化发展。烟大铁路轮渡扩展项目，又称作环渤海铁路轮渡，分别由德州—东营城际、东营至潍坊（滨海）城际、潍坊—烟台城际三段城际铁路组成。环渤海高铁建成后，烟台到北京的时间将由目前的 15 小时缩短为 3 个多小时，同时将进一步拉近烟台与潍坊、东营、滨州等市的时空距离，共同打造环渤海南翼蓝色经济城市带。渤海海峡跨海通道建设，设计全长 123 公里的跨海通道两端分别是辽宁大连和山东烟台。渤海海峡跨海通道如果建成，将使环渤海由原来的"C"形环绕运输变为"I"形直达运输，从大连到烟台最多只需要 40 分钟。目前，渤海海峡跨海通道战略规划研究工作已由国家发改委统一安排进行，待方案成熟后将上报国务院。

3. 环渤海国际商贸中心平台建设

国际商贸中心按功能可以分解为国际商品交易中心、国际商品消费中心、国际商务中心、国际商贸创新中心、国际商贸文化中心和总部经济中心。山东要依靠"海上丝绸之路"的有利契机，完善配套服务体系，大力促进环渤海国际商贸中心城市建设。可从以下方面入手：一是大力打造城市商圈，二是加快国际商贸中心所在城市的基础设施建设，三是以创意产业发展推动城市建设，四是推动城市品牌形成，五是大力发展现代物流业，六是大力打造独具优势的新兴服务业，七是大力打造旅游商贸业。

4. 青岛港和烟台港共同创建自由贸易港区

以青岛前湾保税港区、烟台报税港区为基础试点建设自贸港区，对加快实施海洋强国战略，增强环渤海地区在东北亚的国际竞争力，提升我国对外开放水平意义重大。青岛港、烟台港应通过打造东北亚国际航运枢纽港的核心功能区、建设我国蓝色经济开放发展的先导区、打造沿黄河流域升级版的出海大通道、构建海关特殊监管区域整合升级示范区、建设文化产业国际交流试验区五个方面加快自贸港区建设。

5. 海上合作战略支点城市建设

青岛市自古以来就是"海上丝绸之路"的重要节点之一，具有优越的区位及交通优势、领先的海洋科技合作平台、雄厚的海洋科研人才、完备的海洋产业体系、日益深化的对外经贸往来与蓝色引领的城市核心战略，具备建设连接"海上丝绸之路"的桥头堡条件，完全可以成为丝绸之路沿线地区最具海洋发展潜力、创新能力、辐射带动力的重要海上合作战略支点城市。青岛海上合作战略支点城市建设的内容如下：一是加快搭建协作平台，促进机制通畅。举办"海上丝绸之路"沿线城市市长论坛，推进"海上丝绸之路"国家在青岛设立领事馆，与相关城市建立友城关系；申报"海上丝绸之路"青岛自由贸易试验区，打造"海上丝绸之路"合作的海洋产业聚集中心、会展中心、贸易中心、文化教育交流中心、海洋科技创新中心和金融中心；建设东亚海洋教育培训基地，成立"海上丝绸之路"研究所，启动《建设"海上丝绸之路"规划》的编制，把青岛建成可以享受72小时过境免签政策的城市。二是加快海陆空通道建设。推进青岛港口、航空、陆路的建设，打造海陆空无缝衔接中转的现代综合交通枢纽。尽快开通青岛至丝绸之路沿线部分城市国际直达航线，加快青连铁路、济青高铁、青岛铁路集装箱中心站、中韩贸易通道建设，从而强化与环渤海、沿黄区域乃至整个东北亚地区大交通网络的衔接，加快构建起北连环渤海、南接长三角、向西辐射沿黄流域的综合交通网络。三是构建海洋商贸物流交易大市场。打造具有世界影响力的海洋资源集聚中心、海洋创新交流中心和海洋成果国际交易中心，吸引"海上丝绸之路"国家的现代服务业向青岛聚集。四是构建"海上丝绸之路"金融中心。争取"海上丝绸之路"各国银行、证券、期货、保险、信托、租赁等金融机构进驻青岛，推进区域性韩元结算中心、人民币跨境结算建设。五是加强海上合作。加强与新加坡、泰国、印尼合作开展海洋生物多样性研究、与越南合作开展南越近海上升流对气候变化影响研究、与印尼合作开展地震海啸灾害监测和预防研究。

第十章 山东与"一带一路"沿线国家和地区的产业园区建设合作

　　山东作为处于"一带一路"东部海陆交汇的省份,积极响应并融入"一带一路"建设,大力发展与"一带一路"沿线国家和地区的经济技术合作,必然把与沿线国家和地区进行产业园区建设的合作提上重要日程,尤其是境外产业园区。近些年随着经济全球化发展与国际产业合作的深化,以及对外投资的强劲增长,境外投资规模在不断扩张的同时,投资模式也开始转换升级,境外园区作为新事物和新现象闪亮登场,成为国际产业合作集群化运作新平台和境外投资发展的新引擎。加强山东与"一带一路"沿线国家和地区产业合作不仅要继续给力山东境内产业园区建设,境外园区的打造也应成为"一带一路"建设中的重中之重。本章着重研究的是山东与沿线国家和地区境外产业园区合作问题。

一、山东与"一带一路"沿线国家和地区园区建设合作的现实意义

　　产业园区合作是近年来国际经济合作的新模式,它以其独具的优势和强大的气场吸引着众多外资的目光,成为新形势下国际产业交流与对接的重要平台。同样,在发展山东与"一带一路"沿线国家和地区产业合作中,园区建设也成为一个重要的选择。

（一）境外产业园区合作的优势

山东与"一带一路"沿线国家和地区产业园区建设合作属于国别园区合作范畴。它既反映一般产业园区所具有的产业合作优势，还内含了境外园区合作的独特优势。主要表现为以下几点。

1. 产业规模化运作优势

产业园区是产业集聚地，表现为同类产业或各类产业的投资在同一区域落地和运营。由于园区拥有产业运作最佳条件与相对便利化环境，它较之于园外分散、单一的项目式产业投资方式具有相当的制度优势和空间拓展力，由此增强了这一区域产业吸引力，使得企业热衷于傍园而居，谋求产业规模化运作，从而使得园区极易形成产业规模化格局与效益。这一优势对于山东与"一带一路"沿线国家和地区境外园区建设来说更具现实意义。在当前新形势下，要抢抓对外开放机遇，深化对俄蒙、中亚、西亚、南亚、东盟以及中欧国家的经济技术合作，加强这些国家境外园区建设，整合企业实力打包"走出去"，变"指头出击"为"拳头出击"，更利于境外开疆扩土，形成更大范围、更深程度上的经济合作。

2. 产业集约化运作优势

产业园区化运作不仅利于创造规模效益，还利于现代产业价值链经营模式的引入与深化，彰显产业集约化发展优势。一是便于企业摒弃单兵作战模式，形成主动的产业链接，实现双方产业投资从环节输出向链条输出的转变，使得产业运作内在关系更为契合与有机，从而放大产业链条效应；二是园区产业引导与集聚极易构建良好的产业配套环境，使得核心产业与配套产业、产业主环节与次环节形成快速、密切衔接和低成本运作；三是园区不断完善的通用性基础设施可为企业提供更多的共享资源，减少重复费用的支出，增强产业发展活力；四是园区展示的良好政策环境与服务环境有利于减轻产业运行外部成本压力，解除企业诸多后顾之忧。

3. 产业便利化运作优势

基于境外园属合作国双方认可并给予扶持的区域合作项目，也鉴于园区自身的优越性，使得园区合作易于更多地争取到投资国与驻在国的政策倾斜和开放便利化。尤其是列入国家级和省级类别的园区，由于可以占据不同层面政府的沟通和推进优势，较之企业自身建设的园区可赢得更大关注面和扶持力度，较之单项产业项目可拥有更为明显的投资制度优势和便利化程度。

4. 产业抗风险优势

企业无论是"引进来"还是"走出去"，单打独斗都面临较大市场风险。尤其是境外投资，由于对合作国国情的陌生，包括市场、政策、民俗等的差异，投资风险尤为严峻。而园区化产业合作作为新型产业合作模式和经营平台，以土地成片开发，产业企业集中而居为基本特征，有利于形成一体化联系和协同化经营，有效发挥伙伴关系和邻里效应，增强同舟共济、抱团应对的整体作战能力，大大消除企业风险系数和投资顾虑。

（二）山东与"一带一路"沿线国家和地区园区合作的客观背景

随着经济全球化和区域经济体一体化的深入发展，国际产业合作出现了新的动向和特点，一是区域经济合作板块化特点凸显，二是现代产业价值链合作成为区域经济合作的主流模式。在这一大的历史背景下，园区合作作为新的产业运作的合作平台也出现了应运发展的强劲势头，尤其是境外园区合作成为各国境外投资的新的方式和重要选择。

1. 区域经济合作板块化加快了产业园区合作

区域经济板块化发展表现为相邻国家的经济联系与合作日趋紧密，投资产业规模不断扩展。这种发展趋势和现实需求推进了园区合作的步伐，使得投资合作在地域边缘和空间开拓上展现出了新的面貌。近年来，我国周边的国家和地区也都在寻求更为深入的产业对接与融合，以期形成更为有机的经济发展整体，尤其是"一带一路"沿线国家和地区。诸如东盟经济共同体，从开始的6国联盟到10国，再到如今的"10+1""10+3"，板块不断整合扩展；中亚板块也在积极响应中国"一带一路"战略，与中国的经济合作上升到新的层面；俄蒙作为我国北部接壤地区也在加快对外开放战略的实施，积极向包括中国在内的周边国家伸出橄榄枝。另外,西亚、南亚区域也不断开放门槛,寻求更广泛的对外经济合作。而板块化发展的区域经济合作则为境外园区合作带来了新契机。园区合作既意味着板块化合作规模的扩张,也昭示着合作深度的增加,是新形势下国际产业合作模式的创新与升级。利用园区合作模式的推进,可以提速合作的规模化和效益化发展,形成板块化发展的加速器。山东要尽快融入"一带一路"战略进程,必须审视和顺应区域合作发展的新特征,把握和熟悉园区合作的新模式,将其作为促进山东企业"走出去"的重要战略举措,积极推进与沿线国家和地区的园区建设合作,以利于实现率先发展、优质发展,提升山东对外开放发展的整体规模与水平。

2. 现代产业价值链合作新趋势推进了境外产业园区合作

现代产业价值链合作是国际产业合作呈现出的新形态。即产业合作是基于产业的技术经济关联,并依据其特定的逻辑关系和时空布局关系,将产业的上下游环节,包括设计、生产、销售、售后等多种活动形式衔接为一体,串联成完整的价值链条,进行全链条的合作。这一变化是顺应世界科学技术飞速进步和经济全球化深入发展形势下国际竞争出现的新变化而生成的。在新的竞争环境下,企业与企业间的竞争已经转变为企业集群之间、产业链条之间的竞争,以环节为主导的产业合作已经远不适应全球产业突飞猛进的发展与质量层面的提升,产业链合作的优势与竞争力跃然纸上,产业链合作也就成为新宠,跃居国际产业发展显赫地位。在这一新的形势下,产业园区合作以其自身的产业集聚化和集约化特点,相对于产业项目合作更适应新趋势发展需要,更适合产业链合作要求,更能保证产业合作整体价值和最大价值的实现。由此可见,现代产业价值链合作发展新趋势直接推进了园区合作的发展,成为价值链合作的最适宜的平台。山东在扩大与"一带一路"沿线国家和地区合作过程中,也必须根据产业链合作要求与特点,寻求最有效的合作方式,大力发展与沿线国家和地区的园区合作,建立有利于产业链合作的基地,以快速拓展合作空间、丰富合作内涵、提升合作效率,充分彰显山东在"新丝绸之路"建设中的价值和作用。

（三）山东与"一带一路"沿线国家和地区园区合作的现实需求

对于山东来说，参与"一带一路"建设既是机遇也是迫切需求。目前，危机过后的世界经济仍旧处在深度调整期，市场走向繁荣还需时日，实现对外开放的新增长步履艰难；而山东经济则处于历史转型时期，旧的体制瓶颈制约凸显，依靠投资驱动、规模扩张、出口主导带动经济升级发展的空间日趋狭窄，而新的发展模式尚未健全，转方式调结构稳增长任务艰巨。面对这一客观现实，积极开展与"一带一路"沿线国家和地区的园区合作，无疑可为全省经济转方式调结构探求新的突破点和增长点，为山东进一步扩大对外开放创造新的条件与机会，为建设经济强省提供更大的实力与动力。

1. 转方式调结构稳增长的需要

山东是我国经济大省，制造业产能充足，资源需求旺盛。但发展到今天，依托资源和劳动创造发展红利的路径已经走到尽头。如何开辟新的蹊径，重铸新的竞争力是山东当下的重要关切和当务之急。积极"走出去"，利用境外园区合作，打造一个富有活力的"海外山东"新平台极具必要性与现实性。通过境外园区的合作建设，构建起两大流通管道：一方面将山东具有国际竞争优势的产业源源不断向境外输出；另一方面将境外优势资源和技术特色不断向省内引流，形成优势互补、供需衔接的交换站和中转站。境外园区应该、也适合担当交换与中转的角色，通过境外园区平台的搭建，促进山东过剩产能的输出与消化，扩大山东经济转型升级的资源能源供给，为山东开拓新的产业空间，构建完整产业链条，实现经济高端高质高效发展提供良好的基础与保障。而加强与"一带一路"沿线国家和地区的交流与合作是山东推进转方式调结构深入发展的重要目标国家。这些国家与山东产业对接性强，尤其对于加工制造业的产能需求比较旺盛，有很多合作的可能与潜力；这些国家也有大量的资源优势和独特的技术优势需要对外输出，这样就容易达成合作共识，取得较大互利共赢面。而这种合作不仅需要内容的扩展，也需要形式的创新。鉴于此，发展山东与"一带一路"沿线国家和地区经济合作有必要选取最便捷的合作方式，利用最适宜的合作载体，以实现最快速的转型发展，而园区合作就成为不可不关注的境外产业合作模式。依托境外园区可以有效扩展与"一带一路"沿线国家和地区经济合作的规模，加速合作步伐，使得这种合作成为山东转方式调结构的新的引擎。

2. 扩大对外开放的需要

山东是经济大省，也是对外开放大省。作为我国沿海最早开放的区域，开放型经济发展始终处于全国前列。也正是对外开放，带来山东经济的快速发展和国际地位的不断提升，实现了产业输出输入比肩发展的良好态势。尤其"走出去"，在金融危机严峻形势下仍旧逆势成长，连续几年均排名全国三甲，为山东经济实现良性发展注入了新的生机。在新的形势下，继续拓展对外开放领域，扩大对外开放空间，山东面临新的拐点和关口。一是经济危机后的全球经济仍处于缓慢复苏时期，整个国际市场需求升温动力不足；二是区域合作出现新的动向，以美国为首的发达国家为保证自身利益处处设限发展中国家的崛起，尤其对中国的排斥已经明朗化，紧锣密鼓进行的跨太平洋伙伴关系协定（TPP）释放出的信号就是我国的对外开放将步履艰难，困难与风险俱增；三是山东经济大调转进入深水期，利益的碰撞与新旧体制的交锋日趋激烈，要求调整的力度更大、改革的胆识更高，由此产生的难点和障碍也会更多。在这种世界经济形势依旧严峻的态势下、山东经济急需深化自身调整与转型的压力下，继续保持山东对外开放的坚定步伐，继续培育对外开放新的增长点，为山东新形势的经济文化强省建设提供新的动力是我们面临的重要任务，也是艰巨的任务。而任务的实现不仅需要继续深化和加强原有的开放合作基础，还需要打破国内外各种藩篱，寻求新的突破点，开拓对外开放新区域和新领域，赢得新的投资合作成果和合作效应。发展山东与"一带一路"沿线国家和地区的合作空间，探索和开发与这些国家的发展商机，尝试新的合作途径，无疑是山东对外开放发展新的方向和新的出路。因此要求境外合作园区作为对外开放重要的载体与平台应该在新的对外开放中扮演重要角色，发挥其引擎与导向作用，引领山东与"新丝绸之路"实现集群化、集约化发展。

二、山东与"一带一路"沿线国家和地区园区建设合作的有利条件与障碍因素

境外投资合作是一把双刃剑，既有诸多诱人的商机可以发掘，也不可避免会遭遇诸多问题和阻力。山东与"一带一路"沿线国家和地区的产业园区合作也是如此。这一合作涉及的国家较多，且这些国家都各具自身特点，产业基础、文化诉求、政治制度、社会治安、民俗风情以及国家亲和力与对外融合度都有所差异，这就使得园区合作不能一把尺子量度、一个模式对外，增加了园区规划与设计的难度，也增加了园区运行过程中的困难和风险。尤其是经济比较落后、文明程度较低的国家，园区建设面临的风险会尤为突出。需要我们在园区合作中把握好机会，不至于机会流失；同时要充分估计园区合作中的障碍因素，为拉动山东与"一带一路"沿线国家和地区投资合作的发展起好步、开好头。

（一）山东与"一带一路"沿线国家和地区产业园区建设合作的有利条件

"一带一路"沿线国家和地区主要包括俄罗斯蒙古地区、中亚沿线国家和地区、西亚沿线国家和地区、东南亚沿线国家和地区，以及南亚一些国家。这些国家同属于发展中国家，经济发达程度基本保持在同一层面之上；但又各具发展的特点与优势。有些国家属于资源类国家，以资源开发与加工为主要产业支撑；有些国家属于农业基础较好的国家，农业生产在国民经济中占有重要地位；有些国家则属于以工业制造为产业支柱的国家，工业制成品具有一定国际竞争力，如东南亚一些国家。正是基于这些相同与不同，使得山东与其形成了合作的机会与可能。尤其是山东自身，也具备了大踏步"走出去"的实力与条件，建设境外园区，开拓新的发展空间也就具有必要性与可行性。山东与沿线国家和地区发展园区合作的主要有利条件具体表现为：

1. 具有地缘相近的有利条件

山东与"一带一路"沿线国家和地区地理位置相近，边界相连，具有园区合作的明显地缘优势，是携手共建最有利的起步条件。这一地缘优势直接决定了园区合作的物流优势甚至成本优势。园区建设初期需要大量的人财物力投入，建成后原材料和产品的出境入境也将会源源不断。因此，便捷的物流通道和近距离优势对于园区顺利启动、减轻成本压力都至关重要。相对于遥远的非洲、澳洲、拉美等区域，与沿线国家和地区的合作就具有明显的天然禀赋和地利条件。

2. 彼此产业互补性明显

境外园区合作首先是产业合作的概念。园区作为产业的集聚地和整合运行的平台，需要众多产业项目的集合作为支撑，由此决定了园区合作双方一定要有产业的互补性与合作的对接点。分析山东与沿线国家和地区的主导产业结构和产业分布格局，可以看出，彼此产业发展既有不同优势，也有较好的产业耦合性，这就为园区产业合作准备了基础条件，昭示了双方合作的广阔空间和良好前景。如俄蒙和中亚区域国家，同具地大物博、资源丰富的特征。尤其是能源资源的丰富和农业条件的优越，为山东"走出去"，发挥山东资源开发加工能力和现代农业发展优势提供了用武之地。同时，这些国家由于加工制造水平所限和人力资源缺乏，也需要积极引入外部产业资源和技术加快发展。如东南亚地区，农业生产比较发达，产品加工需要更大的产能，产品输出也需要更大的市场，而山东作为加工制造大省和人口大省则具备了其所需，由此形成了产业合作的契合性和合作潜力，从而也为园区的合作建设奠定了产业基础。

3. 相互合作意愿迫切

在经济全球化深入发展的大背景下，更多国家对外开放的大门日趋敞开。尤其是我国周边国家，在经济全球化和区域一体化促动下，更多地选择了融入开放潮流，并希冀通过开放提升经济发展水平，改善国家落后状态，尽快走向经济现代化。因此，加强对外合作、互利共赢的主观意愿不断强化。如中国与东盟自由化贸易协定的积极实施，是源自1997年金融危机后东盟的切身体会，即建立有效的区域合作机制，有利于防止危机的再次发生和降低危机冲击，因此与中国建立自由贸易区愿望更加强烈，推动中国与东盟自由化贸易协定进入践行阶段，经过几年尝试，双方"贸易投资创造"效应明显显现；俄罗斯入世后对开放战略进行大幅度调整，进一步坦露开放意愿，加大市场准入力度，2013 年 10 月，中俄两国总理在北京举行第 18 次定期会晤并发表联合公报，其中提出将扩大相互投资作为优先任务，并启动《中俄投资合作规划纲要》落实机制；以哈萨克斯坦为代表的中亚国家引进外资的优惠政策逐步完善，外资流入中亚五国的速度不断加快，我国对中亚投资也随之进行相应调整，投资产业结构更为合理，等等。而山东作为我国的对外开放大省，多年来始终坚定不移地实施对外开放战略，尤其对"一带一路"沿线国家和地区更是抱有友好往来的期盼和热情。这就为开展相互间的园区合作注入了重要的内在动力因素。

4. 山东拥有园区合作厚实的经济基础

山东作为我国的经济大省，产业体系较为完备，制造业基础较为深厚。近年来，随着改革开放和产业结构调整，山东坚持科学发展、集约化发展的方向，积极应对国际国内复杂多变的严峻形势，始终围绕主线与主题，改革创新，积极进取，开拓出新形势下经济稳中有升的新局面。产业整体实力不断增强，主要产业发展指标位于全国前列，2013 年实现生产总值 54684.3 亿元，比上年增长 9.6%，仅低于广东（62163.97 亿元）、江苏（59162.00 亿元）两省位居全国第三；产业结构随着调整转型的加快得到不断优化，生产要素配置日趋合理，现代农业体系不断完善，服务业发展迅速，2013 年第一、二、三产业增加值分别为 4742.6 亿元、27422.5 亿元、22519.2 亿元，比上年增长 3.8%、10.7%、9.2%，三次产业的比例由上年的 8.6∶51.4∶40.0 调整为 8.7∶50.1∶41.2；区域经济协调发展，山东半岛蓝色经济区实现生产 25728.8 亿元，对全省经济增长的贡献率达 46.4%，省会城市群经济圈实现生产总值 19459.8 亿元，对全省经济增长的贡献率为 33.9%，黄河三角洲高效生态经济区、西部经济隆起带发展加快，分别实现生产总值 7985.2 亿元、16173.2 亿元，增速均超过全省 1.3 个百分点，山东正走在经济强省建设的路上。

5. 山东园区合作的企业主体实力强大

山东是工业大省，国有企业比重位于全国前列，尤其大型国有企业占比较高。2013 年，山东规模以上工业企业 38654 家，比上年末净增 1796 家。其中，年主营业务收入过 10 亿元的企业 1638 家，增加 237 家；过 100 亿元的企业 136 家，增加 13 家。[①] 其中一半以上分布于东部地区。大企业集团有 300 多家，拥有双 50 亿企业 51 家，双 100 亿企业 18 家，双 500 亿企业 3 家。[②] 经过改革开放的洗礼，山东企业焕发新的生机，国有企业、民营企业齐头并进，成为托举起山东庞大产业实力的两大巨擘。尤其是蓝色经济区和黄三角高效生态经济区上升为国家战略，为山东企业发展注入了极大活力，集聚起越来越多的"走出去"资本实力，并且带动了境外园区的阔步发展。如青岛有海尔、海信等，济南有济钢、浪潮等，烟台有玲珑、万华等（见表 10-1），这些企业的规模实力、创新实力、品牌实力以及国际影响力等都得到了迅速提高，成为山东对外开放的主力军，也成为山东与"新丝绸之路"沿线国家和地区经贸合作的主要力量。他们不仅在境内园区建设上有着丰富的经验，在境外园区开发上也在做积极的尝试。海尔作为山东企业"走出去"的先头部队，秉持"先难后易"的开拓战略和"本土化"经营思路，不仅开设百家境外工厂，还率先开创了境外工业园区，目前美国海尔工业园、巴基斯坦工业园、中东工业园均运行良好，为企业境外园区化发展做出了示范；烟台西北林业与中航林业联手，在俄罗斯兴建国家级木材经贸园区，目前园区已经进入封关运营，园区发展如火如荼，已经显现良好运营前景；海信集团投资 1900 万美元在南非设立了海信工业园，并在埃及、阿尔及利亚、匈牙利、法国等地建起了生产基地，等等。

---

① 《2013 年山东省工业情况》，见 http://www.infobase.gov.cn/digital/industry/201403/article_ 28402. html。

② 谭杰等：《山东半岛蓝色经济区大企业集团发展战略研究》，《山东经济战略研究》2010 年第 9 期。

表 10-1　山东大中型企业重点区域分布

地　区	企业分布
青岛	海尔 海信 青岛钢铁 青岛啤酒 新华锦 利群集团 双星集团 澳柯玛 青建集团 即发集团 青岛软控集团 北海重工 喜盈门 绮丽集团 青岛碱业 青岛正大
济南	济南钢铁 浪潮集团 鲁能集团 鲁商集团 山水集团 三箭集团 将军集团 第二机床厂 力诺集团 齐鲁制药 济南炼油厂 齐鲁化纤集团 华艺集团 润华集团 济南维尔康 九阳集团 胜利股份
烟台	南山集团 玲珑集团 烟台张裕 鲁花集团 烟台万华 烟台氨纶 烟台冰轮 东方电子 正海电子 新牟国际 三环锁业 龙大集团 丛林集团 山东九发 方圆集团
威海	三角集团 成山集团 家家悦集团 光威渔具 文登艺达 威高集团 山花地毯
潍坊	潍柴控股 晨鸣纸业 山东海化 福田雷沃 巨能控股 潍坊弘润 孚日股份 得利斯 新郎希努尔 歌尔声学 山工机械 三工橡胶 景芝酒业 亚星化学 海天生物
东营	大王集团 利华益集团 东营方圆 西水橡胶 科达集团 正和集团 澳亚纺织 东辰控股 华泰集团 万达控股 大海集团
日照	日照钢铁 五征集团 华龙纺织 东升地毯 海通茧丝绸 山东金马
滨州	魏桥创业 滨化集团 西王集团 香驰集团 盟威集团 亚光集团

6. 山东人力资源供给充足

山东是全国人口第二大省，拥有九千多万人口，人力资源丰裕度较高。而"新丝绸之路"沿线国家和地区，尤其是北部如俄罗斯、蒙古、中亚等区域恰恰是人力资源较为匮乏的国家，园区建设合作的人力资源互补性突出。山东不仅是我国的人口大省，还是劳务输出大省，境外劳务在数量与质量上都占有比较优势，即使在国际金融危机期间，对外劳务派出人数与完成营业额仍坚挺不跌，合作项目遍布110多个国家，连续几年固守全国首位。近些年，伴随国际市场对劳务输出人才需求层次的提升，山东紧盯国际高端行业和高技术岗位，加大了劳务输出人才培训，建立了对外劳务服务平台，使得山东劳务资源整体素质不断提升，外派劳务结构不断优化，这就为山东与沿线国家和地区的劳务合作和园区合作人才需求准备了良好的供给渠道。

（二）山东与"一带一路"沿线国家和地区园区建设合作的制约因素

山东与"一带一路"沿线国家和地区进行园区建设合作的障碍性因素也不可小觑。这里面既有国家文化、民俗习惯不同带来的社会碰撞，也有国家体制和法律体系的不同带来的政治风险，更有经济发展差异造成的市场对接失重，另外还有地理环境和自然禀赋的差异造成的困难，等等。都需要在合作过程中去有效地克服和化解。山东与"一带一路"沿线国家和地区进行园区建设合作的障碍性因素主要表现为以下方面。

1. 来自投资准入方面的制约

"一带一路"沿线国家和地区多为发展中国家，产业经济特点各不相同，发展水平也存在差异。他们既要开放本国市场，又要保护民族产业，避免外来产业投资的冲击和侵蚀。因此，对于关乎国家经济发展大局的领域和一些弱势产业，在放开市场准入的同时又会设置一些能规避国际通行规则的门槛。比如在允许资金进入的同时对于必需的劳务进入在签证、逗留时限等方面增大难度，以此限制产业进入的规模；比如对于某些产业投资设置复杂的审核验证程序，减缓产业资本进入速度等，使得外国投资者缺少足够的投资机会选择。这些问题同样也会对山东与沿线国家和地区境外园区合作产生影响，因此，在合作论证环节上有必要进行充分调查与考虑，以增强应对能力。

2. 来自产业有效对接的制约

"一带一路"沿线国家和地区由于经济发展水平和产业优势各不相同，一方面形成明显的优势互补，但另一方面也造成产业对接的落差，由此带来产业的配套性和市场稳定性较差。比如山东是制造业大省，而北部沿线区域多属于资源型国家，工业尤其是制造业较为脆弱。山东要将成熟的制造产业输入这些国家，就会面临产业配套难度大的困境。要在这些区域选址建设境外合作园区，就要充分考虑园区产业上下游环节如何链接，配套企业如何引进，营商环境如何构建等问题，或许规划成本就要增加。再比如，走进南部沿线一些国家，就要充分考虑产业的同质化问题，避免园区建设的产业对接风险。

3. 来自交通物流条件的制约

"一带一路"沿线国家和地区由于现代工业化程度较低，物流尚不发达，因此在交通物流设施建设方面也相对滞后。如沿线北部地区国家大都地广人稀，还有部分冻土地带，道路建设和维修投入较高，且城市、工厂布局分散，距离遥远，道路利用率较低，因此，导致运输渠道密集度低，尤其是公路建设质量差、里程少、实载率低、分布不平衡，所以物流运输成本相比国内要高得多。并且有些国家为保护公路路况，在运输吨位上还做出一些限制，如俄罗斯规定，汽车运输最大载重量不能超过 40 吨，对于产业园区的运输来说是极大的约束。而沿线南部地区国家国土面积虽然不大，但多因海相隔，对于海运依赖严重，物流渠道的单一也造成物流成本的高企。与山东四通八达的高速公路网络相比，沿线国家和地区缺少物流优势，境外经营全部成本中，物流占比较高，这是发展境外园区合作需要直面的问题。

4. 来自民俗与文化差异的制约

"一带一路"沿线国家和地区的民俗与文化同山东相比差异性较大。他们有着自己的宗教信仰，有着自己的传统认知和约定俗成，这些理念和习惯很难短时期发生改变。在对外开放中，虽然产业的融合性不断加大，但文化的融通却相对缓慢，导致两者节奏和律动容易发生错位，企业多元文化的同构难以形成，往往会造成合作中的矛盾和不和谐，成为山东"走出去"的人文性障碍。在与"一带一路"沿线国家和地区园区合作建设中，也要充分认识这种文化上的碰撞和摩擦，提升对国外习俗与文化的熟悉度和适应力，将园区文化的融合性构建提上重要位置。

5. 来自制度层面的制约

"一带一路"沿线国家和地区在制度建设上各有各的特点，也存在各自的缺陷和问题，包括政治、法律、社会制度等。正是由于这些制度的不完善，容易导致政策环境的不稳定性、社会风险的不确定性。具体反映在对投资企业财产和生命安全的保护、对市场公平的调控、对经济秩序的维护、对社会治安的治理、对行政效率的监督、对社会服务的供给等诸方面能力不足，手段滞后，甚至有时会陷入无序状态。这些问题对于山东与其园区合作建设来说都是极大的障碍与掣肘。

6. 来自地区局势的制约

由于历史、宗教、资源等多种原因，"一带一路"沿线一些国家常年处于政治动荡之中，纷争频起，发展经济的环境比较险恶，投资预期难以预测。尤其是西亚、中东地区，社会矛盾突出，恐怖主义、宗教极端势力活动频繁，加之国外势力的渗透与搅局，使得这些区域非理性与多变性因素增加，未来前景变得扑朔迷离。这些地区局势的不安定对于山东扩大对沿线国家和地区的园区合作势必会带来风险和阻力，也是我们不得不考虑的因素。

三、山东与"一带一路"沿线国家和地区园区合作的产业基础与合作重点

境外园区是山东与"一带一路"沿线国家和地区产业合作的重要载体与园地，是吸引各自优势产业在同一区域投资与运作的新型模式，它首先集中体现的是产业概念。即园区是产业的集聚区和整合区，其主要功能与作用在于帮助与促进产业投资各方在这一平台上能发挥更大的产业正能量和积极效应，从而使其较之其他投资模式能够获取更多的产出利益。因此，研究山东与"一带一路"沿线国家和地区产业园区建设合作首先要分析合作国家的产业基础与产业特点，以此为前提设计具有可行性的产业园区建设方案与发展思路。

（一）俄罗斯、蒙古国家产业基础与园区合作重点

俄罗斯、蒙古处于"一带一路"的北部地区，与中国有较大接壤面积，也是中国重要的战略合作伙伴。俄罗斯与中国有着多年的战略合作关系，2010 年，中国就已成为俄罗斯最大的贸易伙伴，双边贸易额超过 550 亿美元，根据两国领导人对未来中俄经贸发展的规划，到 2015 年中俄双边贸易

额将提升至 1000 亿美元，到 2020 年将达到 2000 亿美元。而中国连续 11 年成为蒙古最大的贸易伙伴及最大的投资国。在发展"一带一路"沿线国家和地区产业合作中俄罗斯、蒙古两国依然占据重要战略地位。俄罗斯、蒙古两国的基本特点是地大、物博、人稀，产业经济尚不发达，但资源类产业优势独具。如俄罗斯，不仅拥有丰富的石油天然气，还有丰富的煤炭资源和森林资源，另外，广袤的黑土地使其具备了农牧业发展的深厚潜力，是典型的资源型国家；蒙古地处亚洲腹地，矿产资源广饶，农业畜牧业发达，旅游资源丰富，也属资源型国家。但是这两国在制造业、物流业、基础设施建设等方面发展相对落后，人力资源供给相对不足。就此看来，山东与俄蒙发展园区合作具有明显的互补性，但不可否认也有许多制约性，在道路、运输、人力资源等方面的困难较多，投入成本也会加大。

1. 俄罗斯产业基础分析与园区合作重点

（1）石油天然气产业。俄罗斯是资源大国，是目前为止唯一不仅可以完全满足本国对燃料和能源的需求，而且还可以大量向其他国家出口燃料和能源的国家，资源类产业在全球占有重要位置。石油天然气是俄罗斯最重要的资源，境内集中了世界石油储量的 1/10，天然气储量的 1/3[1]，目前已探明的天然气储量近 48 万亿立方米，占世界探明储量的 35%，年产量超过 6000 亿立方米，位居世界首位。石油探明储量 65 亿吨，占世界探明储量的 12%—13%，居世界第七位。[2] 基于这一资源优势，俄罗斯支柱产业一直首推石油化工。据报道，俄罗斯国内生产总值的 1/4 是依赖石油天然气产业[3]，其出口额占俄外汇收入的一半以上。但大多是依赖石油天然气开采和初级产品的出口，深加工产品占较小比重。目前俄罗斯原油加工装置利用水平和加工深度都在 70%（西方国家 85%—95%），整个产业基本还是表现为

---

①　张红侠：《中俄经贸合作进入互利双赢时代》，《俄罗斯中亚东欧研究》2012 年第 1 期。

②　《俄罗斯承包工程市场分析》，见 http://wenku.baidu.com/view/bf2b0a0852ea551810a6873e.html。

③　郭连成：《全球产业结构变动与俄罗斯产业结构调整和产业发展》，《俄罗斯中亚东欧研究》2012 年第 12 期。

原材料导向型经济发展模式，产业结构表现为以能源和原材料为主的单一动力结构。①

上述产业特点分析表明，俄罗斯石油天然气产业的优势在于开发，而弱势在于加工。因此，山东与俄园区合作重点要放在石油类产品的深加工和衍生利用上。通过培育石油产业加工合作园区，走出一条山东对俄资源投资合作的路子，为其他资源开发利用的合作提供经验和启示。目前，山东企业对俄投资在继续，截至2012年年底，山东共在俄罗斯投资项目177个，中方投资额3.36亿美元。投资大多集中在资源开发上，并且合作建有国家级中俄托木斯克木材工贸合作区，园区在双方努力下运行良好。但是在俄罗斯主导产业石油天然气领域的合作上步伐迈得不大。这将是我们在未来的园区合作中需要重点突破的方向。

（2）制造业。俄罗斯经济体系是以重化工产业为支撑的，沿袭了苏联时期的"重重轻轻"产业结构特点，即重工业偏重，轻工业偏轻。表现为能源产业、航空航天产业以及武器装备业实力强大；核工业和核机械制造业国际竞争力强，可称雄世界；电力、有色金属、机械制造与金属加工等原材料产业占比较高。但是与人们生活息息相关的应用性轻工产业发展相对滞后，表现为纺织服装、鞋帽皮革、家用电器、塑料造纸以及毛皮制品等与消费密切相关的加工制造能力薄弱。据有关资料，俄纺织业占俄轻工业的49%，与缝纫业（30.5%）、皮革裘皮加工业和羊毛联合加工业三大部门一起构成俄轻工业的主体。而三个部门共有2000多个企业，员工不到90万人，其全部产值仅占俄罗斯工业总产值的1.6%。尽管俄罗斯近些年致力于产业结构的调整与优化，制定了《俄罗斯轻工业发展战略》《轻工业发展计划和措施》等一系列政策举措，但仍旧未从根本上改变这种重轻工业比例的不平衡性，基础工业部门增长仍旧快于轻工业部门，生活中的物资短缺现象仍旧顽固存在，进口依赖性仍旧难以消除。

---

① 关雪凌：《俄罗斯产业结构的调整、问题与影响》，《复旦学报》（社会科学版）2012年第3期。

鉴于此，山东与俄产业园区合作建设，尤其是工业园区的建设，要针对俄工业发展特点，秉持避重就轻的思路，即避开长板、加长短板，根据山东产业发展的优势，重点围绕纺织服装、农副产品加工、机械家电等产业技术成熟、产能饱满的产业打造园区特色，加快优势产能输出和转移，实现最大程度的优势互补。目前，山东对俄投资涉足的领域日趋广泛，不仅为资源开发业，也开始走进制造业，包括纺织服装、工程机械制造、电子家电等多个行业。但是规模偏小、布局分散，尚未形成气候。而对于制造业发展来说，最适合采取园区化模式，通过园区这一平台宜于迅速形成产业链运作，也更宜于输出山东成熟产能。因此，加快对俄制造业园区合作将是下一步发展的重点。

（3）农业畜牧业。俄罗斯是一个传统的农业大国，土地资源丰厚，人均耕地面积为 0.84 公顷，是中国的 8 倍，适于发展大农业的土地有 5 亿多公顷，约占国土的 1/3。尤其是远东滨海边区、犹太自治州、哈巴罗夫斯克和阿穆尔州等农业主产区，土地面积辽阔，土质肥沃，极宜于发展农作物与畜牧业。但是由于劳动力和技术手段的约束，俄罗斯农业基本处于粗放式经营阶段。特别是养殖业和食品加工业产能较低，致使一些深加工产品还需依赖进口。为改变现状，俄罗斯出台了 2013—2020 年发展农业新纲要，提出农业优先发展新思路，不仅规定了农业发展的基本目标，而且还规定了今后 8 年种植业、养殖业和农产品加工业的具体指标，以期增加进口替代农产品，减少其进口比重；同时提高俄罗斯农产品技术含量，扩大其产品出口。这一新纲要传递出俄罗斯振兴农业经济的信号，同时也展示了俄罗斯对外发展农业合作的积极姿态。

有鉴于此，山东要善于捕捉新动向，将视线重点放在俄罗斯优越的农业资源上，放在其产业不足上，将对俄农业合作纳入山东农业开拓国际市场的总体进程。利用山东农业大省的发展经验和技术，以及富有实践的劳动力，大力培育在俄现代农业产业园区合作。尤其是在蔬菜瓜果、畜牧养殖加工等领域加大投入，鼓励更多的资本进入，并将现有的农业合作项目统一规划、整合引入园区，促进其各环节的有机链接和专业化发展，形成具有较大规模和较强影响力的农业合作园区。这一点，黑龙江建设的对俄现代农业产业园为我们做出了示范，其经验可资借鉴。

2. 蒙古国产业基础分析与合作重点

（1）矿山采掘业。蒙古国也是矿产资源大国，其矿产蕴藏量居世界前二十位。因此，矿山采掘业成为蒙古的支柱产业。蒙古目前有 800 多个矿区和 8000 多个采矿点，主要开发采掘铜、金、煤、石油、锰、钨、钼、铝、铅、锌、汞、锡、萤石、岩松石、磷、石棉、石墨、云母等矿产资源。蒙古国铜的储藏量居亚洲第一，铜矿开发力度较大，并颇具规模，铜精粉出口占全国出口总值的 50%，其产值占蒙古国 GDP 的 25%；蒙古国的黄金总储量为 3100 吨，其中央省色尔格林县，是世界上最大的沙金产区之一。还有距乌兰巴托 700 多公里的保办脉金矿、塔布特脉金矿、布木巴特脉金矿等储量也很丰富；蒙古国煤储藏量有 500 亿吨，但目前蒙古 17 家煤矿总产量不到 500 万吨；蒙古国石油资源也很丰富，主要石油产区有东方省、东戈壁省、中央省等地区，仅东方省塔木察宝鲁地储量就有 15 亿吨，东戈壁省东巴彦储量为 7 亿多吨。蒙古国采矿业在国民经济中居于主导地位，对 GDP 的贡献率达 30% 以上，拥有产业绝对优势。但作为一国主导产业应该拥有完整的产业链，而蒙古的矿山业突出的是采掘与初级产品贸易，上游勘探和下游加工销售环节尚不匹配，深加工程度不高，综合利用能力薄弱，制约着产业产出和市场竞争力，在资金吸引和技术更新上能力不足。为改变产业结构单一状况，加大采掘业的产业链延伸，增强制造业竞争能力，蒙古采取了"休克式"激进手段进行产业结构调整与转型，但由于多种非自主性因素影响使其结构调整曲折艰难，成效颇微，导致至今一业独大的僵局仍未从根本上打破。

有鉴于此，山东投资蒙古合作园区建设，重点要放在帮助其加长产业链条，扩展产业丰盈度，完善产业上下游结构。发挥山东深加工能力与经验，就近选址，兴建与采矿业相关的专门园区。尤其是铜、金、煤加工，办出园区特色，引领蒙古借助外力发展，实现采矿优势向加工制造优势的转化，达成双赢效果。目前，山东与蒙古国在矿业开发上合作成果初现，山东黄金集团在蒙古戈壁省获得总储量为 5000 万吨的铁矿开采权；东苑矿业公司获得蒙古两个铅锑金属矿和钼铜伴生矿，还在东方省拥有中型铜钼矿。但是仅限于资源开发还未能真正做到优势互补，合作关系的长期维系必须于此于彼都是最佳选择。因此，发展资源加工园区是深化对蒙合作的最好平台。山东近期正在组织研究把焦炭、化肥和钢铁等生产能力向蒙古转移的可行性，特别是山东黄金集团的铁矿项目投产后，可拉动山东钢铁、焦炭等产能的对蒙输出。[①]

（2）农业畜牧业。蒙古是游牧民族，被称为马背上的国家，农业畜牧业发达，是世界第三大畜牧业国家。据相关资料，蒙古有着广袤土地和多类型天然牧场，可利用土地面积为 1.564664 亿公顷。其中，农牧业用地面积为 1.22381 亿公顷，占 80%，且土地肥沃，牧草生长条件优越，适宜发展草原畜牧业。因此，农业畜牧业成为蒙古的第二大产业，其总产值占国内生产总值的 1/3，在整个国民经济中起着重要的稳定作用。其中，畜牧业占农牧业总产值的 87.6%，在农牧业中处在领先地位。[②] 但由于蒙古内陆国的地理位置，使得其开放程度较低，对外交流与合作不发达。尽管是优势产业，在生产方式上仍处于小而散状态，缺少规模化与集约化；技术上多沿袭传统模式，缺少现代化创新因素。因此，表现为劳动生产率较低，产业投入产出不高。

有鉴于此，山东应把握好蒙古产业发展优势和产业对接点，大力开发建设现代农牧业园区。一是发展规模化种植与养殖，利用园区形式，集中土地，整合资源，大力推广机械化操作，引入和利用山东农机产品优势，提升蒙古农牧业发展的集聚度与集约度；二是发展畜牧产品加工业，引入诸城等地知名畜牧生产加工企业，借助其资金与经验，兴办畜产品加工工业园区，深化其初级产品的加工度，提升蒙古农牧业发展的产业附加值。

（3）加工制造业。由于资源禀赋和传统历史因素，决定了蒙古国主导

---

① 石启东：《以论坛为契机，积极推进山东与蒙古的投资合作》，载《2010 年：山东开放型经济发展报告 24 篇》。

② 张秀杰：《蒙古国的经济发展环境》，《俄罗斯中亚东欧市场》2011 年第 10 期。

产业是畜牧业和采矿业，工业基础薄弱且没有完整体系，结构单一。尤其是制造业水平较低，制造业与采矿业相比，产值仅为采矿业的1/6。在制造业布局中，发展较好的当属基础金属制造，一直居于制造业榜首，这也主要得益于采掘业的发达；其次为羊绒加工、皮毛染色、皮毛制品等制造，产值所占比重仅为6%左右；再次为食品与饮料等制造，占比也较小。而技术含量较高、产业关联度较强的机械、石化、电子以及大部分轻工制造等发展缓慢，其大部分产品不能自给自足。①

有鉴于此，山东宜在蒙大力发展其进口量较大的机械家电、日用化工等制造业发展，建设多种类型加工制造产业园区。可以选择省内具有竞争力的加工制造业，大力引导省内实力企业入蒙，尽可能补足其资金、技术缺口，通过合作园区建设拉动对蒙经贸合作，扩大蒙古国市场尤其是消费品市场。这点山东目前还未真正打开局面，也由此决定了这将是下一步园区合作发展的重点。

(二) 中亚国家产业基础分析与园区合作重点

中亚地区主要包括哈萨克斯坦、乌兹别克斯坦、吉尔吉斯斯坦、塔吉克斯坦、土库曼斯坦五个国家。中亚地处亚欧大陆接合部，与中国西北地区毗邻，共同边界3000余公里。中亚幅员辽阔，地广人稀，总面积400万平方公里，人口6000多万；自然资源丰富，拥有石油、天然气、有色金属、水力等众多资源。同时，中亚还拥有发展农牧业的天然优势，光热资源、土地资源、物种资源十分丰富，发展农牧业条件独具。由于有着相对发达的农业和畜牧业基础，加之近些年新技术和新品种的开发与引进，农牧业产出率不断提升，产业优势不断彰显。目前，哈萨克斯坦、乌兹别克斯坦和土库曼斯坦等国已成为世界重要的粮食、棉花生产和出口国。但是，由于资源禀赋的优越，中亚各国将视线和发展焦点投注于资源开发和农牧业生产上，构成这一地区资源开发与加工产业发达，但加工制造产业相对落后；粮食产量丰

---

① 李晗斌：《蒙古国产业结构演进研究》，《东北亚论坛》2009年第5期。

硕，但深加工程度不足的现状。这同时也预示了山东发展与中亚国家的园区合作的可能性，也为园区合作建设奠定了优势互补的基础。

1. 石油与矿产资源开发产业

优越的地理位置赋予了中亚丰富的石油与矿产资源，也确立了他们令人艳羡的资源产业世界地位。石油与矿产资源开发产业也成为中亚的产业优势所在。

石油和天然气：①哈萨克斯坦油气资源非常丰富，陆上石油探明储量40亿吨，居世界第七位，哈属里海地区石油储量约1000多亿桶，占整个里海地区总储量的一半，天然气占总储量的1/3，目前油气开采产值占到了哈GDP的30%左右。②乌兹别克斯坦也拥有较多的油气资源，并且天然气储量尤为丰富，60%的国土被认为具有油气开采前景，被列为世界15大油气资源国之一，油气开采业也成为其经济重要构成。③土库曼斯坦是地理小国但是天然气大国，探明的天然气储量为22.8万亿立方米，位于中东和俄罗斯之后居世界第三，目前拥有的127个气田已有39个进入开采。①

矿产资源：①哈萨克斯坦钨矿储量约90万吨，居世界第一位；锌矿储量据哈地质学家预测为3470万吨，居世界第一位；铬矿储量居世界第二位，仅次于南非，可开采100年以上；哈铀矿储量非常丰富，已探明储量约150万吨，占全球储量的19%左右，居世界第二位；铅储量据美国地质局的资料，占世界第四位；铜矿总储量为3450万吨，居世界第九位，储量和开采量在亚洲均排第一位。②乌兹别克斯坦有色金属资源丰富，黄金已探明储量2100吨，居世界第四位，年产量80多吨，居世界第八位；镉开采量占世界第三位；钼储量占世界第八位；铜勘探储量30多亿吨，居世界第十位。另外，铀矿预测储量23万吨，探明储量为5.5万吨，居世界第七位，年开采量约3000多吨，居世界第六位。③吉尔吉斯斯坦黄金储量368吨，开采产值占全国矿山开采业产值的90%，占工业总产值的40%以上；汞储量占世界

---

① 商务部欧洲司：《中亚五国优势及特色产业介绍》，见 http://ccn. mofcom. gov. cn/spbg/show. php?id＝5776。

总储量的 20%；锑产量居世界第三位；多晶硅年产 100 吨且纯度较高，全部用于出口。④塔吉克斯坦拥有世界第二大银矿区，即大卡尼曼苏尔银矿区，银矿储量 7500 吨，并多为多铅、锌伴生矿；锑储量居亚洲第三位，仅次于中国和泰国；煤炭探明储量共计 46 亿吨。其中，无烟煤储量 514.8 万吨，按质量等级排名世界第二，仅次于越南；有 140 处建材原料矿，可为生产砖、惰性材料、陶瓷石膏、面板、水泥等建材提供原料保证。①

上述可见，称中亚为 21 世纪的战略能源和资源库极为贴切和形象，同时也展示了发展与中亚的资源合作的良好前景。目前，我国对中亚产业合作正在升温，"新丝绸之路"的提出又为其添了一把柴；另外，美国、加拿大、俄罗斯、德国、荷兰等国资金也已经进入资源开发领域。山东要想后来居上，不仅要打真诚牌和优惠牌，还必须在合作模式的选择上辟出蹊径，重点在资源开发加工领域以园区合作形式出现，并彰显出园区合作的优势，提升山东在中亚的投资竞争力。因此，山东应该基于中亚产业特点，认真研究各国资源开发与加工的市场需求，根据其不同的资源禀赋和不同的产业重点取向，探索资源开发与加工一体化发展的园区合作的可行性以及合作方案，设计可供选择的多种类型与多种特色的产业园区，以保证实现市场需求的有机对接。

2. 农牧业

农牧业是中亚地区又一优势产业，中亚五国的共同特点是不仅拥有密集的石油矿产资源分布，还富有天然的农牧业资源，使其发展粮食、棉花、畜牧业得天独厚。①哈萨克斯坦地广土肥，适宜农作物生长，可耕地面积 3000 多万公顷，每年农作物播种面积约 1500 万公顷。主要盛产小麦、燕麦、黑麦、大麦、玉米、水稻、棉花、烟草、甜菜、葡萄和水果等，主要出口品种为小麦和面粉。哈不仅是粮食大国，还是畜牧业大国，牧场面积大，水草肥，牛羊壮，畜牧养殖发展快，皮毛出口量位居世界前十。②乌兹别克斯坦

---

① 商务部欧洲司：《中亚五国优势及特色产业介绍》，见 http://ccn.mofcom.gov.cn/spbg/show.php?id=5776。

农牧业发达，其产值占国内生产总值的30%，出口创汇额占60%。畜牧业以生产毛、肉为主，生产和出口大量羔皮，其高质量的卡拉库尔羔皮的出口约占世界第二位；养蚕业发达，年产蚕茧约1.6万吨，居世界第六位；棉花产量高，平均年产量为350万吨，其产值约占农业产值的40%左右，是世界第五大产棉国，第二大出口国。③吉尔吉斯斯坦是传统的农业国，种植业与畜牧业比较发达，农业产值在GDP中的占比最高达46%，几乎占据经济的半壁江山。可耕地面积为123.89万公顷，主要农作物为小麦、燕麦、玉米、烟草、棉花水果等。拥有天然牧场918.48万公顷，畜牧养殖发达。④土库曼斯坦一直高度重视发展农业，对农业的投入逐步增大，粮食产量逐年增加，牲畜存栏大幅增长，目前，市场上的粮食、肉、奶、蛋、菜等供应充足，品种丰富，完全是自给自足。土还是重要的棉花产地，光照好、气温高、水资源丰富给予了其先天优势，棉花产量近百吨。⑤塔吉克斯坦也是传统的农业国，大部分人口从事农牧业生产，种植业主要为小麦、黑麦、水稻、大麦、燕麦、玉米、棉花、马铃薯等，优质细纤维棉花是其优势产品，主要用于出口；畜牧业主要生产羊牛肉、奶、皮毛等。

上述可见，中亚作为亚欧大陆重要的粮仓和优质长绒棉产区也实至名归。尽管中亚粮棉牧业生产发达，但是和俄蒙相近，产品加工深度还不足，还有很大潜力可挖。因此，山东在中亚兴办农牧产业园区，一方面可以承包经营大片农田牧场，引入资金技术和机械设备，建设规模化农业园区，积极推进农业现代化进程；另一方面重点引进省内农产品加工企业，建设各具特点的农产品加工园区，利用我们的产能提升中亚农产品加工水平。

3. 加工制造业

中亚五国多为传统农牧国家，加工制造业起步晚、起点低、业内结构单一。经过多年的产业结构调整，仍未能快速改变这一既定格局，加工制造业仍旧是中亚国家的相对弱势产业。从其产品进出口品种就可以看出，中亚出口产品多为油气和粮棉等产品，进口多为轻工制造业产品。在中亚五国中，哈萨克斯坦是经济发展水平最高的国家，凭借储量丰富的金属固体矿产资源建立起了雄厚的开采、加工、冶炼工业基础，但其他制造业生产能力不足，因此，哈提出下一步发展目标重点放在发展农业和农产品加工、建筑业和建材生产、石油天然气加工基础设施建设、冶金业和金属制成品生产等方面，提升制造业比重①；乌兹别克斯坦的制造业集中在机械和飞机制造上，中亚地区2/3的机器制造产品是由乌供应的，但是轻工业制造欠发达；吉尔吉斯斯坦食品加工业比较发达，包括糕点和糖果、奶肉制品、酒水加工、果蔬加工、饲料加工、油脂加工和烟草加工等，但产业内结构单一，附加值较低；土库曼斯坦的制造业优势是纺织，基于丰富的棉花、蚕茧、羊毛来源，土斥巨资建造纺织厂，纺织加工能力不断增强，产品主要出口，远销美、加、英、法、德、瑞士等多个国家，土在《2020年以前土库曼政治、经济和文化发展战略》中提出，2020年以前，土将向纺织领域投资6.5亿美元，建造6个纺织企业和综合体、8个纺纱厂，皮棉深加工能力将达50万吨，创造7万个就业机会；塔吉克斯坦制造业以铝锭生产和加工为支柱，以出口为主导，出口占出口总额的70%以上。

上述看出，中亚五国制造业各具特色，但又缺少完整体系，导致其丰富的资源不能被充分加工和消化，产品市场供给不够丰富，自给自足能力较弱。因此，加强山东与中亚制造业合作空间很大，商机众多。尤其是对于山东这一制造业大省来说，不仅有利于开拓境外投资新的局面，也有利于带动成熟产业对外转移。目前我国对中亚投资多用于资源开发与基础设施建设，资源获取的投资动机比较突出。山东资本进入要避开热点、突破盲点，针对五国不同的产业特点和其产业对接能力，将园区合作的重点落脚在山东优势产业上，在纺织服装、机械家电、食品加工园区建设上做好文章，突出园区建设的适用性和可行性，谋求双方利益的最大化。

(三) 东南亚国家产业基础与园区合作重点

东南亚地区覆盖着新加坡、马来西亚、泰国、越南、老挝、柬埔寨、缅

---

① 杨殿中：《中国企业对中亚五国直接投资的产业分布及产业选择建议》，《中央财经大学学报》2012年第9期。

甸、印度尼西亚、菲律宾、文莱和东帝汶 11 个国家。沿线国家和地区有越南、老挝、缅甸。东南亚是我国重要的经贸合作地区，是东盟的主体。我国与东盟签订自由贸易协定以来，经贸合作跃上新的台阶。在我国"一带一路"建设中，这些都是重点需要关注的国家。山东发展沿线国家和地区产业园区合作，也应清楚其产业发展状况，有针对性地选址建园。

1. 东南亚国家的产业结构特点

东南亚诸国与山东的产业结构既存在较大互补性，也存在一定的相似性和趋同性。这就决定了山东与东南亚地区的合作既有机会但也有竞争。因此，在彼此合作中，一定要探索合作的切入点，注意投其所好，取长补短，做到合作大于竞争或者化竞争为合作，在相互竞争中不断提升彼此产业发展水平。新加坡与我国经贸往来相对频繁，是由于其经济发展水平与我国存有明显的层级差别，产业对接有机，合作共赢面较大；而与印度尼西亚、泰国、马来西亚和菲律宾等国的产业结构相近，即第二产业占比较高，制造业较为发达，农业基础也比较稳定，存在产业合作较大的排他性；沿线国家和地区越南、老挝、缅甸经济发展水平相对落后，对外合作的意愿也较为迫切，且由于接壤，地缘优势也较为明显，应该作为山东境外建区的重点关注区域。①越南是一个经济增长势头较快较稳的发展中国家。由于其土地肥沃，气候适宜，劳动力充足，农业发展潜力大，目前农业人口占全国总人口80%，农业占国民生产总值30%，生产的大米以及腰果、咖啡、橡胶等不仅满足本国需要，出口量也不断增长。随着改革开放政策和产业结构调整的实施，越南成为外资淘金的热土，资金的不断输入带动了其采矿、冶金、机器制造、建材、化工、燃料、纺织和食品等工业部门的发展，工业化程度在沿线三国中领先，尤其是纺织服装，由于劳动价格低廉，出口竞争力不断提升。②老挝是一个以农业为支柱的国家，基础设施落后，工业基础薄弱。自然资源比较丰富，有锡、铅、钾、铜、铁、金、石膏、煤、盐等矿藏，但开采能力不足；森林覆盖率约42%，森林面积约900万公顷，产柚木、紫檀等名贵木材，但加工水平较低。老挝的主要产业为农业、林业、矿业和旅游业，制造业发展缓慢，大多数产品依赖进口。自 1988 年开始推行革新路线，老挝大力吸引外资投资建厂，经济实现平稳发展。2010 年老挝进出口贸易总额 34.6 亿美元，其中出口 17.89 亿美元，进口 16.71 亿美元，首次出现贸易顺差。出口商品主要以有色金属、咖啡、柚木、手工业产品为主，进口主要是工业品、加工制成品、建材、日用品及食品、家用电器等。③缅甸也是一个农业国，60%以上劳动人口从事农业，农业产值在国民生产总值中的占比达 40%多，主要农产品有稻米、小麦、甘蔗等；林业资源丰富，森林覆盖达 52%，素有"森林王国"之称，产红木、柚木等名贵木材；矿产有锡、钨、锌、铝、石油、钢玉及玉石，其中红宝石及翡翠在世界上享有盛誉；油气资源丰富已探明石油储量达 31 亿桶，天然气储量达 25400 亿立方米，名列世界天然气储量前十①；工业制造业较为落后，有木材加工、石油矿产开采、小型机械制造等部门。近些年，为改变落后面貌，缅甸积极推行市场经济改革，开放市场，放宽外资限制，目前有三十多个国家进驻缅甸，对于缅甸的经济发展起到极大的拉动作用。

2. 产业园区合作重点

上述分析看出，沿线三国产业发展各有特点，水平不一，决定了在合作过程中各有各的难点。因此，与三国合作应该坚持先易后难的原则，循序渐进地推进，不宜战线太长，也不必硬啃骨头。①越南属于东南亚沿线国家和地区发展较快较好的国家，尤其是纺织服装，是山东在国际市场上的强有力对手。另外，越南在政治上与中国有着较多分歧，且摩擦不断。因此，在越南发展山东境外合作园区选择比较困难，发展中可预见的阻力也比较多，整体环境和建区条件不是很具备，可以考虑暂且避开这一区域，重点转向另外两国。②老挝的产业结构与山东有着明显的互补性，尤其是与消费密切相关的加工制造业，老挝具有较大的发展空间。针对这一点，山东园区合作重点应放在加工园区建设上，通过多类型或综合性加工制造园区的设立，可以在一定程度上弥补和改善其工业薄弱的状况，也能解决大量产品的进口替代问

---

① 吴崇伯：《缅甸石油天然气产业发展与外资对缅甸油气资源的开发》，《创新》2013 年第 1 期。

题。另外，老挝森林资源丰富，但是加工能力较弱，山东可以借鉴烟台在俄罗斯设立的中俄木材加工园区的经验，探索在老挝建设木材加工园区的可行性和基本路径，充分发挥山东木材加工能力和优势。③缅甸的产业结构与老挝相近，且与中国关系比较友好，合作的阻力与障碍相对会少一些，应该也存在与山东园区合作的潜力。其合作的重点也应该放在加工制造业上，利用山东加工制造实力，帮助缅甸尽快完善制造业体系，将资源优势尽快转化为产业优势。另外，缅甸油气资源丰富，山东在油气开发与产品深加工上也有着较为丰富的经验，建立石油化工园区也有利于增加彼此的经济利益。

（四）南亚产业基础分析与园区合作重点

南亚包括印度、巴基斯坦、尼泊尔、不丹、斯里兰卡、孟加拉国、马尔代夫等国家，与我国接壤国家有印度、巴基斯坦、尼泊尔、不丹等。

1. 南亚国家产业基础分析

南亚地区人口超过全球人口总数的五分之一，在世界经济发展中占有重要地位。从总体上看，南亚产业发展还是以农业为基础的，农业就业人口占南亚地区总就业人口的比例超过50%，农业占GDP比例接近20%。① 近些年来，南亚国家在经济自由化主张下，经济得到快速发展，工业化水平不断提升，印度、巴基斯坦、孟加拉国、阿富汗、斯里兰卡等国家保持了较高的经济增长速度。①印度农牧业发达，耕地面积约1.6亿公顷，人均0.17公顷，土地肥沃，盛产稻米、小麦、牛奶、茶叶、棉花和黄麻等，为世界第一大产奶国，养殖业也居世界前列；印度工业制造业包括电力、矿业、纺织、食品、精密仪器、汽车制造、软件制造、航空等门类，尤其是电子信息产业，占全国总产值的1/4；印度服务业发展较快，产值占全国总额的50%以上，实现了产业结构的有效转轨。另外，随着外资政策的放宽，国际品牌戴尔、诺基亚、浦项制铁等纷纷进入，促进了印度制造业现代化步伐，工业巨

---

① 商务部：《南亚地区国家2013年经济前景展望》，见 http://www.mofcom.gov.cn/article/i/dxfw/cj/201304/20130400082531.shtml。

头形成，塔塔集团、印达科工业公司等跻身世界强手行列。②巴基斯坦经济以农业为主，农业人口占全国人口的70%以上，农业产值占国内生产总值的近1/4，盛产大米、小麦、棉花、玉米、甘蔗，以及茶叶、烟草等；服务业较为发达，占全国生产总值的53%，批发和零售贸易占这个产业的30%；工业包括电讯、软件、能源、机动车辆、纺织、水泥、化肥、钢铁、造船、航空航天工业和军火生产等领域。近些年，巴基斯坦实行取消国有化、大力吸收外资、扩大出口等新的政策，经济发展速度加快。③尼泊尔也是一个农业国，80%的人口从事农业生产。主要农作物有稻谷、玉米、小麦，经济作物主要是甘蔗、油料、烟草等；工业基础薄弱，主要有制糖、纺织、皮革制鞋、食品加工等，且规模小效益低；矿产资源较多，但由于多处深山，受开采难度较大、资金投入较多的困扰，大部分没有得到开发；水资源丰富，水电蕴藏量为8300万千瓦，约占世界水电蕴藏量的2.3%；旅游资源丰富，自然风光优美，民风淳朴，人文资源尤其是宗教遗产丰厚，但由于开发资金所限，其发展也比较缓慢。20世纪90年代，尼泊尔开始实行以市场为导向的经济自由化政策，也积极加入WTO和南亚自由贸易区，对产业发展形成了一定拉动。但由于经济基础较弱，民俗习惯固化，其改革收效甚微。但从另一个侧面可以看出，尼泊尔还是一片未开垦的处女地，发展空间极大。④斯里兰卡是南亚国家中率先实行经济自由化政策的国家，发展至今，私有化模式已经基本替代了国有化经济，国内市场化程度相对较高，经济增长速度较快，近些年保持在6%左右①。斯里兰卡经济以农业为主，尤其是种植园经济，所产的肉桂、橡胶和茶叶闻名世界；工业以农产品和服装加工业为主，其中服装业是斯最大出口产业，占出口份额40%多，另外，橡胶、金属和矿产品制造业也发展较快；服务业和旅游业也保持较好的业绩。但由于内战长年不断，给产业发展带来较大掣肘。

2. 园区合作重点

对南亚的分析看出，除了印度产业发展较快，产业体系较为完整，其他

---

① 《斯里兰卡经济现状与前景》，见 http://www.sinosure.com.cn/sinosure/xwzx/rdzt/tzyhz/dwtzxs/109490.html。

国家基本还处于农业耕作时期，机械化和现代化程度很低，有的国家经济发展尚不能保证自给自足，在一定数量上依赖外援。山东要与这些国家进行园区合作难度较大，尤其是制造业输出，未必能在其境内找到适合的合作伙伴并打造完整的产业链条。因此，这些国家的园区合作领域宜从农业入手，首先引入现代化方式开拓其农业领域的种养殖规模和品种换代创新，然后延伸到农产品加工领域，利用山东加工产能的输出拉长农业产业链条，在此基础上考虑建设现代化农业产业园，帮助当地农业实现产业集聚化和集约化发展；其次，资源开发利用也是山东境外园区建设应重点考虑的，但要核算开发成本和社会成本，充分预测不稳定因素的影响，谋求园区合作的稳定性和实效性；再次，也可以考虑山东制造业产能的渐进、有序输出，可先小投资，从项目合作起步，有所积累和扩展，再考虑园区的构建，不可急于求成。

（五）西亚产业基础分析与园区合作重点

西亚是传统丝绸之路的重要节点地区。我国古代的丝绸、产业等产品就是以西安为起点，途经河西走廊、新疆、巴基斯坦，通过西亚地区进入欧洲的。西亚包括海湾地区国家伊拉克、伊朗、科威特、卡塔尔、沙特、巴林、阿拉伯联合酋长国；中东地区国家以色列、巴勒斯坦地区、约旦、叙利亚、黎巴嫩、土耳其、塞浦路斯；印度洋西岸的也门、阿曼；内陆地区的阿富汗以及格鲁吉亚、亚美尼亚、阿塞拜疆等国家的亚洲部分。西亚与中国接壤的国家是阿富汗。

1. 西亚产业基础分析

西亚是世界重要的产油区，探明的石油储量占世界总储量的近60%，天然气储量约占世界总储量的30%。其中，沙特阿拉伯、科威特、伊朗和伊拉克的石油储量都位居世界前列。西亚各国由于自然条件不同，经济发展极为不平衡。石油国家依靠资源生活富足，但其他国家就相对贫穷。①石油国家的经济发展都是依托于石油产业发展起来的，包括建筑业、运输业、加工业和商业。但在大型基础设施和工程项目建设上自主能力差，基本依赖国外。

中国是这一区域重要的建筑工程承包商，山东作为对外工程承包大省，也有投资进入西亚。②非石油输出国经济多以农牧业为主，采矿业、加工业均较薄弱。西亚农业开发历史悠久，受气候影响，灌溉农业地位重要。如以色列创造的滴灌农业技术，引起全世界的关注和借鉴，一个土地贫瘠、干旱缺水的国度发展为农业较为繁荣的国家，依靠的就是技术创新和农业机械化。我国与以色列农业合作比较多，许多农作物品种来自以色列，其滴灌技术也被引进我国缺水的西北地区。③与中国接壤的国家阿富汗是西亚比较贫穷的国家，内陆地理位置使得其资源禀赋远不及西亚其他国家，又历经长期战乱，这些都成为制约阿富汗的经济发展的因素。近些年来，随着阿富汗的改革与开放，在大量外援的帮助下，国民收入不断提高，经济已经逐渐驶向快车道。

2. 园区合作建设重点

从总体上看，西亚大多为资源型国家和传统农业国家，工业化整体水平较为低下，从这点上看，山东投资境外合作园区建设很有现实意义；但是西亚一些国家长期处于动荡之中，民族矛盾、宗教冲突、政治分歧使得这些区域投资风险较大，投资预期难于确定，从这点上看，在这一区域比较适合项目投资而不是园区投资。因此，可以将园区合作建设列入长期规划，从易到难，从小到大，从熟悉的领域做起，逐步积累经验，不断扩大投资，待时机成熟再寻求园区合作机会。即使现在园区合作具备可能性，也要进行充分论证，选择试验点，一切从实际出发，从成效着眼，摊子不可铺得过大。

综合以上分析内容，笔者认为，山东与"一带一路"沿线国家和地区进行园区建设合作，一定要从各自国家和地区经济发展实际出发，弄清楚彼此的产业家底和优势所在，知己知彼，在此基础上寻求产业合作和园区建设的契合点；从园区合作成效着眼，科学预测合作前景与合作效益，使得园区建设可以赢在起跑线；同时还要兼析和评价其政府与社会环境的适合度，尽可能降低投资成本，减少市场风险。因此，建议将合作园区布局重点考虑俄蒙、中亚地区，其他区域尽可能选择与中国有着友好往来和历史渊源的国家与地区。

四、山东与"一带一路"沿线国家和地区
园区建设合作的主要对策思路

发展山东与"一带一路"沿线国家和地区产业园区合作的总体对策思路是要在准确把握山东与"一带一路"沿线国家和地区经贸合作战略的对接性、产业合作的互补性、双方企业的积极性的基础上，认真规划和布局园区。首先要明确园区合作的方向，慎重园区选址，即明晰建什么样的园区、在哪里建，做好园区合作的统筹策划。在这一前提下，进入园区的具体发展步骤和实施对策研究，即根据不同园区的条件与特点，着力培育各自园区的产业特色与人文色彩，有针对性地培育和引入园区经营主体，逐步完善园区政府和社会相配套的服务环境，打造更为优越和更具吸引力的园区运行环境，赋予园区越来越多的内生活力和产业运行动力，最终实现园区合作的共建、共享、共赢战略目标，构建山东与"一带一路"沿线国家和地区经贸合作的成功平台。

（一）坚持正确的园区合作发展方向

发展与"一带一路"沿线国家和地区园区合作首先要有明确的意图与方向。一项创新工程的建设，方向重于速度。与沿线国家和地区进行园区合作，重要的宗旨与目标在于获取投资合作的规模扩张和投资效益的提升，利用园区运作模式促进合作的发展。这就决定了园区合作必须基于投资与效果的最优化考量，设立明确的目标方向。一是坚持统筹协调，合理规划的思路。既要坚持企业为主体的原则，又要注重政府的宏观调控，根据山东与沿线国家和地区合作状况和合作优势，结合国家及山东"走出去"整体战略，出台园区合作方案或指导性意见，将园区合作纳入科学、理性、有序发展的框架内。二是坚持优势互补，互利共赢的方向。这是合作的基石，无论合作对象的经济发展水平如何，都要兼顾彼此的经济利益，选择双方均为有利可图的项目和产业进入园区，一味的剥夺和一味的让渡都是有伤害且不持久

的。三是要坚持集约化方向。集约化在一定意义上代表了国际竞争力。随着国际分工体系的深化和全球生产体系的完善，集群式集约化发展成为各国对外投资普遍的价值取向与模式追求。而园区的特点和优势恰恰在于此。因此，山东与沿线国家和地区的园区合作一定要坚持高起点打造，将先进技术和先进管理引入园区，走企业整合、产业对接与资源统筹配置相结合的路子，营造园区企业间优势互补、资源共享、消除内耗、共御风险的和谐局面，谋求低投入高产出、小成本大回报的集约化效应。四是要坚持可持续发展方向。合作建设园区要秉承科学发展理念，合理规划、多方论证、有序运作，突出产业配套与环境配套共建，生产文明与生态文明并进，消除盲目跟进、重复建设、区位选择扎堆等现象，增强园区发展后劲，形成"办一个园区，活一个园区，火一个园区"的良好态势，实现其发展的健康性、持久性。五是要突出园区辐射带动力培育。山东发展境外园区的初衷是为了扩大企业境外投资，带动区内剩余产能转移，延长其传统优势产品的生命周期，同时突破资源瓶颈，寻求海外资源开发与利用。发展到今天，山东与沿线国家和地区的园区合作不仅仅局限于剩余产能转移，还在于园区自身的功能性建设和模式培育，使得园区成为境内外产业的集结地，双方经济发展的引领力，成为对外投资合作的样板模式和最佳选择。这就要求园区建设要专注辐射带动能力的培育，做好前期预测、谋划和后期运作，以凝聚优质企业、优质人才、优质资源进区，增强园区创新功能和辐射功能，实现彼此产业互动发展和效益提升。

（二）合理进行合作园区的选址设点

合理选址是山东与"一带一路"沿线国家和地区境外园区合作的关键。选址不当，轻则运作效益不佳，重则园区难以成活。因此，山东与沿线国家和地区的园区合作首先需要对园区合作国进行深入考察和严格考评，综合其经济水平、产业发展、资源禀赋、市场容量、人力资源、社会稳定度、政策环境、获利前景等多种因素制定投资评估预案，采取最优化手段甄选投资区域。一是要充分考察园区驻在国的产业环境，深入了解当地的经济发展状况，尤其是制造业的基础与成长势头以及与山东输出的优势产业对接能力，选择那些经济发展水平适中、产业落差适度的地区率先建设园区。二是充分考察园区合作国的人才环境，了解劳动力的整体素质和人才教育培训情况，判断园区所在企业能否顺利招聘到适用人才，其本土化战略能否顺利实施。三是充分考察园区驻在国的政治环境，认真分析评估政治与社会治安状况，以及可能对园区带来的影响，将那些与我国和山东交好的国家与地区列为首选，尽可能降低政治风波和政策多变对园区合作的冲击。四是充分考虑园区驻在国地缘条件，比较与核算物流成本和文化沟通成本，采取先周边后外延策略，率先进入沿线国家和地区，然后通过园区发展壮大再向外扩展。

（三）培育合作园区鲜明的产业特色

在当今世界，特色就是竞争力。境外园区参与的是国际竞争，在激烈的较量中，同质拼杀残酷且凶险，唯有特色是取胜之道。因此，山东与"一带一路"沿线国家和地区园区合作也必须正视现实，秉持特色价值观，力求打造卓尔不群的特色园区。一是培育合作园区产业主导特色。园区是产业集合和运营的平台，要能突出一个园区的产业特色，并做大做强产业，首先做的是要准确合理定位园区主导产业，摒弃"大而全"，突出"专而精"，根据山东的产业条件和产能优势，选择适合驻在国产业发展基础和产业对接能力的产业项目，打造各具专业特色的境外合作园区。在确立了合作园区支柱产业后，专注产业的相关性和配套性，消除产业同构性和相悖性，增强其相互间依赖和内联性，避免由于产业雷同和繁杂带来的内耗与相互牵制，形成一业为主的产业集群，以特色产业领衔，带动配套产业发展，造就园区产业的规模效应和竞争实力。二是培育产业技术特色。产业发展是由技术做支撑的，因而技术特色也是园区产业特色的重要构成。这就要求园区在建设过程中还要谋求产业技术上的特色，以产业技术创新、产业技术领先为目标，集结产业内优秀人才和技术创新资源，抢占产业技术制高点，争取产业技术的先进性与超前性。不仅要培育起园区主导技术优势，还需要增强园区的整体学习力与创新力，以保持园区产业特色与优势培育生成的能力与源泉。三是培育产业品牌特色。品牌是园区的无形财富，也是产业集约化的集中体现，在产业定位明确与技术创新的条件下，园区以特色立区还需要打得出、叫得响的企业品牌和产品品牌，这是园区深层次的产业优势和产业竞争力。为此，园区在引进产业的同时要注重品牌的引进，并要注重品牌保鲜，推动资源要素向知名品牌合理流动，使其在园区内茁壮生长；与此同时，注重园区新品牌的培育，在技术、性能、信誉等方面打造优质的品牌内在质量，在产品包装装潢设计、推介宣传等方面打造鲜明的品牌外在质量，以品牌引领产业发展，以品牌树立园区形象，以品牌烘托园区特色。

（四）彰显合作园区的国别人文色彩

园区文化是园区发展的灵魂，是提高园区核心竞争力的关键因素，只有包括文化在内的多种作用力在空间上的优化耦合才能推动园区向更高层次发展。山东与"一带一路"沿线国家和地区的园区合作同样也需要秉持"产业制胜、文化致远"的发展理念，注重园区文化建设。即充分尊重与反映国别特点，推崇以人为本，在价值观、人文精神、行为规范、礼仪习俗等方面营造浓厚的国别人文色彩，推进不同文化的交流与融合。山东与沿线国家和地区合作园区作为跨越国界的融合区域，其文化融合也要相应跟进，使得园区文化的建设要兼具两地特点，反映国别特色，为产业合作锻造沟通和谐的纽带。彰显园区国别人文色彩一是要展现山东的齐鲁文化风采。发挥山东文化底蕴深厚的优势，将山东人的创业传统、诚信理念、以邻为伴、好客精神，以及孔孟传统的道德价值体系等植入园区，奠定园区文化的基调。二是突出驻在国国别文化。人文有着鲜明的历史性、地域性，尤其是沿线国家和地区，由于民俗、种族、宗教的不同，因此文化也不尽相同，呈现出文化的多元性与复杂性。如中亚地区以"胡文化"为基础特征，西亚以伊斯兰教为基础，南亚以印度吠陀文化为基础，东南亚文化则受东亚文化、佛教文化、伊斯兰文化以及西洋文化影响，形成融合性文化特征，等等。从历史到现实，沿线国家和地区为我们展现出文化多圈性特点，包括华夏文化圈、突厥文化圈、波斯文化圈、阿拉伯文化圈、南亚文化圈等，可谓新旧杂陈，色彩斑斓。这就需要我们在园区文化建设中深入了解各国文化的特点和共通性，以此寻求文化交融的交汇点，根据不同国家文化特色打造具有当地主流文化特点的园区文化，创造本土文化的仿生环境，彰显园区的多文化特色。三是突出文化共通性。中国与沿线国家和地区地缘相近，历史上往来频繁，使得文化交流的历史渊源深厚，相互影响深远，成为现实合作良好的人文基础。因此，园区在建设中要秉持交流融合的观念，不断放大文化相通优势，促进新的文化共识与融合，交织出崭新的园区文化，以增强文化对两地人才的吸引和人才对文化的认同，提升园区的识别度和文化竞争力，带动园区产业合作的健康发展。

（五）增强园区主体经营运作实力

园区的运作主体是企业。入园的企业实力与活力如何则决定了合作园区的生命力和发展前途。山东与"一带一路"沿线国家和地区建设合作园区，首先要在大力吸引国外实力企业入园的同时，培育好山东本地的作战团队。山东作为中国的对外开放大省，参与境外投资的企业实力在不断提升，迅速成长起了一批国际竞争力显著的跨国企业。目前，积极"走出去"，开拓新的发展空间已经成为这些企业的重要战略目标，并且正在从单兵出击走向集团作战，以企业牵头的境外园区也在发展中。如海尔、海信、西北林业等在境外建造的工业园和加工园区已经初见成效。建设沿线国家和地区合作园区，仍旧要以这些企业为依托，发挥他们的龙头引领与带动作用。同时，还要选择一批"走出去"新秀企业，加快资本实力与境外开拓力的发展壮大。一是进一步强化其资本实力。通过内涵与外延方式，不断扩大其资产积累与资本市场运作能力，提升园区主体的规模竞争力和资本运作力。二是进一步强化其创新实力。在创新思路、创新技术、创新举措上实现新突破，不断刷新其企业技术能力与制度活力，推动园区主体向产业高端化和经营现代化发展。三是进一步强化其品牌实力。不断提升园区主体的国际认知水平与影响力，形成具有市场冲击的品牌印象，以此凝聚力量，吸引资本，快速形成境外合作园区建设的中流砥柱。四是进一步促进企业联动能力。要引导中小企业加强相互间的沟通与联系，打造企业战略联盟，尤其是产业关联度较强的企业，一定要抱团"走出去"，联手开发境外市场，借助园区的平台，打造适合全球价值链发展趋势的产业集群，以降低境外投资风险，提升境外投资效益。

（六）谋求境外园区的双向优惠政策

境外园区作为两国投资合作的重要载体，首先是两国合作意愿的体现，它在有利于吸引两国产业的同时，也容易获得合作双方政府的政策支持。因此，山东与"一带一路"沿线国家和地区建设合作园区也要重视这一合作的优势与便利条件，努力争取园区驻在国最开放的政策与最优惠的待遇，尝试在特殊政策支持体系下激发园区最大活力与效率，构建双方互利共赢的最佳基本面。由于境外合作园区政策设计与确定主导权在于对方，这就决定了园区要获取支持还需要通过积极的对话与洽商，在争取省内支持的同时，争取更多的驻在国政府支持，实现双方互让互通，对等合作。一是争取有利的土地优惠政策。土地是园区建设很重要的资源，直接关系到园区的落地速度与运行效益，因此，争取土地政策优惠就成为园区建设需要做的先期工作。土地政策优惠一定要根据所选区域的土地供需状况，权衡需要与可能提出合作方案，以取得最佳效果。二是争取投资贸易便利化条件。按照自由化便利化条件争取园区投资贸易的相关政策，在准入门槛设置上尽可能降低、在外部环境上尽可能开放、在产品技术标准与社会责任标准设计上尽可能兼顾平衡，最大力度地消除合作壁垒。三是争取物流合作政策支持。进一步开放物流合作，加快物流标准对接与统一，尽可能取消在道路、堆场等方面的限制，提高园区物流速度，降低其成本。四是争取金融合作支持。力求对方进一步降低金融合作限制，开通境外融资渠道，争取建立地方区域性外汇结算制度，扩大本币结算比重，实现货币互通。五是争取人员往来便利化政策支持。力求对方进一步简化商务人员往来手续，积极推进人员落地签或免签制度，便于人员交流与劳务输出。六是争取通关便利化支持。积极协商海关与检验检疫部门，在电子口岸标准上、电子商务认证体系上给予积极对接，在通关手续上、检验检疫上给予便利化安排，争取更多便利通关待遇。

（七）打造园区综合环境竞争力

园区作为投资合作的平台，环境建设是基础和先行条件。山东与"一带一路"沿线国家和地区合作园区投资环境的建设，必须坚持高标准高质量，坚持因地制宜，坚持生态领先，以形成园区环境更强的吸引力与适宜性，增强园区的活力与张力。为此，一是要打造现代化的园区基础环境。基础设施是园区承载力和发展力的重要标志。基础设施的建设层次的高度，意味着园区发展水平的高度。作为与沿线国家和地区的合作园区建设伊始就要有高定位、高起点，引入先进的开发思路，将更多的现代技术应用到园区道路、管道、厂房、水气电以及信息化设施建设上，提升园区档次，优化园区功能，为境外产业合作提供优越的产业孵化器和充分展示的舞台，同时也将能改变落后面貌的现代化元素更多地引入驻在国。二是要打造绿色文明的园区生态环境。当今社会绿色潮流汹涌，生产消费的安全性和环境的清洁性成为全球关注的问题。山东建设境外合作园区，引导产业输出也要树立鲜明的生态意识，将环保优先意识始终贯穿于园区建设中，加速环境绿色化模式的创新，加大园区环境保护与生态综合治理力度，在谋求园区经济与生态双承载效应的同时，提升驻在国的信任度和接纳度。三是打造适宜对接的产业配套环境。产业配套环境是园区产业发展的基本条件，没有产业发展相应的资源、人力、设备以及上下游条件，产业将孤立无援。因此，园区建设要充分考虑驻在国的产业发展水平与对接能力，打造适宜当地企业进入的配套环境，不可一味追求高大上而罔顾当地实际，使得产业发展难寻合作搭档和合作助手。四是打造与国际化运作规制相统一的园区制度环境。境外合作园区是国际化产业运作平台，它涉及的企业主体也是全球范围的。因此，园区的投资环境不仅要具备高质量的产业运行硬件，更多的还要具备高标准的产业运行软件。这就要求园区环境建设还要注重国际通行规则和制度的引入，顺应潮流，尊重规律，与国际惯例深度接轨，形成国际化运行体系和制度环境，尽可能避免主观意志下的制度约束，给予产业投资设立一个更适宜、更便利其运作与通行的国际仿生环境。

(八) 优化双方政府引导激励机制

境外合作园区建设是一项创新工程，需要方方面面的配套与联动。而政府的引导、支持与推进是不可或缺的，也是需要先行的。山东与"一带一路"沿线国家和地区的园区合作也需要地方政府部门"扶上马，送一程"。一是将合作园区纳入对外经济发展总体战略布局之中，给予前瞻性规划与安排，使其发展具有预见性和稳妥性。为此，要对世情、国情、省情有一个总体把握，将山东创业实力与企业家底做一个清晰的盘点，突出合作园区规划和实施方案的可行性和可控性，给予合作园区建设和企业"走出去"明确的引导。二是给予一定的政策优惠，在资金投入、管理权限、税收信贷、贴息优惠、出口退税、投资保险、运输物流、人力资源等方面给予倾斜与支持，减轻合作园区境外启动阶段的困难与负担，促其先迈出步伐。三是发挥政府部门内引外联的渠道优势，积极接洽东道国有关方面，协调利益关系，为园区争取当地最优惠投资政策和互利互惠协作，在土地使用、资源供给、政策设置等问题上获取最大关切和便利；积极动员与组织山东企业集群式协同化进入境外合作园区，构架企业与园区、境内与境外的沟通桥梁。四是加大合作园区领军企业和名优企业的集中培植，将企业效益与扶持奖励政策相结合，强化企业的引领和带动作用。

第十一章 山东与 21 世纪 "海上丝绸之路" 沿线国家和地区的海上合作

山东是我国沿海省份，有着重要的资源、产业、区位优势，在我国海洋经济发展与开放合作中占有重要地位。贯彻落实国家"一带一路"战略，特别是 21 世纪"海上丝绸之路"建设战略，必须把扩大、深化与沿线国家和地区的海洋合作放在重要位置，扎扎实实地把各项工作落到实处。

一、"海上丝绸之路"海上合作的内涵与形式

"海上丝绸之路"建设背景下的海上合作与学术概念上的海洋合作、对外开放在内容和目的上有一些不同之处，需要对此加以明确。

(一) 海上合作的内涵

目前，对于海上合作的定义还没有一个统一的界定，单从"一带一路"战略构想的系统表述中，我们可以发现关于这一命题的一些特征。首先是涵盖的范围较广，李克强总理在出席亚欧首脑会议中提出，要"利用'一带一路'这个平台推动、深化亚欧合作，增进亚欧互信，提升亚欧地区互联互通水平，促进可持续包容发展"，可见海上合作在内容上不仅包括经济合作，还涵盖了文化、教育、安全、环境等诸多方面。第二，"海上丝绸之路"建设是以开放包容、和平发展、互利共赢为理念，因此海上合作在空间范围上不仅局限于海洋，而且是通过以海洋为载体，将其作为互通有无、优势互补

的工具和手段。第三，过去十几年，我国企业在快速推进"走出去"过程中过于粗放，合作水平不高，因此在"海上丝绸之路"建设中，海上合作要以企业贸易投资合作为主体，努力提升合作的质量，切实改善我国的形象。

（二）海上合作的形式

山东省海洋合作与交流活动日益频繁，主要集中在以下几个方面。

1. 海洋渔业合作

海洋渔业的合作主要集中在渔业生态化转型、渔业低碳化发展、渔业资源管理、水产品质量安全管理交流以及水产品经贸交流等领域。力图通过渔业生产、管理的交流与合作，达成双边或多边共识，并建立一个长期稳定的沟通协调方式。① 依托国家间的双边与多边渔业合作，密切与国际和地区性渔业组织的合作，以鲁海丰、中鲁远洋等渔业企业为核心，合理引导远洋渔业船队建设；探索建立国际海洋水产品交易中心，建设海外远洋渔业基地，以西北太平洋、印度洋、非洲沿海、南美洲沿海的过洋渔业开发为重点，兼顾大洋性金枪鱼、鱿鱼、秋刀鱼及多种深海渔业资源开发，构建全球化布局的远洋渔业生产、加工和交易体系。

2. 海洋油气业合作

海洋油气业一方面在油气开采的技术引进和工艺改善方面不断与境外企业加强合作；另一方面依托于上游油气开采产业，大力延伸海洋油气的整体产业链，设计研发高附加值的新的油气相关产品，优化产业结构，并通过沿海大型项目的建设和境外合作协议的签订，实现海外并购和业务拓展，使原先简单的生产业务转变为多触角、全方位的综合经营模式。

3. 海上安全合作

随着海洋安全局势逐步恶化，国际纷争与摩擦不断，海上安全合作越来

---

① 闫付美：《东北亚区域合作视角下的山东半岛城市群建设》，《时代金融》2009 年第7 期。

越重要。当前海上安全合作既有各国家间的双边性合作,也有中日韩、东盟"10+3"会议、亚太经合组织、东北亚环境合作会议等多边性合作。

4. 海洋科技合作

船舶制造与海工装备方面,积极与欧美、韩国、新加坡、澳大利亚等国际海洋工程装备总承包商及设备制造企业合作,推进海洋仪器仪表、勘探设备和环保装备的设计生产与研发。远洋渔业与海水养殖方面,积极引进和吸收美国、挪威、法国等国家的现代化工厂养殖技术,开发新的海水养殖品种并改善现有产品的质量。海水综合利用方面,主要依托区内的大型能源、电力和化工企业,通过国内的相关企业和机构与美国、法国、以色列、西班牙、日本、韩国等国家的水处理系统承包商及设备制造商合作,探索在海水综合利用系统设计、膜组建生产、水处理设备制造、海水脱硫等领域实现产品与技术的引进吸收,加快海水综合利用的产业化进程。

二、山东与 "海上丝绸之路" 沿线国家和地区海上合作现状

总体来说,山东与 "海上丝绸之路" 沿线国家和地区的海上合作日趋活跃,但交流和合作的层次仍有待提升。

(一) "海上丝绸之路" 沿线国家和地区海上合作基础

随着我国的经济实力与国际形象的不断提升,与 "海上丝绸之路" 沿线国家和地区的海上合作迎来了前所未有的契机。

1. 德国

目前,中德关系的发展已进入快车道,特别是创新合作的提出,将为两国关系的进一步发展注入新的推动力。德国是中国在欧洲最大的贸易、投资和技术合作伙伴。默克尔 2014 年 7 月访华时提出,愿与中方建立并发展创新伙伴关系。2015 年是中德创新合作年,中方将作为合作伙伴国参加汉诺威电子、信息和通信博览会,工业信息化、金融、航空航天等领域都有望成

为中德合作新的增长点，双方创新合作潜力巨大。①

2. 俄罗斯

作为彼此最大的邻国，中俄资源禀赋各异，经济互补性强，合作领域广泛，其中，大项目合作是两国合作的一个突出特点。从能源到卫星导航，从大飞机到基础设施建设，大项目合作成为促进和加快中俄经贸合作的有力手段。特别是能源合作，是中俄大项目合作最先开展的领域。两国 2014 年 5 月签署的东线供气购销合同，是深化全面战略协作伙伴关系的又一重要成果。②

3. 意大利

意大利对中国投资需求较大，有望成为中国基础设施走出去的重要合作伙伴。不过，意大利也需要在签证、市场准入等方面提供更多便利化措施。通过深化与南欧地区投资、贸易合作，并通过南欧门户进入欧洲腹地，中欧合作潜力巨大。

4. 韩国

中国是韩国最大贸易伙伴，在海外投资市场、留学教育市场以及海外旅游市场方面均占有最大的份额。2013 年，中韩双边贸易额高达 2742.5 亿美元，超过了韩美、韩日、韩欧贸易额的总和。金融方面，中韩双方正在积极探索人民币对韩元的直接交易机制，以适应不断增加的双边贸易量。此外，中韩自由贸易区也在进一步推进之中。③

5. 印度

中印尽管在解决陆上边界争议方面的进展很艰辛，但双方都有意跟对方开展新的海上对话。通过开展在海上互联互通、海洋经济、科技环保、防灾减灾、社会人文等各领域的务实合作，实现地区各国共同发展，帮助整合正

---

① 贾靖峰：《李克强将访问德俄意　发表两次讲话　存三大看点》，2014 年 10 月 4 日，见 http://www.cfi.net.cn/p20141004000056.html。

② 贾靖峰：《李克强将访问德俄意　发表两次讲话　存三大看点》，2014 年 10 月 4 日，见 http://www.cfi.net.cn/p20141004000056.html。

③ 钟赫：《中韩经济合作驶上快车道》，2014 年 8 月 6 日，见 http://www.chinatoday.com.cn/ctchinese/economy/article/2014-08/06/content_ 633421.htm。

在进行中的各种合作，以加速各自发展，该倡议已获得了印度的正面回应。①

6. 泰国

泰国作为"陆上东盟"国家和"海上东盟"国家的联结点，通过21世纪"海上丝绸之路"的建设，泰国的中心位置将更为突出。中泰关系长期"领跑"中国—东盟关系，中泰在打造中国—东盟自贸区升级版、推进泛亚铁路建设和筹建亚洲基础设施投资银行上都有共同利益，两国共同推进上述倡议，将为中国与东盟国家合作提供示范，为搭建21世纪"海上丝绸之路"网络提供强有力的支撑。②

（二）与沿线国家和地区海洋产业合作取得明显成效

与沿线国家和地区海洋产业合作主要体现在以下几个方面。

1. 海洋渔业

山东是传统海洋渔业大省，现有24000艘海洋捕捞渔船，从事渔业人口近160万人，主要产品包括对虾、海参、鲍鱼等海珍品，渔业工业基础和科技力量雄厚。"十二五"期间，山东将在包括斐济、摩洛哥、新西兰、菲律宾、墨西哥等在内的多个国家建立海外远洋渔业、养殖基地，深入开展国际海洋渔业合作。

山东省计划到2015年，在斐济等南太平洋岛国建设多处集海产品冷藏、仓储、运输、加工，渔船保养、维修、后勤补给，以及产品的销售等多功能于一体的综合性渔业基地，作为山东省远洋渔业的前沿平台。同时，选择蒙得维亚港等区位优势明显的枢纽，通过租赁、投资的方式，整合并拓展港口的原有渔业服务功能，探索推进境外的渔业补给基地和建设机构，建设远洋渔业项目的补给、销售中心，拓宽鱼货贸易业务。

---

① 沈丹琳：《外媒：中国力推"新丝绸之路"望印度发挥作用》，2014年8月12日，见 http://news.sina.com.cn/c/2014-08-12/171730673099.shtml。

② 杜明明：《驻泰大使宁赋魁：中泰合作潜力巨大，前景广阔》，2014年8月26日，见 http://finance.people.com.cn/n/2014/0926/c1004-25743936.html。

近年来，山东省企业积极响应上级号召，稳步实施"走出去"战略。青岛聚大洋海藻集团有限公司成功收购澳大利亚 AKP 海藻公司。鲁海丰食品集团有限公司在国家"一带一路"政策的引导下，积极与印尼、马来西亚等国开展合作，建设海外渔业基地，建造捕捞渔船，提高远洋捕捞能力，不断将企业发展壮大。

为增强远洋渔业的竞争力水平，山东省规划并布局了多项大型海外水产品加工贸易项目，通过将水产品精深加工、海珍品药物元素提炼、鲜活水产品运输等多种高附加值业务进行整合，强化山东远洋渔业的品牌影响力。目前，已经与乌拉圭、韩国、菲律宾等多个国家达成了合作意向。山东省海洋与渔业厅科外处处长朱日进表示："十二五"期间，山东开展海外渔业合作将制定符合国际渔业发展趋势和国家外向型渔业产业发展方向的方案和目标，合理加强与国外特别是朝鲜、韩国、菲律宾、日本等周边海域国家的渔业合作，互利共赢。①

2. 海洋专业人才培育

山东省紧扣全面建设小康社会、创新型国家和海洋强国建设的战略需求，以开放的国际教育模式来培养国际化创新型人才。紧紧围绕"探索国家海洋经济科学发展新路径"和"促进东部沿海率先转型发展，建设海洋强国"的历史使命，激励和促进各大高校院系的国际交流和合作。

目前，山东省已与世界 25 个国家的 166 个高校建立了合作关系，在海洋工程、海洋新材料等领域组建了大规模的科技创新产业基金。通过与美国、加拿大、挪威等海洋技术强国的科技合作，建成了面向国际市场的海洋产权交易和服务基地，海洋科技创新能力明显提高，集成创新、引进消化吸收再创新能力大幅增强，一大批海洋科技关键共性技术取得突破。海洋研究与试验发展经费占海洋生产总值比重达到 4%，海洋科技对海洋经济的贡献率大幅提升，并为国家提供了具有前瞻性的海洋科技成果和政策咨询信息。

---

① 《"十二五"山东将深入开展国际海洋渔业合作》，2011 年 4 月 22 日，见 http://www.chinanews.com/cj/2011/04-22/2992634.shtml。

围绕海洋科技成果转移服务国际化和市场化导向，山东省加快国际技术转移公司引进，搭建具有国际影响力的海洋技术交易、展示和育成中心，大力吸纳各类优质海洋科技创新要素进入市场，推动海洋科技共性技术、关键技术的转移和扩散，积极承接国际组织涉海项目，打造国家海洋科技成果转化服务示范基地，为海洋产业结构优化和产业链转型升级奠定了扎实的基础。

3. 海洋仪器装备

通过丰富的理论基础和实践经验，山东省取得了多项国内领先和世界先进水平的科研成果，研制出一批技术先进、性能可靠的海洋监测设备。海洋资料浮标系统、海洋水声探测设备、海洋水质污染监测设备、海洋台站自动化监测设备、船舶气象仪器、水文测量仪器等广泛应用于我国海洋资料浮标网、海洋观测站、科学调查船及志愿船，获得了大量的数据资料，为海洋环境监测和海洋自然灾害预警预报做出了突出贡献。

2013 年，乌克兰国家科学院海洋水文物理研究所与山东省科学院海洋仪器仪表研究所签订了合作协议，计划在海洋仪器、海洋学及生态监测开发等领域开展科技合作，并共建国际生态仪器和海洋技术中心，进行专家交流及人才培养。双方共同寻找到技术合作方向和具体技术合作内容，进一步明确了双方的合作意向，最终签订了《乌克兰国家科学院海洋水文物理研究所与山东省科学院海洋仪器仪表研究所科技合作协议》。此次访问及技术协议的签署，为双方更深层次的技术合作和最终合同的签订迈出了坚实的第一步。[①]

4. 海洋能源

海洋新能源是山东半岛蓝色经济区对外开放的重点海洋产业，借助在海洋生物研究领域方面的优势，山东省与美国、香港等能源领域背景公司展开了初步的合作交流。2010 年，青岛国家海洋科学研究中心举办了中美海洋微藻生物质能源技术交流会，美国 XL 可再生能源公司，香港生物能源有限

---

① 《乌克兰海洋研究所与山东海洋仪器仪表研究所签订合作协议》，2013 年 10 月 12 日，见 http://www.qctester.com/News/details?id=11663。

公司和中战蓝盟投资有限公司组成的工作组，与来自中国海洋大学、中国科学院海洋研究所和青岛生物能源与过程研究所的专家，围绕"海洋微藻生物质能源关键技术"展开深入交流。双方就海洋微藻能源的发展思路、发展方向、关键技术等科技问题进行了深入探讨，重点针对能源微藻的优良藻种筛选、生物炼制、油脂合成的代谢调控、滩涂植物能源及其产业化等领域的技术创新进行了研讨，对加快发展海洋微藻能源的重要性和发展前景达成了共识。中美双方在海洋微藻生物质能源研究领域处于同一发展阶段，选择了相似的技术路线和产业化方向，合作潜力巨大。双方一致认为海洋微藻生物质能源技术将在近几年取得重大突破。[①]

(三) 合作机制建设取得一定突破

合作机制的建设是与"海上丝绸之路"沿线国家和地区建立海洋战略合作关系的基础，在这一点上，山东省已取得了一定突破。

1. 海洋科技合作

为建立海洋科技合作的保障机制。山东省青岛市把加快建设海洋国家实验室作为落实"海洋强国"战略目标的重大举措，不断加大支持力度。青岛市政府已经成立了专门的服务支撑机构，在理事会领导下争取各级科研经费，落实仪器设备投入、人才引进、成果转化政策等工作。截至目前，山东省青岛市政府已经投入基建资金 13 亿元，专项科研经费 4000 万元，仪器设备经费 3000 万元，配套出台了完善的人才引进政策。在此基础上，稳步推进基础设施建设。截至 2013 年 9 月，基建资金已全部到位，一期综合楼及高性能科学计算与系统仿真平台已竣工；2013 年年底，二期工程将全面完工，三期工程主体封顶；2014 年年底整个项目即可投入试运行，届时海洋国家实验室将达到占地 640 亩、建筑面积 15 万平方米的规模。此外，依托现有科研平台，全方位开展国内外科技合作。目前筹建中的海洋国家实验室

---

① 《山东半岛蓝色经济区对外开放专项规划》，2010 年 6 月 17 日，见 http://www.shan-dongbusiness.gov.cn/public/html/news/201006/105839.html。

已经与同济大学、上海交通大学、厦门大学等国内海洋科研机构开展了合作研究；与中石油、中船重工集团在海洋可再生能源等领域开展了技术合作。通过发起国际科技合作计划、共同承担课题、互派访问学者等方式，与伍兹霍尔海洋研究所等六个国际领先的海洋科研机构开展了近百项科研课题合作。发起、参与了北太平洋观测、牡蛎基因组测序等十个国际海洋科技合作计划。为吸引海洋专业人才，山东省还建立了流动开放、竞争合作的人员管理机制。实行以课题为核心的聘任制，对入驻的科研团队实行合同化管理，严格绩效考核，增强竞争意识。在科研团队的组成上，同一单位人员数量不超过总数的 70%，确保科研团队的开放性。①

2. 项目投资与招商

山东半岛蓝色经济区建设规划实施以来，山东省以东北亚国际物流枢纽、海洋科技企业孵化器和国际海洋商品交易中心建设为抓手，加强与国际金融、商贸会展、市场营销、教育培训等专业中介服务机构的合作，积极引进国际知名的海洋科技机构、海洋科技企业研发中心、海洋科技成果转化服务机构及国际金融、保险、会计、市场、审计、广告等专业中介组织，搭建海洋专业中介服务平台，建立国际化的海洋专业服务信息网络和技术支撑体系，提升山东省的海洋专业中介服务国际化水平。同时，成立成果转化交易平台，提升海洋科研成果转化率。建立以若干重点产品和共性关键技术为纽带的研发同盟，加强产业上下游合作；设立成果孵化基金，对外推介具有良好市场前景的海洋产业项目，并保护知识产权，提高海洋科技成果转化效率。吸引国际海洋产业总承包商与企业进行合资合作，实现海洋产业由浅海向深海，由制造到研发，从单一生产到多角经营的模式创新。吸引美国、荷兰、挪威等海洋经济强国的公司在山东省开展业务，推动省内海洋新兴产业的科技创新，吸引人才和市场向山东省集聚。

---

① 《山东多举并措加快海洋国家实验室筹建工作》，2013 年 10 月 14 日，见 http://www.guigo.com.cn/news/530.html。

三、山东与"海上丝绸之路"沿线国家和地区海上合作面临的主要问题

山东与"海上丝绸之路"沿线国家和地区的海上合作具有广阔的发展前景，但在交通设施、产业合作、文化交流、科技引进方面仍有待提高。

(一) 缺乏总体规划，政策引导力度不够

海洋经贸国际合作以政府职能部门和企业为主进行，职能部门和企业各自为战，缺乏系统的海洋经济国际合作服务和政策引导体系。除了政府组织的经贸合作论坛和产业招商活动外，海洋产业国际合作基本以企业为主体进行，没有形成系统完善的产业链合作机制。现有的国际海洋经贸合作政策与规制零散，国际合作职能分散在多个政府职能部门，缺乏统一协调，政策导向也存在很多冲突和矛盾，直接影响国际海洋经济合作成效。

(二) 城市间互联互通水平有待进一步提升

近年来，山东省对外结好的数量虽然在逐年增加，但与国际友好城市交流进展缓慢的现象仍然存在，主要体现在与欧洲、美国、非洲等友城的交流和关系的发展上。[①] 一是由于双方在文化传统和思想意识方面存在差异，导致在交流和沟通环节存在一些误解或误读。例如，山东省的一些海洋产业规划和实施意见在行文格式和文本模式方面意识形态的色彩较浓，类似"前沿基地""桥头堡"等带有军事战略意味的词语，会引起对方的抵触情绪，往往将一些纯市场条件下的合作谈判误认为是政府的包办行为，从而对项目本身产生疑虑，降低了项目合作的积极性。二是交往缺乏持续性并无法进一步深入，一些城市友好交往的活动往往是基于目前的现实需求，而对双方城市

---

① 吴沙：《国际友好城市交流的问题与对策研究》，博士学位论文，国防科学技术大学，2005 年，第 31 页。

的经济水平、文化背景以及产业结构的互补性缺乏深入的了解，特别是一些以灾难援助为开端的交往活动，在危机过后往往无法做到继续发展，城市间的国际交往不应过于关注短期利益，应注重交往过程的可持续性，了解对方的切实需求，从而形成更为紧密的利益结合体，而这不是通过短期的合作或例行交流可以实现的。

目前，山东省与国外友城的交往大都以政治性互访为主，强调友好较多，涉及行业联络、企业互访、实体交流的情况较少。这种以政府官员为主要人员构成的交流活动，尽管在宏观方面能体现出合作的诚意和重视程度，但在后续的实质性合作上缺少能落地的项目。

（三）海洋产业合作有待深化

山东海洋产业国际合作目前存在的问题主要有以下几点：第一，海洋权益纠纷严重。长期以来东北亚地区周边水域主要是以中、日、韩为主导来利用和管理的，同时相互之间进行了竞争性开发和利用。随着联合国海洋公约的生效，这一地区的各国按各自的需要宣布了经济水域，特别是日本方面，在钓鱼岛问题上屡屡做出错误的言行，导致海洋权益纠纷问题日益严重。第二，海洋经济国际合作金融支持不足。国际合作与投资普遍采用美元计价以便于国际接轨，但国内进出口金融市场监管严格，尚未放开，外汇交易存在诸多不便。加快海洋经济国际合作，推进大宗海洋商品国际展示交易中心、定价中心和结算中心建设需要成熟的资本市场和金融市场的保障和支持。山东省自由贸易区申建尚未完成，现有的保税港区金融开放水平未满足国际海洋商品交易中心等国际合作项目建设需要，亟须在金融创新领域实现突破。第三，海洋产业生产安全问题时有发生。由于在技术设备上的原因，山东省在海洋产业国际合作时，往往重视的是合作对象的科技实力和利益分配，同时，国外合作方更是以利益至上为原则，缺乏基本的企业社会责任，在这种情况下，海洋产业生产的安全问题以及环境保护问题反而被放到了次要的位置，造成事故安全隐患。2011年的康菲漏油事件以及鱼类大面积死亡事件，已经充分暴露了这方面的问题。

(四) 产业科技比重较低, 合作深度和领域受到限制

我国海洋产业经济发展时间较短, 山东省海洋经济在全国范围内处于领先地位, 但产业科技水平较低、产业链分散, 缺乏国际竞争力的问题一直普遍存在, 特别是在船舶与海工装备制造, 海洋新能源、深海资源开发与勘探方面尚未形成完善的产业体系, 以 2010 年海洋船舶工业为例, 山东在海洋船舶工业全国排名第五位 (如图 11-1 所示)。

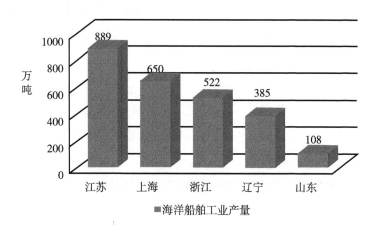

图 11-1 全国船舶工业排名前五名产量

而一些先进的海洋科技成果需要完整的产业平台才能发挥其效果, 这使得山东省在新兴技术引进与产业培育方面失去了许多合作的机会。此外, 随着山东省产业结构优化升级的不断深入, 原本的劳动成本优势也正在逐步丧失, 对外合作项目的吸引力和竞争力受到影响, 一些以劳动密集型为主的合作项目正逐渐向东南亚国家转移; 而科技含量较高的合作项目则由于基础设施不完善、产业链不成熟、相关法律制度不健全等原因, 难以取得实质性的进展。

(五) 海外市场拓展力度不够, 企业缺乏国际合作的经验。

山东省与丝绸之路沿线国家和地区的海上合作需要更为广阔的市场支

撑。目前，包括船舶、海工装备、海洋水产品、盐化工产品、滨海旅游产品的国际市场份额还比较小，海外市场拓展明显不足。由于处在产业链低端，产品附加值低，导致很多海洋产品在国际市场上缺乏竞争力。另外，国际市场营销力度不够，产品缺乏技术创新，对国际市场需求不了解，营销手段落后，也造成国际市场份额低下。此外，省内涉海企业以国内中小企业为主，缺少跨国经营和国际合作的经验，管理手段落后，高层次的跨国经营人才匮乏。受市场渠道、技术能力和资金的制约，区内多数海洋产品销售以国内市场为主，不仅缺乏国际市场声誉和品牌优势，也缺乏对国际市场的了解，与国外企业的合作进展缓慢，这些都增加了山东省企业参与国际合作的难度。

总体来看，山东省的海洋经济国际合作还处在部门和企业合作阶段，政府的推动与引导作用未得到充分发挥，海上国际合作缺乏系统规划和整体协调，也没有完善的政策、金融和产业组织体系，未来需要在政策和资金扶持方面加大力度。

四、山东与"海上丝绸之路"沿线国家和地区海上合作的主要内容与重点领域

从山东省的经济发展水平、产业特点、区位优势、文化基础等方面分析，山东与"海上丝绸之路"沿线国家和地区海上合作在以下几个领域有较大的发展空间。

（一）加快与沿线国家和地区互联互通

随着山东与周边国家的经济协作和产业融合进一步加深，港口物流的配套服务功能的提升成为未来合作发展的基础环节。

1. 港口航运与物流运输

与韩国的釜山、仁川和光阳港，日本的福冈、下关、横滨与神户港，俄罗斯的海参崴等港口合作，推进东北亚港口战略联盟建设，优化国际集装箱运输航线配置，共同发展集装箱联运与国际中转、物流配送等航运物流业

务。提升中韩陆海联运汽车货物运输层次，积极争取在日本福冈港试点开通陆海联运汽车货物运输项目，允许集装箱货车通过海上滚装货轮相互抵达对方港口，实现集装箱货车陆海"一站式"运输。[①] 同时，积极与俄罗斯、美国、加拿大、挪威、冰岛等国家的港口合作，探索北极航线建设。

推进港口与铁路、航空、公路多式联运物流节点设施建设，完善董家口疏港铁路、公路体系，与日照港、连云港等亚欧大陆"桥头堡"港口合作，打造联通中亚的"丝绸之路经济带"入海口。深化与新加坡、曼谷、林查班、马尼拉、槟城、胡志明等东南亚港口的沟通与合作，建立和完善东南亚海上航线，构建联通澳大利亚、新西兰、南美、南亚及东非的"海上新丝绸之路"。

积极吸引欧美、日韩及"金砖国家"物流企业入驻，重点针对矿石、粮食、木材、煤炭、油气等大宗商品以及集装箱运输等打造国际海运物流集群，服务于国家大宗商品战略储备基地建设。争取与国际知名海洋水产品加工及贸易物流企业合作，建设国际水产品冷链物流示范区，打造国家海洋水产品进出口物流中心、海洋水产食品深加工中心、海洋水产食品交易中心和国际海洋水产品保税物流中心，构建一条从远洋捕捞、水产加工到冷链配送的海洋水产品多式联运物流供应链。

2. 港口物流合作

积极发展第三方物流，推进港口物流合作。港口物流合作对于国家间的互联互通具有重要作用，编制港口物流发展总体规划，统一规划港口、机场、港口物流园区和机场物流园区布局，提高物流营运效率是国内外特色经济区建设的基本前提。通过为入住的外国物流企业提供廉价的租金及减免进口关税政策，搭建顺畅的物流流通服务体系，实现港口—航空—铁路—公路运输的有机连接，为园区提供最佳的物流环境。积极探索建设国际航运枢纽，重视航运物流产业的发展，通过提供税务优惠、研发资助以及各种教

---

① 《山东省人民政府办公厅印发关于在山东半岛蓝色经济区建设中日韩地方经济合作示范区的框架方案的通知》，2012 年 9 月 5 日，见 http://www.shandongbusiness.gov.cn/index/content/sid/228591.html。

育、在职培训计划，促进专业物流人才的培养。依托政府和当地私人机构的联合资助，以科研院所和高等院校为核心与国外知名企业合作，建立产学研综合体、物流学院，专门培养物流人才；积极引入外资进入物流行业，通过简化法律和税收条件，采纳国际财务准则等措施，方便外资企业投资。吸引全球知名国际物流知名企业在重要港口设立亚太区域总部，发展第三方物流，加强国际合作，形成完善的物流产业集群。在港口物流园区采用优惠政策，积极吸引第三方物流企业进驻，为客户提供运输、仓储、加工、配送等各个环节系列化服务，实现无缝对接，全天候运作和最优化整合，较好地实现规模经济效果。①

3. 以港口为重点的基础设施建设

强化重点港口的区域物流中心地位，实施东营港总体规划，加快形成以青岛港为主，以烟台、威海、日照、东营、滨州港为补充的港口体系。在主要枢纽港，应逐步提升港口的金融服务功能，建立多种货币结算的融资机构，提高国际贸易的结算效率；大力发展临港工业集群，引进具有核心技术的外资企业，在降低物流运输成本的同时，维持稳定的货源输出，提升港口的品牌竞争力。在支线港，推动港口与中海油、壳牌、埃克森美孚等世界500 强企业的战略合作，实施码头扩建、航道疏浚治理等工程，开工建设大型专业化码头和精细化工品码头，加快防波堤和航道等基础设施建设，建成集工业、物流、仓储配套的多功能综合型亿吨大港。在中小型补给港，加快实施航道整理、码头建设和港区基础设施配套工程，建设集渔港、商港和旅游港于一体的综合性港区，并配套发展集装箱、散杂货、件杂货、液体化工以及滚装业务，实现与支线港和枢纽港的物流无缝衔接。②

---

① 陈雅萍:《借鉴新加坡经验　提高我国第三方物流运作效率》,《商场现代化》2006 年第 17 期。

② 《中共东营市委、东营市人民政府关于贯彻落实〈黄河三角洲高效生态经济区发展规划〉的实施意见》,2011 年 1 月 17 日, 见 http://www.dyedz.gov.cn/quneidaohang/jingjifazhanjutongjiju/falvfagui/2011-01-17/6014.html。

（二）加强产业链的对接与配套

产业链包含价值链、企业链、供需链和空间链四个维度，通过相互对接平衡形成产业链，实现跨地区的产业合作与产业链配套。产业链对接与配套着眼发挥区域经济比较优势，借助区域市场协调地区间专业化分工和多维性需求的矛盾，以产业合作作为实现形式和内容的区域产业合作方式。

1. 海洋化工产业链

加大研发和技术引进力度，加强与美国、日本等具有领先深海油气开采技术国家的合作，通过联合经营、风险服务等合作模式实现技术改造、产品升级。积极引进培育大炼油副产品回收、催化剂复活及助剂类、炼化专用设备类等循环经济项目和配套产业，对现有企业排放进行资源化利用处理，逐步实现循环发展和清洁生产。"以上游带下游，以下游促上游"，根据现有石化产业链结构的情况，有甄别的引进下游相关配套项目，替换现有产业链环节中的短板，同时稳步推进化工企业"近限远迁"，逐步实现"腾笼换鸟、凤凰涅槃"，促进石化产业链的延伸与升级。鼓励国外高校科研机构与区内企业开展产学研合作，研究开发新产品、新品种、新技术、新工艺、新装备，进一步拓展、升级产业链，实现可持续发展。

吸引处在海洋精细化工产业链高端的国际知名化工企业到园区建厂或组建合资公司，拓展和提升盐化工和油气化工产业链，加快新产品的研发和产品国际市场开拓进程，提升盐化工产业的国际竞争力。强化与日、美、英等国家企业和研发机构的合作，通过产品与技术购买、联合研发、合资建厂等方式，推进海洋工程新材料、海洋防腐防污新材料、海洋生物新材料的研发与生产进程。重点研发和突破深海耐压工程材料，海洋装备与船舶用特钢、有色金属与合金材料，新型海洋防腐防污涂料以及海藻纤维等系列海洋新材料产品，加快海洋新材料产业的培育与市场推广。

2. 滨海旅游产业链

依托"海上丝绸之路"和青岛邮轮母港建设，强化国际合作，吸引洲际、万豪、希尔顿、凯宾斯基等国际知名酒店管理集团，以及日韩休闲度假企业和旅行服务机构到山东省建立分支机构，结合旅游海岛开发和海上人工岛建设，规划建设邮轮靠泊港，积极引进国际邮轮公司，开发邮轮游艇、海岛度假、海上运动、文化休闲等国际化旅游产品，打造蓝色经济区国际旅游度假地。

规划建设国际海洋会展中心，争取承办全国海洋科学技术大会、亚太经合组织（APEC）蓝色经济论坛、中希海洋合作年会及国际海洋工程论坛等重大海洋活动，并与联合国相关海洋组织合作，积极承接各类国际海洋专题会展。以北京电影学院现代创意媒体学院、凤凰岛国际影视演艺中心、万达东方影都等重点项目建设为载体，与好莱坞、戛纳等影视机构合作，筹办青岛国际海洋电影节。与国际知名会展公司合作，筹办国际海洋节、国际海鲜饮食文化节、国际海洋设备展、国际海洋教育展、国际海洋人才交易会等系列节庆和会展活动，培育海洋文化会展产业，加快山东省文化旅游产业的国际化进程。

3. 船舶制造与海工装备产业链

借鉴日本、韩国船舶制造业发展经验，依托已有的海工装备特色园区建设，通过政府间合作、外商投资、企业并购、合作研究、技术培训和人员交流等多种渠道，积极争取引进美国、英国、法国、德国、挪威、丹麦、加拿大、乌克兰等欧美国家先进的船舶设计与制造技术，加快提升山东省船舶制造基地的技术水平和专业能力。在稳步增强大吨位散货船、集装箱船、客货滚装船制造及维修能力基础上，推进液化石油气船、液化天然气船、邮轮游艇、海洋工程船等高技术船舶的制造，重点突破特种船舶设计和核心技术环节，强化国内船舶研发机构和制造企业的自主创新能力。

积极与欧美及新加坡、澳大利亚等国际海洋工程装备总承包商与设备制造企业合作，通过合资、外包或委托等形式，推进海洋油气装备、海洋工程装备和海洋仪器仪表制造产业发展，重点突破深海油气勘探与开发装备、海洋监测装备、海洋新能源装备、海洋工程与环保装备等现代海洋高新技术装备制造，提升海洋工程装备制造水平，实现海工装备制造由浅海向深海的突破。通过技术、资金、人才和市场的集聚，增强海洋工程装备制造产业对其他装备制造产业的承载和吸附能力，吸引钢铁、机械、电子、IT 类等配套项目集聚，促进山东省船舶及海工装备产业的良性健康发展，打造国家船舶及海工装备出口基地。

(三) 深化海洋产业合作

海洋产业合作是山东省与丝绸之路沿线国家和地区海上合作的核心，除渔业、油气等传统产业外，海洋新能源、海水综合利用等方面也是未来的合作重点。

1. 中外合作特色产业园区

特色产业园区是产业集群发展到一定阶段的必然产物。特色产业园区是以区域特色经济为基础，以优势企业为主导，促进现代产业分工协作的专业化园区。随着一个地区产业结构的不断调整和优化，发展特色产业园区成为实现山东省产业升级的有效途径，也是承接产业转移的重要载体，更是实现新型工业化的重要平台。[1]

山东省集聚了青岛前湾保税物流园、三角工业园、文登工业园、万华工业园、麦盖提工业园、海西湾船舶与海工装备制造产业园、胶南海洋生物医药产业园及青岛中德生态园等多个特色海洋产业园区，形成了港口航运、船舶海工、生物医药、循环经济等多个特色海洋产业集群，为山东省海洋经济集聚发展奠定了基础。通过特色海洋产业园区，特别是中外合作特色海洋产业园区的建设，搭建海洋经济国际合作平台，实现资源的优势互补，引领海洋产业的转型升级，从而带动山东省海洋产业的重构。

2. 涉海中介服务外包

随着信息技术的快速发展，全球产业转移正在由制造业转向服务业，服务外包应运而生并快速发展。[2] 由于通信技术、软件产业的不断壮大，服务外包开始逐步向附加值高的行业倾斜，虽然在各国及地区中制造业服务外包

---

① 陈澍:《基于产业集群的特色产业园区发展支撑体系研究》,《科技进步与对策》2010年第 13 期。

② 何娣、邹璇:《服务外包对中国产业结构升级的影响》,《统计与决策》2012 年第 22 期。

仍然占有很大比重，但是金融类、通信传媒类行业服务外包已经开始超越制造业，成为服务外包的主流。① 海洋科技与产业服务外包也处在快速发展中，成为海洋经济国际合作的重要渠道。

山东省应积极参与国际分工、保护知识产权，为新区服务外包业发展创造良好的外部环境。合作应以高端外包业态和服务外包支撑体系为重点，依托开发区、保税区、高新区等服务外包示范园区建设服务外包集聚区，将业务流程外包（BPO）和知识流程外包（KPO）等高端领域作为新区服务外包产业的发展方向。围绕电子信息、生物医药、航运物流、金融保险等重点行业，采取分级推进的方式，发展业务流程外包、信息技术外包和知识流程外包，扩大和提高离岸外包的交易规模和水平。

3. 国际港口联盟与自由港区

港口联盟是港口资源整合的主流模式之一，港口联盟是两个资源互补港口之间或供应链上下游企业之间，为了某一共同的特定目标所形成的长期合作协议或组成的网络式协作关系。② 港口联盟建设的主要模式有横向联盟模式、纵向联盟模式以及相互渗透型联盟模式。港口联盟发展顺应了国际航运物流市场的发展需求，是推进山东省国际航运枢纽建设的重要手段之一。

自由港区是指各国和地区在对外经济交流活动中，由政府划定的一个特定的、采取更加开放的特殊政策和措施的自由经济区域。其目的是为了发展转口和对外贸易、利用外国资金、引进先进技术和科学管理知识、解决劳动就业、开拓国际市场、扩大出口贸易、增加外汇收入，最终促进该国和地区的经济发展。同样，自由港区也是一个国家海洋经贸国际合作的重要平台，并是山东省实现海洋经济国际合作的重要窗口。

---

① 《亚太总裁协会发布〈2013全球服务外包发展报告〉概要》，2013年9月28日，见 http://finance.sina.com.cn/hy/20130928/194816880166.shtml。
② 顾志康：《珠海港发展战略研究》，《中国水运〈下半月〉》2011年第8期。

五、山东省海上合作对策与建议

山东省的海上合作举措应体现和平发展、互利共赢的理念,通过深入交流,发现双方的利益关切点,形成紧密的合作伙伴关系,通过产业互补,以企业为主体,实现经济、文化的共同繁荣。

(一) 构建国际海洋商品交易网络

实施招商引贸工程,依托主要枢纽港的口岸优势和海关特殊监管区的政策优势,着力引进国内外知名集团公司建立外贸总部基地、库运中心和分支机构。规划建设国际海洋商品交易中心,开展国际大宗进出口商品的集中展示、交易。承接举办东亚海洋博览会、金砖国家贸易洽谈会、中欧商品交易会、中日韩自贸区投资贸易洽谈会、国际海洋工程设备博览会、泛黄海商品交易会等高端会展。培育、引进一批大宗商品国际运营商、贸易商、期货经纪商及会计、法律、结算等机构,提高大宗商品贸易国际化水平。[①]

依托已有的水产品交易中心和大宗散货交易中心建设,以电子商务平台和驻外机构为载体,与相关世界行业协会和地区贸易组织合作,构建全球贸易市场网络、远洋航运保障网络和海外远洋渔业基地,构建全球化布局的国际物流与贸易平台。创新市场功能和交易模式,大力拓展新兴市场,积极发展期货和远期现货交易,建成全国最大的铁矿石和远洋水产品交易市场,努力成为棉花、橡胶、铁矿石、海洋水产品等大宗商品的国际交易和定价中心。

加强与现有期货市场的合作。截至 2014 年 1 月,山东省已先后与郑州商品交易所、大连商品交易所、中国金融期货交易所和上海期货交易所国内四大期货交易所签订了战略合作机制。今后,山东省还需要继续加强与四大期货市场的合作,这对于进一步推动山东省期货市场发展,充分发挥期货市

---

① 《浙江舟山群岛新区发展规划》,2013 年 3 月 18 日,见 http://zhoushan.house.sina.com.cn/2013-03-18/144922557.shtml。

场服务实体经济发展的功能，健全完善多层次资本市场体系起到积极的促进带动作用。

（二）构建海洋产业合作机制

山东省海洋产业特色鲜明，与"海上丝绸之路"沿线国家和地区的互补性较强，应充分发挥本地产业优势，并引进国外有影响力的知名企业，形成稳固的产业合作联盟。

着力构筑海洋科学重大基础条件平台。积极争取各方支持，切实推进海洋科学与技术国家实验室、国家深海基地、海洋科学考察联合舰队和中国海洋研究生院等四大科学工程，探索新型管理模式，培养和引进高层次海洋科技人才，挖掘科技帅才和创新团队的潜能，进一步完善上中下游有机衔接的海洋科学基础平台体系，形成"人尽其才、才尽其用"的创新格局。

探索建立海洋产学研合作协同创新机制。以国家和省重大海洋科技项目为载体，推动建立以企业为主体，以国家驻鲁和省市属海洋科研教学单位为主力，全社会积极参与的产学研协同创新机制，逐步形成学科配置齐全、人才梯队合理、引领支撑发展的海洋科技自主创新体系。

拓展海洋科技合作的渠道和范围。积极策划、推动海洋领域科技合作和信息交流，吸引国内外科研机构、大学、大型企业与驻鲁海洋科研力量合作建立研发机构，形成优势互补、共同发展的局面。更多地参与国际间和政府间海洋科技项目，在个别学科领域逐步实现由跟踪模仿向跨越领先的转变。加强引进技术的消化、吸收和再创新，逐步建立以国际市场需求为目标的经济技术合作与交流机制。瞄准世界海洋科技向深海发展的趋势，加强与美国国家科学基金会、俄罗斯科学院、日本海洋技术中心的合作交流，扩大在深海领域探测监测的合作，提高对海洋全方位的认知和未来海洋战略资源开发能力。支持企业开展国际化联合研发。①

---

① 山东省科技厅：《海洋科技条件平台体系框架初步建立》，2013 年 7 月 29 日，见 http://www.iqilu.com/html/ygzw/news/2013/0729/1613。

（三）创建海洋新兴产业国际培育平台

依托各类中外合作产业园区建设，鼓励园区和企业建设特色产业孵化器和加速器，以电子信息、现代装备、新能源、新材料、生物医药、节能环保等现代高新技术产业的科技成果转化和企业培育为重点，加快中外合作园区企业培育和集聚服务平台建设，建立完善的技术引进、转化、消化、吸收和企业孵化、培育、壮大专业中介服务体系。建立集政策指导、企业推介、投融资对接于一体的园区投资公共服务平台，吸引各类基金、银行、融资平台入驻，发展行业集聚效应，打造园区行业集聚地。

发挥新技术产业开发试验区以及高科技孵化创业园区、智慧产业区等载体作用，推进科技创新平台、科技创业孵化平台和创新团队建设，为国际海洋新兴产业培育合作奠定基础。创新政策扶持机制，吸引国外研发机构和企业研发中心参与组建工程（技术）中心、企业实验室等研发机构以及其他各类技术创新组织，支持企业开展境内外技术合作。建设一批国际化的公共技术创新、科技信息、技术交易、技术标准与检测服务等基础平台，加快海洋高新技术成果的产业化转化，促进海洋技术创新链与产业链融合，将海洋技术创新、园区集聚与特色产业基地建设有机结合起来，推进海洋装备制造、海洋新材料、海洋新能源、海洋生物医药等重点海洋技术领域的产业化发展，培育一批国际知名的海洋高新技术企业。①

（四）构建海洋高新技术产业集聚区

高科技产业是海洋经济未来发展的核心，也是山东省海洋经济的短板，应利用海上合作的契机，创新机制，吸引优质人才和核心企业，促进海洋经济转型升级。

对蓝色科技创新型企业进行分类管理。企业的类型不同，对资源的需求

---

① 《青岛市房地产市场黄岛区发展规划》，2011 年 12 月 1 日，见 http://www.docin.com/p-458522247.html。

也不同，可以按照企业的科技集成度将其分为高度创新型企业和中低度创新型企业。高度创新型企业更多地关注知识与技术的更新，企业家几乎没有商业背景，因此很难将产品或服务打入市场，需要与其他企业建立网络联系来弥补这一缺陷。此外，高技术企业在发展过程中会非常需要金融投资的支持。中低度创新型企业在发展初期面临的困难相对较少，这种类型的企业的市场进入会相对容易但会面临较大的竞争。中低度创新型企业会投入大部分资源进行市场渗透，并努力与客户或供应商发展良好的关系，对行业内部的网络联系关注较少。通过企业的产品特征或问卷调查可以准确的识别企业的类型。

加强孵化器建设，优化孵化器功能。孵化器是目前科技企业培育较为成熟的手段，可以对企业的共同需求进行统一化管理。通过将大量的科技企业进行聚集，增加了他们之间联系的机会，孵化器的选址一般在高校或研究机构附近，可以更好地利用知识的溢出效应，对于一些使用率较高的大型设备可以由孵化器出资供有需求的企业租用。此外，孵化器的功能不应仅限于提供办公场所，还应关注企业的内在需求。如对发展期的企业提供商业管理技能培训的服务，构建信息发布平台，协助企业进行资产重组和商业渠道拓展。

第十二章 山东与"一带一路"
沿线国家和地区的科技合作

国际科技合作已经成为促进国与国之间科技、经济与社会紧密结合的重要手段之一。我国"一带一路"战略的实施，为山东省加大与沿线国家和地区科技合作、交流、技术引进和输出带来了前所未有的机遇。扩大、深化科技合作成为拓展合作范围的重点工作之一。

一、山东与"一带一路"沿线国家和地区
科技合作现状

山东与"一带一路"沿线国家和地区的科技合作，围绕产业结构调整和高新技术产业的发展，从本省的省情出发，充分发挥科技合作所具有的先进性、引导性和前瞻性的作用，积极开展对外科技合作交流和对接活动，组织和实施科技合作项目，对相关企业提高技术水平、竞争能力、产品档次以及增加经济效益都产生了积极的作用，也为山东省经济和社会发展作出了贡献。

（一）合作模式与路径日益多样化

山东省历来重视国际科技合作，尤其是与"一带一路"沿线国家和地区之间，积极开展了全方位、多层次、广视角的科技合作与交流，逐步形成了政府引导下的以企业为主体、合作示范园区和基地为载体、大学和科研机

构间合作为先导、重点重大项目为抓手、技术引进为突破的市场化运作的科技合作模式，合作形式实现多样化和多元化。

1. 积极构建科技合作基地

山东省先后与俄罗斯、白俄罗斯、乌克兰建立了烟台中俄高新技术产业化合作示范基地、中白高科技合作园、俄罗斯自然科学院中国科学中心、济南中乌高科技合作园、中俄新材料联合实验室等。烟台中俄高新技术产业化合作示范基地是经国家科技部批准，于 1998 年 12 月建立的，在政府层面上为我国企业开展对俄科技合作搭建了平台。基地自成立以来，广泛开辟合作渠道，与独联体国家的一百多家企业院所建立了长期合作关系，并积极争取政府部门以及驻烟高校院所的支持和协助，组织一批骨干企业参与项目合作，从而形成了政府推动、部门联动、校企参与的对俄合作的良好氛围。[1] 2002 年成立的济南中乌高科技合作园，作为山东省与乌克兰开展技术交流与合作的公益性科技事业服务机构，定位为中国、乌克兰两国政府科技经济合作的科技园区，是中乌科技经济交流与合作的发展平台和载体，也是中乌科技成果孵化及高科技产业发展基地。中俄、中乌合作基地作为创业服务中心性质的机构，以企业为主体的特点决定其关注点更多地放在产品的市场化和经济效益的实现。相比之下，中白合作依托的机构为山东省科学院。相对于企业，科研机构对于技术的先进性具有更高的敏感度，能够准确把握前沿技术，克服企业的短视和规避风险的不足，在开展技术转移实现高新技术产业化方面具有不可比拟的优势，有效促进新产业的形成。[2] 除此之外，山东省还与日韩、欧美等国家建立了中—日—韩—泛黄海经济圈科技合作基地、中—欧（莱州）生物种质资源国际科技合作基地等。与印度合作在潍坊建立了中印联盟中心、印度国家信息学院（NIIT）国际软件工程师培养中心及印度项目管理精英培训中心等合作机构；在威海市建立了中日韩经济科技合

---

[1]　段媛媛：《白俄罗斯在山东技术转移模式研究》，山东大学硕士论文，2011 年，第 37 页。

[2]　段媛媛：《白俄罗斯在山东技术转移模式研究》，山东大学硕士论文，2011 年，第 38 页。

作网，利用网络优势加强信息交流与合作，成立了威海—庆北大学中韩科技企业创业中心等机构，成为国外科技成果的集散地和辐射源。

2. 组织专业性大型博览会

为山东省与"一带一路"沿线国家和地区交流与合作提供平台。围绕山东省技术需求和资源优势，与联合国亚洲及太平洋经济社会委员会（简称"亚太经社会"，ESCAP）等国际组织联合举办了烟台果蔬博览会、济南国际信息技术博览会、淄博国际建筑卫生陶瓷交易会、中国（济宁）专利高新技术产品博览会和中国威海海洋渔业及水产加工技术国际研讨会暨博览会，吸引国内外科研机构、大学和企业参加，成为山东省科技人员参与国际科技合作的重要舞台。例如济南国际信息技术博览会，是联合国亚太经社会与中国合作举办的唯一一个国际区域性信息技术博览会，自2002年首次在济南举办以来，每两年举办一届，迄今已成功举办六界，已成为行业内最负盛名的产品、技术博览会之一。2012年第六届信博会遵循"以招商促招展、以招展引招商"的原则，共签约项目69个，折合人民币331.8亿元。

3. 召开双边或多边科技洽谈会

山东省在与"一带一路"沿线国家和地区开展科技合作工作过程中，针对各方感兴趣的重要领域，相继举办了中国—意大利新材料及节能环保技术研讨会、中国—意大利乳品加工技术研讨暨洽谈会、中国—挪威环境技术合作项目研讨会、中国—古巴生物技术合作交流会、中国—美国生物技术前沿论坛、中国—美国农业技术研讨会，承办了中国—白俄罗斯政府间科技合作委员会第五届例会、亚洲科学园第八届年会、中国—俄罗斯海洋新材料技术论坛暨项目对接活动、中国—美国信息产业创新、投资、合作研讨会等活动，组织双方专家进行深入探讨，有效地推动了国际科技合作。如为了落实山东省与以色列政府产业研发合作协议，山东省科技厅于2013年10月实现了与以色列经济部产业研发中心的首次合作对接，并积极举办专题技术对接洽谈活动，引导山东省内企业与以色列对接，取得了良好的效果，引导浪潮集团与以色列协科公司签署了科技合作协议，开展了一系列计算机、医疗系统等方面的引进和合作研究工作。

（二）山东在沿线国家和地区科技合作中具有重要地位

山东省历来重视与"一带一路"沿线国家和地区科技合作，并在山东国际科技合作中占有重要地位。早在 1998 年，在烟台高新技术开发区正式启动"中俄高新技术产业合作示范基地"，开启了我国与俄罗斯科技合作产业化和技术创新的新阶段。于 2000 年依托山东省科学院建立的中白高科技园，标志着山东省与白俄罗斯科技合作工作的开端。立足中白高科技园，山东省科学院又先后承担了 30 多项与白俄罗斯、俄罗斯、乌克兰政府及企业间的科技合作项目。与白方在生物农药与肥料、光电子、水产养殖、传感器技术及新型工业材料等高技术领域开展了卓有成效的合作，成为两国政府关注的中白科技合作典范。

根据国际发展趋势和实际需要，山东省在"十五"期间先后重点开展了与俄罗斯等独联体国家以及日韩、欧美和印度等"一带一路"沿线国家和地区的科技合作，形成了经济发展新的增长点。在与独联体国家科技合作方面，双方保持良好的高层往来，实施了三百多项双边科技合作项目。山东省科学院与俄罗斯合作的"海水化学耗氧量的臭氧法分析技术""海水多种有机污染物的现场光学分析技术""大型海洋环境多层监测关键技术"等三个项目在监控和有效治理海洋污染、开发海洋产业等一些关键技术上取得了重大突破，实现了对沿海、河口及近岸经济区进行现场、实时、连续监测，大大提高了我国海洋现场生态监测能力。山东科技大学与俄罗斯合作的"管道内壁等离子原位反应复合处理自动化生产线"、山东绿叶集团与俄罗斯合作的"人工皮肤"等项目具有很高的技术含量，先后被列入国家"863"计划，极大地提高了山东省的科研水平。在与欧美国家合作方面，鼓励、支持山东省科技人员参与欧盟科技框架计划，鼓励山东省科研单位、企业与欧美国家在可再生能源、新材料等领域开展合作。山东省有关高校、科研单位共参与欧盟第三至第六框架计划项目 12 项；青岛国家海洋科学研究中心与斯克里普斯海洋研究所、乌兹厚海洋研究所、贝德福德海洋研究所等美加科研机构建立合作关系，开展了海洋生物、海洋药物、海水养殖和极地考察等项目合作。同时，山东省充分发挥地缘优势，与韩国、日本、台湾等周边国家和地区加强技术交流，充分利用胶东半岛制造业基地的优势，积极吸引韩国企业来山东省转移技术，2014年1—5月，山东与韩国进出口贸易额共实现130亿美元。

2014年以来，山东省科技厅重点围绕产业转型升级和创新驱动发展战略的总体要求，根据战略性新兴产业、自主创新重点领域的技术需求，积极组织科研机构、高等院校和企业引进先进技术消化吸收再创新，大力开展产学研合作创新，进一步提升山东科技国际化水平。

（三）山东与沿线国家和地区科技合作成就显著

山东省在与"一带一路"沿线国家和地区科技合作过程中，取得了显著成效。在2012年科技部公布的第四批国家技术转移示范机构名单中，以山东省科学院生产力促进中心，即白俄罗斯国家科学院济南技术转移中心为代表的四家单位名列其中。目前，山东省国家级技术转移示范机构已发展到14家。山东省与"一带一路"沿线国家和地区科技合作的成就主要体现在以下几个方面。

1. 政府引导、效果显著

山东省委、省政府多年来积极重视对外国家科技合作，相继出台了一系列关于扩大对外开放和促进高新技术产业发展的有关政策，将国际科技合作作为对外开放的重要组成部分。发挥了良好的引导作用并取得了显著效果。近年来，山东省一直重视与日韩、独联体、欧美等"一带一路"沿线国家和地区之间的科技合作，集中力量建设了中韩科技创业促进中心、中印软件合作基地等国际科技合作基地，引进了一批高层次科技人才。2006年颁布实施了《山东省中长期科学和技术发展规划纲要（2006—2020年）》，2011年颁布了《山东省国民经济和社会发展第十二个五年规划纲要》，规划实施了有关引进国外技术创新机制、现代管理经验和高素质人才，加快推进省内企业和科研院所与外国公司建立技术合作战略联盟等措施。与俄罗斯等独联体国家开展科技合作也是山东省国际科技合作工作的重点之一。为了组织和指导科研机构、大学及企业开展与独联体国家的科技合作，自 2003 年成立了山东省与独联体国家科技合作指导委员会，全面协调、指导与独联体国家的科技合作。各市科技局均设立了专门科技外事机构，形成了一整套自上而下的国际科技合作体系。

在财政支持上，山东省财政还专门拿出预算，建立了国际科技合作专项经费。省科技厅也配套拿出相应经费用于支持国际科技合作项目，支持科研机构、大学、企业在电子信息、生物技术、新材料、能源、环保、农业、海洋等重点领域开展国际科技合作。"十一五"期间，全省用于国际科技合作的经费超过了 1 亿元。部分地市也相应设立了国际科技合作专项经费，用于开展国际科技合作。如烟台市每年从财政中拿出 200 万元，专门用于支持与独联体国家的科技合作。

2. 形式多样、重点突出

国际科技合作的重点是提高创新能力，最终目的是为经济社会发展提供科技支撑。山东省为加大国际科技合作对经济社会发展的支撑力度，在开展国际科技合作中坚持有所为、有所不为，集成资金、人才等资源，突出重点项目和重点国别，推动了经济社会的持续、健康、和谐发展。一是突出重点国际科技合作项目。"十五"期间，山东省有 32 个项目被列入科技部国际科技合作重点项目计划，400 多个项目被列入政府间、"双引"等项目计划，取得了 500 多项科技成果。山东省拿出国际科技合作经费 2000 万元，重点支持山东大学参与诺贝尔奖获得者丁肇中教授主持的 AMS02 项目，负责 AMS02 热系统的研究和设计。通过参与该项目，搭建高水平的研发平台，聚集了一批具有国际研究背景的国内外知名专家与学者，研发成功的"基于场协同理论的强化传热技术及其应用"获得 2004 年国家科技进步二等奖，并具有广阔的市场前景。二是重视国际科技合作平台建设。2010 年，批准建设了山东省国际（港澳台）科技合作平台。2011 年增设中国海洋大学等 5 家山东省国际科技合作基地，山东省中日碳纳米材料合作研究中心等 67 个山东省国际合作研究中心。三是突出技术引进和引进技术的消化吸收再创新。烟台氨纶股份有限公司与哈萨克斯坦合作开发的"芳纶 1313"，是航空航天、通讯、化工等领域的重要基础材料，具有广阔的市场前景，已完成一期工程投资 1.5 亿元，2005 年实现销售收入 2 亿元，利税 5000 万元。

3. 机构先导、成绩斐然

在山东与"一带一路"沿线国家和地区科技合作进程中，高等人才相对集中的山东高等院校和科研机构也扮演着重要角色，凭借自身的理论与技术力量，尤其是海洋相关院所科研机构，成为山东国际科技合作的先导。如中国海洋大学已与美国、德国、英国、法国等国家的百余个世界著名院校和科研机构建立了合作关系，包括海洋科学与技术国际科教平台、国际涉海大学联盟、中德海洋科学中心、UNESCO 海洋生物工程等多个国际合作平台，参与中美 10+10 大学联盟、中法博士生学院、中法工程师学院等一批国际合作项目。国家海洋局第一研究所建成并运营了我国第一个海洋领域中外联合研究中心：中韩海洋科学共同研究中心（CLJORC）。1995 年 5 月 12 日，经国家科委（现科技部）和国家海洋局批准，该中心在国家海洋局第一研究所成立，由中国国家海洋局和韩国国土海洋部共同管理。成立以来，在促进合作研究、开展学术交流、联合出版学术著作、为中韩海洋科技合作联委会提供联络服务等方面取得显著成果，推动了中韩黄海水循环动力学合作调查研究、中韩黄海沉积动力学合作调查研究、中韩黄海污染减轻对策和黄海大海洋学生态系项目、西太海洋核安全监测与预测项目，在黄海暖流的季节变化、南黄海泥质沉积体系的分布规律和形成机制、黄海现代沉积中心位置、黄海污染跨边界分析和黄海生态系统的现状和保护对策等方面取得了大量成果。此外，国家海洋局第一研究所还建成并运营了我国第一个海洋领域海外中心：中国—印尼海洋与气候联合研究中心（简称中印尼中心），与印尼合作开展了"印尼爪哇沿岸上升流潜标观测""南海—印尼海水交换"联合项目。并在印尼巴东和印尼海洋与渔业部、海洋与渔业研究开发局合作建设了巴东海洋观测站，该站已于 2011 年 5 月启用，成为我国第一个海外海洋观测站。山东省科学院海洋仪器仪表研究所先后与俄罗斯、乌克兰、韩国、芬兰和挪威等有较高研发水平的国家开展了技术合作，取得了较好的效果。2007 年被授牌"国际科技合作基地"，被评为"青岛市首批引智成果示范基地""青岛市引进国外智力先进单位""山东省引智工作先进单位"和"国家引智成果示范单位"。

4. 资源整合、有效推动

随着科技经济的不断发展，国际科技合作多元化和多层次趋势日益明显，如何将社会各种资源集成国际科技合作合力是管理部门首先考虑的问题。近年来，针对山东省实际情况，在工作中坚持以政府为主导，加强对国际科技合作资源的整合，同时注重发挥市场在国际科技合作资源配置中的基础作用，充分利用各类资源，形成合力。

首先整合了人才资源。采用科技合作领域组团形式进行互访、专家学者交流合作、留学生和访问学者等形式的人才培训等方式，结合国家级和省级引智计划以及举办海外留学人员洽谈会、建立创业园区吸引高技术留学人员等形式，加强国际科技合作人才交流。山东省还专门设立了国际科技合作奖和齐鲁友谊奖，奖励长期在山东工作、对山东发展作出较大贡献的外国专家。除此以外，还聘请长期在国外使馆工作的退休科技外交官作为顾问，利用其良好的资源为开展国际科技合作服务。其次，对科技合作网络信息资源进行了整合。建立了中日韩经济科技合作网，成为与日韩开展科技经济合作的重要信息平台；省科技厅在主页上开辟了二级页面，介绍国际科技合作动态信息、项目需求和合作进展情况；引导鼓励中俄、中乌、中白基地等设立专门网站，推介科技成果，为全省提供技术服务。最后，对各市、科研机构和院校的国际科技合作资源进行了整合。鼓励各市科技局设立国际合作科室，配备专门管理人员，建立健全了国际科技合作队伍；加强与科研单位、高校外事处之间的联系，优势互补，资源共享。山东省部分科研单位、高校承担了一大批国际科技合作项目，对提升本单位的科技水平、促进全省国际科技合作发挥了重要的作用。如依托山东科技大学成立了山东省—俄罗斯科技合作中心，依托省科学院建立了中白高科技合作园，依托山东大学空间热科学研究中心组建了中瑞（典）合作山东省工业生态工程技术研究中心等。

二、山东与"一带一路"沿线国家和地区
科技合作存在的问题

山东与"一带一路"沿线国家和地区在科技合作方面取得了一定的成绩，但与上海、广东等发展比较快的省市相比，仍存在一定差距，主要体现在未能很好地根据产业和企业的需求，充分利用自身及沿线国家和地区的科技资源。

(一) 科技合作机制不健全

山东省各级政府主导的国际科技合作取得了良好的效果，但是在合作过程中，政府往往扮演着发起者、推动者和主导者的角色，一直发挥着主观能动的作用，也就是说，政府一直在运用"有形的手"来参与科技合作，而不是运用"无形的手"来保障和管理科技合作。长此以往造成了政府是国际科技合作的积极参与者，而企业往往缺乏主动性。这种政府运用行政手段直接参与的计划模式，在一些大项目，尤其是公益性项目运作中占有优势，然而却不利于市场和产业的健康发展，因为政府终究无法取代市场，也无法完全代表市场的需求，在科技合作中有时甚至会出现政绩工程、面子工程。另外省、地市、县各级政府在主导科技合作过程中，也缺乏作为一个整体在国际激烈的竞争中获取竞争优势的协调机制，在具体的争取政策的过程中还是各自为政，没有协同作战。区域间缺乏统一规划，区域内不同的科研体系互相分割，如高校、地方所属科技机构、企业科研部门、民营科技机构等归属不同的管理体制，最终形成了部门分割、地区分割、学科分割的局面，阻碍了科技资源的流动和技术合作，其结果就是庞大的科研体系运转效率低下，导致总体科技水平上不去。[1]

① 徐海峰、郑丹：《青岛市企业利用国际科技资源中存在的主要问题及对策建议》，《山东纺织经济》2012 年第 11 期。

合作机制的不健全，还表现在缺少长期合作机制。在与"一带一路"沿线国家和地区开展科技合作过程中，往往单纯追求项目合作，而忽略长期合作机制的建立，或者是追求短期利益，而忽视中长期合作。在合作方式上也多以项目研究、学术会议、论坛、展会等方式为主，在项目结束或会议论坛闭幕后再无下文。这种现象的存在，一方面与政府主导下追求轰动效应和影响有关，另一方面与企业追求短期效益有关。科技合作，尤其是国家间的科技合作，项目合作固然是有效的载体和实现方式，然而建立长期合作机制则更有利于实现科技合作的利益最大化。科学技术和成果的引进、消化、吸收和再创新，都不是一个项目或短期内能够实现的。项目合作的主要弊端在于短期性和急功近利性，如为了项目引进的新设备和新技术往往需要外方技术人员的支持才能使用，或者是在合作过程中仅仅引进了新技术的一种，而缺乏配套技术或设备，或者是项目合作过程中全程由外方主导，中方仅仅提供场地和劳动力，这些都无法实现科技合作的真正目的。同时，外方在科技管理上的创新及项目运行服务上的先进经验等，也是短期项目难以吸收和学习的。这些都需要建立长期有效的合作机制才能真正体现国际科技合作的长处，才能有效提升自主创新能力，进而提升整个国家的科技水平，达到国际科技合作的主要目的。

（二）缺少资源共享平台

科技资源是科技创新的基本保障，目前山东省分布的各类科技资源数量非常庞大，但是对于科研机构和企业来讲，科研条件或资源的使用获取途径无从知晓，拥有资源的机构对共享的社会价值认识不足，即使有部分机构有对外提供服务的意愿，但是不知道谁想共享自己的资源而不能提供共享服务，信息无法到达各类用户。一些中小企业需要使用大型科学仪器，不得不到大城市去求助，甚至部分企业因无处寻找而导致一些科研项目延误或停止。如青岛市某科研所拥有价值数百万元的大型检测仪器，每年维护费用不菲，但由于信息不畅，当地企业不知道本地就有自己所需的资源，还经常跑到北京等城市去做相关检测。科技资源共享难的现实给创新活动的开展带来极高的成本，造成企业科技研发的障碍，也使科技人才创新创业的积极性受挫。①

科技合作资源共享平台的缺乏，还体现对"一带一路"沿线国家和地区科技动态掌握不全上。"一带一路"沿线国家和地区众多，各自科技国情各不相同，如果无法把握各沿线国家和地区的科技水平，就无法针对其科技需求开展合作，造成科技合作过程中出现信息不对称局面。

（三）科技合作层次不高

科技合作层次不高，首先体现在山东省自身高科技产业发展层次不高，无法与科技发达国家实现高科技产业的对接与合作。在与科技发达国家进行科技合作过程中，往往是承接高科技产业链条中低技术含量部分，无法真正接触到核心技术，更谈不上技术引进与交流。其次是自身科研能力不高，科研工作无法把握全球科研发展的浪潮和脉搏，研究不够前沿，与科技发达国家在科研和技术上存在"代沟"，科研合作的形式也多以会议研讨等表层合作为主，科技合作项目多停留在合作研发的层面，内容也以基础技术和理论研究居多，角色多以"试验田"和"被研究对象"为主，缺乏真正意义上的并肩研究。最后由于自身科技和产业发展的层次不高，缺少高层次产业化层面的深入合作。如在与欧盟、以色列等"一带一路"沿线国家和地区科技合作过程中，因为自身科技基础不高，科技识别能力有限，往往不能引进高新技术和核心技术，或者仅仅成为对方高技术产品的生产地甚至是倾销地，达不到科技合作的预期效果。

科技合作发展层次不高，还体现在缺少国家级和省级科技合作日常机制。科技合作以项目为主，缺少深层次的交流和合作。如人才交流多以留学生或者项目研究人员来往为主，无法做到吸引"一带一路"沿线国家和地区高级科技人才来山东省工作或开展研究，反倒是国际知名学者多以"走

---

① 徐海峰、郑丹：《青岛市企业利用国际科技资源中存在的主要问题及对策建议》，《山东纺织经济》2012 年第 11 期。

穴"等方式在山东省"吸金",对山东省科技工作提升作用不大。

(四) 科技人才流动不畅

山东省国际科技合作人才流动性较低,其原因是多方面的。既包括企事业单位的用人制度不统一,也缺乏人才流动过程中相应的知识产权保护法规条例,导致一些人才流动存在争议,增加了人才流动的成本。主要表现在:一是优惠政策随意加码。在政策上的随意加码,不仅没有带来更多的人才,反而带来一些弊端。如为引进院士专门建设的实验室、办公室、专家公寓等项目,即使引进成功,院士往往也是在省内作短暂停留,而无法保证在山东的工作时间,更无法创造相应的价值,造成资源的浪费。二是重引进、轻使用,缺乏供人才发挥作用的空间和实体。引进这些人才后,并不是放手使用,而纯粹是为了引进而引进,没有给人才以对当地社会和经济发挥作用的机会。在召开某些国际会议时,仅仅为提高名声而邀请国际知名专家学者,但又不安排发言或不指派具体任务,既花费了大量人力物力财力,又没有取得任何效果,也浪费国际知名专家学者的时间,为下一步深入合作造成了阻碍。

三、山东与"一带一路"沿线国家和地区科技合作对策

国际科技交流与合作是推动当代世界经济发展的重要因素之一,山东与"一带一路"沿线国家和地区科技合作,从建立和参与多边科技体制、引导国际技术贸易、加强对外科技交往等方面参与我国"一带一路"战略,提升山东省产业水平,促进国民经济和社会发展,具有重要意义。

(一) 建立协调机制优化资源配置

当前山东省国际科技合作还处于起步阶段,尤其是与"一带一路"沿线国家和地区之间的合作,还未充分发挥市场的资源配置作用,国际科技合作的各生产要素受到来自体制、机制等制度和管理方面的限制,在资源配置

方面无法仅仅依靠市场力量来完成。因此，推动山东省与"一带一路"沿线国家和地区科技合作，需要在政府引导下建立协调机制，发挥市场机制，优化资源配置。

1. 建立科技合作联席会议机制

以联席会议的形式，建立山东省与"一带一路"沿线国家和地区之间科技合作联席会议项目管理协作机制。成立联席会议办公室，由省科技厅兼管具体事务并建立联络负责人制度，定期召开部门会议，研究当前国际科技合作热点和方向，分析自身优劣势，规划与"一带一路"沿线国家和地区之间国际科技合作项目，确定科技合作发展方向。充分利用政府宏观管理能力和调控能力，从全局上掌控科技合作动向，促进国家间双边对接，协调合作分工，明确各方职责。通过配套科技合作专项规划与管理机制，实现山东省与"一带一路"沿线国家和地区间科技合作的利益最大化和长远化。

2. 建立科技合作资源共享机制

通过信息网络技术等手段，完善山东省与"一带一路"沿线国家和地区间科技合作数据库，建立资源共享机制。数据库内容具体应包含专利技术推广交易平台、高精尖技术信息数据库、大型科学仪器设备共享使用机制和平台、科技信息需求发布平台等。依托山东省科技厅网站，建立"一带一路"国际科技合作综合性主题网站，在此基础上建立科技合作资源共享机制。网站面向社会，采取会员认证制度，其会员应包括但不仅限于政府相关部门、高校研究院所、企业，同时还应设立中英对照界面，并积极寻求"一带一路"沿线国家和地区的政府部门、非政府科技协会和组织、高校研究院所、企业等入驻。建立专业团队进行网站信息搜集、维护和更新，保证时效性；聘用各专业科学家、市场分析师作为技术指导，保证科学性，并不定期进行在线指导，帮助会员提供科技合作过程中遇到的专利转移交易、仪器使用、技术指导、人才推荐等服务。"一带一路"国际科技合作综合性网站仅仅是资源共享机制面向社会的一个窗口，网站的建立不是一张桌子、几台电脑和一条网线就完成的，其运营和维护背后，需要依托整个国际科技合作资源共享机制。

3. 完善科技合作知识产权保护机制

在山东省与"一带一路"沿线国家和地区间开展科技合作的过程中，不可避免地会遇到知识产权问题，只有在实现知识产权保护的前提下，才能实现和保护各方利益，达到共赢的目的。因此，山东省政府应重视和强化知识产权工作，做好政策引导，积极促进与世界知识产权组织（WIPO）等国际和其他国家、地区相关组织的合作与交流。知识产权保护，涉及科技技术使用和推广的方方面面，不仅仅是专利的买卖问题。"一带一路"沿线国家和地区科技水平参差不齐，在开展科技合作过程中，要根据实际开展知识产权保护机制。保护知识产权，不仅是在引进技术和专利过程中做到防欺诈、不盗用、不侵权，在自身技术专利推广中也要做好保护，维护自身权益。即使在与科技发达国家合作过程中，也要注意自身科技和专利的保护。同时积极参与国际知识产权保护工作之中，了解和掌握行业最新动态，学习先进经验，利用国际规则开展知识产权保护工作。

（二）制定鼓励政策增加科技合作投入

市场调节具有短期性和趋利性，山东省与"一带一路"沿线国家和地区的科技合作，无论是竞争的市场还是垄断的市场，其调节多以利益驱动，如果任其自由发展，往往具有盲目性并缺乏导向，因此需要政府的有效介入，尤其具有很大风险性和公益性的科技合作。其先期的摸索、研究和投入都需要政府通过政策法规等行政手段，对科技合作市场进行有效的干预，进而营造一个有利于科技合作开展的市场环境。同时增加科技合作投入，提高沿线国家和地区的积极性和山东省企业的兴趣，才能有效拉动双方科技合作的开展。

1. 出台鼓励企业参与的优惠政策

对合作项目进行充足的经费保障，是政府推进国际科技合作最直接和最有效的手段。山东省要逐步加大对"一带一路"沿线国家和地区科技合作的投入力度，设立专项经费，用于落实和加强双方的技术交流与合作。同时积极寻求国家相关项目经费的支持，选取对经济社会促进作用明显的行业和技术，在加大投入的基础上，鼓励和引导申报国家项目。以"一带一路"

沿线国家和地区急需的、实用的项目为突破，积极争取对方的经费支持，进而带动和促进山东省自身科技产业发展。

除此之外，在财政税收等方面也要根据山东省产业现状和科技发展需求，对重点扶持的主导产业和高新产业，要有明确的财政支持和税收优惠政策，通过一系列的包括减免企业税收、贷款贴息等财税扶持政策，支持和鼓励科技合作的开展。加大对技术引进、转移、孵化的支持力度，鼓励山东省省内企业提升自身科技创新能力，支持在与"一带一路"沿线国家和地区间开展国际合作过程中发挥自身科技优势，不仅要"引进来"，也要"走出去"，尤其发挥高铁、通讯、大型装备制造等方面的优势，以技术输出或承接项目的形式参与到国际科技合作中。研究完善技术引进与输出的相关许可费用减征、免征所得税的范围和办法，出台切实可行的鼓励科技合作的税收政策，在现有改革力度的基础上，创新探索省内企业技术转移财税支持政策。

2. 设立"一带一路"科技合作基金

在资金扶持方面，政府承担着重要角色，尤其山东省作为财税大省，应加大政府资金投入力度，设立"一带一路"科技合作专项基金。国际科技合作具有高投入和高风险的特征，尤其是具有公益性的特征，而众所周知，资本运作第一特征就是趋向低风险，这就使得在国际科技合作中，政府必须采取项目基金、经费等形式提供资金支持。我国国家层面设有各种国际科技合作基金，科技部、中国科学院等国家级机构每年都设有国际科技合作方面的基金和专项经费。因此，要积极开展符合国家科技合作方针的项目，寻求国家基金的支持。同时，也应看到国家支持的基金和经费毕竟是面向全国的，其力度和覆盖面相对有限。因此，除了争取国家层面的基金和经费的支持，山东省政府也应当设立专项基金，专门用于与"一带一路"沿线国家和地区的科技合作，及考察、研发、交流等相关工作。对于已获得国家支持与"一带一路"沿线国家和地区的重大国际科技合作项目，要提供相应配套经费。

"一带一路"科技合作基金的设立，除了政府财政的大力投入外，还要学习借鉴国内外成功经验，引入市场运作的方式，引导社会资本注入，建立风险投融资机制，拓宽资金来源渠道，完善资金流动机制，让基金"活起来"。

在基金的管理方面，要采取宏观管理的办法，要求有山东省各级政府相关部门的积极介入，打破地方分割或条块分割，加大对科技合作的审查和监督，对一些重大项目，省政府部门应加强重视，直接进行干预或重大扶持。①

（三）建设一支高素质的科技合作人才队伍

人才是科技合作的关键因素，在与"一带一路"沿线国家和地区科技合作中，不仅需要高科技人才和高水平的研究团队，科技合作专业服务人才同样不可或缺。

1. 加强人才培养与交流

山东与"一带一路"沿线国家和地区的科技合作，既有基础设施方面的合作，也有高新技术方面的合作，既有自然科学技术方面的合作，也会涉及社会科学层面的合作，涉及产业范围之广、国别之多可谓前所未有。在目前山东与"一带一路"沿线国家和地区的科技合作中，多集中在与白俄罗斯、乌克兰、以色列等少数国家，但是也显现出了语言人才、管理人才、技术储备人才缺乏的困境，更不用说在与"一带一路"沿线国家和地区全面开展科技合作之后的情况。国际科技合作，不仅要求有精通专业的高精技术人才，还需求相应的翻译、管理、市场推广等人才。在与"一带一路"沿线国家和地区现阶段的科技合作中，涉及国家众多，虽然目前通用科技语言是英文，但是"一带一路"沿线国家和地区语言以英语、俄语、日语、韩语为主，但也有阿拉伯语、波斯语、希伯来语等小语种国家，小语种专业人才瓶颈应当引起重视。"一带一路"沿线国家和地区人文风情千差万别，在国际科技合作过程中，难免会遇到不同民族间的信仰、风俗和习惯差异问题，这也需要相应的民俗专家、人文专家等社科专家的支持与参与。因此，山东与"一带一路"沿线国家和地区的科技合作，并不仅限于技术人才的需求，同样需要管理类、语言类、人文类等社科人才。

---

① 徐海峰、郑丹：《青岛市企业利用国际科技资源中存在的主要问题及对策建议》，《山东纺织经济》2012 年第 11 期。

人才的培养与引进工作，要作为国际科技合作的前期先行工作予以重视，要积极培养科技合作人才，做好人才储备。可以有计划、有目的、有步骤地培养一批既懂科学技术，又熟悉经营管理和国际惯例、了解世界市场动向、掌握本专业知识和贸易、掌握"一带一路"沿线国家和地区语言的高级技术和管理人才，以满足我们与"一带一路"沿线国家和地区之间科技合作的需要。[1] 对于当前迫切需要开展的重大重点项目，也可以采取引进人才的办法，在技术引进的同时，引进国内外相关技术人才和管理人才。

2. 筹建专业科技合作中介机构

中介机构在国际科技合作中发挥着不可或缺的重要作用。在国际科技合作项目中，中介的参与不仅会大大节约成本和时间，取得事半功倍的效果，专业的中介机构也是科技合作项目成功的关键。山东省在开展与"一带一路"沿线国家和地区的科技合作过程中，一是要注重寻求国际知名的专业科技合作中介机构的支持和帮助，寻求适合山东省产业发展的科技合作机遇，而不是盲目地采取"广撒网"的浪费财力和人力的办法；二是要筹建专业科技合作中介机构，利用高校科研院所、产业园区、孵化中心等现有服务机构，完善各类综合科技合作服务平台，建立面向"一带一路"沿线国家和地区的专业科技合作中介服务机构。如可以将济南中白技术转移服务中心等机构打造成为高素质中介服务组织。

通过筹建专业科技合作中介服务机构，提升科技合作中介服务能力，消除科技合作过程中的信息不对称、信息流通不畅、信息共享机制缺乏的局面。筹建专业科技合作中介机构，还可以与综合信息网站的建设相结合，将建立信息网络作为提高中介服务能力的重要内容。同时加大宣传力度，通过电视、纸质报刊、网络、广播等形式发布科技合作信息，宣传科技合作，召开各种科技会议、会展、技术博览会和洽谈会等，促进科技合作信息流通。[2]

---

[1] 段嫒嫒：《白俄罗斯在山东技师专业模式研究》，山东大学硕士论文，2011年，第54页。

[2] 段嫒嫒：《白俄罗斯在山东技术转移模式研究》，山东大学硕士论文，2011年，第57页。

第十三章 山东与"一带一路"
沿线国家和地区的环保合作

当今时代，世界各国共同面临许多紧迫的环境问题。如空气质量恶化、过量使用化肥、土壤退化、塑料污染、非法野生动物贸易、冰川融化等，这些环境问题通常都是依靠单个国家的力量所无法解决的难题，因此，世界性的环保合作方兴未艾。充分了解当前国际环保合作的前沿及发展态势，顺应环保领域的发展潮流，才能够在"一带一路"沿线国家和地区中寻找到双赢的环保领域合作机会，不断加强与"一带一路"沿线国家和地区的合作力度，不断深化与"一带一路"沿线国家和地区的合作领域。山东要抓住机遇，积极参与与"一带一路"沿线国家和地区的环保合作，努力提升环保合作的水平和质量。

一、山东与"一带一路"沿线国家和地区环保合作现状

（一）时代背景

当前，全球环境问题的解决方案正由传统机制向多边合作机制转变。国际环保合作态势主要表现为几个方面：

1. 国际性组织在全球环境保护合作中扮演领航者角色

以联合国（UN）、世界环保组织（IUCN）、世界自然基金会（WWF）、全球环境基金（GEF）、世界银行（WBG）、亚洲开发银行（ADB）等为代

表的国际组织是全球环保合作的积极推动者。这些组织携项目、资金、人才、经验和组织能力等优势，致力于推动更多的国家加入全球环境保护行动的行列中。2013 年，原有 58 个成员国参与的联合国环境规划署理事会升级成为普遍制的、由联合国 193 个成员国共同在部长级层面商讨全球环境和可持续发展议题的联合国环境大会，使未来的全球环境问题有一个更为广阔的政策制定和问题经验交流的平台。

2013 年世界自然基金共计支出约 60 亿欧元用于全球生态环境保护。[①]来自世界银行的数据则显示，自 1947 年至今，世界银行已经在世界 173 个国家开展了 12048 个主要涉及消除贫困和支持可持续发展的项目，2014 年，世界银行的全球贷款承诺额为 396 亿美元。[②]

2. 全球环保产业发展"南"快"北"慢

一直以来，全球环保产业的领导者是欧美、日本等发达国家，经过多年的稳定发展，环保产业已经成为这些发达国家的国民经济支柱产业。以经济合作与发展组织成员国家为例，其环保产业人均产值一般为该国就业人员人均产值的两倍左右，吸纳了众多的就业人口，其产业产值已经占到了国内生产总值的 10%—20%[③]。由于环保产业发展速度明显快于其他产业，其所占份额至今还在不断上升，而且在全球金融危机之后，美国、欧盟、日本等国家和地区的环保产业仍然保持了较快的增长速度。但是由于发达国家已经基本进入后工业时代，服务业所占比重已经很高，从总的趋势来看，发达国家环保产业尤其是环保服务业也逐渐趋向成熟饱和。

而另一方面，随着发展中国家对环境问题的日益重视，在空气污染处理环节、水务市场、固体废弃物处理领域，以中国、印度等亚洲发展中大国为代表的国家所占份额在不断扩大，尤其是中国，与环保产品相关的国际贸易十分兴旺。全球环保产业目前已经形成了美国、欧洲、亚洲三足鼎立的

---

① 《WWF annual review 2013》，世界自然基金（WWF）官网。

② 世界银行集团（WBG）官网。

③ 汤明、裴劲松等：《中国环保产业发展及投资问题研究》，北京交通大学出版社 2013 年，第 56—60 页。

趋势。

3. 环境保护"南""北"合作进展缓慢

在 2009 年哥本哈根举行的联合国气候变化会议上，北方国家即工业化国家提出了 2020 年之前，将每年调动 1000 亿美元用于支持发展中国家的节能减排活动的计划。① 除了全球环境基金（GEF）之外，还有若干类似的向发展中国家提供环境友好技术和资金支持的环境基金组织。但是现实情况是，至今发达国家所承诺的 1000 亿美元的年度投资远远没有兑现，而且，申请这些环境基金需要复杂的审批手续，往往难以落实到位；而尽管公约中规定了相关的技术转让条例，但发达国家往往会增加环境保护技术转让公平、双方协商的附加性条款，这导致事实上发达国家向发展中国家真正落实的技术转让只占很小的比例，南北的环保合作仍然无法深入，国际机构的执行力弱，导致良好的南北国际合作框架无法建立。

（二）国内环保合作现状

进入 21 世纪以来，中国环境保护产业得到了长足发展。现在，中国继续积极推进环境保护国际合作，以履行国际环境保护义务的负责任大国形象更加活跃于国际环保合作各领域，并得到了联合国等国际组织的高度赞许和认可。

1. 中国本土环保产业快速发展

2014 年，环保部以 2011 年为数据样本年公布了我国当年全国环境保护相关产业的部分数据。2011 年，我国环境保护相关产业的从业单位共计 23820 个，从业人员 319.5 万人，营业收入 30752.5 亿元，营业利润 2777.2 亿元，出口合同额 333.8 亿美元。② 其中节能服务业是属于国家鼓励的科技企业，也是现代服务业的重要组成部分。从 2009 年到 2013 年的五年中，我

---

① 联合国官网，http://www.un.org/zh/climatechange/financing.shtml。
② 资料来源：中华人民共和国环境保护部：《2011 年全国环境保护相关产业状况公报》。由于环境保护部的统计基准年选择原因，暂缺 2013 年度的数据，目前最新数据为 2011 年的数据。

国节能服务产业实现了快速发展，由 2009 年的 417 亿元上升到 2013 年的 2155.62 亿元，当年度从业人数由 11.3 万人上升到 50.8 万人，见表 13.1。

表 13.1　中国节能服务产业 2009—2013 年产值、备案企业数量及从业人数

年　份	产业年产值（亿元）	备案企业数量（个）	当年从业人数（万人）
2009	417	181	11.3
2010	836.29	782	17.5
2011	1250.26	1472	37.8
2012	1653.37	2339	43
2013	2155.62	4852①	50.8

数据来源：作者根据中国节能在线网站公布的资料整理，备案企业数量是指实施过合同能源管理项目的企业总数。

2. 中国积极寻求与发达国家环保合作

中国积极参与全球的臭氧层保护行动；长期与美国、日本、欧盟、意大利等国家和地区进行跨区域环境合作；致力于与 GEF 推进针对长江流域的多边环境合作；并建立了一个环境合作的创新型平台——中国环境与发展国际合作委员会等。

（1）中国与美国的环保合作现状概述。自 2008 年中美战略经济对话（SED）开始，环境保护合作进入中美高层战略对话，中美双方正在或者将在大气污染治理、生活和工业污水治理、固体废弃物污染治理、电子废弃物回收处理、核废料等危险废弃物污染控制、土壤修复和泥土污染治理、火电厂节能减排、环境监测、环境服务等诸多方面开展合作。其中，近来对全球环境造成严重影响的雾霾问题，可能是当前和未来一段时期中美环境合作的重点，为了全面解决雾霾问题，双方需要在绿色锅炉、森林工业、新能源、洁净煤、智能电网、智能建筑和工业节能系统、碳捕获、利用与封存

---

① 此处数据为当年全部环保相关企业的数量，由于统计资料未公布当年的备案的实施过合同能源管理项目的企业。

（CCVS）方面进行更深入的合作和交流。作为世界上最大的环保产业强国和世界最大的环保产品需求市场，中美两国在环保方面的合作具有得天独厚的优势，但是从一些项目的实施启动情况来看，双方的合作还有大量未取得进展的领域，今后，中美双方在环保合作方面需要加强战略互信，共同推动中美环保合作的进一步深入。

（2）中国与日韩的环保合作概述。相比于中美环保合作的进展较为缓慢，两国之间缺乏战略互信，中日、中韩之间的环保合作显得更为务实、全面，卓有成效。中日作为传统的贸易伙伴，环保领域的合作一直是双方关注的重点，两国建立了许多平台机制以保障环境保护合作项目的开展及实施。中日进行环保合作的重点产业领域有循环经济、智能社区建设、水体污泥处理、半导体照明和建筑节能、绿色材料、工业节能、绿色交通、能源、中小企业节能等方面。

相对于日本环保产业的发达，韩国环保产业起步较晚，国际化程度较低；但是，与中国的合作也开始得较早，合作程度高、已有的合作领域多。2005年，两国成立韩国—山东省环境协力工作委员会，讨论韩国和山东省之间环境合作事业的推进方案①，随着2014年7月习近平的韩国之行圆满结束，可以预计未来中韩环保合作领域将继续升温。

除了双边合作之外，中日韩三国之间一直在寻求积极的多边合作机制。2009年，在中国的积极推动下，中日韩环境部长会议确立了三国之间环境合作的十大优先领域：公众环境教育和参与、气候变化、生物多样性保护、沙尘暴、空气、水和海洋环境污染控制、循环经济、电子废物越境转移、化学品管理、东北亚环境管理以及环保产业和环保技术。自1999年启动以来，中日韩环境部长会议已经成为东北亚地区高层区域环境对话和合作机制之一，对东北亚环境治理合作产生了相当好的影响与效果，三国环境部门已在雾霾、自然灾害修复、环保产业、中国西部地区生态保护、环境教育、沙尘暴、环境贸易等多个方面取得了积极效果。2014年的会议批准了未来五年

---

① 洪智善：《中韩两国环境保护合作现状》，《中国社会科学报》2012年9月21日。

新的优先合作领域为：空气质量改善、生物多样性维护、电子废弃物越境转移管理、应对气候变化、农村环境保护等九项内容。[①]

（3）中国与欧盟的环保合作概述

欧盟对全球气候变化问题最为关注，一直致力于推动欧洲完成向可持续、低碳社会的转型，并致力于建立全球性的气候变化应对机制。多年来，欧盟在应对气候变化方面有许多卓有成效的政策和措施。欧盟长期执行气候政策，其节能理念、政策、工具等往往是全球首创，其政策成绩也相当显著，目前，欧盟 27 国温室气体排放占全球总量已经由原来的五分之一降到十分之一。即使在欧洲面临经济衰退和债务危机之时，欧盟也坚定地执行其气候政策。正因为如此，在全球气候问题上，由欧盟引发的冲突频频出现，尤其是气候政策问题上，欧盟借助"碳排放配额"等问题，对包括中国在内的许多国家实施相当严格的环境门槛，引发诸多不满，也给中国和欧盟之间建立有效的环保合作对话机制增加了障碍。

3. 中国与发展中国家环保合作方兴未艾

长期以来，中国一直积极参与多边"南南合作"体系，到目前为止，我国与其他发展中国家的"南南环境合作"进展喜人，并取得积极成果，并获得了广大发展中国家的一致认可，被联合国环境规划署誉为"南南合作"的典范。[②] 中国目前的援建项目包括清洁能源、环境保护、防涝抗旱、水资源利用、森林可持续发展、水土保持、气象信息服务等领域，为 58 个发展中国家援建了太阳能路灯、太阳能发电等可再生能源利用项目 64 个。中国为柬埔寨、缅甸、埃塞俄比亚、南苏丹、密克罗尼西亚等 13 个国家援助了 16 批环保所需要的设备和物资；同时与格林纳达、埃塞俄比亚、马达加斯加、尼日利亚、贝宁、马尔代夫、喀麦隆、布隆迪、萨摩亚等 9 个国家签订了《关于应对气候变化物资赠送的谅解备忘录》。同时，还开展了一系列

---

① 《第十六次中日韩环境部长会议闭幕》，2014 年 4 月 29 日，见新华网：http://news. xinhuanet. com/tech/2014-04-29/c_ 1110474420. htm。

② 周国梅、李霞、解然：《打造中国南南环境合作共同体》，《中国环境报》2014 年 7 月 7 日。

针对发展中国家的环境培训与援助项目。中国还为 120 多个发展中国家举办了 150 期环境保护和应对产业发展的培训班。[①]

（1）中国积极推动与东盟 10 国的环保合作

东盟经济在取得瞩目发展的同时，也跟中国一样面临着越来越严重的环境问题。中国与东盟国家接壤或者毗邻，又同属于发展中国家和新兴工业化国家，因此，双方在推动区域经济社会环境协调融合、实现区域可持续发展等方面有很大的合作和对话空间。自从 2002 年《中国与东盟全面经济合作框架协议》明确提出鼓励开展环境合作以来，中国和东盟的环境合作取得了实质性的进展。2009 年，中国与东盟联合编制了《中国—东盟环境保护合作战略（2009—2015）》，2010 年，中国环境保护部正式成立了中国—东盟环境保护合作中心，该中心每年定期举办中国—东盟环保合作论坛，已经取得了相当大的影响。2011 年，双方共同制定了《中国—东盟环境合作行动计划（2011—2013）》，同年，中国—东盟绿色使者计划实施。《中国—东盟环境合作行动计划（2014—2016）》也有望出台。此外，中国与东盟的其他环境保护合作机制有：中国—东盟（"10+1"）、东盟—中日韩环境部长会议（"10+3"）、东亚环境部长会议（"10+6"）。在中国—东盟合作框架即"10+1"框架下，中国与东盟举办了中国—东盟环境管理研讨会、中国—东盟环境标志和清洁生产研讨会、中国—东盟环境影响评价及战略环境影响评价研讨会、中国—东盟绿色产业发展和合作研讨会等交流活动。[②]

另外，为提高东盟国家的环境管理、污染治理能力，中国将向东盟国家提供环境监测设备。到目前为止，双方在环境无害化技术、环境标志与清洁生产、环境产品和服务、公众意识和环境教育、生物多样性保护、环境管理能力建设、全球环境问题等领域不断进行对话[③]，沟通机制日趋完善，合作

---

① 中华人民共和国国务院新闻办公室：《中国的对外援助（2014）》，《人民日报》2014 年 7 月 11 日。

② 中国—东盟环境保护合作中心、广西壮族自治区环保厅：《中国—东盟环境合作：创新与绿色发展》，中国环境科学出版社 2012 年版，第 81 页。

③ 中国—东盟环境保护合作中心、广西壮族自治区环保厅：《中国—东盟环境合作：创新与绿色发展》，中国环境科学出版社 2012 年版，第 51 页。

成效十分显著。

(2) 中国积极寻找与中亚国家的环保合作机会

中亚地区的五个国家哈萨克斯坦、乌兹别克斯坦、吉尔吉斯斯坦、土库曼斯坦、塔吉克斯坦位于北温带面积最大的世界级干旱区，自然资源丰富，但是生态系统非常脆弱，属于典型的内陆干旱—半干旱气候环境。中亚特殊的地理气候环境，造成中亚资源约束问题相当尖锐。

中亚的环境资源问题主要集中在两个方面。第一，水资源极度缺乏。中亚地区由于位于亚欧大陆的腹地，气候干旱少雨，自然资源条件较为恶劣，因此中亚对地表水的依赖程度很高。且这几个国家地理位置位于他们所共同依赖的地表水主要来源——锡尔河的上游和下游，不同的国家发展战略使得中亚五国间在水资源上存在着尖锐的矛盾。第二，耗水量大。而这几个国家目前还无法摆脱苏联时期遗留下来的不合理的产业结构，导致这几个国家农业耗水量很高，在乌兹别克斯坦，仅农业灌溉就要耗费整个国家90%的水资源。

由于中国与哈萨克斯坦、塔吉克斯坦、吉尔吉斯斯坦三国有3000多公里的国境线接壤，因此，促进中国与中亚的跨境环境合作，对各国都有非常现实的意义。中亚和中国最大的多边对话合作平台机制是上海合作组织。上海合作组织的合作宪章明确规定，积极鼓励成员国开展环境保护区域合作，其于2004年发表的《塔什干宣言》、2007年发表的《比什凯克宣言》、2008年发表的《杜尚别宣言》、2009年发表的《卡捷琳堡宣言》，分别提出上合组织各国在环境保护、水资源利用、成员国气候合作、自然灾害援助、清洁能源等方面的合作战略和方式。此外，中国与乌兹别克斯坦签署了环境保护合作协定。[①] 2007年，中国与塔吉克斯坦签订睦邻友好条约，确保两国将在环境保护领域，尤其是合理利用水资源、保护边境地区生态系统、应对自然灾害联合预警机制等方面展开合作。2011年，中国—哈萨克斯坦环保合作

---

① 朱新光、张深远、武斌：《中国与中亚国家的气候环境合作》，《新疆社会科学》2010年第4期。

委员会成立，制定并通过了《中哈环保合作委员会条例》，旨在共同处理两国边境的跨界河流水质监测与分析评估、突发事件应急与污染问题。此外，在上合组织的合作框架下，中国、中亚国家也建立了环保部长级会议、气象水文研讨会等制度化、规范化的合作途径与平台。

（3）中国积极推动建立与非洲国家的环保合作机制

中国致力于实现"南南合作"、与非洲国家共同努力推进包括生态环保合作，是在新形势下中非合作、促进南南共赢的重要支撑。2014 年 6 月 25 日，首次中非环境合作部长级对话会于联合国环境大会非洲日期间在肯尼亚内罗毕举行。同时，非洲也是历史上"海上丝绸之路"的重要一站，非洲的现实情况决定着环境合作成为中国和非洲最重要的合作领域。实际上，从 20 世纪 70 年代开始，中国与非洲之间的环保合作就已经开展。

2000 年以来，在中非合作论坛的框架推动下，作为中国南南环境合作的重要实践区域，中国与非洲国家环境与发展合作领域取得了多项积极成果。截至 2013 年 8 月，中国与南非、摩洛哥、埃及、安哥拉、肯尼亚签订了双边环境保护协定。在中非合作论坛的推动下，中国主要与非洲国家开展了环境援助与人力资源培训计划，重点在水资源管理与水污染防治、生态环境保护、气候变化等对非洲生态安全具有重要意义的领域开展人员交流与能力建设活动。此外，还通过举办环境保护相关的对话与主题活动、小型示范项目等方式推动中非环境与发展领域的交流合作。[1] 非洲是一个水资源严重缺乏的大洲，在非洲大陆，有 40% 的人口饱受缺水之苦，目前，有 14 个国家严重缺水，而在未来 25 年中，还将会有 12 个国家出现严重缺水的局面。我国通过"中国—联合国环境规划署—非洲水行动项目"，建立了三方合作机制，对非洲 16 个相关国家开展水资源规划、水环境保护、水处理利用、干旱预警、节水农业和防沙治沙等方面有效的技术合作、经验交流和物资援助，这些项目包括废水利用处理示范和培训、干旱地区预警及适应性技术示

---

[1]　周国梅、李霞、解然:《打造中国南南环境合作共同体》,《中国环境报》2014 年 7 月 7 日。

范、非洲水资源和生态保护技术、非洲雨水积蓄利用技术等。第二期将进行合作的项目有：典型国家和流域水资源规划、典型国家安全供水技术、流域水资源生态保护技术合作、干旱预警机制及适应技术、节水农业技术合作开发与示范、荒漠化国家防治沙漠化、沙产业开发等。① 非洲国家还希望未来能够与中国在可再生能源技术方面展开合作。

(三) 山东环保国际合作发展情况概述

山东省是人口大省、工业大省，长期以来工业结构偏重，单位 GDP 能耗高，每年消耗的煤炭约占全国的十分之一，二氧化硫与氮氧化物排放量均居全国第一，以全社会用电量为代表的能源消费量多年呈持续增长，属于能耗大省。"十二五"以来，山东省积极实施转方式调结构，促进经济增长方式转型，在环境保护上逐年加大投入，积极实施节能减排目标，在全省域开展大气污染、水土污染等环境综合治理措施，取得了显著的成效。以大力改善环境为前提，山东省大力发展环保产业并将之打造为未来时期山东省新的支柱产业。在此基础上，山东省以务实的态度积极寻求对外环保合作，呈现出多点开花、多面联合的良好态势。

1. 山东省环境保护现状②

新时期、新形势下，我省十分重视环境保护投资和产业扶持，全省环境保护投资约占全国环境保护投资的八分之一。截至 2013 年年底，全省有 1400 多家环保企业，从业职工总数 20 万人。全省环保产业年工业销售产值 1100 亿元，约占全省 GDP 总额的 2.7%。其中，资源循环利用 630 亿元，环境保护产品 205 亿元，洁净产品 185 亿元，环境服务业 80 亿元。山东省环保产业平均年增速达到 20%以上，高于山东省 GDP 增速。③

---

① 孙钰：《中国—联合国合作开展非洲水行动》，见 http://www.hjbhzz.com/news/2013-3-11/600.html。

② 本小节所使用的大部分数据主要来自《2012 年山东省国民经济和社会发展统计公报》。

③ 山东商务厅，见 http://www.shandongbusiness.gov.cn/public/html/news/201312/295231.html。

目前，山东省积极构建大气污染联防联控机制，已出台大气污染防治规划，大气污染防治体系基本建立，发布实施区域大气污染物重点行业排放标准五项，在全国率先建成省级机动车环保检测监控平台，淘汰黄标车 3 万辆。

2013 年，山东省全省环境空气中的主要污染指标为可吸入颗粒物（PM10），占污染负荷的 40.1%；二氧化硫和二氧化氮分别占 29.7% 和 30.2%（见图 13-1）。全年可吸入颗粒物年均浓度比去年同期上升 24%。从全省 17 地市情况而言，淄博、聊城、济南等山东省中西部地区城市的空气质量状况欠佳，而东部沿海地区几个地级市的空气质量情况较好（见表 13-2）。

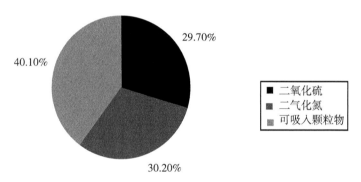

图 13-1　2013 年山东省空气污染物比例

资料来源：山东省环境保护厅：《2013 年山东省环境状况公报》。

表 13-2　2013 年山东 17 地市四项空气污染物浓度排名情况

浓度排名	可吸入颗粒物 年均浓度	二氧化硫 年均浓度	二氧化氮 年均浓度	PM2.5 年均浓度
1	聊城	淄博	淄博	聊城
2	菏泽	莱芜	济南	德州
3	济南	济南	临沂	菏泽
4	德州	枣庄	聊城	济宁
5	临沂	济宁	德州	淄博

（续表）

浓度排名	可吸入颗粒物年均浓度	二氧化硫年均浓度	二氧化氮年均浓度	PM2.5年均浓度
6	枣庄	东营	莱芜	枣庄
7	济宁	潍坊	东营	济南
8	淄博	滨州	济宁	临沂
9	东营	德州	枣庄	滨州
10	潍坊	聊城	滨州	莱芜
11	滨州	临沂	潍坊	潍坊
12	莱芜	泰安	泰安	东营
13	泰安	菏泽	菏泽	泰安
14	日照	青岛	青岛	日照
15	青岛	日照	日照	青岛
16	烟台	烟台	烟台	烟台
17	威海	威海	威海	威海

资料来源：山东省环境保护厅：《2013年山东省环境状况公报》。

2013年全年共淘汰111家企业落后产能，全面淘汰落后的水泥工业生产线；节能降耗成效明显。关停小火电机组51.7万千瓦。淘汰炼铁落后产能28.0万吨、炼钢300.0万吨、焦炭270.0万吨、铁合金0.3万吨、铜冶炼1.0万吨、铅冶炼6.5万吨、水泥（熟料）681.0万吨、造纸110.9万吨、酒精2.0万吨、印染6.2亿米、铅蓄电池极板319万千伏安时。在重点调查的76种单位产品能耗指标中，比上年下降的有55种，占72.4%。节能建筑完成既有居住建筑节能改造2329.9万平方米，公共建筑节能改造243.5万平方米，太阳能光热建筑一体化应用面积2718.0万平方米[1]。根据山东省人民政府新闻办公室发布的数据，"十二五"前三年，山东省全省万元GDP能耗累计降低12.26%，规模以上工业万元增加值降低21.87%[2]。

---

[1] 数据来源：山东人民政府网站，《2014年政府工作报告》。

[2] 张敏敏、王晔：《"十二五"前三年山东万元GPD能耗累计降低12.26%》，http://www.news.sdchina.com/show/2996049.html。

2005 年山东省全省万元 GDP 能耗为 1.32 吨标准煤/万元，到 2012 年，山东省万元 GDP 能耗已下降为 0.82 吨标准煤/万元，呈稳定降低趋势，见图 13-2。

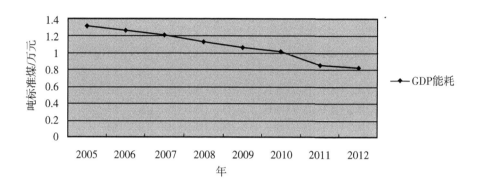

图 13-2　山东省 2005—2012 年年度万元 GDP 能耗

资料来源：《山东统计年鉴 2013》。

2005 年至 2012 年期间，山东省全省 GDP 单位电耗也显著降低，由 1073.45 千瓦时/万元降到 796.28 千瓦时/万元，见图 13.3。

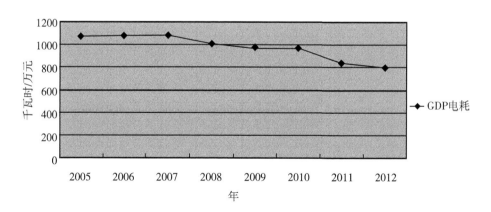

图 13-3　山东省 2005—2012 年年度万元 GDP 电耗

资料来源：《山东统计年鉴 2013》。

在水土污染治理和水土生态保持方面，山东省也取得了良好进展。主要污染物化学需氧量、氨氮、二氧化硫和氮氧化物排放量分别比上年下降3.93%、4.18%、5.94%和5.04%。重点流域化学需氧量和氨氮年均浓度分别下降3.3%和6.8%。① 截至2013年年底，全省拥有城市污水处理厂250座，日处理污水能力达到1150万吨。2013年，全省新治理水土流失面积1600平方公里，造林335.6万亩，新增湿地保护面积130万亩。淮河流域治污和海河流域治污在国家考核中都名列第一。② 2013年，山东省50.70%的河流水质达到优于Ⅲ类的水质标准，见图13-4。

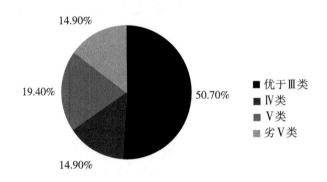

图13-4　山东省2013年河流水质类别

资料来源：山东省环境保护厅《2013山东省环境状况公报》。

2013年，山东海洋环境质量状况总体良好，符合第一类海水水质标准的海域面积占山东省毗邻海域面积的87.4%。全省近岸海域90%以上的沉积物监测站位符合第一类海洋沉积物质量标准。③ 全省近岸海域水质达到二类以上的占95.1%，其中达到一类水质的占26.8%，见图13-5。

2. 山东省国际环保合作概述

在积极推动省域环境保护建设工作的同时，自2003年来，山东省在国

---

① 数据来源：山东人民政府网站，《2013年山东省国民经济和社会发展统计公报》。

② 数据来源：山东人民政府网站，《2013年山东省国民经济和社会发展统计公报》。

③ 资料来源：中华人民共和国国土资源部，http://www.mlr.gov.cn/xwdt/hyxw/201404/t20140429_ 1314699.htm。

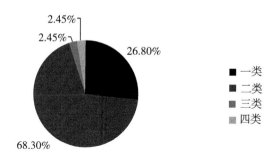

图 13-5 山东省 2013 年近岸海域水质类别

资料来源：山东省环境保护厅《2013 山东省环境状况公报》。

际环保合作方面也取得了不小进展，与包括美国、日本、韩国、瑞士、德国、荷兰、法国、新加坡、加拿大、丹麦、荷兰、巴西、澳大利亚、坦桑尼亚、南非、欧盟、东盟、世界银行、亚洲银行、联合国环境规划署、联合国工业发展组织等几十个国家、地区和国际组织开展了环境保护合作，取得了丰硕的合作成果（见表 13-3）。

表 13-3 2003—2013 年山东国际环保合作历程概览①

年份	合作事件及进展
2003	·联合国工业发展组织（UNIDO）与瑞士政府赠款 285.89 万美元用于山东的环境友好技术项目（EST），外方首席技术顾问常驻济南； ·在青岛、济南召开全省环境友好技术项目启动会和 EST 项目国际研讨暨洽谈会，确定 EST 项目的重点在纺织、化工、食品、造纸、能源五个行业。
2004	·与德国巴伐利亚州环境部签订环保合作协议； ·山东省人民政府—韩国环境部环保合作事务委员会正式成立，山东与韩国的环保合作进入新阶段。

---

① 本表所涉及内容根据山东省环境保护厅网上信息公开目录中的环境状况公报整理，涉及的公报年限为 2003—2013 年共计 11 年间的山东省《环境状况公报》列举的国际环保合作部分，本部分中出现的数据不再单独标注数据来源。

（续表）

年份	合作事件及进展
2005	·山东省人民政府—韩国环境部环保合作事务委员会成立并召开委员会第一次会议，在环保产业共同研发、配套资金筹措、鲁韩企业间交流与合作等领域取得了丰硕成果； ·举办日本循环经济技术研讨会，派遣专业技术人员赴山口县进行专项课题研究； ·与欧盟签署了《"水资源管理的能力建设和政策强化"实施合作协议》。
2006	·在韩国举办山东省人民政府—韩国环境部环保合作事务委员会第二次会议，达成七项合作协议； ·积极促成了与新加坡的环保合作，使新加坡将环保合作列为 2006 年度与山东合作的优先领域； ·积极争取 4.85 亿美元外资支持燃煤电厂脱硫工程、小清河流域、海河流域、南水北调沿线水污染治理工程建设； ·美国贸易发展署向省环保局赠款 85 万美元用于开展燃煤电厂脱硫技术和南四湖水环境质量保证项目的可行性调研； ·清洁发展机制（CDM）项目筛选和培育工作启动。
2007	·在日本、韩国建立了两个环保培训基地； ·山东省人民政府—韩国环境部环保合作事务委员会第三次会议召开，举办了山东—韩国环保合作项目对接洽谈会等 14 个环保合作对接洽谈会、交流会； ·利用世界银行贷款、赠款等 5 亿多美元； ·组织开展了欧盟水资源管理和 UNDP 赠款等项目； ·利用履约机制引进外资 3600 多万美元，用于相关企业技术改造和产业结构调整，争取多边基金赠送设备 30 台（套）； ·召开了清洁发展机制（CDM）项目研讨会和项目推介会，开展了 CDM 项目的筛选和培育工作。
2008	·举办第三届山东绿色产业博览会； ·举办山东省人民政府—韩国环境部环保合作事务委员会第四次会议。
2009	·举办山东省人民政府—韩国环境部环保合作事务委员会第五次会议； ·与加拿大魁北克、丹麦举行环境保护交流会； ·启动实施 GEF 项目和环境友好技术（EST）项目，利用多边基金、CDM 机制，为企业争取国际贷款 7000 多万美金； ·召开全省 CDM 项目洽谈会和中美水泥窑项目成果推广会。
2010	·召开山东省人民政府—韩国环境部环保合作事务委员会第六次会议； ·组织举办国际新能源论坛、山东与北荷兰省蓝色经济研讨会等交流会； ·赴日本、韩国、澳大利亚举办了"节能环保产业项目洽谈"活动； ·签署了《中国山东省环境保护厅与巴西帕拉州政府环保合作备忘录》； ·实施 EST、GEF、POPs 等项目，开展了制冷行业制冷剂使用情况调查； ·举办第 4 届"绿色产业国际博览会"。

年份	合作事件及进展
2011	·召开山东省人民政府—韩国环境部环保合作事务委员会第七次会议; ·与日本九州签订《关于加强环保产业交流合作的具体行动计划》; ·与美国贸易发展署签署《山东省环境应急系统》赠款项目合作协议; ·举办第一次两岸环保交流论坛; ·开展了潍坊 GEF 二氧化硫排污权交易政策可行性研究赠款项目,完成第 13 批共 5 个小清河污染治理世行贷款项目; ·编制完成《山东省环境保护国际公约"十二五"履约规划》《山东省含氢氯氟烃(HCFCs)生产、消费、销售调研报告》; ·第一次碳排放交易—枣庄联丰焦电有限公司碳减排量成交 10 万吨。
2012	·举办山东省—山口县环保友好交流 20 周年纪念研讨会,争取日本 JICA 全额资助; ·召开山东省人民政府—韩国环境部环保合作事务委员会第八次会议,初步建立了山东环保技术服务中心和韩国环境部产业技术院共同促进资源再利用示范合作项目等合作机制; ·举办第二届鲁台环保交流论坛; ·美国贸易发展署山东省环境应急系统赠款项目启动会; ·完成 GEF 中国火电效率项目排污权指标交易子项目二期平台软件开发研究报告; ·第 13 批小清河污染治理世界银行贷款项目的验收工作; ·加大环保履约工作力度,成立了"山东省履行斯德哥尔摩公约工作协调小组"。
2013	·召开山东省人民政府—韩国环境部环保合作事务委员会第九次会议; ·第三届两岸环保产业合作交流论坛; ·举办鲁韩环境政策及环保产业发展研讨会、中日治理大气污染合作研讨会; ·推动斯德哥尔摩公约履约工作,组建山东省履行斯德哥尔摩公约专家委员会,开展持久性有机污染物(POPs)污染防治监测及应急培训,制定修订 POPs 相关政策规章和行业标准,开展持久性有机污染物(POPs)履约宣传活动; ·实施"中国用于防污漆生产的 DDT 替代项目黄渤海海区子项目",开展黄渤海地区沿海修造船厂清洁生产示范活动,编制修造船厂清洁生产技术导则; ·继续开展世界银行下属的全球环境基金(GEF)中国火电效率项目山东省排污权指标交易项目; ·世行小清河流域污染源治理基金向第 13 批贷款项目的 5 个子项目发放资金共计 2000 万人民币。

作为山东省环境保护与国际合作的一个交流平台、经贸平台,山东自 2004 年举办国际绿色产业博览会,至今为止已经举办了六届,分别为 2004 年第一届、2006 年第二届、2008 年第三届、2010 年第四届、2012 年第五届、2014 年第六届(见表 13-4),除技术合作、经贸合作外,在博览会期间还举办各种论坛、研讨会等,为山东省环保事业寻求国际合作开拓途径。

2014 年 11 月还将举办"第六届中国生态山东建设高层论坛暨第六届绿色产业国际博览会"。

表 13-4　山东历届国际绿色产业博览会情况一览

年份	参加国家及地区、组织等	展位	主题	合作意向	协议金额
第一届（2004 年）	中国、韩国、日本、美国、加拿大、德国、法国、意大利、丹麦、瑞士、新加坡	标准展位 990 个，802 个单位参会	发展循环经济、建设生态山东、营造公平市场、打造供需平台	1136 项	171 亿人民币
第二届（2006 年）	法国、韩国、日本、荷兰、美国、俄罗斯、哈萨克斯坦、新加坡	展位数 1396 个	展示山东环境保护和生态省建设成就	1971 项	218 亿人民币
第三届（2008 年）	韩国、美国、加拿大、丹麦、英国、德国、意大利、日本、墨西哥、蒙古、俄罗斯、新加坡、西班牙、瑞典以及中国香港、中国台湾	共有 6381 次对接洽谈、多边洽谈	促进节能减排，倡导绿色生活	2724 项	877 亿人民币
第四届（2010 年）	日本、韩国、美国、加拿大、瑞士、丹麦、西班牙、荷兰等	—	绿色生产、绿色消费、绿色生活	2800 项	170 亿人民币
第五届（2012 年）	韩国、日本、加拿大、美国、台湾、世行 GEF 等	582 个标准展位	—	—	—
第六届（2014 年）	韩国、中国台湾、中国香港、美国、加拿大、日本、德国、荷兰、法国、新加坡全球环境基金（GEF）	560 个标准展位	发展绿色产业建设生态文明	—	—

资料来源：山东国际绿色产业博览会官方网站。

从表 13-3、表 13-4 可以看出，山东省自 2003 年以来的环保国际合作已经呈现多元化趋势。首先，通过争取国际环保项目，积极参与全球环境保护合作。山东省与联合国工业发展组织、联合国环境规划署、世界银行（含世行 GEF 项目）等全球性国际组织保持着长期合作。其次，山东省与全球多个国家和区域有着环保合作关系。再次，山东省与东北亚地区的韩国、日本等国家已经建立了比较完善的跨国环境合作平台与机制，如日本太比雅公司与枣庄联丰焦电实业有限公司签约共同开发 CDM 项目等。第四，山东省的环保国际合作已经形成了一些长期性的项目，其中持续时间比较长、影响比较大、政府和企业参与较多的是清洁生产机制（CDM）项目和持久性有机污染物（POPs）项目。CDM 项目主要有枣庄联丰实业有限公司清洁型热回收焦炉余热发电 CDM 项目以及在联合国注册的鲁丽集团有限公司高炉煤气余压发电项目等。POPs 项目自 2004 年实施以来，已开展过"中美水泥窑POPs 和其他有毒物质减排研究项目""中国用于防污漆生产的 DDT 替代项目""中国含 DDT、三氯杀螨醇生产控制和综合虫害管理技术示范全额项目"等。第五，与东盟、美国、德国、欧盟等环保产业发达国家和地区的环保经贸合作也一直持续，如与荷兰阿波罗集团出资建立的艾荷过滤设备有限公司，该公司拥有世界最先进的过滤器生产制造流水线。最后，山东与中亚国家和非洲国家的环保合作也已经开展，如与哈萨克斯坦、坦桑尼亚等国家建立了经贸合作关系等。

二、山东与"一带一路"沿线国家和地区环保合作存在的问题

"一带一路"战略构想的提出，给山东省与海陆"丝绸之路"沿线区域的合作提供了新的思路和机遇。但是，必须清醒地认识到，山东的国际环保合作虽然有着良好的发展态势，但是因为山东省环保产业基础较弱、国际合作局面尚未全面展开等客观原因限制，山东参与"一带一路"沿线国家和地区的环保合作还面临着如下困难或者问题。

（一）山东国际环保合作存在区域不均衡现象

在肯定山东国际环保合作已经取得成绩的同时，也要充分认识到，山东与"一带一路"沿线国家和地区的国际环保合作存在着明显的区域不均衡现象。这种区域不均衡现象首先体现在山东省内部，由于山东省区域经济发展的不均衡现状，导致其东西部在国际环保合作方面的表现有所差异。东部地区在吸引境外相关环保企业投资方面表现抢眼，而西部地区受制于经济发展环境，在国际环保合作进程上总体落后于东部地区。

从国际合作上看，山东省在全球的国际环保合作也呈现出地理位置上的"东热""西冷"的不均衡态势。主要表现为：首先，山东省现有的绝大部分环保合作项目、技术来自日本和韩国，山东省的区域影响力还没有形成辐射整个亚洲地区的态势，仅仅在东北亚地区有良好表现。这一格局的形成与山东的地缘位置有关，山东位于东北亚地区的核心位置，因此与东亚地区诸国有天然紧密的联系，而东北亚地区与东南亚、南亚的距离都比较远。

借助蓝色经济的崛起，近年来山东与东盟的合作日趋紧密，山东已经在东盟设立了秘书处，与南亚地区的合作也正在展开。但是作为"一带一路"上地理政治地位非常重要的中亚、中东、非洲等地，山东省的国家环保合作格局还尚未完全打开局面，还需要建立新的山东—中亚、山东—中东、山东—非洲双边及多边合作机制，依托已经建立环保合作关系的国家，进行区域重点突破。

山东是我国外向型经济发展得较早、较快的省份之一，与欧美国家有着长期的经贸合作历史，但是，山东与欧美国家的环保合作更多地呈现出需求市场的态势。且相比于山东与日韩的合作态势，山东与欧美国家的合作进程并不深入。这是由两个原因决定的，第一，发达国家的技术封锁。从历史经验来看，发达国家往往会将一些夕阳产业转移到发展中国家，对于高新技术和环保领域内的顶尖技术，则向发展中国家进行技术封锁，以保有其市场话语权；第二，由于欧美等发达国家往往执行严格的环境准入机制，山东现有的环保产业国际竞争力不足，无法进入欧美环保产品市场，因此山东更多的是作为欧美国家尤其是那些环保产业比较发达的国家的需求市场。

（二）山东省环保产业竞争力不强

山东环保产业经过多年发展，已经形成了几千亿元的产值规模。2013年，山东省环保产业总值为 4290 亿元（见图 13-6），占山东省当年 GDP 值的比重已经接近 10%。环保产业正在成为山东的新兴支柱产业之一。2013年山东省出台促进节能环保产业发展的意见等文件，全力将环保产业打造成新兴支柱产业，在原有节能产业的基础上，再打造节能电机、绿色照明、节能泵和水处理设备四大产业链条。预计 2014 年山东节能环保产业产值将突破 5000 亿元，同时，山东省还将重点培育 30 家产业基地和 200 家示范企业。①

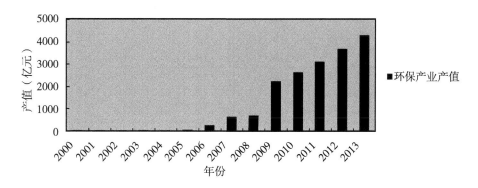

图 13-6　山东 2000—2013 年环保产业产值

资料来源：山东省环保厅提供。

根据 2014 年环保部发布的《2011 年全国环境及相关产业情况公报》所提供的数据，2004 年到 2011 年，我国环保产品、环保服务和资源循环利用产品年营业收入的年平均增长速度分别为 28.7%、30.5% 和 14.1%。环保产品和环保服务的分布呈现"一带一轴"的总体分布特征，即以环渤海、长

---

①　http://news.163.com/14/0608/20/9U8D0JAD00014AEE.html#from = relevant # xwwzy_35_ bottomnewskwd.

三角、珠三角三大核心区域聚集发展的环保产业"沿海发展带"和东起上海沿长江至四川等中部省份的环保产业"沿江发展轴"。① 根据公报统计数据，江苏省环境保护产品销售收入为全国最高，超过 500 亿元，而山东环境保护产品销售收入超过了 50 亿元，排名全国第 4 位；环境保护服务收入超过 200 亿元的是北京市，山东省环境保护服务收入超过 50 亿元，位列全国第 7 位；资源循环利用产品生产销售收入超过 1000 亿元的是浙江省，山东的资源循环利用产品销售收入超过 100 亿元，位列全国第 7 位；环境友好产品生产超过 2000 亿元的有上海、吉林、广东和江苏 4 个省市，而山东的环境友好产品销售收入超过 500 亿元，位列全国第 10 位（见表 13-5）。

表 13-5　六省（直辖市）环保产业分项目全国排名情况

地　区	环境保护产品	环境保护服务	资源循环利用产品	环境友好产品
山东	第 4 位	第 7 位	第 7 位	第 10 位
江苏	第 1 位	第 2 位	第 2 位	第 4 位
浙江	第 2 位	第 4 位	第 1 位	第 12 位
广东	第 14 位	第 3 位	第 3 位	第 3 位
上海	第 10 位	第 9 位	第 20 位	第 1 位
北京	第 6 位	第 1 位	第 16 位	第 5 位

资料来源：中华人民共和国环境保护部：《2011 年全国环境保护相关产业状况公报》。

从图 13.6 数据可以看出，2002 年至 2013 年，山东环保产业实现了大爆发式的增长。目前，环保需求市场旺盛，但是山东并非环保产业强省。山东的环保产业虽然经过多年的发展，已经具备了一定的产业化水准，并形成了山东省自身的特色优势，如环境保护产品等，但是跟我国东部沿海浙江、江苏等环保产业比较发达的省份相比，山东环保产业总量和规模都还是偏小，环保产业的国内竞争力和国际竞争力都不强。

---

① 资料来源：中华人民共和国环境保护部，《2011 年全国环境保护相关产业状况公报》。

（三）山东环保科技融合不足

目前，山东省正进入工业化的中后期，城镇化率已经超过 50%（如图 13-7 所示），城镇化进程的不断加速，使得山东省面临越来越严峻的城市环境问题，如空气污染、水土污染、废弃物处理等。

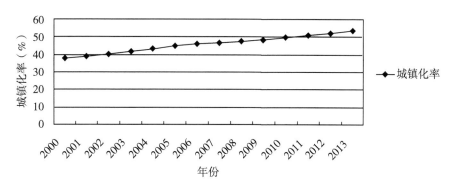

图 13-7　山东 2000—2013 年城镇化率

尽管山东省 2013 年出台了大气污染治理规划，但是防治成效不明显，空气质量不升反降，使得山东成为 2014 年以来中国东部沿海空气污染最为严重的省份之一。

从世界经验来看，城镇化过程中不可避免地会伴随着城市环境恶化的问题，而环保科技可以提供富有成效的城市环境问题解决方案。随着人类社会的发展，各种环境问题不断出现，环境保护早就不再是单纯的一个产业门类，而更具有扁平性、复杂性、综合性等特点。当前，世界环保科技领域不断发生技术融合，以互联网为基础，将人类社会带入了一个以"PB"（1024TB）为单位的结构与非结构数据信息新时代，数据正在成为类似于土地、石油、资本一样的巨大的经济资产。环境保护天然地与大数据产业有着内在联系。海量的环境信息、环境数据可以使得人们更为直观地制定环境治理方案、开发环境保护技术，欧美发达国家如美国、瑞典等国家，利用互联网技术与环保技术结合，在纽约、斯德哥尔摩等大型城市成功开启了智慧城市、绿色城市的综合性方案。但从目前山东省环保科技发展情况来看，环保大数据应用成效不显，省政府和企业对此都没有重视。在对山东交通、建筑、装备制造、消费品生产等企业进行的一项调研显示，92%的企业把主要精力放在关注内部数据上，有 36.4%的企业还没有对数据进行任何挖掘利用，60%的企业认为自己公司没有大数据。目前，企业对信息化数据分析利用最多的环节是绩效考核，在企业战略、销售、产品研发等关键环节中应用较为有限。[①]

三、山东与"一带一路"沿线国家和地区环保合作的对策建议

在充分了解当前国际国内环保合作的前沿及发展态势、充分阐释区域优势与不足的基础上，山东需要不断开拓与"一带一路"沿线国家和地区的环保合作路径，不断加强与"一带一路"沿线国家和地区的合作力度。

(一) 实施差异化区域环保合作战略

立足东北亚，深化南亚、东南亚。为加快山东融入 21 世纪"海上丝绸之路"国家战略体系，山东未来一段时间的国际环保合作重点领域在东亚、东南亚地区，这些地区都与山东省有着长期合作关系，双方经贸往来密集。在环境保护领域，山东与日本、韩国有着深厚的合作背景以及长期的合作历史。山东应该以日韩、东盟和印度为支点，借力中韩、中日韩、中国—东盟等自贸区谈判进程，尤其是要牢牢把握中国—东盟自贸区升级版谈判和"区域全面经济伙伴关系"（RCEP）谈判所蕴含的新机遇，加快推动山东—东盟环保国际合作与交流；在节能环保等领域务实合作，打造与马、泰、柬、越在节能、污染治理、生态环境保护等领域的交流合作支点。同时，以蓝色经济作为切入点，积极开拓山东省与印度为代表的南亚

---

① 《六成企业认为自己没有大数据》，《大众日报》2014 年 6 月 14 日。

地区海洋环保合作。

重点瞄准中东、中亚。为加快山东融入"丝绸之路经济带"国家战略体系，未来山东的陆上突破点应该放在中东和中亚，加快与以色列等国家在节能节水、环保农业方面的交流与合作，并积极探索与中亚五国在生态环境保护等方面的务实合作。

抢滩中东欧，突破欧盟。在中东欧地区，应该继续发挥山东省已有的经贸合作优势，打造环保领域和绿色产业领域的双边尖端合作。在欧洲核心地区，应该继续巩固山东与德国、法国、英国、荷兰的传统友好经贸关系，重点突出新能源、绿色产业等领域的合作，提升山东环保产业的国际竞争力，积极有效地应对欧盟严格的环境准入壁垒。

（二）大力提升山东环保产业竞争力

目前，山东省正在大力发展环保产业，省政府办公厅 2013 年发布的《关于加快发展节能环保产业的实施意见》中提到，加快发展节能环保服务业，鼓励社会化环保产业机构以行业自律的形式开展资质化管理、集团化发展，逐步做大做强环保企业。到 2015 年，形成 40 个年收入 1 亿元以上的节能环保服务公司。显然，环保产业将成为未来山东的新兴支柱产业。但是我们必须认识到，现阶段山东省环保产业比较薄弱，产业竞争力不强，这势必影响山东与"一带一路"沿线国家和地区的环保合作深入开展。

2015 年，山东省将进入第十三个五年规划时期，在"十三五"时期，山东需要大力提升山东环保产业竞争力，推动环保产业进入快速成长期。需要从如下几个方面着力推动环保产业的发展。第一，着力推动环保产业市场化进程。由市场机制而不是政府指令来调控环保产业的需求与供给市场，要在省内培养起环保产品以及服务的市场决定机制。山东省环保产业较为薄弱，竞争力不强的根本原因之一是环保产业市场化进程缓慢，环境保护很多时候被当作没有营利性的公益事业，因此无法获得大规模发展。第二，着力推动有偿使用环境资源的保护性补偿措施。要建立健全环境资源的适用和补偿机制，借鉴国际上先进的经验和机制，并尽快实现与国际生态环境补偿机制的对接，促进山东省环保国际交流合作的深化。第三，提高环境标准，着力推动省域企业环境信用机制的建立。由于长期以来存在企业生产经营过程中的"环境无成本"的观念，使得一些非环保行业企业无视污染排放标准，肆意破坏和污染环境。只有逐步提高环境标准，才能有效地倒逼企业重视环境保护。而借助大数据技术，实现省域企业环境信用公开机制，将有效地刺激企业在生产、销售过程中及时有效地引入环保程序，这将从根本上刺激环保产业的发展。第四，着力推动环保法治建设。我国新修订的《环境保护法》不仅将环境保护作为基本国策，还明确规范了对环境的定义，是指"影响人类生存和发展的各种天然的和经过人工改造的自然因素的总体，包括大气、水、海洋、土地、矿藏、森林、草原、湿地、野生生物、自然遗迹、人文遗迹、自然保护区、风景名胜区、城市和乡村等"，从范畴上界定了环境保护的内容。而在当前国内严峻的环境保护形势下，2013年6月最高人民法院颁布的《关于办理环境污染刑事案件适用法律若干问题的解释》，对《中华人民共和国刑法》中第一百一十四条、第三百三十八条、第三百三十九条、第三百四十六条四条与环境污染等罪有关的刑法条例进行了重新解释，确立了新的量刑和处罚标准原则。此外，《大气污染防治行动计划的通知》《建设项目环境影响评价政府信息公开指南》和《关于切实加强环境影响评价监督管理工作的通知》等的发布，是我国对日益严峻的环保形势的积极响应，并力图从法治角度为环境治理保驾护航。第五，着力推动环保领域的科技创新。创新是产业增长的永恒动力。在推动环保科技创新的同时，要比以往更加注重知识产权保护，要用完善的知识产权保护机制为环保科技创新保驾护航，并尽快与国际接轨，实现协同创新。

（三）鼓励山东省环保企业进行海外项目拓展

山东一直以来是全球外商重要的投资地，近年来，山东省对外投资也逐年增加，但是环保企业对外投资还有待提升。"一带一路"沿线国家和地区，主要是东盟、中亚、中东、非洲等地区，这些地区与山东一样，受制于自然资源的不可持续式开发模式，已经出现和经历了环境生态退化的严重影响。

因此，这些国家都充分意识到，传统的粗放式的经济发展模式将最终导致资源耗竭，这些发展中国家迫切意识到本国经济需要转型，对于环保产品以及环境服务的需求正在不断增加。

在这种形势下，山东应该大力鼓励省内环保企业，尤其是节能、供水、污染物处理企业大胆地走出国门，在东盟、中亚等发展中国家集中、资源环境问题严峻、环保科技和环保产业落后的地区进行海外投资。具体而言可能有如下几个途径。第一，山东省环保服务企业可以通过"总部+示范工厂+卫星工厂"模式，依托当地城市，形成辐射传导式产业格局，打造成产业聚集区，并促进相关配套产业的发展。第二，山东省环保产品生产企业可以通过进驻工业园区的模式，建立孵化中心、打造成科工贸中心等方式，吸纳当地就业，利用当地劳动力相对廉价的优势，培养熟练的产业工人。第三，通过合资、并购等方式，山东省环保企业可以收购当地的环境相关企业，有利于快速形成大型跨国环境集团公司。第四，通过参加国际环境工程竞标，实现山东省环保企业的对外劳动输出。第五，通过为上述国家提供完整的工业用水、生活用水、污染物处理的整体性解决方案，实现山东省环保企业的对外技术输出。

（四）试水"环保特区"

作为中国各省域探索环境问题解决途径的大胆尝试之一，"环保特区"的概念提出由来已久。山东作为中国东部沿海面临严峻环境压力的省份之一，需要从环保国际合作中寻找到解决困扰本省经济发展的环境约束最优解决方案。因此，当前在山东省内设立"环保特区"，显得十分有必要。环保特区与经济特区相同，选择有特殊环境保护意义的区域，实行与国际接轨的环境治理模式、环保产业发展方式、政府监督和管理模式。让环保特区成为山东国际环保合作的排头兵与急先锋。

第一，在环保特区内，革新现有的环境治理模式，引入财政部正在全国范围内大力推广的公私合作关系（Public-Private Partnership，简称 PPP）模式。PPP 模式是指政府、私人营利性企业和非营利性企业基于项目形成的合作方式，对于政府而言，PPP 模式能够化解在严峻环境压力下的地方财政压力，可以有效地实现民间资本、社会资金对于地方环境治理财政支出的替代，并有效地改变现行的政府治理模式；对于民众而言，城市环境保护方面的 PPP 合作可以使得民间资本和社会资金进入公共资源稀缺的领域，能够促进人们对于城市环境的认同感，并更加有效地监督政府。PPP 模式的广泛推广将深刻改变山东省现有的政府管理水平及治理能力，PPP 模式将会以强大的正向效应，以经济领域的推进来提升政府环境治理的现代化水平。第二，在环保特区内，革新现有的环境监督机制。山东和全国一样，环境监督者的角色往往是政府而不是公众，公众在环境监督中的话语权缺失，也是造成许多环境问题经久无法妥善解决的根本性原因。而在环保特区内，公众被赋予环境监督的法律责任，公众对环保的参与度和关注度将会被引发。充分的第三方监督机制可以降低政府监督环境的总体成本，使得环境监督机制更为有效地运行。第三，在环保特区内，打破原有的环保产业发展模式，大力发展以环保服务业为主体的新兴环保产业，涉足环保咨询、设计、监测、金融、保险、治污设施运行等配套性服务，尽可能延伸现有的环保产业链。

(五) 强化政策扶持力度

虽然环保产业的产品和服务市场服从市场供求定律，但是从本源上来说，环保产业是一个政策性产业，它的存在与发展，跟国家的政策方针息息相关，跟政府制定的行业标准及法律法规等息息相关。当政策措施利好时，环保产业就会迎来大发展。同时，除环保产业外，还有一部分属于公益性环保的如生物多样性保护、生境维持等环保活动，政府的宣传和倡导能够促进民众的环保意识，从而刺激环保事业和环保产业的发展。当一个国家或者地区重视环保产业、环保事业时，与环保相关的国际交流与合作自然也会强化，因此，强化政策扶持力度，对于山东省开拓与"一带一路"沿线国家和地区的环保合作途径、扩大合作领域等都有着积极的意义。

目前国家对生态文明建设高度重视，2013 年以来，国家发展战略导向发生重大转变，使得山东省的国际环保合作进程面临极大宏观政策利好。《中共中央关于全面深化改革若干重大问题的决定》中详细指出，"要健全自然资源资产产权制度和用途管制制度，健全自然资源资产管理体制和能源、水、土节约集约使用制度等"；"要划定生态保护红线，继续坚定不移实行主体功能区制度，对于限制开发区域和生态脆弱的国家扶贫开发重点县取消地区生产总值考核、探索编制自然资源负债表，对干部实行自然资源资产离任审计、建立生态环境损害责任终身追究制等"；"要实行资源有偿使用制度和'谁受益、谁补偿'的生态补偿制度，发展环保市场，推行环境污染第三方治理等"；"要改革生态环境保护管理体制，建立和完善严格监管所有污染物排放的环境保护管理制度，独立进行环境监管和行政执法，建立陆海统筹的生态系统保护修复和污染防治区域联动机制"等。山东应该及时出台与国家宏观战略措施配套的政策措施，强化对环保产业国际合作的扶持力度，从政策上为山东省与"一带一路"沿线国家和地区的环保合作扫清障碍，提供便利。

（六）提升国际环保合作层次，"新丝路，新环保"

"一带一路"的战略构想为中国的国际合作环境提供了新平台与新的发展契机，由于其独特的开发性包容性的合作理念，为南南环保合作提供了新空间，也为山东启动与东盟、非洲、中东、中亚等发展中国家集中的地区的环保合作提供了良好的机遇。由于"一带一路"沿线国家和地区中，很多国家是发展中国家，与中国在环境保护与经济发展领域关注点相近，而山东作为"中国的缩影"，自身面临的环境问题、已经取得的治理经验等，更能贴合这些发展中国家的国情和现实诉求，因此，基于"一带一路"的国际性环保合作具有坚实的合作基础和广泛的合作空间，能够形成多领域、多渠道、多国别的环境合作新格局。

山东在未来一段时期内，要高度重视与"一带一路"沿线国家和地区的三个网络建设，即技术交流网络、政策对话网络和国际合作网络。技术交流网络意味着，山东在"一带一路"的空间范畴内，要积极提供和寻求丰富的、多层次的技术交流模式；在政策对话网络建设中，山东应该注重实现新型的、复合的、开放式的区域对话形式和对话机制；在国际合作网络中，山东要积极利用区位优势，发出山东声音，通过开展富有特色的国际环保合作，形成"一带一路"上回响的"山东声音"，有力地推动这一人类社会中全新的国际合作格局。

第十四章 山东与"一带一路" 沿线国家和地区的旅游合作

"丝绸之路"首先是作为商贸之路形成的,但在更深远的意义上则是文化之路、文明之路。"丝绸之路"的是一个和平合作的平台,"一带一路"则是中国发展、改革以及和相关国家合作的理想途径。旅游作为"一带一路"的重要内容和服务贸易领域先导,是最容易起步和最具有发展潜力的产业。据世界银行和世界旅游组织预测,未来亚太地区将取代欧美成为世界旅游的新中心,中国将成为世界上最大的旅游到达国。山东自然资源、历史人文资源丰厚,是中国的旅游资源大省,随着国际旅游市场中心的东移,山东广泛开展与"一带一路"沿线国家和地区的旅游合作,对开拓山东境外市场、大力发展山东旅游有深远的意义。

一、山东与"一带一路"沿线国家和地区 旅游合作的发展现状

山东作为"一带一路"的重要节点,与"一带一路"沿线国家和地区的旅游合作交流优势明显,既有得天独厚的地理自然条件,又有基于地缘的文化认同及资源互补优势。长期以来,山东与"一带一路"沿线国家和地区旅游合作呈现出综合性、多层次性、互补性的特点。

（一）山东与"一带一路"沿线国家和地区旅游合作基础深厚

自先秦西汉以来，山东就一直是东西方贸易的主要货源地，当时兖州、青州、临淄等地的丝绸、瓷器精美手工业品向西经过开封、洛阳运抵西安，再源源不断地输往国外，同时从登州港起航沿黄海经宁波、泉州、南行至菲律宾、澳大利亚，再穿越马六甲海峡到中亚诸国。商品货物的交流也带动了文化和旅游的交往，大量来自欧洲、西亚和中亚等国家和地区的政府、商人、学者和宗教人士，纷纷通过陆上和"海上丝绸之路"来到齐鲁大地进行文化和经济等的交流，齐鲁的先进文明也通过"一带一路"散播到世界各地。延续至今，山东一直是中国与"一带一路"沿线国家和地区进行旅游合作的重要桥梁枢纽。山东与"一带一路"沿线国家和地区有着广泛的旅游交流，就现有的发展情况来看，中国公民出游的目的国主要分布在"一带一路"沿线国家和地区。山东接待的境外游客中，韩国和日本人数居多。山东加大旅游宣传，推出以 Facebook 为主主打海外，美国网站、韩国网站、繁体网站为信息引导，海外合作大旅行社山东产品专区以及海外合作 OTA 为产品引导的宣传战略，"海上丝绸之路"沿线国家和地区来鲁旅游的人数已有增长。

表 14-1　山东接待"丝绸之路"沿线国家和地区游客人数（单位：人）

国　籍	2001 年	2005 年	2010 年	2012 年
日本	166995	278170	566511	482360
韩国	243889	640056	1292880	1533199
印度尼西亚	7393	6881	24835	30022
马来西亚	14332	22534	40230	62954
菲律宾	15354	16327	42487	40721
新加坡	15440	25509	70126	99630
印度	3592	6759	23932	29010

（续表）

国　　籍	2001 年	2005 年	2010 年	2012 年
泰国	3486	7281	13387	18006
蒙古	460	1155	7064	10550
英国	7868	17295	62730	99127
法国	6310	13794	40839	67685
德国	10004	22459	63694	93166
意大利	3453	9004	24532	34538
瑞典	1754	3162	8498	12157
荷兰	2152	3008	6376	8569
俄罗斯	11542	19484	63036	103432
美国	33636	54510	133305	198638
加拿大	8438	13513	39869	56435
澳大利亚	5598	10643	40738	62649
新西兰	1406	2369	12588	20690

注：以上数据根据《山东统计年鉴（2001—2013 年）》整理。

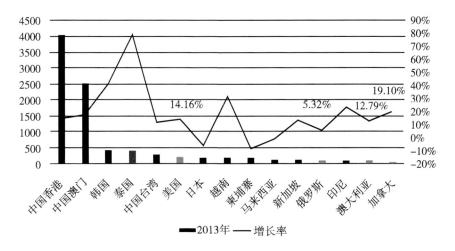

图 14-1　2013 年中国出境旅游前十五位目的地

（二）山东在与"一带一路"沿线国家和地区旅游合作中具有显著的优势

在"一带一路"沿线国家和地区旅游合作中，山东占据不可替代的枢纽地位。古代丝绸之路的起点是西安，新亚欧大陆桥的起点是日照和连云港，通过陇海、兰新线通往中亚、欧洲荷兰的鹿特丹港。山东向西紧密联系河南省、陕西省、甘肃省、青海省、宁夏回族自治区、新疆维吾尔自治区等，向东连接的日本、韩国、朝鲜同样也是受丝绸之路影响深远和广泛的国家。山东连接"一带一路"沿线国家和地区旅游成为完整的一条旅游线路，打通沿新亚欧大陆桥20多个国家和100多个城市的旅游线路，切实推动丝绸之路旅游成为国际著名的品牌旅游区域。

从区位优势来看，山东省地处中国东部沿海、黄河下游，东临渤海、黄海，与朝鲜半岛、日本列岛隔海相望。作为全国最大的半岛，山东半岛环抱渤海湾，与辽东半岛相对，占据环太平洋区域重要位置。作为亚欧大陆桥的东部出海口，山东是连接中国南北、东西的重要连接过渡地带。山东境内河湖交错，自然风貌完整，黄河自西南向东北斜穿山东境域，京杭大运河纵贯鲁西平原。山东处在华北地区与华东地区的接合部，是黄河经济带与环渤海经济区的交汇点，优越的地理位置使山东在对"一带一路"沿线国家和地区旅游合作发展旅游方面，具有先天的地缘优势和区位优势。根据新经济地理学，地理位置和距离是影响国家地区间交流与合作的重要因素。山东与韩国各大港口之间最近的海运距离只有200多海里，山东青岛到韩国最大的"国际枢纽港"釜山港的距离是502海里。有利的空间地理位置为文化交流与旅游合作提供了更加有利的条件。随着山东经济的迅速发展，来山东从事经济商务活动的外国人逐年增多，占旅游人数的一半以上，经贸活动也带动了观光旅游及其他文化旅游活动。

从海陆空交通优势来看，完善的海陆空交通基础实施，为山东和"一带一路"沿线国家和地区旅游合作奠定了良好的基础。山东拥有6个飞机场（其中3个国际机场），多条国际航线和数百条国内航线。海上交通发达，有

5条海上国际航线。烟台、威海、蓬莱至大连客运航线的客运量每年都超过500万人次。铁路、公路交通便捷，乘坐火车济南至北京、上海、青岛不超过3个小时。2014年出台的《山东省综合交通网中长期发展规划》勾勒出更加完善便捷的交通网络："2020年，快速铁路通达所有设区市（除滨州、东营外）；运输机场服务覆盖率95%；高速公路通达所有县（市、区）和10万人以上的城镇（除长岛）；沿海主要港口实现铁路、高速公路集疏运；运输机场至少一条一级以上公路通达，有条件地实现与轨道交通的连接；市区人口100万人以上的城市实现中心城区500米范围内公交站点全覆盖。至2030年，全面建成'三横四纵'综合运输通道。届时，省会济南两小时内可通达各设区市，两个半小时内通达周边省会城市；济南、青岛实现一小时通达；各设区市与其所辖县（市、区）基本实现一小时交通圈；所有县（市、区）、港口、机场等规划节点30分钟进入高速公路网。"

（三）儒家文化得到"一带一路"沿线众多国家的认同

山东参与"一带一路"建设具有先天的文化资源优势。齐鲁文化是中华文明的重要发祥地之一，在这里发现了中国最早的文字、最早的城邦和最早的长城，也是东夷文化的发源繁盛之地。20世纪以来，"后李文化""北辛文化""大汶口文化""龙山文化"等考古发现说明了这块土地繁荣发达的史前文明。伴随着夏商周时期的民族冲突与融合，太公望姜尚封于齐，周公旦封于鲁，发展形成了具有丰富历史内涵的齐鲁文化。道家、法家、墨家文化以及阴阳、方术、纵横、刑、名、农、医等多元灿烂，儒家文化更成为中华传统文化皇冠上的明珠。在此基础上，日本、韩国、新加坡等国都属于儒家文化圈，受儒家文化影响甚深。基于相同的文化认同，山东与上述国家的旅游往来尤为密切，从山东接待"丝绸之路"沿线国家和地区游客数据中不难发现，韩国、日本、马来西亚、新加坡等对儒家文化认同的国家来山东旅游人数越来越多。

在儒家文化所倡导的孝悌忠信、礼义廉耻、仁爱和平的影响下，山东民风淳朴，山东人忠厚直爽，热情好客。丰富多彩的齐鲁传统文化，特别是民俗文化留存至今，深深地吸引着许多国家，特别是一些欧洲和美洲国家的游客。山东民俗文化主要有民间信仰民俗、各种祭祀活动和一些特殊生活习俗。在这些民俗中有些已经发展成国际知名的品牌旅游节庆品牌，如曲阜孔子文化节、泰山国际登山节、潍坊风筝节等。每年这些民俗活动都会吸引数以万计的国外游客来到山东体验风俗民情。以 2014 年的泰山登山节为例，有 214 支代表队 2608 名运动员报名参赛，国际组有来自 39 个国家和地区的 249 名参赛者。同时，泰安的万余市民也将参加环泰山健身跑，两项赛事总人数达到 12000 余人。极具地域文化特色的民风民俗对境外旅游者产生着巨大的吸引力，也使齐鲁文化得到广泛的传播和认同。

（四）山东与"一带一路"沿线国家和地区旅游已有良好的合作尝试

山东与韩国、日本和新加坡等国家已经进行了不同形式的旅游合作，并取得了良好的效果。

1. 开展"互访年"合作

2010 年，山东和新加坡开展鲁新旅游"互访年"活动，两地的旅游局推出一系列优惠政策推动旅游合作。采取的方法主要有：第一，广泛宣传。邀请新加坡的旅行社及旅游媒体到山东实地参观考察山东，参加在山东举办的旅游交易会；山东提供媒体资源宣传推广新加坡的旅游形象和旅游资源。第二，出台优惠政策。对向山东输入新加坡入境游客的旅行社进行资金奖励；对山东省内主要旅游景点给予新加坡游客门票优惠；山东航空公司给予新加坡游客机票优惠等。"互访年"的政策为山东和新加坡旅游合作积累了良好的经验。

2. 旅行社合作

韩国旅游发展局和《大众日报》联合烟台海峡国际旅行社等全省 26 家对韩业务的旅行社，成立山东赴韩旅行社联盟。联盟的成立有利于进一步整合联盟成员各自的独特优势，组建成完整的旅游产品链条。同时，联盟成员内资源优势互相结合，充分挖掘、弘扬、发展联盟内的合作资源，打造山东赴韩旅游业务合作平台，促进山东赴韩旅游业务共同发展，助推鲁韩旅游业快速发展。

3. 创造便利条件

为推动山东和日本大阪两地间航空和旅游市场发展，山东航空公司和大阪地区旅行社进行战略合作。加强关西地区至山东省的入境旅游、公商务考察、修学等优质客源的开发和组织工作，共同打造两地航空网络，推动山东和关西航空旅游市场的持续繁荣。山航以济南—大阪直航航线为依托，以两地旅游产品为纽带，充分发挥各自优势，建立高效协调机制，实行信息互联互通，协同开发航空旅游市场，共同推动两地友好交流与合作。在鲁新"互访年"活动中，山东开通济南、青岛到新加坡的两条空中航线，为旅游交往创造条件。

4. 借助各类平台宣传本地旅游

世博会是山东与"一带一路"沿线国家和地区旅游合作的重要平台，山东积极借助世博会有计划有深度地宣传本地旅游。2010 年，依托世博会营销山东特色浓郁的精品旅游产品，如儒家文化修学体验游、各类文化节庆游、生态民俗游等，接待入境游客达到 200 万人次。2014 年第十七届亚运会期间，山东威海主题性相关亮相韩国仁川亚运主体育场北广场，表达了威海作为中国距离韩国最近的城市，进一步发展与仁川深厚发展文化旅游的愿望和态度。威海主题形象观建筑面积 200 平方米，在亚运会期间对外开放，场馆内的地标符号和文化元素展示了山东沿海的生态环境和生活品质，传统书法、剪纸古琴等中国传统文化吸引了中国参加亚运会的国家运动员和游客。

（五）山东旅游产业发展基础优厚

山东旅游业发展迅猛，山东旅游总收入在 2005 年突破千亿大关，2008 年跨越第二个千亿大关，2010 年实现第三个千亿跨越。旅游总收入在全国的位次，2008 年超过上海，2009 年超过北京，由第 6 位跃升到第 4 位，已然是名副其实的旅游大省。旅游业的发展离不开旅游资源，一切旅游资源都离不开一定形态的文化，文化是形成旅游资源的沃土。山东旅游文化资源丰富，特别以历史文化遗产见长，分布十分广泛。山东有国家级历史文化名城6座，有不可移动文物16000多处（其中重点文物保护单位国家级36个，省级379个），馆藏文物70余万件，以曲阜为代表的极品级的历史遗迹造就了山东文化旅游的名牌产品，并成为体验中国传统文化必游之地和世界文化旅游的胜地。自然资源方面，山东有"五岳之尊"泰山，五镇之首"东镇沂山"，泉城济南，运河之都济宁，"人间仙境"蓬莱，"道教圣地"崂山，江北水城聊城，黄河入海奇观。国际知名节会也是山东重要旅游资源，如潍坊国际风筝节、青岛国际啤酒节、泰山国际登山节等，每年都会吸引大量国际游客，为山东与"一带一路"沿线国家和地区旅游合作搭建交流平台。

在品牌运营上，山东重视品牌对旅游的推广带动作用，在全国首创实施"联合推介、捆绑营销"旅游品牌推广战略，经过精心打造，"好客山东"旅游品牌已经成为中国区域旅游的第一品牌，有效地提升了山东的文化形象，"好客山东"已成为山东的名片。在此基础上，山东大力加强旅游品牌体系建设，有效地打造了一系列旅游企业品牌、节庆活动品牌、旅游服务品牌，建成了以"好客山东"品牌为龙头，以城市旅游品牌为支撑的"好客山东"旅游品牌体系。目前，在"好客山东"品牌有效引领下，山东三大旅游市场都呈现出良好的发展前景，连续多年保持入境旅游市场20%以上的快速增长。

二、山东与"一带一路"沿线国家和地区旅游合作存在的问题

现阶段山东与"一带一路"沿线国家和地区旅游合作中存在的问题主要体现在以下几个方面。

（一）广泛深度合作开发缺乏统一规划布局

山东对"一带一路"旅游重视程度不够，现有旅游开发缺少规划指引，缺少山东"一带一路"旅游发展总体规划和系列专项规划，对"一带一路"旅游资源整合、旅游产业布局、旅游线路打造、旅游产品设计及重点旅游项

目建设缺乏整体规划，难以形成合力。无论在打造丝绸之路的形象品牌方面，还是在构建跨区域旅游具体协作框架方面，都缺少长远发展战略规划，无法对具体城市旅游业发展进行有效指导。由于缺少统一旅游总体规划和系列专项规划，跨区域旅游合作的长效协调机制和有关政策不到位，造成"海陆丝绸之旅"线路的旅游合作各方利益难以得到切实保障，资源共享、市场共享、利益共享的设想难以真正实现，呈现出在旅游线路的整体开发上单打独斗、局限于小区域范围合作发展的态势。精心塑造区域旅游整体形象的战略目标长期得不到落实，很大程度上削弱了"一带一路"旅游的知名度和竞争力。

（二）政策、产权和行政垄断成为重要阻碍

2013 年，我国入境旅游人数 1.29 亿人次，出境旅游人数 9819 万人次；2014 年上半年入境旅游人数 6200 万人次，仍多于出境旅游 5410 万人次。[①]由于旅游目的地形象、海外促销推广、签证政策、免税、退税是否舒适等一系列问题的影响，山东与"丝绸之路"沿线国家和地区旅游合作不够便利，主要集中在三个方面：首先，最直接的就是签证问题。目前山东游客到"一带一路"大多数国出境手续费用比较高，同样境外游客来山东也存在手续烦琐的问题，签证问题简化是旅游合作需要解决的重要前提。其次，交通便利问题。交通是影响旅游质量的重要因素。旅游交通关系到旅游时间和旅游费用，因此是境外游客是否选择山东旅游的重点考虑因素。目前虽然对山东与东南亚国家的许多国家旅游往来交通有了极大的改善，除此之外，像西亚和欧洲国家则需要周折几次才能来到山东，且山东境内旅游线路也不是非常便捷通达，由交通导致了时间和费用成本过高也使旅游吸引力不够，阻碍山东与"一带一路"沿线国家和地区的旅游合作。最后，政策和相关合作机制不健全是阻碍旅游合作的根本原因。目前山东与许多丝绸之路沿线国家和地

---

① 《中国 2013 年近亿人次出境游　创历史新高》，2014 年 1 月 17 日，见 http://finance. chinanews.com/cj/2014/01-17/5751405.shtml。

区的旅游合作多是双方旅游广告宣传、旅游产品价格优惠等表面合作，深层的双边、多边和区域合作还不多见。囿于政策和法律规定限制，中国游客进入一些丝绸之路沿线国家和地区旅游还有诸多限制。这些都在相当程度上限制了山东与"丝绸之路"沿线国家和地区旅游深度合作的有效推进。

(三) 现有旅游产品缺乏特色、市场运作能力欠佳

山东虽然有着丰富的文化旅游资源，但对旅游资源的开发、转化和利用缺乏市场经验，导致旅游产品特色不突出，旅游线路雷同，旅游资源不能产生应有的效益。像曲阜三孔这种世界级的文化旅游资源没有转变成世界级旅游目的地，在文物保护的限制下，资源的开发以传统的参观为主，没有利用高科技手段进行空间转移和延伸开发。对于一些自然景观，各地虽然十分重视，但没有挖掘资源自身的文化内涵，缺乏对科学定位、开发利用的重视，造成对旅游资源开发的低层次重复。新兴的滨海度假、商务会展、狩猎体验等新业态旅游产品，受限于交通、人才和后期配套建设的不衔接，没有形成有轰动和带动效应的高端旅游产品。山东的旅游商品开发也差强人意，一方面，市场销售的旅游产品雷同，另一方面，纪念性强、创意新颖、精巧美观、富有特色的旅游商品却停留在作品展上，有待市场开发。山东旅游核心竞争力也不强，据山东省旅游局数据显示，山东旅游城市的发展与国内发达城市的差距很大。根据 2011 年全国旅游经济总量前 20 强城市榜单，山东仅青岛市一个城市入榜，但位次也排后，以 684.1 亿元的旅游总收入位列第 13 名。目前山东已着力打造了一批旅游城市，但是这些城市的知名度和美誉度都不够，在旅游城市的位置也不突出。

(四) 旅游市场调研和宣传乏力且发展不平衡

山东作为旅游大省，入境旅游发展慢，在旅游市场调研和宣传方面还有很多欠缺。2012 年山东入境游客 469.9 万人次，仅占当年全省游客接待总量的 1/100，相当于广东省的 1/7，居全国第 8 位；与旅游总收入居全国第 4 位不相称。山东的主要海外客源市场为韩国、日本、中国港台及东南亚地

区，并且近 50%的入境游客集中在日韩，欧美市场份额较低。① 旅游市场缺乏精准、有针对性的市场调查。"丝绸之路"沿线国家和地区涉及的地域很广，文化传统和生活习俗都有很大不同，实践中应该对这些国家进行分类研究，认真分析各国的经济水平、文化传统、居民消费能力，并进而在此基础上采取有区别的旅游吸引对策。精准有效的市场宣传也是旅游业发展的关键点和着力点。身处注意力经济时代，"好酒也怕巷子深"，山东旅游的宣传促销虽然在手段上颇有创新，但却缺乏重点突破的意识。除了市场调研和宣传力度不够之外，在实践中，山东很多城市的旅游地包装、营销都存在问题，缺乏有效的组合包装，难以推出专门旅游产品。比如山东潍坊，作为著名的手工业城市，在乾隆年间就有"南苏州、北潍县"的称号，潍坊风筝一直世界闻名，当地既有仰天山、云门山、沂山等自然资源，也有诸城恐龙园、富华游乐园等现代游乐景区。诺贝尔文学奖获得者莫言的故乡也在此，但是潍坊旅游却一直默默无闻。

三、山东与"一带一路"沿线国家和地区旅游合作的对策

山东与"一带一路"沿线国家和地区的旅游合作已经积累了丰富的经验，奠定了良好坚实的基础。在谋划山东旅游业快速发展的同时，更进一步通过旅游促进山东与"一带一路"沿线国家和地区的全面深化合作。积极参与"一带一路"建设，山东旅游业大有可为。

（一）建立山东与"一带一路"沿线国家和地区旅游合作的长效机制

1. 重视与提升山东与"一带一路"沿线国家和地区旅游合作的战略高度

"一带一路"建设是我国在经济全球化、区域经济一体化发展趋势下提

---

① 《立足省情　协调发展　加快建设旅游强省》，《山东经济战略研究》2013 年第 9 期。

出的重大战略,旅游合作是"一带一路"建设的重要内容,也是经贸合作的先导。在此意义上,山东与"一带一路"沿线国家和地区的旅游合作不仅促进经贸合作,也承担着对外传播中华文化的重要使命。因此,我们要重视从更高的层面上来理解山东与"一带一路"沿线国家和地区旅游合作的重要意义。

2. 构建山东与"一带一路"沿线国家和地区旅游合作的运营平台和主体

首先,构建促进山东与"一带一路"沿线国家和地区旅游合作运营主体,充分调动各国政府企业、社团参与运营主体,通过构建主体,加强参与国与山东的沟通,积极协调共同应对合作中出现的问题,促进旅游的全方位合作和顺利开展。其次,为山东与"一带一路"沿线国家和地区旅游发展搭建全方位合作平台,解决政策决策、宣传合作、旅游交通建设合作、商品制作、教育培训合作、景区开发、项目推介等具体合作中的具体操作事宜。

3. 设立专门负责"一带一路"沿线国家和地区旅游协作办公室

由山东省旅游局选取"一带一路"沿线国家和地区的重要城市,互设旅游协作办公室,专门负责旅游合作的相关事宜,为山东各地旅游部门提供便利。要特别加强旅游宣传促销等领域的合作,推动与重点城市政府建立长期旅游交流合作机制,积极组织包括政府官员和旅游协会、企业、专家在内的旅游代表团分别进行定期访问,洽谈合作项目,为促进游客双向交流提供政策支持和协助。

4. 出台更为有效的政策,简化"一带一路"沿线国家和地区到山东的出入境手续

积极与国家有关部门协商,争取有利政策,扩大山东重点旅游口岸城市的游客落地签证范围,为游客通关提供最便利的服务。简化通关手续,扩大免签证国家和地区范围。进一步规范出入境管理,山东要为出入境游客提供最便捷的出入境服务,提高游客旅游效率,降低出入境费用。

（二）创新探索山东与"一带一路"沿线国家和地区旅游合作的最佳发展模式

1. 广泛开展旅游合作论坛，为旅游合作探寻理论和现实基础

通过举办旅游合作论坛，增进"一带一路"沿线国家和地区对山东的了解，进一步形成国际区域旅游合作的发展共识，为广泛深入的旅游合作奠定理论基础。具体举措有：第一，邀请各国际和国内知名专家、学者以及旅游部门的负责人，围绕山东与"一带一路"沿线国家和地区旅游合作展开深入、广泛的研讨；第二，在山东举办的各类高规格展会期间，将旅游合作列入展会论坛的重要内容；第三，将旅游合作列为 APEC 重要专题，邀请世界旅游组织、亚太旅游协会以及全国旅游专家，就山东与"一带一路"沿线国家和地区区域旅游合作进行深入研讨；第四，与世界知名的旅游组织合作，在山东举办国际区域旅游合作论坛和世界旅游发展趋势研讨会。

2. 完善现有合作模式

一些"一带一路"沿线国家和地区已经与山东有良好的旅游合作基础，应该积极总结现有合作模式的经验做法，运用到与其他国家的合作中去。依据中日韩与东盟签署的《"10+3"振兴旅游业北京宣言》和相关旅游备忘录为基础打造的鲁日韩旅游"金三角"，有效减弱由经济波动产生的对山东旅游业的潜在威胁，而且从更加广泛的区域，如北美、欧洲、大洋洲争取到客源，产生合作发展的规模效应。在现有合作基础上，创新旅游发展思路，开拓更加有效的合作方式，根据山东地理位置和文化认同等优势，推动山东与某个国家或城市旅游客源互换，推动旅游合作深入发展。积极推动举办各类旅游博览会，推进山东旅游企业和景区对接合作；研究共同举办"国际旅游论坛"和国际旅游开放开发研讨会，探讨建立鲁澳旅游合作机制，共推双向旅游线路，

3. 以区域协作带动合作发展

山东要注意与国内其他省份的协作发展，建议在 2005 年《新亚欧大陆桥区域经济合作国际研讨会徐州共识》《新丝绸之路沿线城市旅游合作备忘

录》的基础上,沿线城市达成共识,编制"丝绸之路"旅游合作的系列规划,包括总体规划、产品规划、线路规划、市场开拓营销规划、重大项目规划、基础设施规划等。规划要在保证品牌统一的基础上,突出差异化开发的特点,在打造"一带一路"整体品牌形象的同时,依据各地历史文化资源优势和产品类型特色,分段打造旅游品牌,例如山东段可称为"丝路黄金海岸段",河南段可称为"丝路中原锦绣段",甘肃段可称为"丝路风情敦煌段"等,旅游者既可全线游览,也可挑选区段游览。同样,旅行社卖出线路既可全线出售,也可划分区段线路零售,自由组合,灵活方便。

(三) 建设更为便捷的国际旅游通道

1. 积极加强山东与"一带一路"沿线国家和地区的国际旅游交通对接,构建公路、铁路、水运综合交通运输网络

在空中航线方面,把航线建设与旅游线路建设相结合,参考旅游发展需求建设,甚至定制航线。青岛、日照、济南等城市可拿出资金进行补贴。开辟专门通往"丝绸之路"沿线国家和地区重要旅游城市的国际航线。在铁路方面,增开旅游专列班次,打通省内旅游和省外旅游,有效为出入境旅游创造更加有利的条件。在公路方面,在各主要城市建立国际旅游集散中心,开通热门线路的直达快班车。

2. 建设与国际接轨的旅游公共服务设施

目前山东在建和规划建设的游客集散中心已经超过 20 个,部分城市将旅游公共服务设施建设纳入市级重点工作。其中,旅游信息服务中心和游客集散中心在全省设区的市至少设立 3—5 处,蓬莱、曲阜等重点县市级旅游城市设立 1—3 处旅游咨询服务中心,2014 年至少启用一处,并做到能为游客提供交通游览信息,免费为游客提供本地旅游宣传资料,能受理游客投诉,能为游客提供紧急救援信息等。结合山东与"一带一路"沿线国家和地区旅游合作,济南、青岛、烟台、泰安、济宁等城市还要建成游客集散中心。

3. 加快综合旅游交通枢纽建设

优化综合交通运输网络布局，增强山东交通运输能力，使省内游客可以快速循环、外地游客可以便捷达到沿海。做好《山东省综合交通网中长期发展规划》的落实工作，加快山东"两区一圈一带"战略的综合运输枢纽建设。配合做好渤海海峡跨海通道前期协调工作。加快推动城市轨道交通建设，缩短景区有效距离。

（四）继续强化"好客山东"旅游品牌效应

1. 加强"好客山东"文化旅游品牌体系建设

继续强化"好客山东"文化旅游品牌，重点打造一批城市旅游形象品牌和旅游企业品牌。具体做法有：一是加大"好客山东"旅游形象品牌宣传力度，同时加强"好客山东"服务质量建设。二是扩大"好客山东"文化旅游品牌辐射范围，把"好客山东"品牌建设纳入相关市政、路政建设规划，在全省各地媒体设立"好客山东"形象宣传板块，在城市重要位置设立"好客山东"系列文化旅游品牌公益广告。三是克服在旅游项目建设中，重项目建设、轻产品营销的现象，根据"丝绸之路"沿线国家和地区不同特点，加大投入，做好市场调研，实现旅游经济社会价值的最大化。

2. 打造"好客山东"品牌旅游产品

一是深度挖掘旅游资源文化内涵。依托曲阜特有的文化资源，结合曲阜文化经济特区建设，把曲阜邹城片区打造成世界级儒家文化教育、修学旅游体验基地。二是顺应旅游业由观光向休闲度假转变的发展趋势，开发滨海度假、温泉养生、会议旅游、田野狩猎、野外生存等新业态旅游产品。

3. 加大"好客山东"旅游品牌的对外开放力度，加快开放步伐，积极参与国际国内旅游交流合作与竞争

旅游业要内外开放并举，既要强调扩大对外开放，也要强调对内开放。对外开放是扩大国际合作，对内开放是区域间的经济合作。要着力打造东北亚地区旅游目的地。山东半岛处在东北亚地区的中心地带，要着力打造东北

亚地区的旅游目的地，重要载体就是以青岛为中心的胶东半岛，要集中优势打造东北亚地区重要旅游目的地，要加强同国际知名旅行社和跨国公司的交流与合作。特别是要加强和日本、韩国、中国香港、中国台湾旅游业界的交流，也要加强和俄罗斯、蒙古等的旅游业合作。要深化与环渤海、长三角等地区的区域合作。特别是应与环渤海和长三角地区联手，共同开发国内外旅游市场。请进来与送出去并举，实现良性突破。不仅要把游客引进来，还要把游客送出去，实现良性互动。鼓励支持有实力的山东旅游企业"走出去"，参与国际旅游合作与竞争，推进山东出境旅游快速发展。

（五）积极策划与营销山东与"一带一路"沿线国家和地区的旅游市场对接

1. 促进山东与国际旅游市场服务标准接轨

参照国际标准，探索建立和完善适应山东的旅游市场规则和服务标准体系。建立旅游品质保障监管机制，在旅游保险一体化、行政和商业救援机制共建、服务标准体系制定上进行深度对接，维护和提升旅游服务品质。以打造国际旅游城市和国际旅游目的地为目标，规范旅游公共服务设施建设，有计划有步骤地提高和完善山东旅游城市的国际化功能，不断提高旅游产业的国际化水平。

2. 打造山东与"一带一路"沿线国家和地区旅游合作的国际性综合平台

重点建立和完善与"一带一路"沿线国家和地区旅游企业的合作机制，实现与其旅行社的直接对接。同时，推进连接"一带一路"沿线国家和地区的精品线路的共同开发，推动山东与"一带一路"沿线国家和地区旅游联合营销，共同创建以国际旅游营销代理网络、旅游连锁营销系统和旅游经销联盟为主体的现代旅游营销体系，逐渐形成资源共享、联动发展的格局。鼓励双方企业联办旅游节庆，联手推介双方旅游产品；推动双方企业以各种方式到对方开发合作项目，建设国际化的生态型精品景区和旅游文化创意产业园等。

3. 整合旅游资源，创新跨国旅游线路

充分利用山东与"一带一路"沿线国家和地区旅游资源的互补性特点，积极争取旅游与"一带一路"沿线国家和地区的旅游交流与合作的新政，共同推动各自国家有关部门在改善签证制度、扩大航空航线、优化旅游指南体系等方面展开交流与合作，提高游客便利化水平。推动双方旅游企业、航空公司等开展务实合作，增大游客交流规模，为对方企业到本地开拓市场、开辟航线、投资合作等提供信息咨询、技术服务等支持；推动双方企业加强旅游产品共同开发，积极整合双方旅游资源，共同推出精品旅游线路。

（六）利用各种媒介加强山东与"一带一路"沿线国家和地区旅游合作的宣传

1. 加强对山东旅游的宣传

通过举办区域文化旅游专题宣传、举办国际性的大型赛事和活动，提高山东旅游在"一带一路"沿线国家和地区的知名度。不仅要形成有效的旅游品牌，还要让这些品牌走出去，例如通过孔子文化节、青岛啤酒节、潍坊国际风筝节大会等活动。可以尝试把节会"办出去"，通过到"一带一路"沿线国家和地区办山东文化特色的节会，提升山东知名度，促进山东与"一带一路"沿线国家和地区的文化、社会交流。还可以组织旅行社团开展双方间的联合旅游促销，直接与对方潜在游客进行直接交流。

2. 利用米兰世博会山东周，树立山东"丝绸之旅"的旅游形象品牌

世博会历来是世界关注的热点，也是世界旅游的大事件。2015 年意大利米兰世博会的主题为"给养地球：生命的能源；为食品安全、食品保障和健康生活而携手"。由于人口增长、全球变暖、资源需求增长等多种因素，发展中国家受到农业原料价格上涨的困扰。如何解决粮食供应问题为世界所关注，山东作为农业大省，在农业及粮食问题有很多亮点可以得到展示，借助世博会展示山东，推介山东，吸引世界各国的游客到山东来参观旅游，体验"丝绸之旅"。山东各级城市要努力抓住机遇，加快构建跨区域旅游线路

框架,统一对"丝绸之旅"进行集中包装,组织一体化的展位,共同参加国际、国内外旅游推介会,在城市间设立大型的旅游形象宣传广告牌,共同制作旅游宣传册和光碟,利用多种形式在媒体上进行宣传促销。特别是重点做好导游人员的统一培训。可以预期,曾给人类带来文明进步的丝绸之路,伴随借助意大利 2015 年米兰世博会的契机,必将成为国际旅游的一条经典文化风情热线。

(七) 加强山东参与"一带一路"沿线国家和地区旅游人才培养合作

山东参与"一带一路"沿线国家和地区旅游合作,对山东旅游人才培养提出了新的素质要求。省旅游局联合有关部门出台人才优惠政策优势,吸引"一带一路"沿线国家和地区中有实力、知名的教育培训机构落户山东,为山东培养高水平的旅游从业人员。邀请国际知名旅游专家对山东的旅游主管官员和旅游企业管理人员进行专题授课,了解各国或地区与旅游的相关政策法规。山东旅游教育培训部门要在教学中融入与"一带一路"沿线国家和地区相关的传统文化、民族风情、宗教法律等课程。山东旅游人才培养要特别重视注重儒家文化和道德修养。在国际旅游服务当中,旅游服务是展示一个国家或地区形象的窗口。高质量的旅游服务,不但能为山东树立良好的形象,也会吸引更多的游客,从这个角度上来讲,旅游服务本身也是一种旅游产品。因此,山东旅游从业人员更加需要具备优良的思想道德素质。山东作为圣人之乡,礼仪之邦德育培养尤为重要。

(八) 广泛利用新型社区、论坛、微博和微信等新兴媒体

新兴媒体是山东与"一带一路"沿线国家和地区旅游合作最为直接、简单的方式。现在越来越多的旅游者追求个性化、多元化、灵活化的自助休闲旅游方式。据《中国自由行发展报告(2012—2013)》显示,我国旅游业散客的数量和在客源总数中所占比重逐年增加,目前,国内旅游游客中超

过90%、出境旅游游客中超过70%的游客采用自助游或者半自助游的方式。① 自由行日渐盛行，山东与"一带一路"沿线国家和地区开展旅游合作，新型社区、论坛、微博、微信等新兴媒体是不可忽视的重要力量。通过官方旅游网站互相链接、平面媒体互换、参加旅游展览会等，搭建互利共赢的营销平台，互相提供各自的旅游信息，为对方推广旅游资源及旅游产品提供便利与支持。在《中国旅游报》《旅游世界》杂志社等开辟"丝绸之路旅游"专（周）刊，不断扩大旅游宣传覆盖面。探索与"一带一路"沿线国家和地区旅游企业合办"旅游网"，实现旅游产品在线订购。利用移动服务运营商提供的最新移动移动通信技术，开发适合查询旅游景点信息、交通信息、酒店信息的移动终端，开发有关旅游安全、旅游新闻、旅游天气、人文和货币兑换等信息的 APP 软件，提供真正便捷的服务。

① 李盛丹歌：《2012 年国内游客数量近 30 亿 "随团游" 比例不足 5%》，2013 年 5 月 30 日，见 http://www.ce.cn/culture/gd/201305/30/t20130530_ 24433085. shtml。

第十五章　山东与"一带一路"沿线国家和地区的文化交流与合作

当今世界正处在大发展大变革时期，经济全球化深入发展，科学技术日新月异，各种思想文化交流更加频繁，文化在综合国力竞争中的地位和作用更加凸显，维护国家文化安全任务更加艰巨，增强国家文化软实力、中华文化国际影响力要求更加紧迫。近年来，山东省为服务国家经济建设、文化外交，积极探索同海上"丝绸之路"沿线国家和地区合作机制，拓展整合对外文化交流资源的有效途径，形成了与"一带一路"沿线国家和地区多方式、多层次的文化交流格局，为山东国际经济文化发展创造了良好条件。

一、山东与"一带一路"沿线国家和地区文化交流与合作的现状

近年来，山东省与"一带一路"沿线国家和地区的文化交流活动进一步增多，海外文化交流阵地日益扩大，文化"走出去"和"引进来"成果丰硕，文化交流形式日趋多样，水平逐步提高，内涵不断丰富，形成了对外合作交流的良好局面。

（一）文化交流活动进一步增多

同"一带一路"沿线国家和地区的文化交流是山东省文化交流的重点。2013 年 1 月，济南市杂技团《粉墨》剧组赴新加坡参加第十二届"春城洋

溢华夏情"活动,受到当地热烈欢迎。2013年2月6日至14日,山东参与文化部第九届海外"欢乐春节"展演活动。由山东歌舞剧院15人组成的山东艺术团先后参加在曼谷、素攀、合艾等城市的3场大型演出和2场分会场演出,表演《大成乐舞》《齐风鲁韵》《且吟春语》等山东特色舞蹈节目,其中《齐风鲁韵》多次作为中国艺术团开场节目,受到泰国观众的热烈欢迎。2013年2月,文化厅组派的济宁市非物质文化遗产展览团赴阿曼参加马斯喀特艺术节,展演展示曲阜楷木雕刻、鲁班锁制作技艺、邹城平派鼓吹乐演奏、泗水剪纸、鲁锦等山东国家级非物质文化遗产项目,吸引了大批观众。世界儒学大会自2007年发起以来,已经成功举办六届。作为国际化的儒学研究与交流高端平台,世界儒学大会在推动国际儒学研究与交流的同时,增进了不同文明之间的对话与交流,为促进人类社会和平、和谐发展作出了重大贡献。2013年9月27日至28日,第六届世界儒学大会在孔子故里曲阜隆重召开。来自中国内地、中国香港、中国台湾、日本、韩国、越南、印度尼西亚、马来西亚、以色列、澳大利亚、英国、爱尔兰、俄罗斯、美国等14个国家和地区、60个儒学研究机构与学术团体的120位专家学者围绕"儒家思想与当代社会建设"主题进行了深入研讨与广泛对话。

　　山东作为与日韩近邻的省份,在与日韩文化交流方面取得了显著成绩。目前,山东在与日韩地方政府建立六对经济合作伙伴关系的基础上,借助区位优势,不断扩大对日韩文化交流,开展了包括音乐、美术、书法、非物质文化遗产、艺术品等各门类的交流活动。2012年山东组织举办了韩国丽水世博会"山东活动周"文艺演出。青岛市近年来在日韩文化交流上迈出了可喜的步伐,确立了以乐器制作、动漫、演艺、工艺美术为主的文化交流体系,并形成了在全国知名的产品。烟台市积极开展美术、文物展览及学术交流,宣传展示烟台民俗风情及悠久历史,参加和举办了"东方遥远异乡文物展""中韩国际美术交流展"等活动。威海市多次参加和举办韩国"国际文化艺术节"、"中韩书法展"、中韩青少年文化交流等活动。

　　在与"一带一路"沿线国家和地区文化交流过程中,山东还注意充分挖掘资源,实现形式多样化。威海市对韩文化交流依托友城渠道、民间渠道,采取政府派出、随团访演、出国商演等方式,通过举办画展、摄影展、音乐舞蹈演出、参加非遗展览、邀请韩方来威进行展览、展演等形式,开展文艺演出交流 10 多次、美术展览近 10 次、书法交流 30 多次、摄影交流 20 余次、非物质文化遗产交流 1 次,对弘扬中华优秀传统文化、促进中韩文化艺术的繁荣与发展起到了积极的作用。

山东也注意拓展与"一带一路"沿线国家和地区的文化交流途径。随着世界汉语热的兴起和孔子学院的兴建,孔子和孔子像已成为文化交流的载体,山东省已向世界多国孔子学院、政府机构和社会团体赠送孔子铜像。2014 年 7 月 6 日,山东新闻文化代表团开始对文明古国希腊进行访问,先后与联合国教科文组织代表、希腊国家旅游局进行会晤,与希腊扎进索斯市签订了旅游文化交流合作协议,并向扎金索斯市政厅赠送了孔子铜像,确定了今后山东与希腊将进行"孔子和苏格拉底文明对话"的计划。在雅典,齐鲁影业传媒有限公司还与希腊国家旅游协会签订了"合拍中希友谊纪录片"的意向书,并与一家电视机构签订了"合作拍摄山东希腊风光旅游纪录片"的意向书。7 月 16 日,山东新闻文化代表团与欧洲多国达成合作意向,向中国驻匈牙利大使馆、罗兰大学赠送了孔子铜像。在赠送孔子像的同时,罗兰大学还举办了山东图片展,200 余幅来自孔子故乡的精美图片在此展出。图片展对于发展山东和匈牙利间的文化交流合作,促进中国文化在匈牙利的传播都起着极其重要的意义。匈牙利著名的格兰特电影公司和来自山东的齐鲁影业传媒有限公司举行了签字仪式,双方拟合拍一部展示中匈友谊的纪录片,今后将进行影视拍摄方面的一系列合作。

(二) 海外文化交流阵地取得新发展

一是稳步推进海外"尼山书屋"建设。在海外中国文化中心设立尼山书屋,是山东省文化厅配合国家文化部整体对外交流战略、推动齐鲁文化"走出去"的重要举措之一。2013 年 7 月,马耳他中国文化中心"尼山书屋"正式揭牌。尼山书屋将以图书为纽带,架起一座中马文化交流的桥梁,成为展示山东形象、介绍中国文化和齐鲁特色文化的一个重要窗口。尼山书屋创建于 2012 年第二届尼山论坛，是山东省文化厅和山东友谊出版社共同打造的中国文化"走出去"的重要平台和交流品牌。马耳他尼山书屋是该书屋在海外设立的第一家分支机构，现有中英文图书 600 余种。12 月下旬，文化厅又与山东友谊出版社合作在莫斯科中国文化中心设立第二家海外"尼山书屋"。

二是积极申办孔子学院。随着中国经济的不断增强及中国在全球影响力的不断提高，学习汉语热也在全球不断升温。孔子学院在普及汉语、传播中国文化方面发挥着巨大的作用，越来越受到各国的重视。山东省高度重视孔子学院的建立，迄今为止，山东大学目前已经在海外设立了多所孔子学院，分别是亚洲的韩国国立忠南大学孔子学院、韩国东西大学孔子学院、澳大利亚阿德莱德大学孔子学院、蒙古国立大学孔子学院和新加坡南洋理工大学孔子学院，以及欧洲的法国布列塔尼大区孔子学院和荷兰莱顿大学海牙孔子学院等，在承办数量上居全国各承办高校第二，仅次于北京外国语大学（11所）。鲁东大学与法国昂热合作建立法国"卢瓦尔孔子学院"。2012 年，曲阜师范大学联合韩国安东大学克服种种困难，创立了安东大学孔子学院，成为韩国第 18 所孔子学院。印度目前共设有两所孔子学院，即尼赫鲁大学孔子学院和韦洛尔科技大学孔子学院，分别位于印度北部的新德里和南部的韦洛尔。由于难以满足该国民众不断增长的学习汉语的需求，为进一步推动中印两国在人文领域的交流与合作，山东省拟在印度建立一所新的孔子学院。山东省教育厅积极协调省内已与印度建立友好关系的学校，进一步加强联系，商讨共建孔子学院的可能性，并开始着手统计省属高校与印度的交流情况，对于双方均有合作意向且符合条件申办孔子学院的学校，将向国家汉办提出合作建立孔子学院的申请，为推动两国更好地开展人文交流提供平台。

（三）文化"走出去"成果丰硕

近年来，山东积极实施文化"走出去"战略，取得了较为丰硕的成果。山东省杂技团积极开拓国际演出市场，先后出访日本、印度、老挝、韩国、新加坡、印度尼西亚等国家及中国香港地区，受到观众热烈欢迎和高度评价。1995年5月，在意大利国际杂技艺术节中，山东省杂技团的《五人蹬板凳》获铜奖；1996年11月，《蹬圈踢碗》获莫斯科国际马戏杂技节铜熊奖，《倒立技巧》获特别奖；1997年2月，《车技》荣获第二十一届摩纳哥蒙特卡洛国际马戏杂技节金小丑奖，并被载入吉尼斯大全；1998年，杂技团在美国迪士尼公司摄制的大型动画片《花木兰》首映式上演出，在欧洲引起轰动。2013年，省杂技团两支队伍继续与加拿大太阳马戏团合作，在澳大利亚、日本和欧洲商演，收入约300万元。济南市杂技团于2013年2月、3月分别赴西班牙、俄罗斯、蒙古等国家参加国际比赛，获第二届西班牙费盖莱斯国际杂技艺术节"金像奖"和政府特别奖，获俄罗斯第六届伊热夫斯克国际杂技节"银熊奖"。泰安市杂技团赴英国、爱尔兰和泰国商演。德州市杂技团赴韩国、印尼、意大利和中国台湾商演。山东大学民族乐团赴俄罗斯参加新西伯利亚"2013之季"国际音乐节。2013年5月29日，"毕加索/潘鲁生陶瓷的对话"特别展亮相第55届威尼斯国际艺术双年展。山东潍坊与长崎传统图案风筝联展赴日本成功展出。2013年11月19日，山东省石刻艺术博物馆应邀赴德国法兰克福大学孔子学院举办"山东汉代石刻拓片精品展"。

在文化产品和文化服务"走出去"方面，山东省近年来积极促进对外文化贸易与交流，着力培养外向型文化企业。2013年，山东省商务厅公布了包括山东省杂技演艺有限公司、山东华瀚轻工业品有限公司等61家企业在内的《2012—2013年度山东省重点文化产品和服务出口企业名单》，经认定的企业将依据有关政策，将在市场开拓、技术创新等方面获得相应支持。山东省以20余家国家文化出口重点企业、项目和61家省级重点文化出口企业为依托，推动形成具有一定规模的外向型文化企业聚集，文化产品和服务的国际竞争力显著增强。截至2011年，全省文化产品服务出口企业达到1600多家，形成15家年出口额过千万美元的文化产品出口企业群体。2011年，全省文化产品实物出口13.5亿美元，同比增长16%，处于商务部公布的文化核心产品出口排名前列。山东华瀚轻工业品有限公司2009—2010、

2011—2012 年连续两届被评为国家文化出口重点企业。① 山东杂技、文物、非遗、歌舞等具有山东地域特色的文化活动项目频频在"一带一路"沿线国家和地区舞台上展现，市场占有率逐渐提高，国际文化贸易逆差局面明显改观。山东注重发挥儒家文化发源地和文化艺术形式多、地方特色浓郁等优势，推动企业赴国外举办展览、演出，形成了"孔子文物展""春信·山东风筝精品展""日照农民画展"等国际展览交流品牌，拓展了日本、韩国、法国和俄罗斯等国外市场，国际影响日益扩大。

随着教育改革发展的不断深入，山东省教育国际交流与合作工作规模逐年扩大，水平逐步提高，内涵不断丰富，形成了良好的教育国际交流与合作新局面。目前，山东省教育行政部门和部分学校与世界上 40 多个国家和地区的教育机构和学校建立了教育交流与合作关系，与 20 多个省州的教育行政部门签订了教育合作协议，搭建了交流合作的平台。全省高等学校、中等职业学校、普通中小学与国（境）外共建立友好校际关系 1500 余对。教育国际交流与合作成为山东省改革开放的重要标志，不仅推动了教育事业发展，对促进山东省经济社会发展也发挥了重要作用。为了落实教育部《留学中国计划》，根据《山东省中长期教育改革和发展规划纲要》，山东省政府外国留学生奖学金于 2011 年正式设立。省财政厅、省教育厅共同研究制定了省政府外国留学生奖学金规划方案，根据规划，省财政每年安排资金 800 万，向 17 所省属高校发放，用于外国留学生奖学金。2011 年，教育部新批准增加了青岛大学、青岛科技大学、鲁东大学和中国石油大学接收国家政府来华留学奖学金学生资格。2012 年教育部又配套给山东省 60 个国家政府奖学金名额。部分高校从实际出发，积极创造条件，发挥政府奖学金的激励作用，扩大招生规模，提高留学生层次，促进了交流与合作。如山东大学等部属高校留学生工作一直发展较好；山东中医药大学发挥中医药特色优势，招收来自韩国、中国台湾的学生；山东工商学院与俄罗斯高等学校合作，为俄

---

① 《山东省公布 2012—2013 年度重点文化产品和服务出口企业名单》，《戏剧丛刊》2013年第 3 期。

罗斯学习汉语的学生提供短期培训；青岛大学、鲁东大学积极招收韩国和日本学生；山东科技大学利用外语开设专业课程招收外国留学生等，均为山东高校招收留学生工作积累了经验。目前，山东省有 82 所高等学校、195 所中小学可以接收外国留学生和外国学生，在山东省高校留学的外国留学生为 12065 人，在中小学就读的外国学生有 4000 多人。[①]

中国已成为澳大利亚最大的海外留学生来源地，目前有将近 20 万中国学生在澳留学，占澳国外留学生总数的 30%。截至 2012 年年底，中国在澳开设 13 家孔子学院，为两国文化交流搭建了友谊的桥梁。山东省同澳大利亚的民间交往成效显著，累计派出文艺演职人员近百人次赴澳交流展演，鲁能足球俱乐部队与阿德莱得联合足球俱乐部队保持良好交往，山东大学与南澳大学签署备忘录联合共建"健康研究中心"，在药学、公共卫生和护理科研及学生培养等领域开展合作。山东省与东盟及南亚各国的教育合作不断加强，来鲁留学生人数逐年增加，学历层次、专业结构不断优化，仅 2013 年，山东省共接收来自印尼、越南、马来西亚、缅甸、巴基斯坦、斯里兰卡和印度等国留学生共 1231 人，其中 58 人享受省政府奖学金。

（四）文化"引进来"亮点频出

2013 年"十艺节"期间，山东省先后邀请美国杨百翰大学青年大使歌舞团、印度达克莎·谢思舞蹈团、法国卢瓦尔国家交响乐团、中国台湾豫剧团、俄罗斯雅各布森芭蕾舞团、世界经典音乐剧《妈妈咪呀》中文版、加拿大雅尼克·瑞约爵士乐四重奏、西班牙弗拉明戈舞剧《卡门》8 台境外精品剧目参加艺术节演出。组织境外精品剧目演出 8 台 24 场、巡演 17 场、扶持演出 7 场，交流演出 3 场，共计 51 场，观众 6 万余人，多台节目出现一票难求的场面，演出收入达 1033 万元。演出场次、观众人数和收入超过以往任何一届艺术节的外演。

---

① 孟庆旭：《认真规范管理 加强交流合作 不断提高我省教育国际化水平》，2012 年 10 月 22 日，见 http://www.sdedu.gov.cn/jyt/idjh/webinfo/2012/10/1387592551890549.htm。

　　山东充分利用境外艺术团和嘉宾参加"十艺节"的时机，开展多层次的文化交流活动，加深境外艺术家对山东艺术院团、高校、文化企业的深入了解，为进一步推动齐鲁文化"走出去"服务。2013 年 5 月 24 日，山东省人民对外友好协会、波兰驻华使馆和"十艺节"组委会在济南合作共同举办了"波兰文化周"，这是山东省和波兰首次举行的大型综合性文化活动，内容包括波兰克拉科维亚宫廷芭蕾舞蹈团演出、克拉科夫版画展和波兰美食。

　　2013 年 2 月 27 日，山东省通过世界银行贷款孔孟文化遗产地保护项目管理办公室与意大利海缔雅公司在山东博物馆签署咨询服务合同。这是我国第一个由世界银行贷款资助的文化遗产保护利用项目，也是山东省最大的利用外资进行历史文化遗产保护主权债务项目。项目于 2011 年获得审批，总投资 8.73 亿元，其中利用世界银行贷款 5000 万美元，折合人民币 3.33 亿元，占总投资的 38.19%。① 项目实施周期 6 年，计划于 2016 年年底完成全部工程建设。其中，世界银行为山东省争取到意大利无偿赠款 5 万美元将用于石碑石刻、木结构和彩绘保护的技术研究。

　　2013 年 5 月，由山东省文化厅主办、济南朗利科技有限公司承办的"朝鲜油画精品暨郑宽彻遗作展"在省美术馆展出，展出油画作品 80 余幅。6 月，济南市成功举办法国木偶、济南皮影同台献艺活动。"当色彩消失的时候——印象派版画中国巡展"在山东工艺美术学院美术馆举办，展览汇集了 19 世纪 60 年代至 20 世纪中叶，76 位印象派大师的 166 件绘画、雕刻版画及素描经典原作。10 月，由"十艺节"组委会等单位主办、山东建邦控股集团等承办的"欧美经典美术大展"在山东博物馆举办，展出 350 多件西方经典艺术品，内容包括文艺复兴时期艺术大师经典原作展、欧洲现代艺术大师经典原作展、当代艺术大师经典原作展，其中，莱奥纳多·达·芬奇自画像是首次来华展览。参观展览的观众达 32 万人次之多。2014 年 7 月 25 日，

---

　　① 于国鹏、王红军：《首个世行贷款文化遗产保护项目启动》，2013 年 2 月 28 日，见 http：//news.sina.com.cn/c/2013-02-28/041926379814.shtml。

五国联合马戏杂技嘉年华在济南开幕，来自俄罗斯、乌兹别克斯坦、哈萨克斯坦、吉尔吉斯斯坦和中国的马戏杂技高手为观众带来精彩演出，在 30 天的时间里共献上 50 场演出。自开演以来，每天都有 2000 多名市民来到省会大剧院东侧的马戏棚观看演出。

近两年来，山东省采取积极措施吸引港澳台学生来鲁学习。各地认真贯彻省教育厅、省台办《关于做好台湾学生在山东省幼儿园、中小学就读工作的若干意见》，积极解决台湾学生到山东省中小学和幼儿园就学问题。省财政拨出专款支持港澳台学生来山东高等学校上学，2010 年和 2011 年山东高校共招收港澳台学生 275 人，获教育部资助 213.8 万元。山东省与港澳台三地的教育交流互访越来越多，合作的领域越来越广，高校之间的交流成为重点。山东部分高校与港澳台的多所高校签订了校际合作协议或项目协议，开展了不同层面的交流与合作，每年都有数百名学者来山东访问讲学。同时，山东省也有相当数量学者赴港澳台访问交流或出席国际会议。山东省多个对台交流的教育品牌项目影响越来越大，效益愈加凸显。山东大学举办的海峡两岸孔孟故里寻根夏令营、山东科技大学举办的新世纪成功有约——海峡两岸青年夏令营，中国海洋大学举办的海峡两岸大学生海洋文化夏令营等在两岸产生了很好影响。由多所高校轮流承办的两岸大学校长论坛已成功举办八届，为两岸教育交流合作搭建了平台。①

二、山东与"一带一路"沿线国家和地区 文化交流与合作存在的问题

近年来，山东与"一带一路"沿线国家和地区的文化交流虽然取得了一定的成绩，文化合作有了良好开端，但仅仅处于起步阶段，与其他领域的合作相比，文化领域的交流与合作还较为滞后，存在诸多问题。

---

① 孟庆旭:《认真规范管理　加强交流合作　不断提高我省教育国际化水平》，2012 年 10 月 22 日，见 http://www.sdedu.gov.cn/jyt/ldjh/webinfo/2012/10/1387592551890549.htm。

（一）发展不够平衡

近年来，山东与日本、韩国、朝鲜在文化领域有较多的交流与合作，与新加坡、马来西亚、菲律宾、文莱、越南、印尼、泰国、缅甸、印度、巴基斯坦、澳大利亚、新西兰、毛里求斯、坦桑尼亚、阿曼等国都有文化交流活动，与斯里兰卡、东帝汶、老挝、柬埔寨、孟加拉国等国文化交流活动很少。山东与中亚国家的文化交流与合作投入资金过少，文化政策比较零散，赴中亚的文化交流规模有限，次数不多。

（二）文化交流缺乏顶层设计和长远谋划

不论是全国还是山东，目前文化交流都没有制定出富有前瞻性、系统性、全局性的战略，思路和定位也不清晰。对外文化交流相关部门的协调配合机制还没完全建立，资源分散，各自为战，资源整合力度不够。推动文化"走出去"并不是简单意义的文化出口，也不是价值观、意识形态和发展模式的输入，而是通过积极开展多渠道、多形式、多层次对外文化交流，增强中国文化软实力。对外文化交流既要重视文化"走出去"，也要重视文化"引进来"。通过不同文化与文明间的交流、对话乃至情感表达，通过丰富多彩的文化产品和服务，增进中国与丝绸之路沿线国家和地区乃至全世界各国人民之间的了解、互信和友谊，赢得更多的理解和认同。①

（三）文化交流的深度仍然有限

由于过度依赖政府，山东省对外文化交流活力不够。多数对外文化交流活动基本上由政府主导和推进，由政府全权负责和管理，根据政府的意愿、按照政府的办事方式，而民间外交、公共外交较为松散和无序，没有形成整合和集聚效应。

---

① 蔡武：《中国文化走出去不是输出价值观等、要赢认同》，2012 年 3 月 13 日，见 http：//www.chinanews.com/cul/2012/03-13/3740708.shtml。

推进对外文化交流，既需要政府渠道，由政府主导推进，也需要民间团体、社会组织和其他民间力量来共同实施，仅仅依靠政府间的交流不能完全适应我国国际地位不断提升的形势需要。同时，对外文化交流过度依赖政府，存在许多弊端。官方色彩过浓，容易导致工作僵化，活力不足。政府干预过多，有可能无法更好地体现民众的意愿，难以调动民间各种力量积极参与地方对外文化交流的积极性。此外，政府主导的对外文化交流，可能会出现中途搁置的现象。这样，既会影响对外交流工作的效率，也会损坏在国际上的形象，造成不利影响。[①]

此外，山东同"一带一路"沿线国家和地区文化交流形式也较为单一，特别是同中亚各国的交流深度不够。由于政治地缘、安全因素等的影响，中国与中亚国家的文化交流尚处于起步阶段，双边文化交流的主要形式是举行传统乐器及服饰展演、互派艺术团体演出等，在教育、科技、媒体、出版、学术等领域的交流与合作还远不到位。而中亚国家对山东了解更多是通过民间边境贸易、旅游往来的口口相传，通过官方正式文化交流途径所产生的效果还微乎其微。

(四)"文化逆差"成为山东对外文化交流的瓶颈

目前，中国文化产品"走出去"尚处在一个初期发展的阶段，缺少足够的外向型产品和具有国际知名度的文化品牌，在国际文化消费市场上仍属弱势。中国各个文化领域，包括影视、出版、演出、音乐、动漫等领域都存在着巨大的"文化逆差"。社会科学文献出版社发布的我国首部《文化软实力蓝皮书：中国文化软实力研究报告（2010）》称，我国文化产业占世界文化市场比重不足4%。中国8亿条裤子换一架空中客车，器物文化的产品输出换不来精神文化的高端碰撞和冲击，我们不得不承认，丝绸和瓷器只是遥远文化辉煌的一种缅怀，中国文化产业占世界文化产业的比例不足美国的

[①] 马晓明：《文化软实力视角下的中国对外文化交流路径分析》，上海交通大学2011年硕士论文。

10%,"西强我弱"的格局明显,软实力落差明显。[1]

山东的世界级文化品牌数量少,高端品牌缺乏,这些是山东文化竞争力不强的主要原因,是山东企业"走出去"的致命弱点。缺乏能够吸引人的、占领国际市场的文化产品,缺乏品牌,尤其是缺乏高端品牌,使山东文化处于全球文化产业链条的下游和末端,从而成为山东与"一带一路"沿线国家和地区对外文化交流的一大短板。山东文化出口贸易已略具规模,文化产品服务出口企业达到 1000 多家,形成了 15 家年出口额过千万美元的文化产品出口企业群体。但从总体上看,山东省文化出口还处于起步阶段,文化出口贸易发展相对落后。近年来,山东省文化贸易发展迅速,但文化贸易结构不合理,文化产品贸易远远大于文化服务贸易,且在山东对外贸易总额中占比较低。[2] 这种状况与山东文化大省的地位不相称,与推动文化产业成为支柱产业的目标要求相去甚远。

(五)文化产品创新不足

新时期以来,在"双百"方针和"二为"方向的指导下,党和政府积极鼓励广大文化工作者致力于文化创新,山东文化精神文化领域建设取得了许多新成就、新成果和新进展。但是,从总体上说,由于传统计划经济时代所形成的僵化文化体制束缚,教条化马克思主义的影响,思想观念的保守,对文化创新性规律认识不足和掌握不够,致使山东文化创新的力度和广度同"一带一路"沿线国家和地区民众的期望具有较大差距,精品力作还不够多,在国际上能够叫得响、立得住、具有较高知名度的作品还很匮乏,获奖作品不多,虽然也涌现出了一批题材新、故事新、情节新乃至细节新的作品,但展现重大宏观叙事、题材新颖、深刻揭示社会生活现象和规律、能够为国外所能接受的原创性作品较少。

---

[1] 李建军:《中国与中亚的文化交流力建构》,《中南民族大学学报》2013 年第 1 期。

[2] 陈锐:《山东省文化贸易现状、制约因素及对策建议》,《价格月刊》2014 年第 7 期。

（六）教育的国际交流与合作仍存在短板

山东省教育的国际交流与合作有了新的发展，取得了新的成就，但是也应该清醒地看到存在的问题和差距：一是有的地方教育部门和学校对教育对外开放和国际交流与合作的重要性缺乏足够的认识；二是组织机构尚不健全，专职人员配备不足；三是缺少整体规划和统筹安排，有些高等学校缺乏开展教育国际交流的积极性和主动性，也缺乏认真调研和论证，中外合作办学项目寿命短、质量不高，影响了中外合作办学项目的质量和声誉；四是涉外教育监管意识不强、管理力度不够；五是个别地方和学校对涉外教育存在的安全隐患缺乏清醒的认识、评估预测和应急预案，对偶发涉外教育案件处置不当，造成不良后果，等等。这些问题和不足在一定程度上制约了山东省教育国际交流与合作的发展。①

（七）文化认同感尚需进一步加强

文化的多元性决定了不同国家、民族文化之间不仅存在着共同性，也存在着差异性。而文化差异性的存在或多或少总会给文化交流带来一些阻力。比如，"宣传"一词虽然在中国是中性的，但在国际上，"宣传"具有较强的主观性和强烈的主体利益趋向，容易使西方民众产生抵触心理。现在作为习语的"汉语国际推广"即是强势宣传理念的产物。另外，孔子学院具有官方色彩，使交流平台搭建遇到阻碍，比如哈萨克斯坦、土库曼斯坦等对中国文化进入已持谨慎态度。从话语权争夺的角度看，中国目前还存在着对外宣传面太宽，目标不清晰，公共外交与外宣人员缺乏，外事、外宣、内宣诸部门之间缺乏有机协调，多头管理，未能很好地利用民间资源，导致在许多事件上，中国在西方的国际形象比较负面，甚至有"中国威胁论"的论调出现。② 文明与文化是一种个性化的群体认知，不同的文明形态是不同地区的

---

① 孟庆旭：《认真规范管理 加强交流合作 不断提高我省教育国际水平》，2012年10月22日，见 http://www.sdedu.gov.cn/jyt/ldjh/webinfo/2012/10/1387592551890549.htm。

② 李建军：《中国与中亚的文化交流力建构》，《中南民族大学学报》2013年第1期。

不同人群长期选择与认同的产物，这是难以替代的，更不能越俎代庖，应坦然面对文化冲突，在促进文化交流的过程中，进一步加强文化认同感，更好地理解、接受和认可异质的文化，实现不同国家和民族之间的文化融合。

三、山东与"一带一路"沿线国家和地区 文化交流与合作的对策

加强山东与"一带一路"沿线国家和地区的文化交流与合作，应重点做好以下几方面的工作。

(一) 筹建合作协调机构，完善合作机制

山东与"一带一路"沿线国家和地区进行文化交流合作，需要有一个统一的协调管理机构来从政府层面上进行推动，应联合财政、外办、商务、文化、广电、经委等政府部门和各方面专家，统筹文化交流合作亟待解决的问题。可由文化部和山东省人民政府牵头，在省政府设立山东与"一带一路"沿线国家和地区文化合作协调事务办公室。

加快文化交流与合作，建立对话机制非常关键。为使文化交流与合作常态化，有必要建立与沿线国家和地区的文化交流机制，制定文化交流合作战略规划，对文化交流合作项目进行整合和引导。各国政府应克服区域内由于政治或历史因素形成的各种障碍，搁置争议，通过高层互访、定期会晤和三边对话等方式推动区域文化交流与合作。在这方面，中日韩三国政府已进行了有益的尝试。自 2007 年首届中日韩文化部长会议在中国南通举行以来，三国已形成文化部长定期对话机制，该机制为持续推动三国文化交流与合作提供了重要平台。2007 年至 2012 年，三国文化部长共举行四次会议，分别通过《南通宣言》《济州宣言》《奈良宣言》和《中日韩文化部长会议上海行动计划（2012—2014 年）》等合作文件，并在扩大和加强文化艺术交流、推进物质与非物质文化遗产保护、加强文化产业交流及深化三国青少年文化交流等重点领域进行合作达成共识。由中国文化部、韩国文化体育观光部和

日本经济产业省轮流主办的中日韩文化产业论坛是三国文化产业领域的一个重要合作项目。论坛于 2002 年在中国首次举办,自第三届起,形成三国副部长级会议机制,并被列入《中日韩合作行动战略》。该论坛重点合作项目包括三国文化市场调查、文化产业展会信息汇总、文化产业政策对话和文化产业合作人才培养和学术交流方案等。

在双边官方的支持协助下,可以考虑举办山东与"一带一路"沿线各国的文化交流论坛,在政策层面把握文化交流合作的态势及走向。通过双边的文化交流,进一步了解彼此的优势、特色,实现互惠互利;也可以在山东建立专门的交流中心,并设置专门研究双边文化交流合作问题的部门,为彼此的文化交流合作给予理论上的指导。

山东与"一带一路"沿线国家和地区文化的深入交流合作,需要加大政策支持力度,需要政府强有力的支持。为此,省政府应把握一定的政策导向,考虑在经费允许的条件下,设立更多关于从事文化交流合作活动的一些组织,促进山东与"一带一路"沿线国家和地区在某些特色领域进行实质性的合作,鼓励短期访问、短期合作交流,加强相互间的了解。

品牌意味着产品具有优质的品质、鲜明的特色,适合消费潮流、通过宣传能获得广泛认可,并在持续的创新中获得永恒的魅力。为此,要实施文化品牌带动战略,积极推进各类文化品牌工程,做大做强山东与"一带一路"沿线国家和地区文化对外文化贸易品牌,积极开展文化品牌评选活动,形成一批在沿线国家和地区有较高知名度的品牌文化产品、品牌文化服务、品牌文化企业和品牌文化活动;加强文化品牌的保护,防止文化品牌流失;打造一批充分体现山东特色的知名文化品牌,并在沿线国家和地区加以宣传推广。

制定好山东文化"走出去"的战略规划。要提高山东在"一带一路"沿线国家和地区的吸引力、竞争力、影响力,必须实施文化"走出去"战略。《国家"十二五"时期文化发展规划纲要》在谈到对外文化交往时提出了文化"走出去"的战略设想,十七届六中全会提出推动中华文化走向世界,开展多渠道多形式多层次对外文化交流,广泛参与世界文明对话,促进文化相互借鉴,增强中华文化在世界上的感召力和影响力,共同维护文化多样性。目前,山东许多文化企业缺乏对外文化输出的战略考虑,山东省尚未制定出系统完整的文化输出专门性规划。在今后国际文化交流中,山东应完善支持文化产品和服务"走出去"的政策措施,加大对齐鲁文化的研究、开发、传承和推销力度,各文化企业和文化部门应加强合作,形成合力,学习和借鉴国际先进经验,不断扩大文化产品和服务的输出,借以改变山东在文化交流、传播和贸易方面竞争中的弱势地位。

(二) 打造和利用好文化交流的载体平台,扩大齐鲁文化影响力

1. 积极筹划对外文化交流项目

积极参与海外中国文化中心和孔子学院建设。山东应充分利用海外中国文化中心、孔子学院、友好城市等平台,实施"山东—海外中国文化中心年度合作"工程,在国外设立更多的"尼山书屋",形成对外文化交流的长效机制,全面系统地推介齐鲁文化。积极筹备参加以山东为主题的澳亚文化节,推动山东与南澳州的友好关系进入新境界。开展与开罗中国文化中心的全年合作"文明的对话——2014埃及·中国山东文化年",是山东省首次参与央地合作、走出国门开展一个完整年份的文化交流项目,应积极拓展合作的内容,努力举办好中埃文明论坛,邀请中埃专家学者座谈对话,安排孔子研究专家举办孔子思想讲座;举办好杂技演出、非物质文化遗产项目展演及培训;举办好琴箫雅乐鉴赏会、当代艺术展览、设立"尼山书屋",等等。

2. 搭建多元化对外文化交流平台

重视文化领域的多层次互访,加强友好城市间的文化交流,搭建好针对"一带一路"沿线国家和地区的对外文化合作平台。继续做好在"一带一路"沿线国家和地区举办山东文化节、文化周、艺术周和文物展等工作。发挥山东省驻外机构宣传推介山东优秀文化的重要作用。全力以赴办好"尼山论坛"、世界儒学大会等国际高端学术文化交流活动。发挥多元载体的文化传播作用,借助"一带一路"沿线国家和地区节庆、会展等平台,积极推介山东文化。精心选择参与单位及文化产品,认真组织代表山东省水平的参

展、参演团队赴"一带一路"沿线国家和地区，展现山东省整体文化实力和国家形象。适应"一带一路"沿线国家和地区受众需求和接受习惯，扩大广播电视节目在境外的有效落地。拓展民间交流合作领域，鼓励民间资本积极参与对外文化交流和文化贸易。把文化交流工作与外交、外贸、援外、科技、旅游、体育等工作结合起来，充分调动各方面力量，形成对"一带一路"沿线国家和地区文化交流的合力。

3. 实施传统文化带动战略

孔子被国际社会誉为"世界古代十大思想家之首"，其所创立的儒家思想学说是中国传统文化的主流，目前孔子及孔子文化已经走出国门，走向世界，以孔子命名的"孔子学院"达 400 多所，祭孔的规格越来越高，联合国教科文组织批准设立"孔子教育奖"国际奖项，等等。这些都说明，作为齐鲁文化代表的孔子及儒家文化是山东文化乃至中华文化"走出去"的主导力量和品牌。山东省应在深入挖掘孔子文化品牌丰富文化内涵、突出其思想精神价值的基础上，借助"一带一路"沿线各国举办孔子学院的契机，树立孔子文化对外交流品牌，办好世界儒学大会，使孔子文化在沿线各国的国际影响力逐步提升。

东晋法显大师于公元 399 年从西安出发西赴天竺（古代印度）寻求戒律真经，在历经 14 年的磨砺、考察 30 余国完成取经求法之后，法显大师从斯里兰卡坐上商人的大船，循海东归，最终在青岛崂山登岸，率先走出了一条为后人所遵行的水陆交通路线，使青岛历史性地成为连接陆上丝绸之路和"海上丝绸之路"的唯一契合点。法显大师在青岛崂山期间所著《佛国记》一书，被译成英、法、日、印等多国文字，在佛教界和国际上广受赞誉，更为印度、斯里兰卡等东南亚国家的历史重建立下汗马功劳。[①] 山东省应当利用好法显文化，加强同"一带一路"沿线各国的文化交流与合作。

4. 打造国际强势传媒平台

在信息化的时代，传媒作为"第四权力"，在文化交往中的地位越来越

---

① 朱艳：《青岛：21 世纪我国"丝绸之路"的起航点和枢纽城市》，《青岛日报》2014 年 5 月 2 日。

突出，其对意识形态领域的影响越来越大，山东省应该加以高度重视，加强同"一带一路"沿线各国传媒合作，着力打造好国际文化传媒平台，并做好以下几点工作。

一是积极回应国外传媒的评论和报道。山东新闻媒体应该秉着公正、平衡、全面的原则，创新对外宣传方式方法，增强国际话语权，妥善回应外部关切，增进沿线国家和地区对山东省情的了解和认识，展现山东文明、民主、开放、进步的形象。要建立山东国际传媒平台应急机制，面对外电的负面报道要予以及时解释和澄清，对省内发生的重大新闻事件要在第一时间发布真实而又全面的权威报道，掌握媒体宣传的主动权。

二是提高对境外传媒的开放程度，与"一带一路"沿线国家和地区境外传媒建立合作与互信的伙伴关系。要做到上下一心、共同维护，以获得沿线国家和地区传媒对山东的合作支持，并把伙伴关系作为山东建立国际强势传媒的战略步骤来对待。要支持山东重点主流媒体在海外设立分支机构，与沿线国家和地区主流媒体加强沟通交流，让沿线国家和地区公众听到和听进山东传媒的声音，确立山东传媒的国际声望。

三是提高山东传媒人的责任感和国际视野。提升国际话语权是当代山东传媒人的重要责任。日益加快的全球化进程要求山东传媒人具备国际视野与国际思维，具有服务社会的能力和积极进取的热情，具有神圣的职业良知、开放的国际意识、科学的思维方法、深厚的文化修养以及精湛的专业技能。山东传媒人要通过新闻报道，引起沿线国家和地区社会公众的广泛关注，充分展示山东的发展成就。

（三）推动山东文化产品和服务出口，拓展文化产业交流合作的范围、内容和形式

为进一步促进山东与"一带一路"沿线国家和地区文化产业上的交流合作，应当重点发展双方在出版业、广播电视业、动漫业、音像业和娱乐演出业等方面的配合，努力拓展山东文化产业交流合作的范围、内容和形式。

1. 制定文化产业交流与合作项目名录

实施山东"文化走出去"工程，完善支持文化产品和服务向"一带一路"沿线国家和地区的"走出去"政策措施，进一步扶持文化出口重点企业和重点项目，完善《文化产品和服务出口指导目录》，培育一批具有国际竞争力的山东外向型文化企业和中介机构，形成一批有实力的山东文化跨国企业和著名品牌。

2. 积极扩大文化产品和服务出口规模，推动开拓国际市场

要逐步改变山东文化产品进出口严重逆差的局面，就要把文化出口的目标市场放在具有较高文化认同度和开放度的"一带一路"沿线国家和地区。为此，要扶持山东文化企业开展跨境服务和国际服务外包，生产制作以外需为取向的文化产品。探索建立与当前产业发展相适应的投融资体制和资本运作环境，山东省早在几年前就在地方政府与文化产业企业合作、推动文化走出去方面有所探索。2010年山东省商务厅曾为全省动漫创意外包企业申请了商务部服务外包扶持资金210万元。中国信保山东分公司也为山东省文化出口企业推出信贷保险服务，这在全国尚属首创。要扶持优秀山东影视作品开拓海外市场，打造可以在国外长期驻场演出或巡演的演艺、杂技精品剧目。

3. 深入挖掘民族文化资源，充分运用高新技术手段和创意提升山东传统文化产品的表现形式和技术含量

开展山东与"一带一路"沿线国家和地区非物质文化遗产的交流合作，组建山东民族民间工艺美术品推广销售网络合作实体，把山东特有的工艺美术品推介销往沿线各国，逐步建成面向双方市场乃至世界市场的民族民间工艺美术品的销售网络合作企业联盟，扩大产品销售覆盖面，促进工艺美术产业做大做强。提高山东精品杂技演艺项目的国际市场营销能力，培育更多具有国际影响力的文化创意品牌，以品牌带动产品出口。

4. 办好重点国际性展会

加强国际文化产品和服务交易平台及国际营销网络建设，办好重点国际性展会。在举办海外展会方面，支持山东文化企业出国参展办展，建立

文化产品展台,实现一展多用。支持省文化厅办好 2014 年 11 月的"2014
东盟(曼谷)中国进出口商品博览会",设立"山东文化展示馆",推介山
东文化。扩展山东"文博会"的规模和范围,积极吸引"丝绸之路"沿线
国家和地区参展,努力把它打造成为大型文化交流和经贸合作的国际化
平台。

5. 扩大文化企业对外投资和跨国经营

培育山东外向型企业,打造国际知名文化品牌,吸引外资进入山东法律
法规许可的文化产业领域。鼓励山东文化机构同国外实力雄厚的文化机构进
行项目合作,合作研发,学习先进制作技术、管理经验和营销模式。打造实
力雄厚的山东外向型文化出口集团,鼓励山东文化企业开展对"丝绸之路"
沿线国家和地区直接投资。把人文交流与文化贸易结合起来,把政府推动与
企业市场化运作结合起来,鼓励有实力的文化企业收购、兼并"丝绸之路"
沿线国家和地区企业或资产,使山东文化产品销往"丝绸之路"沿线国家
和地区主流社会。推动山东文化企业改进生产流程,主动与国际标准和偏好
接轨,创作生产既体现齐鲁文化特色,又符合"丝绸之路"沿线国家和地
区市场需求的文化产品。

6. 发展对外文化中介机构

在"一带一路"沿线国家和地区,培育山东文化专业贸易公司和代理公
司,构建完整有效的投资信息平台和文化贸易统计分析体系,积极参与国际文
化贸易规则的制定。发挥好山东省贸促会对外交流合作的重要渠道作用和资源
优势,顺应国际文化产业发展的大趋势,积极构建山东与"一带一路"沿线
国家和地区文化产业和国际先进文化交流合作的大格局。发挥好山东海外交流
协会作为民间组织的优势和平台作用,不断加强与"一带一路"沿线国家和
地区侨胞、港澳同胞的联系,努力提高山东与相关国家的对外文化水平。

(四)拓展民间文化交流与合作、教育与学术交流

1. 设立民间对外文化交流基金

通过设立针对"一带一路"沿线国家和地区的民间对外文化交流基金,

扶持民间团体，调动文化企业和个人进行文化交流的积极性。可考虑成立相关的山东国际友好城市交流事业发展基金会，广泛动员民间力量促进友好城市间的交流合作，每年组织高校研修生交流项目，并以此为平台组织相关文化交流。

2. 充分发挥文化科研机构的作用

在山东与"一带一路"沿线国家和地区的民间文化交流与合作方面，文化科研机构应该发挥更大的作用。可以通过构建多种形式的知识网络机制来促进民间文化交流机制和制度的形成。推动山东知识社群通过各种平台，定期举办各种学术和社会交流活动，如举办研讨会、合作开展项目研究、发表研究报告，推动"一带一路"沿线国家和地区之间的文化交流与合作。推动山东与沿线国家和地区的文化科研机构逐步加大对彼此文化、国情、习俗等方面的研究，并将其研究成果不断普及，让彼此交往的各国人民在国情、具体文化、相应习惯、礼节的指导下进行各种有效的民间交流。韩国许多大学、研究机构已经开始着手对中国进行研究，以帮助韩国人客观正确地理解中国和中国人，理解韩国文化对经济的影响等。山东应在国外尤其是儒家文化圈设立更多的孔子学院，努力构建汉语言文化传播网络，使山东文化走向世界。

3. 利用传统文化、会展、文体交流等多种形式加强民间交流

民间文化交流可以通过文化艺术、会展、影视、体育赛事等媒介，将合作的深度和广度拓展至各个领域和不同层面。例如，沿线国家和地区可以利用共同或类似的春节、端午等传统节日，共同推出庆祝活动。尽管这些传统的节庆在发展的过程中，各国强化了自己国家和民族的元素，但是基本思想与理念还是相同的，这对于相同文化区域内的民众有很强的认同感和吸引力。各种会展节庆、体育赛事和体育运动等，是促进民间文化交流与合作的重要方式之一。要充分利用好澳大利亚"澳亚艺术节"推动山东与澳大利亚的文化艺术交流。支持青岛歌舞剧院根据莫言原著改编的舞剧《红高粱》和谭盾的《女书》在澳大利亚的首演，以及山东杂技剧《聊斋》上演，积极参加澳亚艺术节一年一度的中秋晚会和巡游活动，举办好日照农民画展、

山东非物质文化遗产工作坊和孔子论坛等活动。

4. 加强青少年交流

青少年交流作为担负着未来发展重任的重要环节,一直受到"一带一路"沿线各国政府的高度重视。加强青少年间的文化交流,可以感受各国时代潮流和思想前沿,促进青少年之间的互相了解与理解,培养好感,是促进各国世代友好的重要促进力量。应充分发挥中日两国为青少年交流搭建的平台,如"中日21世纪交流项目""中日青年友谊计划""中日青年世代友好中国行"等,推动每年的文化交流规模不断扩大。扩展中韩两国"文化交流互访""模范青少年互访活动"的内容,延伸到文化、学术、环保、科技、媒体、影视和旅游等多个领域。同时,利用近些年兴起的"韩流""和风""汉风"在中日韩三国青少年中起到的文化传播作用,进一步增强山东与沿线国家和地区青少年对彼此国家的全面深入了解。

(五) 重视教育合作与培训

人文观念和思想文化的差异是影响和制约经济国际合作与发展的一个重要因素。积极开展教育领域的国际合作是促进山东与"一带一路"沿线国家和地区对外文化交流的有效途径。山东各类大学、各类职业与中等教育机构理应担此重任。教育的国际合作指跨国界、跨文化的教育交流与合作,诸如访问学者和教师互派、学位等值、合作办学、合作开展科研、共享教学资源、国际学术会议远程教育、短期培训等等。促进山东与"一带一路"沿线国家和地区开展教育领域的合作,要充分利用国际和国内两个市场。一方面,要吸引更多国家的留学生到山东来学习,使齐鲁文化播散四方。另一方面,山东高水平的大学也可以走出国门到沿线国家和地区去办分校,与其合作办学,多方面开展教育与学术交流。[①] 应高度重视并致力于推进山东与"一带一路"沿线国家和地区在高层次人才培养、科研合作、学生交流、语言教学等方面的教育合作。在进一步推动各国城市间文化、教育和经贸往来

① 刘文俭:《城市文化国际交流的路径与合作方式研究》,《理论学习》2010年第7期。

的基础上，积极探索城市国际合作的新领域、新途径。加强沿线国家和地区在顶尖科研院所、知名大学之间的交流合作。积极推进高等院校学分和学位互认，推动国外高校在山东建设分校、分院或是联合研究中心；调整学制和专业设置，支持相互创办"孔子学院""世宗学堂"和"日语中心"等，开展高等教育和科研领域的合作。不断加大省政府奖学金对一期重点国家的投放比例，不断提升这些国家优秀学生和学者到山东留学的热情，促进双方在教育领域的交流与合作。提升中外合作办学质量。进一步推进专业课教学改革，加强专业课建设和教学实习基地建设，稳步提高国际合作办学教育教学的质量和效益。

（六）以多种路径推动齐鲁文化国际化

文化传播、文化交往可以促进不同地域之间资本、技术、信息、人员等的流通，推动双方的交流与合作，从而实现国家间、民族间、地区间的文化融合，从总体上促进各地域文化的发展。齐鲁文化作为人类共有的精神财富，不应局限于省内品牌或者是国内品牌，要始终坚持"走出去"战略，构建政府主导、多方参与的齐鲁文化交流合作体系，扩大对外齐鲁文化交流的规模、层次、效益，努力打造"孔子故乡·中国山东"文化品牌，构筑齐鲁文化发展的大平台，着力塑造齐鲁文化良好形象，不断扩大齐鲁文化的影响面，为弘扬中华文化作出贡献。

用教育国际化推进齐鲁文化国际化发展，通过教育的合作交流推进齐鲁文化走向国际社会，吸引更多的外国留学生到山东了解齐鲁文化；以旅游国际化推进齐鲁文化国际化发展，把国外游客吸引到山东旅游、参观、考察，了解、体验齐鲁文化；通过举办各种艺术节会、文化论坛、产品展览等，向世人展示齐鲁文化、推介齐鲁文化和宣传齐鲁文化；推动赴国外举办展览、演出，形成"孔子文物展""山东风筝精品展""日照农民画展"等国际展览交流品牌，拓展杂技、文物、非遗、歌舞等具有山东地域特色的文化在日本、韩国、美国、法国和俄罗斯等国外市场；组织实施"齐鲁文化香港行""齐鲁文化澳门行""鲁台经贸文化交流周"等活动，加强和香港、澳门、台湾地区的文化交流合作；在中央和省主要外宣媒体以及香港主要媒体开设"孔子故乡·中国山东"专栏、专版，加强山东电视国际频道、重点新闻网站外文频道建设；深入开展"孔子文化奖""孔子教育奖"评选活动，设立"齐鲁文化传播奖"，从而形成多层次、全方位、有特色的齐鲁文化对外交流格局。

第十六章　山东参与并推进"一带一路"建设的支撑体系

建设"一带一路",是我国适应经济全球化新形势、扩大同各国各地区利益汇合点的重大战略。山东应从全局和战略的高度出发,深入贯彻国家"一带一路"战略构想,切实找准在"一带一路"建设中的战略定位,积极作为,大力推进,主动融入"一带一路"建设大局,在增强综合实力中更好地辐射带动中西部地区发展,在参与推进"一带一路"建设中,力争走在前列。作为一种全新的战略构想,"一带一路"建设没有现成的路径可循,需要通过创新性的平台、政策和机制加以推进,构建支撑体系十分重要。

一、打造山东参与并推进"一带一路"建设的合作平台

打造合作平台是参与"一带一路"建设的重要内容。山东应充分发挥自身优势,结合"一带一路"沿线主要国家的现实条件和需求,以加强"政策沟通、道路联通、贸易畅通、货币流通、民心相通"为目标,重点打造国际经贸合作平台、产业投资合作平台、人文交流合作平台、交通物流合作平台和国际海洋合作平台。

(一)国际经贸合作平台

加强经贸往来是"一带一路"战略的重要目标。山东应充分发挥在地

理区位、产业基础等方面的综合优势，打造对"一带一路"沿线国家和地区具有较强集聚力和辐射力的国际经贸合作平台，实现"贸易畅通"。

1. 打造区域性国际商贸中心

作为中国沿海经济大省和"一带一路"的重要交汇点，山东具备打造区域性国际商贸中心的基础和条件，应通过国际商贸中心建设，为山东与"一带一路"沿线国家和地区经贸合作提供载体平台。一是进一步扩大山东服务业对外开放领域。鼓励和吸引商贸物流、服务外包、电子商务等领域的外商直接投资，为商贸发展创造良好的开放环境。二是推动落实与"一带一路"沿线国家和地区签署的各项经贸协定，加快推进中日韩地方经济合作示范区建设，积极申请在青岛前湾设立中日韩自由贸易试验区，为国际商贸中心建设提供制度和政策支持。三是促进商贸规则和流程与国际接轨。推广国际商贸通行规则，逐步建立起与国际接轨的商业信用评估体系。通过提供国际水准的商务服务和提高商贸交易的便利性，吸引更多的商贸交易在山东进行。吸引大型国际商贸流通企业到山东设立总部或分支机构，吸引跨国公司在山东设立具有资源配置功能的营运中心。四是稳步推进市场采购贸易等新型业态发展。加快推进临沂商城国际贸易综合改革试点，支持省内专业市场申报国家内外贸结合商品市场。在省内成熟的专业商品市场试点"市场采购"出口，对"旅游购物贸易"方式报关出口商品给予在报关地检验检疫和增值税免税待遇。五是拓展海关特殊监管区域的贸易功能。提升青岛保税港区、烟台保税港区、潍坊综合保税区等海关特殊监管区域的贸易自由化程度，大力发展国际中转、配送、采购、转口贸易和出口加工，带动分销、运输、仓储等相关行业发展。

2. 建设大宗商品交易集散中心

大宗商品交易集散中心是指某个区域内以众多生产资料市场或大宗商品交易市场为实体支撑并集成提升的区域贸易平台。建设大宗商品交易集散中心是山东打造"一带一路"国际经贸合作平台、增强经济影响力和辐射力的重要途径。一是推动建立"齐鲁大宗商品国际交易所"，借鉴天津渤海大宗商品国际交易所模式，整合大宗商品国际交易平台资源，采取政府出资、企业运作、商业经营方式，重点围绕山东优势出口商品、大宗资源能源型进口产品，开展现货电子集中交易，形成"一带一路"沿线大宗商品的交易集散中心，逐步向中远期和期货交易发展。二是积极与国内外著名商品交易所对接合作。争取与国外知名商品交易所开展战略合作，努力成为国际交易所的标准指定仓库；吸引国内外知名商品（期货）交易所在山东设立优势品种的商品期货交割仓库，推动现货向期货品转变。① 三是集成物流通关、门户网站、数据交换等系统建设，培育具有电子交易、公共信息、口岸通关、金融配套、航运综合、行政审批等功能的大宗商品综合交易平台，使山东不仅成为一部分专业产品的中心交易市场，而且争取成为"一带一路"沿线国家和地区贸易合同的签单中心、订单分拨中心以及价格调节中心。四是充分发挥展会平台作用。借助"丝绸之路国际博览会""中国—东盟博览会"等国际展会平台，树立山东大宗商品交易中心品牌。整合省内各类展会资源，积极承办21世纪"海上丝绸之路"商务投资论坛、加速推进举办"缅甸山东展览会暨印缅孟多边经贸洽谈会"等，形成特色鲜明、主题突出的展会平台体系，扩大品牌效应。

3. 打造跨境电子商务和外贸综合服务平台

新型贸易载体和平台对外贸企业特别是中小型外贸企业的发展具有重要的推动作用，可以有效降低中小企业开展外贸业务的成本和费用，提升效率并提高利润。因此，山东在参与"一带一路"建设过程中，应重视创新型贸易平台建设。一是打造跨境电子商务平台。高水平建设运营山东国际电子商务平台，加快与"一带一路"沿线重点国家有较高影响力和知名度的电子商务平台对接，完善电子口岸、电子认证、在线支付、信用服务等支撑体系。推动山东外贸企业、商贸流通企业开展跨境电子商务建设，支持企业借助第三方跨境电子商务交易平台开展跨境贸易，引导符合条件的第三方支付机构开展跨境电子商务结算，鼓励企业使用电子商务平台"在线"开拓国

---

① 鲁慧君：《宁波市大宗商品交易中心建设设想和政策建议》，《经济丛刊》2012年第2期。

际市场。建设运行跨境电子商务出口通关管理系统，落实跨境电子商务零售出口支持政策。二是打造外贸服务平台和企业。创造条件搭建各类专业贸易服务平台或"一站式"外贸综合服务平台，向外贸企业提供贷款、通关、物流、退税等出口服务。引入"一达通"等国内成熟的外贸服务企业，不断拓展平台功能，打造具备电子交易、公共信息、口岸通关、金融配套、航运物流、出口退税等全流程服务功能的外贸综合平台。海关、检验检疫等部门加强沟通合作，共同将外贸综合服务型企业纳入分类管理，建立和完善相应的评级管理措施。

（二）产业投资合作平台

在参与"一带一路"建设过程中，与沿线国家的产业合作占据重要地位。深化产业投资合作对促进山东与沿线国家要素有序自由流动、资源高效配置、市场深度融合等具有重要意义。因此，应立足山东比较优势和产业结构调整实际，以园区为主要载体，积极打造"一带一路"产业投资合作平台。

1. 建设国别产业园区

经济园区是吸引外资、促进产业合作的重要载体。国别产业园区的招商引资以特定国家和地区为重点，园区基础设施建设和生活配套设施以特定的外商投资意向和偏好为方向，有利于突出国别（地区）特色，加快产业聚集。因此，山东应通过建设国别产业园区打造"一带一路"产业投资合作平台。一是打造符合国别需求的特色产业园区。深入研究"一带一路"沿线跨国资本的特点和最新动态，高起点、高标准建设承接不同国家和地区投资的专门载体和区域，针对不同国别企业的特点，设计相应的环境和园区功能，推进园区内产业配套，营造最适宜的投资环境和资本运营环境，形成突出产业特色的国别园区。重点建设泰国正大集团东营现代农业科技园、马来西亚潍坊滨海产业园、烟台中韩新兴产业园、威海中韩产业园等。二是突出重大产业项目合作。加强与"一带一路"沿线国家和地区在重大产业项目方面的合作，加强与沿线世界 500 强企业对接，加快引进一批龙头型、基地型战略投资项目，以项目为依托重点建设一批双边、多边合作的国别产业园区，积极吸引国际资本和优质资源向园区集聚。继续办好"一带一路"沿线国家和地区投资合作说明会。三是创新园区建设运营模式。以省内国家级经济技术开发区作为国别产业园区的开发建设主体，推广"一区多园"，与"一带一路"沿线国家和地区的城市、大企业、经济团体等合作规划建设，创新开发管理模式，共同组织开展产业园区的境内外招商推介活动。

2. 建设境外产业合作园区

建设境外产业合作园区有利于山东优势产业"走出去"，推动形成跨境产业链条，实现境内外产业良性互动；有利于开展跨国技术合作，有效抵御风险和减少贸易摩擦。因此，山东应将建设境外产业合作园区作为打造"一带一路"产业投资合作平台的重要内容。一是采用多种方式灵活建设境外产业合作园区。按照全面规划、合理布局、分期建设、滚动发展的原则，以企业为主体，以商业运作为基础，综合考虑市场情况、东道国投资环境和引资政策等多方面因素，灵活采用工业土地使用权转让、标准厂房出租、有偿园区管理服务等经营模式，建设以吸收中资企业为主，兼顾国际企业的境外产业合作园区。二是着力推动优势产业境外产业合作园区建设。推进家电、纺织、轮胎等优势产业境外转移，加快巴基斯坦鲁巴工贸区、俄罗斯托木斯克木材工贸区等国家级境外合作区建设，积极推荐符合条件的省级境外园区申报国家经贸合作区，推动关联产业境外集群式发展。支持省内国家级开发区等重点园区投资建设境外合作区，借鉴和运用国内园区规划、建设、招商的有效模式，实现境内外产业配套联动发展。重点建设中启集团柬埔寨产业合作园、桑莎集团柬埔寨山东工业园、非洲（乌干达）山东工业园等。三是完善境外产业园区配套服务。鼓励各类专业机构参与境外产业合作园区的配套服务，如专业的规划咨询机构、金融保险机构、物流机构等，使境外产业合作园区实现高起点、高标准建设，实现良性持续发展。

3. 建设境外重要资源基地

作为工业经济大省，山东的能源资源需求巨大，而"一带一路"沿线国家和地区能源资源储量丰富，双方合作空间广阔。因此，山东应通过建设境外能源资源基地来推动"一带一路"产业投资合作平台建设。一是有重点地推进境外资源基地建设。围绕国内、省内供需缺口较大的资源能源，以铜铁、煤炭、木材、橡胶、粮食、棉花等资源为重点，突出丝路沿线资源富集国家和地区，培育具有较强资源开发能力的企业和团队，推动境外资源基地建设，形成"储备一批、实施一批、回运一批"的梯次发展格局。重点推进俄罗斯的林业基地、澳大利亚和印尼的矿产基地、泰国和老挝的橡胶基地建设等。二是完善境外资源开发信息服务网络。在"一带一路"沿线主要资源国设立办事处，及时为企业提供海外资源开发动态、国别投资环境、项目信息、政策咨询等服务。三是制定实施境外资源基地建设的鼓励措施。境外基地建设前期投入较大、成本较高，应积极完善财政支持措施，同时引导和促进各类社会资本参与建设，逐步形成以政府投入为引导、社会企业资金为主体的多渠道投入机制。

（三）人文交流合作平台

加强人文交流与合作，推动不同文明之间的对话，有利于加深了解、增强互信，为"一带一路"沿线国家和地区的各领域合作夯实民意基础、提供民意支持，实现"民心相通"。山东应以文化、教育、学术等交流活动为切入点来打造人文交流合作平台，深入开展与沿线国家人文合作，增强在"一带一路"沿线的影响力。

1. 打造文化交流平台

山东历史文化资源丰富，具有与"一带一路"沿线国家和地区开展文化交流合作的优势条件。应从战略高度重视文化交流，着力打造与沿线国家的文化交流合作平台。一是加强对"一带一路"历史文化资源的挖掘开发，举办山东"一带一路"文物精品展，以此加深对丝绸之路重要文化价值的认识。可倡议联合江浙、两广、福建、海南共同参与组织大型"海上丝绸之路"文物巡展。二是建立山东与"一带一路"沿线国家和地区文化交流论坛，深刻把握文化交流合作的态势和走向，形成包括政府高层在内的各层面各文化领域的交流与合作机制。办好尼山论坛、世界儒学大会等国际高端文化交流活动，形成对外文化交流的长效机制，全面系统地推介齐鲁文化。利用"一带一路"沿线国家和地区已建成的中国文化中心，如东京、首尔、曼谷、毛里求斯中国文化中心，或即将设立的中国文化中心，如新加坡、印尼、斯里兰卡、老挝等中国文化中心，开展文化交流与合作。三是加强与海外华文媒体的联系与合作，借助海外华文媒体大力传播以儒家文化为主要内容的齐鲁文化、宣传当代山东的经济社会发展。发挥山东驻外机构宣传推介山东优秀文化的重要作用。办好《山东侨报》各语言版本，扩大海外发行量，增强影响力。实施"山东—海外中国文化中心年度合作"工程，在国外设立更多的"尼山书屋"。四是实施文化节庆走出去工程，设立"丝绸之路"文化节，积极在"一带一路"沿线国家和地区举办山东文化节、文化周、艺术周和文物展等活动。以 2014 年"中国—东盟文化交流年"为契机，与东盟开展一系列文化交流活动；争取举办中国—中东欧经贸文化交流周，积极筹备参加以山东为主题的澳亚文化节。借助丝绸之路申遗成功契机，开展山东与"一带一路"沿线国家和地区在非物质文化遗产方面的交流合作。

2. 打造教育合作平台

"一带一路"建设离不开人才和智力支持，离不开沿线国家高等院校的深入合作。在高等教育国际化已成为大势所趋的背景下，山东应将打造教育合作平台作为参与"一带一路"建设的重要内容。一是鼓励省内高校与沿线国家高等院校签订友好合作协议，深入开展教育合作，拓宽现有合作模式。积极调整学制和专业设置，促进各方师生的相互交流，推进高等院校学分和学位互认。建设一批国际教育培训中心和留学生基地，建立区域性专项教育基金，扩大与沿线国家相互间留学和培训规模，并为长期合作培育和储备人才资源。在重视吸引沿线国家青年来山东留学的同时，加强对山东青年赴上述国家学习的引导。二是定期举办国际教育论坛和大学校长论坛，积极参与丝绸之路国际博览会教育合作论坛等，与参与方深入交流教育体制改革等方面的经验举措，争取与沿线重点院校达成合作意向。三是支持与"一带一路"沿线国家和地区合办高校，积极推动国外高校在山东建设分校、分院或是联合研究中心，建设好烟台都柏林大学，支持相互创办"孔子学院"

"世宗学堂"和"日语中心"等。支持省内有实力的高校赴境外共建国际大学或开办分校，支持省内知名职业教育学校开展境外职业教育合作，设立符合产业发展需求的专业学科。四是打造华文教育"留根工程"。加强对"一带一路"重点国家华文教育工作的支持，加大山东外派教师工作力度，增加数量，扩大规模。继续组织山东优秀教师赴印尼华校举办"中华文化大乐园"活动、华文教师师资培训和海外华校校董校长考察团活动，以及举办海外华裔青少年夏（冬）令营活动等。

3. 搭建学术和智库交流平台

国际学术和智库交流有利于各国就共同关心的问题达成谅解和共识，是各国增强互信的重要途径。山东在参与"一带一路"建设的进程中，也应将搭建学术和智库交流平台作为一项重要工作。一是加强与沿线国家间智库的交流合作。推动建立山东与沿线重点国家间智库合作机制，每年定期联合举办研讨会，如山东社会科学院与韩国京畿开发研究院每年共同举办的"山东—京畿发展论坛"，共同开展相关课题研究。借鉴黑龙江将哈洽会和东北亚区域合作发展国际论坛融合举办的做法，将山东与沿线各国合作理论研讨会与有关对沿线各国交流合作大会结合举办，邀请全球关注"一带一路"沿线区域合作的专家学者就山东与沿线各国投资合作问题进行系统跟踪研究，推动形成山东对沿线各国交流合作问题长期有人关注、相关科研成果不断涌现的良好局面。二是设立专门的"丝绸之路"研究机构。一方面，在条件成熟的沿线国家设立具有非政府组织性质的专门研究机构，作为常设机构对所在国政治、经济、社会现状及其走向进行及时跟进研究，同时面向当地记者、专家、学者、政治活动家搭建对话与互动平台；另一方面，可考虑在山东社会科学院或山东大学等单位成立"丝绸之路研究院"，开展"一带一路"战略路径等问题研究，吸引各界力量参与讨论"一带一路"建设热点问题，培养一批熟悉丝路沿线国家政治经济体制、社会状况、文化背景的专门人才。

4. 建设文化产业合作平台

作为文化资源大省，山东的文化贸易规模居于全国前列，与"一带一路"沿线国家和地区开展文化产业合作的潜力巨大,应努力打造覆盖沿线国家和地区的文化产业合作平台。一是落实文化产业贸易投资优惠政策。支持外资企业扩大文化产品生产规模与技术成果转化,加大金融支持力度,优先提供对接项目用地等。支持对外新闻出版产品开发与推广,对优秀企业实现新闻出版实物产品出口予以奖励,对鼓励类文化项目实行进出口减免税。二是加快文化产业合作园区建设。引进外国的先进理念、管理方法和专业人才,打造丝绸之路文化特色产业集聚园区,促进"一带一路"沿线国家和地区文化产业的深度合作。借助新疆面向中亚、西亚的对外经贸合作平台,积极参与喀什、霍尔果斯等经济特区的文化产业园区建设。积极推动以青岛为中心、依托中国海洋大学国家文化产业研究中心来建设"海上丝绸之路"文化产业园,举办"海上丝绸之路"文化博览会,创建国家级文化产业示范园区,打造业态布局合理化和土地资源利用高效化相结合的文化产业示范基地。三是加强文化产品国际交易平台建设。办好文化产业国际性展会,在综合型展会建立文化产品展台,支持文化企业开展境外参展、宣传推广、培训研讨和境外投标等市场开拓活动。举办大型制造业企业和文化企业对接会,利用制造业企业的货物贸易渠道,带动山东文化产品出口。借助"孔子家乡文化展"巡展活动,逐步打造山东文化产业的旗舰品牌。扩展山东"文博会"的规模和范围,吸引"一带一路"沿线国家和地区的企业参展。四是借助文化部建设"丝绸之路文化产业带"契机,积极参与融入,争取承办文化产业带高峰论坛,探讨跨国文化项目合作、建设国际文化贸易展交中心等议题。

(四)交通物流合作平台

"一带一路"建设的硬件基础是交通体系的互联互通,山东应加强与沿线国家和地区在铁路运输、港口航运、航空航线等领域的合作,打造国际交通物流合作平台,提升在"丝绸之路"交通网络中的地位,实现"道路联通"。

1. 打造区域性国际交通物流枢纽

作为"一带一路"的重要交汇点,山东具备打造辐射沿线国家交通物流枢纽的基础条件。应突出山东在"一带一路"建设中的"十字"结点优势,打造区域性综合交通物流枢纽。一是健全现代港口航运体系。大力发展集装箱干线运输,积极引进国外战略合作伙伴,开辟集装箱远洋航线,开通新的国际集装箱航线和国际联运班列通道,争取建设国家级海铁联运综合试验区,在运价、海铁联运线路开通等方面获得优惠,促进海铁联运发展、扩宽港口腹地。优化内陆"无水港"布局,支持省内中西部有条件的地区建设保税物流中心和保税仓库。二是加强铁路公路航空基础设施建设。以山东铁路主骨架为基础,进一步扩充和完善铁路网络,全面打通临海和省际铁路通道,打造由沿海快速铁路、港口集疏运铁路、大宗货物铁路和省际客货铁路组成的运输体系。加快高速公路建设和一般公路的扩建改造,形成干线与直线贯通、快捷高效的公路网络。加快国际航空港建设,高标准打造青岛新国际机场,扩充国内外航线,开通更多面向"一带一路"沿线国家和地区的国际直航、经停线路,形成以空港物流中心为依托,服务"一带一路"沿线的航空物流网络和航空配送转运体系。通过整合陆海空运输资源,探索创新多式联运、甩挂运输等先进手段,促进不同运输方式之间的有效衔接,推动综合交通运输枢纽建设。开展铁路、空运、海运中欧"安智贸"试点,打通山东输欧商品物流途径。三是打造国际物流信息平台。以山东第四方物流市场为主体,依托国家交通物流公共信息平台,加快申报"海上丝绸之路"物流信息互联互通合作项目,积极争取"丝路基金"的支持,推进港口、航运信息交换,形成便捷高效的物流信息走廊。

2. 建设港口与航线合作平台

港口航运合作是"海上丝绸之路"沿线国家和地区开展交通物流合作的最重要方式。山东应利用沿海港口优势,建设"海上丝绸之路"港口与航线合作平台。一是推动国际友好港口建设。以青岛港为龙头,日照、烟台、威海等港口为依托,加强与新加坡港、巴生港、胡志明港、林查邦港、雅加达港、马尼拉港等"海上丝绸之路"沿线港口建立更深层次、更广领域的合作，如港口物流、临港产业、港口管理、人员培训、信息技术、政策互通等，结成"友好港"，搭建起海上桥梁和纽带，提升海上互联互通水平。二是打造港口战略联盟。在中韩"4+1"港口战略联盟（青岛港、烟台港、威海港、日照港+釜山港）的基础上，推动建立中日韩—东盟港口战略合作联盟，增加集装箱运输航线，共同发展集装箱联运与国际中转、物流配送等航运物流业务。提升中韩陆海联运汽车货物运输层次，尽快推动实施整车运输，在现有 5 条通道的基础上尽快推进烟台—韩国平泽陆海联运通道；积极争取山东港口与日本试点开通陆海联运汽车货物运输项目，实现集装箱货车陆海"一站式"运输。① 三是加强港口建设合作。吸引"一带一路"沿线国家和地区的航运公司和物流企业，以合资、合作、BOT、TOT 等方式，到山东投资建港、经营码头和开辟航线。争取"中国—东盟投资合作基金"和"丝路基金"的支持，加强与新加坡、菲律宾、马来西亚、越南、印尼和文莱等东盟国家的港口基础设施建设合作，鼓励山东企业到东盟国家参股港口建设。

3. 建设大陆桥运输合作平台

新亚欧大陆桥是"丝绸之路经济带"战略的重要依托，而日照则是新亚欧大陆桥的东方桥头堡之一。山东应充分利用新亚欧大陆桥桥头堡优势，积极融入"丝绸之路经济带"建设，打造新亚欧大陆桥运输合作平台。一是加强与大陆桥沿线中亚、东欧国家的交通合作，加快新亚欧大陆桥通道建设。以国家层面大力推进铁水联运合作发展为契机，争取国家加快提升新亚欧大陆桥通道铁路运输能力，包括增开班列、建设铁路集装箱中心站和办理站、更新集装箱办理站设备等；同时，推进关键节点物流基础设施建设，包括加强日照等桥头堡物流基础设施建设、增加海运航线密度、内陆无水港建设、边境口岸换装能力提升等，努力提升集装箱过境运输能力和效率，形成东中西港铁联运、海陆一体的大通道。二是加快大型货代物流企业整合力

---

① 山东省人民政府：《关于在山东半岛蓝色经济区建设中日韩地方经济合作示范区的框架方案》，2012 年。

度，培育形成一批具有国际竞争力的大型物流企业，发挥其在陆桥运输中的主导作用。加强与国内外大型铁路公司的联系与协作，通过签署陆桥运输战略合作协议等方式扩大联合、推进并购，形成合作与利益共同体，重点发展海铁联运、过境运输、散杂货和集装箱运输代理等核心业务，构建完整的国际多式联运供应链，培育我国最大的陆桥运输业务经营商和国内沿桥区域具有领先地位的综合物流服务供应商，成为国内外客户首选的低成本、高质量的大陆桥综合物流平台。

（五）国际海洋合作平台

与"海上丝绸之路"沿线国家和地区开展海洋合作，有利于共同开发海洋资源，通过合作解决南海问题；有利于深化东亚合作，推进东亚区域经济一体化进程；提高海洋科技水平，推动新兴海洋产业发展。在山东半岛蓝色经济区已有成就的基础上建设国际海洋合作平台，具有很高的可行性和良好的基础条件。

1. 打造海洋技术合作平台

山东海洋科研实力居全国前列，科技进步对海洋经济的贡献率超过60%。应充分发挥海洋科技优势，打造覆盖"海上丝绸之路"沿线国家的海洋技术合作平台。一是打造国际海洋科技研发基地。以青岛国家海洋科学研究中心为依托，推动建设"海上丝绸之路"海洋科技共同研究中心，加强在海洋环境监测、海洋资源调查、海洋环境修复及新兴海洋产业开发技术领域的合作研究。与沿线各国共同资助海洋环境、海洋资源、海洋管理与政策、海洋信息等领域的海洋科技合作项目，同时争取全球环境基金（GEF）、中国—东盟海上合作基金等的支持。全面梳理省内现有与沿线国家海洋科技领域的合作项目，制定中长期国际海洋科技合作计划，协调整合各类海洋科技开发合作活动，联合建立海洋科技孵化器。建立区域内海洋科研机构的制度化交流机制，通过政府科技创新基金资助相关领域的合作研究计划。二是建设国际海洋技术交易市场。在海洋科研基地建设的基础上，通过打造海洋技术交易信息网络平台，为各国海洋科研院所和海洋科技企业提供交易信息，争取将青岛建设成为国际海洋技术交易中心。引入国内外先进理念，组织、实施海洋技术国际转移活动，灵活应用不同的国际技术转移服务模式：一种是围绕特定海洋产业领域，为海洋企业和科技机构提供多层次的国际技术转移服务；另一种是围绕特定海洋技术，为"海上丝绸之路"沿线国家的海洋技术转移、技术合作提供服务。

2. 打造海洋产业合作平台

山东海洋生产总值居全国第二位，已形成较为完备的海洋产业体系。应充分发挥海洋产业体系优势，着力打造"海上丝绸之路"沿线海洋产业合作平台。一是制定海洋产业国际合作行动计划。加强对"海上丝绸之路"沿线国家未来海洋开发政策及产业发展区域的深入研究，明确其海洋经济发展趋势，结合山东半岛蓝色经济区的战略定位与发展需求，制定国际合作计划，明确自身的国际合作定位和重点合作领域，探索长期合作与协同创新的模式。重点开展国际远洋渔业合作、海洋环保合作等。二是着力打造海洋新兴产业合作平台。积极吸引丝路沿线国家企业来山东投资开发海洋新兴产业项目，鼓励涉海企业与跨国公司开展合作；鼓励和支持有条件的国内涉海企业以独资或合资方式在境外建立原料基地、生产基地、营销中心，结合自身比较优势开展合作。联合沿线各国，共同研究制定海洋新兴产业行业标准，争取从中得到享有知识产权和标准所带来的经济效益。三是合作建设临海产业园区。结合蓝色经济区建设规划，以互利共赢、共同发展为目标，重点与日本、韩国、新加坡等国的跨国企业、经济团体等合作规划建设临海产业园，创新园区开发管理模式，共同组织开展境内外产业园招商推介活动。各国政府和相关地方政府分别以适当方式向各自国内的经济团体、企业宣传介绍产业园及有关项目，向希望参与产业园项目特别是涉海项目的企业提供适当的支持。同时，积极到沿线国家建设境外海洋产业园，重点推进中国—印尼蓝色经济产业园建设。

3. 打造海洋国际会展中心

国际会展平台是开展国际合作的重要桥梁，是提升影响力的有效途径。山东应通过打造海洋国际会展中心，加强与"海上丝绸之路"沿线国家的海洋合作。一是以"青岛国际海洋节"为重点，整合各类海洋展会资源，创办国际海洋合作交流论坛，举办各类海洋博览会，推动山东成为"海上丝绸之路"沿线多层次、多领域海洋合作交流活动的重要举办地。可考虑在东北亚城市论坛基础上，推动"海上丝绸之路"海洋合作发展论坛建设。二是加强滨海旅游的合作开发。通过政策引导和资金扶持，鼓励山东旅游企业与"海上丝绸之路"沿线国家旅游企业开展合作，结合沿线各国滨海旅游的基本情况和优势特色，共同组织区域内滨海旅游活动和对滨海旅游资源的开发。支持有意向的旅游企业组建实力雄厚、竞争力强的大型跨国旅游公司。建立省内旅游组织与各国旅游管理机构的合作机制，共同举办旅游论坛、旅游博览会及旅游促销活动，逐步消除影响海洋游客流动和海洋旅游投资的障碍，实现与滨海旅游相关的服务贸易自由化，加强与滨海旅游业相关的信息服务领域的合作，促进滨海旅游业的合作与发展。

二、构建山东参与并推进"一带一路"建设的政策体系

发展战略的顺利实施需要完备的政策体系来保障，而作为一种探索性的战略构想，"一带一路"建设需要在政策支撑方面开展先行先试。山东在参与"一带一路"建设的进程中，也应在国家整体的政策框架下，重点从财税、金融、贸易便利化、外资、人才政策等方面构建积极的政策支撑体系。

（一）制定和实施激励性财税政策

财政税收政策作为政府重要的宏观调控手段之一，在转变经济发展方式、促进区域经济协调发展、支持重点区域发展战略等方面均发挥着不可替代的重要作用。山东参与"一带一路"建设同样需要财税政策的有力支持。

1. 增加"一带一路"建设的财政投入

作为以国际合作为主线的战略构想，"一带一路"建设需要庞大的资金投入来完善交通、通信、网络等基础设施，其战略定位和产业合作等目标的

实现需要激励性财政的引导。因此,应充分发挥财政政策的资金支持和导向作用。一是加大中央和省级财政投入力度。争取中央加大一般性财政转移支付和基础设施、公共服务等专项转移支付力度,省级财政设立专项引导资金,增加对参与"一带一路"建设的财政投入。通过国有资本金注入、投资补助、贷款贴息等方式,支持涉及的口岸、路网、国别产业合作园区等基础设施建设。二是完善针对"一带一路"建设的激励性财政政策。对重点面向"一带一路"沿线国家和地区的出口企业的技术改造、新产品研发项目,引进先进制造业和高端服务业外资的项目,面向沿线国家的对外投资和对外承包工程项目,以及具有积极溢出效应的加工贸易项目进行财政鼓励。拓宽对外承包工程保函风险专项资金的支持范围,增加"内保外贷"业务,加大对符合条件的对外承包工程项目的担保力度。

2. 对重点企业和项目实行税收优惠

税收作为组织收入、调节经济和分配的重要手段,对推动"一带一路"建设具有重要的促进作用,因此应对相关重点企业和项目实行税收优惠。一是根据参与"一带一路"建设的重点合作产业和领域,明确税收激励的范围。对涉及"一带一路"建设的交通、电力、水利等基础产业的纳税人,在3—5年内减免企业所得税,对生产性服务业企业进口所需的机器、设备等货物免征关税。突出产业税收优惠政策,灵活运用加速折旧、投资抵免、税前扣除、延期纳税、以税还贷等间接税收优惠方式,对重点合作产业范围内的企业给予所得税优惠。二是对列入"一带一路"投资合作重点工程的项目实行税收优惠。申请开展融资租赁货物出口退税试点,对融资租赁设备出口实行退税政策。完善对民营企业境外建立制造工厂、研发中心和营销网络的税收政策,简化境外投资所得的确认办法,加强对境外税收抵免的管理。对重点出口企业实行凭电子信息退税,先退税后复核。

(二) 完善和创新多层次金融政策

"一带一路"建设是一项复杂的系统工程,涉及众多合作领域,需要通过多种形式的金融渠道融资来满足其建设资金需求。因此,山东应通过金融政策创新，提高对"一带一路"建设金融服务的层次和水平，构建完善的、多层次的金融市场体系。

1. 提供创新的金融产品和服务

金融服务的效率决定着企业的金融需求能否得到有效满足，而金融产品和服务方式的创新是影响金融服务效率和水平的重要因素。山东应通过创新的金融政策充分挖掘金融功能，为参与"一带一路"建设中的重点项目提供创新的金融产品和服务。一是针对"一带一路"建设特点，推动金融产品和服务方式创新。大力发展银行业中间业务，积极拓展投行业务，通过财务顾问、融资规划、银行间债券承销等综合金融服务，满足"走出去"企业高层次金融需求；大力发展产业链、供应链、销售链融资等新型业务，开展应收账款、存货等抵押融资试点。同时，拓展新型业务和传统业务延伸领域，推动新型业务与传统业务的有效联动。创新具有外贸特点的金融产品，继续开展出口信用保险保单融资，加大对有订单、有效益外贸企业的金融支持。二是加强政府、企业、金融部门的沟通合作，以及银行、证券、期货、保险、基金、信托、担保等金融机构之间的合作，整合省内的地方金融资源，为"一带一路"沿线各国企业和重点国际合作项目提供短期融资融券、中期票据、信托计划、融资租赁、资产证券化、信用增级、上市承销、股权融资等综合金融服务。

2. 完善多元化、国际化融资渠道

不同类型的企业会产生差别化的融资需求，应推动政策性金融、商业性金融等的聚集，充分发挥地方融资平台的筹资能力，为"一带一路"建设提供全方位的金融支持，实现融资渠道的多元化。一是设立"一带一路"产业投资基金和风险投资引导基金，对重点投资项目优先提供贷款和优惠利率支持。引导国家开发银行山东分行等金融机构建立融资平台，拟定支持重点和融资模式，推进重点项目开发。二是积极引进国内外各类银行、证券、保险、信托等金融机构，拓展国际金融业务，完善商业性融资渠道。鼓励商业银行开展进出口信贷业务，支持进出口企业通过银行间市场融资。三是充分发挥出口信用保险机构的信用担保作用，鼓励相关保险公司创新出口信用

险品种，探索为外资企业提供融资服务的信用担保制度，加大对品牌产品、服务贸易、国际营销网络和小微企业的支持力度，建立覆盖沿线各国的信用和支付担保体系。大力推广国家大型成套设备出口融资保险专项安排政策，利用国家主权信用支持促成"一带一路"重大项目。四是鼓励省内企业通过国外政府贷款、国际金融组织、国际资本市场等渠道融资。加强与沿线国家证券交易所和中介机构的合作，推动出口企业在国外证交所上市融资。

(三) 推进全方位的贸易便利化政策

推进贸易便利化是山东参与"一带一路"建设的重要手段，也是"一带一路"战略构想的重要内容。山东应重点从海关程序、检验检疫、人员流动等方面探索和制定促进贸易便利化的政策体系，争取成为"一带一路"贸易便利"最大化"区域。

1. 进一步推进海关程序便利化

海关程序便利化是贸易便利化中最基础最重要的内容，对"一带一路"贸易便利化整体水平的提高影响巨大。一是加快"大通关"和"电子口岸"建设。运用电子化手段改革口岸货物通关流程，建立统一的口岸信息数据平台，提高口岸管理部门行政监管的能力和效率。完善口岸工作联络协调机制，尽快建成山东电子口岸公共平台，积极推动航空口岸边检、海关、质检申报"三单合一"改革，实现口岸执法部门"信息互换、监管互认、执法互助"。全面推进"三个一"关检合作，实行"一次申报、一次查验、一次放行"。在具备条件的海关，推广24小时预约通关制度，推广"多点报关、口岸放行"，在强化实际物流监控的基础上，积极推介无纸通关、网上付税、加工贸易保证金电子台账等便捷通关措施。二是推广"前推后移"的新型通关管理模式。在现有的舱单提前申报基础上，推行"提前报关，货到放行"新模式，提前对报关货物进行预归类、预审价等综合分析，加强对"结关后"货物信息的跟踪监控分析，缩短货物在口岸滞留的周期。改革口岸通关作业流程，推进口岸实行一站式服务的"单一窗口"的联合办公方式，对货物实行联合查验，做到"同步开箱、同步查验、同步放行"。创新青岛和济南海关业务协作模式，实现区域通关一体化。三是提高海关相关规则的透明度和有效性。加强海关部门电子政务建设，将对外贸易发展有关的海关程序及相关政策法规及时在网上公布，并设立问询服务窗口。四是将"一带一路"重点项目和企业纳入"海关客户协调员制度"。对有特殊需求的企业及进出口货物实行上门监管、区外监管等便利措施。深化与韩国等国家和地区海关间的"经认证的经营者"（AEO）互认合作。

2. 推进出入境检验检疫便利化

出入境检验检疫是海关通关的重要环节，对通关便利化程度的影响同样举足轻重。一是加强山东检验检疫部门与"一带一路"沿线国家和地区检验检疫机构相互间的沟通协调，逐步解决各方在检验检疫方面具体的标准限量、操作规程、设备要求和监管制度差异问题，消除技术性贸易壁垒。二是建立完善检验检疫信息通报系统，建立口岸进出口食品质量安全监控体系和保障机制、传染病与动植物疫病疫情防控体系和快速反应机制、认证认可合作机制等。加强检验检疫与海关等联检部门的沟通协调，最大限度地提高检验检疫程序的自动化和电子化程度，为企业提供方便快捷的服务。三是加快检验检疫信息化建设，建立检验检疫监管系统，加快实物验放速度，逐步推广检验检疫"电子报检、电子签单、电子转单"的"三电工程"和"预约报检""产地检验"等成功经验和做法。四是实施检验检疫直通放行制度，对符合条件的企业实施直通放行的检验检疫通关措施。落实国家进一步取消一般工业制成品出口商品检验政策。为旅行团等大型出入境团队提供预检预录服务，在海港口岸推行船舶入出境网上预报检系统。简化出口食品企业备案程序，推进保鲜蔬菜等初级农产品备案监管模式改革。

3. 推进人员流动便利化

简化商务及科技人员往来出入境手续。推进人员流动便利化是推动"一带一路"建设的必然要求。一是在山东外事部门设立"因商务申请护照服务窗口"，进一步简化赴沿线国家进行商务活动的护照申请手续，从按条件发放逐步过渡到按需要发放。二是与沿线国家相关部门磋商，为各方商务人员和游客提供落地签证便利，对重点进出口企业人员给予办理一年内多次往返有效签证的便利。三是为有关来鲁人员提供入境居留便利。对需多次临时入境的外籍高科技人才、高层次管理人才，根据实际需要发给有效期一至五年的多次入境有效签证。四是公安出入境管理部门和出入境边防检查部门加强协调和沟通，定期召开联席会议，尽快实现两个部门系统的联网，实现数据信息共享，提高服务效率。

（四）探索和试点更加开放的外资政策

开放透明的外资准入政策是"一带一路"建设的客观要求。山东在参与"一带一路"建设的进程中，应重点从外商投资管理体制、金融监管模式、航运市场开放等方面入手探索和试点更加开放的外资政策。

1. 探索更为灵活的外商投资管理体制

深化外资管理体制改革是中国推进更高层次开放的重要手段，也是未来的大势所趋。山东在参与"一带一路"建设的进程中，应该加快探索更为灵活开放的投资管理体制，更高效地与沿线国家开展投资合作服务。一是下放外商投资审批权。建议除少数涉及国家经济安全及重要敏感行业的准入外，其他领域的审批权可逐渐下放。建议取消零售、餐饮、商业经纪与代理、旅馆、租赁等服务业外商投资审批，且放宽设立公司法人的股份比例限制和店铺数量限制。对《外商投资产业指导目录》中的鼓励类项目，给予外资企业内资待遇，即外资企业可直接向登记机关申请注册。二是探索实施负面清单管理模式。在条件成熟后，借鉴中国（上海）自由贸易试验区经验，推行准入前国民待遇和负面清单管理模式。对负面清单之外的领域，将外商投资企业合同章程审批改为备案管理。三是改革对外投资管理体制。省内企业对外投资实行以备案制为主的管理方式，切实提高境外投资便利化程度。加强对境外投资的事后管理和服务，形成多部门共享的信息监测平台。四是简化投资审批程序，建立一口受理、综合审批和高效运作的服务模式。对"一带一路"建设中涉及审批事项多、投资金额大、建设周期长、需要较长筹建过程的项目提供便利，经投资主管部门预核准，商务部门核发"公司筹建"外商投资企业批准证书。

2. 争取建立更加开放的金融监管模式

更加开放的金融监管模式有利于山东企业更有效地利用外资金融机构提供的创新性金融产品和服务，更好地参与"一带一路"建设。一是推动金融业扩大开放。对符合条件的民营资本和外资金融机构开放，支持在山东设立外资银行和中外合资银行。在条件具备时，适时在省内试点设立有限牌照银行。逐步允许境外企业参与商品期货交易。二是开展离岸金融业务试点。积极争取国家支持，选择省内合适区域打造我国离岸金融业务试点区域。在有效监督的前提下，允许区域内符合条件的中资银行开办离岸业务，实行相对宽松的离岸金融业务外汇管理政策。通过积累离岸金融业务的经验，建设山东金融服务的离岸功能区。三是稳步推进人民币资本项下可自由兑换。争取逐步实现与"一带一路"沿线国家和地区主要货币实现可自由兑换，建立境外外汇资金的融通中心以及货币清算和互换机制。深化国际贸易结算中心试点，拓展专用账户的服务贸易跨境收付和融资功能。完善人民币跨境结算的相关政策，简化跨境人民币业务审核流程，提高结算效率。利用对韩合作优势，打造区域性韩元结算中心，推进人民币对韩元区域性挂牌试点工作，扩大山东与韩国双边交易本币结算的规模和比例。四是改进外汇管理方式，探索面向国际的外汇管理改革试点。对重大项目的外汇审批建立绿色通道，鼓励省内金融机构创新外汇产品。充分发挥青岛期货市场辐射作用，研究推出外汇掉期、期权等新业务。全面落实货物贸易外汇管理改革政策，便利企业货物贸易外汇收支。简化海关特殊监管区域企业货物贸易外汇收支管理，取消区内企业外汇登记证及年检制度，取消办理结汇时资金来源和用途审核等。

3. 实施扩大航运市场开放的先行先试政策

山东参与"一带一路"建设的战略定位之一是"一带一路"交汇的交通物流枢纽，因此有必要在航运业探索实施更为开放的试点政策。一是突破航运相关服务的垄断和限制。打破外籍船舶供应服务的垄断，允许在省内注册的外资、合资企业提供船舶供应服务，增强船舶供应服务市场的国际竞争力；继续放开外籍船舶理货市场，规范理货业务，维护理货业竞争的公平性。二是适度放开外资航运企业及其服务企业管制。积极发展国际船舶运输和管理等核心业务，试点放开对于国际船舶运输和管理的政策限制，降低独立船舶所有人进入门槛，放宽外商独资国际船舶管理企业的市场准入条件，允许外资单船公司独资经营；放宽国际海运服务业外资准入条件，试点放开外资航运经纪公司的注册限制，降低其准入门槛，吸引更多的国际知名航运经纪、船舶代理、船舶管理公司入驻；开放外资航运金融和保险机构经营许可，引进向中小船公司融资的海外金融机构。三是实施国际海运政策适度宽松试点。允许中方控股的非五星旗船在国内沿海港口和山东港口之间试点进出口集装箱的沿海捎带业务。

（五）实施人才的合作培养、引进与使用政策

通过创新的人才政策，努力将山东打造成为"一带一路"高端人才的集聚区。一是推进人才的联合培养。适应"一带一路"建设对人才的需求，着力培养具有国际视野、通晓国际经济运行规则、熟悉当地法律法规的外向型、复合型人才。实施领军人才和高层次紧缺人才培养工程，推进沿线各国人才资源开发合作培训试点，选派具有发展潜力的人才到国内外著名大学、科研院所接受专门培训和开展项目合作研究。加强企业中高级经营管理人才的培养，依托国内外高等院校、职业教育机构，建立跨国经营人才培训基地。积极扶持产业技术工人的本地化培训工作。二是实施"柔性"引进人才政策。对"一带一路"建设所急需的高层次人才，可以在不转户口和档案关系的情况下，以"柔性"流动方式到山东工作，办理人才居住证，并在职称评审、成果奖励、社会保险、子女入学等方面与当地户籍人才享受同等待遇。三是实行专才特聘制度。高薪聘请"一带一路"建设中重点产业、重大项目、重要科研机构等急需的国内外高端人才，根据紧缺程度和水平层次的不同协商确定其薪酬和职务，事业单位吸纳特聘专才不受编制限制。对省内企业以股份或出资比例等股权形式给予企业高端人才和紧缺人才的奖励，实行已在中关村等地区试点的股权激励个人所得税分期纳税政策。四是创新职称政策。根据需求人才的专业结构，对在省内创办高新技术企业或为

山东科技创新作出突出贡献的专业技术人员，在职称考试、评审和聘任等方面给予特殊照顾。

三、创新山东参与并推进"一带一路"建设的协调机制

协调机制是区域合作的基本内容，良好高效的合作协调机制是山东参与"一带一路"建设的重要保障。在参与"一带一路"建设过程中，不仅涉及山东与沿线各国的跨国协调问题，还涉及山东与"一带一路"沿线省份的省际协调问题，以及山东省内各地市各部门的协调合作。

（一）建立山东与沿线国家的跨国协调机制

在国家层面不断健全与"一带一路"沿线各国合作协调机制的背景下，山东也应积极作为，充分发挥民间团体以及地方政府间合作的作用，从地方层面加强与沿线各国合作协调机制的建设，推动区域间合作的有效务实开展。

1. 建立对沿线各国交流合作促进机构

专门的交流合作促进机构有利于山东参与"一带一路"建设的切实有效有序开展，因此应在国家层面的合作机制框架下，探索建立山东对沿线各国的交流合作促进机构。一是可考虑在外办系统内设立专门的对沿线各国交流合作促进中心，或者在商务系统现有的山东省国际投资促进中心内部设立对沿线各国交流合作促进部，具体负责开展对沿线各国交流合作促进和宣传推介活动，同时加强与境外合作促进机构的联系与沟通，承担有关招商引资活动的组织实施工作。二是与"一带一路"沿线国家和地区和主要城市商协会建立区域商务理事会工作机制，拓宽行业和区域合作范围。积极参与中国贸促会已有的东亚商务理事会、中菲商务理事会和中印商务理事会等多双边合作平台，密切关注计划建立的丝绸之路经济发展带商会合作机制，拓展联络渠道。巩固和深化新加坡—山东经贸理事会等平台作用。三是充分利用

贸促系统平台。山东省贸促会已经在日韩、东盟、南亚与 30 余家商协会建立了友好合作关系，成立了"山东—东盟项目合作办公室"等。应充分利用这些渠道和资源，积极承接、协调、推进山东与"一带一路"沿线各国的合作项目。四是借助中国与"一带一路"沿线国家和地区已经建立的合作机制和经贸协定开展交流合作。借助亚太经合组织（APEC）、中国—东盟自贸区、上合组织等机制，利用国家领导人会议、商务部长会议、专业部长会议等机会，争取同日本、韩国、俄罗斯、中亚、东盟等国家达成合作意向。

2. 充分发挥民间团体的推动作用

行业商协会、华人社团等民间团体是推动国际交流与合作的重要力量，具有成本低、见效快的优势。应充分发挥民间团体的积极影响，促进山东参与"一带一路"建设的顺利开展。一是充分发挥商业协会的作用。在现有的中国国际商会山东分会和沿线各国工商会山东代表处合作机制的基础上，推动与沿线各国的跨国公司、政联机构、大型金融与商业组织和中小型企业成立商会组织，分享资源和商机，促进企业间的交流合作。建设对外贸易和境外投资信息网络，设立境外投资贸易咨询机构，向企业提供对外联络、市场调研及投资所在国的社会政治环境、法律法规、产业政策、市场动态等信息服务。二是充分发挥华人社团的作用。与"一带一路"沿线重点国家的华人社团建立合作关系，邀请华商企业来山东推介合作项目，发布投资信息。重点深化与有实力、有影响力龙头社团的合作关系，通过聘请重要华商和侨领担任山东省内协会职务和授予荣誉等方式，进一步密切与山东的联系。以海外交流协会、侨商投资企业协会为平台，综合运用联谊、经济、科技、外宣、文化、教育、公益慈善等手段，涵养一批能沟通内外、影响所在国政要和媒体的力量，使之在山东开展与"海上丝绸之路"重点国家交流合作中发挥作用。

3. 加强与沿线各国地方政府的合作

跨境次区域合作可以绕过各国政治、外交、领土争端等障碍，从地方层面推进各方优势互补，建立更加深入的贸易、投资、文化等领域的交流合作渠道，是传统意义上区域经济合作的重要补充形式，对于山东参与"一带一路"建设具有重要的指导意义。因此，山东应着力加强同"一带一路"沿线各国地方政府的交流合作。一是构建地方政府间合作机制。以友好互访为引领，构建双边为主、多边为辅的地方政府间交流机制，调动沿线国家地方政府参与的积极性和主动性，深化利益整合。二是充分发挥山东侨务资源优势。有效整合山东侨务系统的侨务资源，上下联动、内外配合，开展多种形式的联络联谊活动，不断密切和深化关系。筹划召开"旅韩华侨华人恳亲大会""海外鲁商大会"等。将"华商企业科技创新合作交流会""海外华商博士山东合作周"打造成与华侨华人开展交流合作的有效机制。三是充分利用友好城市的交流渠道。加强对"一带一路"沿线友好省州的调查研究，了解对方经济社会发展情况，找准结合点，研究制定交往策略，有的放矢地开展互利合作。争取同具有较大国际合作潜力的城市建立友好城市，充分发挥现有的"山东—京畿友城联合体""山东—山口—庆尚南道"三方会谈等友城合作机制作用，推动建立"山东—巴州—上奥州—阿尔高州"四方合作机制等更多的多边友城合作机制，完善对话协调机制，通过召开定期会议、项目多边协商等形式，协调各方宏观经济政策和区域经济发展战略。

（二）创新山东与沿线省份的省际协调机制

"一带一路"战略涵盖我国多个省份，而山东参与"一带一路"建设的战略定位之一就是"全国东中西联动开放的重要引擎"。因此，山东应加强同丝路沿线省份的沟通协调，建设不同层次的务实合作机制，形成合力不断推进"一带一路"建设。

1. 推动建立不同层次的协商会谈机制

协商会谈机制对于协调"一带一路"沿线省份间合作具有显著效应。山东应推动丝路沿线主要省份间成立信息联动领导小组，建立不同层次的协商会谈机制。一是各省主要领导的座谈会议机制。通过定期召开领导座谈会，讨论参与海陆"新丝路"建设中的重大战略制定或选择问题，协商确定区域合作的总体要求和重点事项，以达成谅解和备忘。二是各省分管领导联席会议机制。通过定期或不定期召开联席会议，协商制定各自分管领域的战略规划、区位布局，推动区域合作制度的建立和形成。三是各省对应职能部门参加的专题合作会议机制。主要讨论制定参与"一带一路"建设中遇到的政策实施、项目安排、体制机制创新等方面的具体问题，具有较强的针对性。四是各省重点城市市长参加的城市间会商机制。主要讨论丝路沿线城市间合作、城市群建设、统一市场构建等问题。①

2. 推动联合制定专项发展规划

"一带一路"战略的整体发展规划将由国家统一制定，其中将涉及多方面的指导性意见。沿线各省份在国家整体规划指导下，可考虑联合制定物流、文化、旅游等领域专项规划或具体实施方案，有重点有分工地参与"一带一路"建设，形成既有利于发挥各自优势、分工协作、形成特色，又与国家总体规划紧密衔接、高效联动、有序推进的局面。山东应充分利用新亚欧大陆桥东方桥头堡优势，加强与沿桥省区的物流合作，研究制定物流业整体发展规划，推动陆桥沿线城市在财税、土地、外资等方面制定优惠措施，共同构建大陆桥区域物流公共信息平台，推动陆桥沿线城市开展海、陆、空、铁等多式联运业务合作，促进建立陆桥沿线检验检疫协作机制等。

3. 推动共同举办丝路相关活动

共同举办"一带一路"相关活动是加强沿线省份沟通与合作的有效途径。一是充分利用相关国际论坛、展会展览等平台，推动与新疆、陕西、广西、福建等"一带一路"沿线的国内省份联合举办专题经贸、文化交流等活动，交流丝路建设经验，促进丝路沿线省际合作与联动发展。二是充分发挥山东驻丝路沿线主要省份办事处等机构的平台作用，推动山东与沿线省份在产业项目、资源利用、人员等方面的交流合作。如做好山东对新疆的对口支援工作，推动当地经济社会发展；做好国家级开发区结对工作，落实国家级开发区合作框架协议等。

---

① 华中源：《试析泛长三角区域合作政府协调机制的构建》，《科技管理研究》2013年第3期。

（三）完善山东省内各地区各部门的合作协调机制

良好的省内协调是山东参与推进"一带一路"建设的基础。应加大省级层面统筹协调力度，切实担负起统筹协调、指导服务和督促检查的责任，及时协调处理重大事项，形成责任明确、运转协调、高效有序的工作机制。省内各有关部门要积极沟通协作，全省各地都要发挥主观能动性，主动策应、积极参与"一带一路"建设。

1. 强化省级层面组织领导

"一带一路"建设是一项宏大系统工程，战略性强、涉及面广，必须加强组织领导，总体设计，统筹推进。建议山东省委、省政府成立参与"一带一路"建设工作领导小组，统筹协调山东参与"一带一路"建设事宜，制定总体规划，加强对重大问题、重大事项的协调。在省政府有关部门设立领导小组办公室，负责落实领导小组审定事项，强化战略谋划，研究制订山东参与"一带一路"建设的相关规划与方案，协调各部门工作，及时提出意见和建议。

2. 加强各部门各地市协调推进

各相关部门和市县应注重协调配合，各司其职，形成工作合力，共同推进山东参与"一带一路"建设进程。省发改委主要负责综合协调和产业投资等工作，组织研究重大政策，协调解决重大问题。省外办主要负责统筹对外工作，加强与沿线国家沟通交流。省商务厅应主要负责对外经贸合作相关工作，推进贸易投资便利化。贸促会、驻外商务代表处、中资机构等驻外机构应密切关注沿线国家对"一带一路"建设的反应，收集所在国的合作意向、项目建议等重要信息，跟踪反馈项目执行中的有关问题及措施建议。各地市应发挥优势，找准定位，错位发展，深化与国外友好城市的务实合作，开展各具特色的对外交流合作。

3. 制定和实施专项规划和方案

积极跟踪国家"一带一路"战略规划制定、修改、实施动态，超前谋划，研究制定山东参与推进"一带一路"建设的总体规划和实施方案，分解落实各项任务和配套政策。相关部门也应根据本部门职能分工，提前介入，编制本部门参与、推进"一带一路"建设的规划、方案和意见，制订年度计划，明确总体思路、重点任务、优先推进项目、政策措施等。探索建立山东优先推进项目滚动实施机制，并逐年进行调整，建立"一带一路"重大项目储备库。积极推动山东与沿线国家友好省州的高层互访，遴选一批基础好、可行性强、见效快的项目，优先推进实施。把贯彻海陆"新丝绸之路"战略落实到各领域、各方面，努力形成全方位深度开放新格局。

参考文献

安然：《青岛：6年建成"一带一路"综合枢纽城市》，《中国经济导报》2014年4月8日。

白永秀等：《丝绸之路经济带的纵深背景与地缘战略》，《改革》2014年第3期。

毕吉耀等：《金融危机后世界经济发展趋势和全球治理结构变化》，《中国经贸导刊》2014年第15期。

蔡武：《中国文化走出去不是输出价值观等 要赢认同》，2012年3月13日，见 http：//www.chinanews.com/cul/2012/03-13/3740708.shtml。

蔡颖：《多地或再掀自贸区申报潮，津粤有望率先突围》，《经济参考报》2014年9月11日。

陈锐：《山东省文化贸易现状、制约因素及对策建议》，《价格月刊》2014年第7期。

陈澍：《基于产业集群的特色产业园区发展支撑体系研究》，《科技进步与对策》2010年第13期。

陈雅萍：《借鉴新加坡经验，提高我国第三方物流运作效率》，《商场现代化》2006年第17期。

陈宇媚：《泛珠三角与东盟贸易合作发展研究》，《现代商贸工业》2011年第14期。

丛培影、黄日涵：《"一带一路"开启中国睦邻友好合作新篇章》，《南方日报》2014年9月24日。

崔维莉：《"海上丝绸之路起点"山东500多家企业亮相西洽会》，2014年5月24日，见 http：//news. iqilu. com/shandong/yuanchuang/2014/0524/2001653.shtml。

代玲玲：《山东"敲门"丝路新机遇，加强与东盟中东欧合作》，《大众日报》2014年3月19日。

东营市政府：《关于贯彻落实〈黄河三角洲高效生态经济区发展规划〉的实施意见》，2011年1月17日，见 http：//www. dongying. gov. cn/html/2011 - 05/110524835141601. html。

杜明明：《驻泰大使宁赋魁：中泰合作潜力巨大，前景广阔》，2014年9月26日，见 http：//finance. people. com. cn/n/2014/0926/c1004 - 25743936. html。

段华明：《21世纪"海上丝绸之路"：实现中国梦的海上大通道》，《光明日报》2014年6月16日。

段媛媛：《白俄罗斯在山东技师专业模式研究》，山东大学硕士论文，2011年。

范晔：《后汉书》，浙江古籍出版社2000年版。

高虎城：《"一带一路"建设深化经贸合作促互利共赢》，《人民日报》2014年7月2日。

高虎城：《深化经贸合作 共创新的辉煌》，《人民日报》2014年7月2日。

耿昇等主编：《登州与海上丝绸之路》，人民出版社2009年版。

古璇、古龙高：《建设连云港区域性国际商贸中心》，《大陆桥视野》2011年第7期。

顾志康：《珠海港发展战略研究》，《中国水运》2011年第8期。

关雪凌：《俄罗斯产业结构的调整、问题与影响》，《复旦学报（社会科学版）》2010年第3期。

郭芳、谢玮：《"一带一路"：新全球化时代的经济大动脉》，《中国经济周刊》2014 年第 32 期。

郭连成:《全球产业结构变动与俄罗斯产业结构调整和产业发展》,《俄罗斯中亚东欧研究》2012 年第 12 期。

国务院新闻办公室:《中国的对外援助（2014）》,《人民日报》2014 年 7 月 11 日。

韩松:《"丝绸之路经济带"的陕西担当》,《西部大开发》2013 年第 12 期。

何娣、邹璇:《服务外包对中国产业结构升级的影响》,《统计与决策》2012 年第 22 期。

洪智善:《中韩两国环境保护合作现状》,《中国社会科学报》2012 年 9 月 21 日。

华中源:《试析泛长三角区域合作政府协调机制的构建》,《科技管理研究》2013 年第 3 期。

环保部、发改委、统计局:《2011 年全国环境保护相关产业状况公报》。

霍建国:《"一路一带"战略构想意义深远》,《人民论坛》2014 年第 5 期。

霍建国:《共建丝绸之路经济带与向西开放战略选择》,《国际经济合作》2014 年第 1 期。

贾峰:《规划建设"四大功能载体",打造"一带一路"综合枢纽城市》,《青岛日报》2014 年 3 月 23 日。

经济日报采访组:《陕西建设丝绸之路经济带调研行:从陆地到陆海空网》,《经济日报》2014 年 7 月 2 日。

李晗斌:《蒙古国产业结构演进研究》,《东北亚论坛》2009 年第 5 期。

李建军:《中国与中亚的文化交流力建构》,《中南民族大学学报》2013 年第 1 期。

李金早:《2012 年中国与南亚国家贸易额 930 亿美元》,2013 年 5 月 8 日,见 http://www.chinairn.com/news/20130508/153349901.html。

李金早:《深化经贸合作,把"一带一路"建实建好》,《人民日报》

2014 年 8 月 12 日。

李盛丹歌:《2012 年国内游客数量近 30 亿,"随团游" 比例不足 5%》,《经济日报》2013 年 5 月 30 日。

林基中编:《燕行录全集》第 17 卷,韩国首尔东国大学出版部 2001 年版。

刘宝森等:《山东去年服务贸易额破 600 亿美元,亚洲为最大出口地区》,2014 年 1 月 28 日,见 http://news.iqilu.com/shandong/yaowen/2014/0129/1849972.shtml。

刘凤鸣:《山东半岛与古代中韩关系》,中华书局 2011 年版。

刘华芹、李刚:《建设丝绸之路经济带的总体战略与基本架构》,《国际贸易》2014 年第 3 期。

刘文俭:《城市文化国际交流的路径与合作方式研究》,《理论学习》2010 年第 7 期。

龙金光等:《从全国区域发展新格局中借势借力》,《南方日报》2014 年 7 月 28 日。

鲁慧君:《宁波市大宗商品交易中心建设设想和政策建议》,《经济丛刊》2012 年第 2 期。

吕文:《鲁俄合作商机待发掘》,《经济导报》2014 年 5 月 23 日。

吕余生:《深化中国—东盟合作,共同建设 21 世纪"海上丝绸之路"》,《学术论坛》2013 年第 12 期。

马洪波、孙凌宇:《"一带一路" 战略构想为区域合作发展带来新机遇》,《人民日报》2014 年 7 月 22 日。

马小宁等:《托举各国人民梦想,承载四海宾朋愿景,"一带一路" 共创共享发展新机遇》,《人民日报》2014 年 7 月 1 日。

马晓明:《文化软实力视角下的中国对外文化交流路径分析》,上海交通大学硕士论文,2011 年。

彭大伟:《中国 2013 年近亿人次出境游创历史新高》,2014 年 1 月 17 日,见 http://finance.chinanews.com/cj/2014/01-17/5751405.shtml。

齐涛:《丝绸之路探源》,齐鲁书社 1992 年版。

青岛海关:《2013 年山东天然橡胶进口情况分析》,2014 年 1 月 26 日,见 http://www. askci. com/news/201401/26/2617011199466. shtml。

山东省科技厅:《海洋科技条件平台体系框架初步建立》,2013 年 7 月 29 日,见 http://www.iqilu.com/html/ygzw/news/2013/0729/1613314.shtml。

山东省科技厅:《山东多举并措 加快海洋国家实验室筹建工作》,2013 年 10 月 14 日,见 http://www. most. gov. cn/dfkj/sd/zxdt/201310/t20131014_ 109748. htm。

山东省旅游局:《立足省情,协调发展,加快建设旅游强省》,《山东经济战略研究》2013 年第 9 期。

山东省人民政府:《关于在山东半岛蓝色经济区建设中日韩地方经济合作示范区的框架方案》,2012 年 9 月 5 日,见 http://www.shandongbusiness. gov.cn/index/content/sid/228591.html。

山东省商务厅:《山东半岛蓝色经济区对外开放专项规划》,2010 年 6 月 17 日,见 http://www.shandongbusiness.gov.cn/index/content/sid/105839.html。

山东省文化厅:《山东省公布 2012—2013 年度重点文化产品和服务出口企业名单》,2013 年 4 月 17 日,见 http://www. sdwht. gov. cn/html/ 2013/cyzcgh_ 0417/8452. html。

商务部:《南亚地区国家 2013 年经济前景展望》,2013 年 4 月 9 日,见 http://www.mofcom.gov.cn/article/i/dxfw/cj/201304/20130400082531.shtml。

商务部:《中亚五国优势及特色产业介绍》,2014 年 12 月 24 日,见 http://ccn. mofcom. gov. cn/spbg/show. php? id = 5776。

沈丹琳:《外媒:中国力推"新丝绸之路",望印度发挥作用》,《参考消息》2014 年 8 月 12 日。

石启东:《以论坛为契机,积极推进山东与蒙古的投资合作》,《2010 年:山东开放型经济发展报告》,经济科学出版社 2010 年版。

孙琦子:《中国产业转移非洲调查》,《经济观察报》2014 年 6 月 7 日。

孙秀红:《山东海陆兼具或跻身丝路战略》,《经济导报》2014 年 3 月

10 日。

谭杰等:《山东半岛蓝色经济区大企业集团发展战略研究》,《山东经济战略研究》2010 年第 9 期。

汤明等:《中国环保产业发展及投资问题研究》,北京交通大学出版社2013 年版。

脱脱等:《宋史·职官志》,中华书局 1977 年版。

汪洋:《构建开放型经济新体制》,《人民日报》2013 年 11 月 22 日。

王霁平:《商务部力推两个丝绸之路建设》,《国际商报》2013 年 12 月19 日。

王赛时:《山东海疆文化研究》,齐鲁书社 2006 年版。

魏强:《中国外贸现在"短腿"在哪里》,《南方都市报》2012 年 12 月24 日。

魏晞、沈丹阳:《"一带一路"经贸合作已具备良好基础和条件》,2014年 12 月 23 日,见 http://finance. chinanews. com/cj/2014/02 - 23/5870958. shtml。

吴崇伯:《缅甸石油天然气产业发展与外资对缅甸油气资源的开发》,《创新》2013 年第 1 期。

吴沙:《国际友好城市交流的问题与对策研究》国防科学技术大学硕士论文,2005 年。

武秀主编:《兖州揽胜》,山东大学出版社 2002 年版。

徐海峰、郑丹:《青岛市企业利用国际科技资源中存在的主要问题及对策建议》,《山东纺织经济》,2012 年第 11 期。

徐锦庚、马跃峰:《再造一个"海上山东"》,《人民日报》2011 年 3 月26 日。

徐松、刘欣:《有力维护海外中国公民和法人的正当权益》,2012 年 3 月11 日,见 http://news. xinhuanet. com/politics/2012lh/2012 - 03/11/c _ 111637217.htm。

闫付美:《东北亚区域合作视角下的山东半岛城市群建设》,《时代金融》

2009 年第 7 期。

杨殿中：《中国企业对中亚五国直接投资的产业分布及产业选择建议》，《中央财经大学学报》2012 年第 9 期。

杨东亮：《"十二五"山东将深入开展国际海洋渔业合作》，2011 年 4 月 22 日，见 http：//www. chinanews. com/cj/2011/04-22/2992634. shtml。

于凡等：《山东：发展节能环保产业　为经济发展提供绿色动力》，2014 年 6 月 8 日，见 http：//news. iqilu. com/shandong/yuanchuang/2014/0608/2018245. shtml。

于国鹏、王红军：《首个世行贷款文化遗产保护项目启动》，《大众日报》2013 年 2 月 28 日。

袁涛：《六成企业认为自己没有大数据》，《大众日报》2014 年 6 月 14 日。

赞宁：《宋高僧传·义解篇第二之一·唐新罗国义湘传》卷四，中华书局 1987 年版。

张红侠：《中俄经贸合作进入互利双赢时代》，《俄罗斯中亚东欧研究》2012 年第 1 期。

张莉：《"一带一路"建设不宜"浓妆艳抹"》，《国际商报》2014 年 9 月 2 日。

张秋生：《共建"丝绸之路经济带"的深层意蕴》，《资源环境与发展》2014 年第 1 期。

张秀杰：《蒙古国的经济发展环境》，《俄罗斯中亚东欧市场》2011 年第 10 期。

浙江省政府：《浙江舟山群岛新区发展规划》，2013 年 3 月 18 日，见 http：//zhoushan. house. sina. com. cn/2013-03-18/144922557. shtml。

郑柱子：《丝绸之路贸易往来提速 8 成，贸易额十年增百倍》，2014 年 2 月 13 日，见 http：//china. cnr. cn/yaowen/201402/t20140213_ 514837727_ 1. shtml。

中国出口信用保险公司：《斯里兰卡经济现状与前景》，2009 年 9 月 25 日，见 http：//www.sinosure.com.cn/sinosure/xwzx/rdzt/tzyhz/dwtzxs/109490.html。

中国—东盟环境保护合作中心、广西壮族自治区环保厅：《中国—东盟环境合作：创新与绿色发展》，中国环境科学出版社 2012 年版。

中国信保国别中心：《"一带一路"重点区域和国家风险状况分析》，2014 年 6 月 25 日，见 http：//www.sinotf.com/GB/News/1003/2014 - 06 - 25/yOMDAwMDE3NjQyOQ.html。

《中国大百科全书》总编委会、《中国大百科全书》编辑部编：《中国大百科全书》精华本第五卷，中国大百科全书出版社 2006 年版。

钟赫：《中韩经济合作驶上快车道》，《今日中国（中文版）》2014 年第 8 期。

周秉钧注译：《尚书》，岳麓书社 2001 年版。

周国梅、李霞、解然：《打造中国南南环境合作共同体》，《中国环境报》2014 年 7 月 7 日。

朱明国：《发挥广东优势　大力推进 21 世纪"海上丝绸之路"建设》，《南方日报》2014 年 6 月 4 日。

朱新光、张深远、武斌：《中国与中亚国家的气候环境合作》，《新疆社会科学》2010 年第 4 期。

朱学勤：《秦始皇》，远方出版社 2005 年版。

朱亚非、张登德：《山东对外交往史》，山东人民出版社 2011 年版。

朱艳、青岛：《21 世纪我国"一带一路"的起航点和枢纽城市》，《青岛日》2014 年 5 月 2 日。

左凤荣：《共建"丝绸之路经济带"面临的机遇与挑战》，2014 年 5 月 19 日，见 http：//finance.people.com.cn/money/n/2014/0519/c385075 - 25033013.html。

后 记

为贯彻落实习近平总书记提出的共建"丝绸之路经济带"和21世纪"海上丝绸之路"的战略构想，推动改革开放战略的深入实施，提升山东开放型经济发展水平，形成全方位深度开放发展新格局，山东社会科学院在"创新工程"重大课题中安排了"山东融入'一带一路'建设战略研究"，旨在为省委、省政府提出研究报告的基础上，对山东参与、融入、推进"一带一路"建设的战略做较全面的调研，以为有关决策者、管理者和实际工作者深入思考和切实推进"一带一路"建设，提供智力支持与应用参考。

山东社会科学院"创新工程"重大课题"山东融入'一带一路'建设战略研究"由山东社会科学院党委书记、院长唐洲雁研究员任课题主持人，主持课题研究。唐洲雁研究员对课题进行了总体设计，提出了课题提纲，制定了调研方案，参加了讨论修改。山东社会科学院原副院长郑贵斌、科研处处长杨金卫、国际经济所所长李广杰、副所长顾春太研究员具体组织调研。全院20多位专家学者参与省内外调研。课题报告改编成书，郑贵斌、李广杰任主编，范振洪、顾春太任副主编。研究、编写具体分工如下：序言，唐洲雁；第一章，王爽；第二章，卢庆华；第三章，宋暖、刘大可；第四章，李广杰；第五章，王爽；第六章，顾春太；第七章，李晓鹏；第八章，李兵；第九章，卢庆华；第十章，王爱华、荀克宁；第十一章，王圣；第十二章，孟庆武；第十三章，程臻宇；第十四章，王志东、闫娜；第十五章，涂可国、赵迎芳；第十六章，刘晓宁。科研处处长杨金卫、副处长周德禄等做了许多调研的联络、组织工作。郑贵斌、李广杰、范振洪、顾春太研究员对初稿进行了统稿和修改，国际经济所刘晓宁博士参与了统稿，院长唐洲雁研究员统审修改后定稿。

课题研究和该书出版得到了山东省外办、省商务厅有关领导与专家的支持和帮助，在此表示衷心感谢！由于共建"一带一路"是新的战略、新的使命，对结合山东实际研究贯彻落实，在认识上还欠明晰、欠深入，加之时间紧、任务重，研究中存在许多缺憾与不足，敬请有关部门和读者阅读参考时批评指正。

编　　者

2015 年 1 月 20 日

责任编辑:张　燕

装帧设计:胡欣欣

责任校对:吕　飞

图书在版编目(CIP)数据

山东融入"一带一路"建设战略研究/郑贵斌,李广杰 主编. —北京:
人民出版社,2015.4(2015.7 重印)
ISBN 978－7－01－014725－3

Ⅰ.①山…　Ⅱ.①郑…②李…　Ⅲ.①区域经济发展-研究-山东省
Ⅳ.①F127.52

中国版本图书馆 CIP 数据核字(2015)第 065090 号

山东融入"一带一路"建设战略研究
SHANDONG RONGRU YIDAI YILU JIANSHE ZHANLÜE YANJIU

主　编　郑贵斌　李广杰
副主编　范振洪　顾春太

人民出版社 出版发行
(100706　北京市东城区隆福寺街 99 号)

北京教图印刷有限公司印刷　新华书店经销

2015 年 4 月第 1 版　2015 年 7 月北京第 2 次印刷
开本:710 毫米×1000 毫米 1/16　印张:27
字数:382 千字

ISBN 978－7－01－014725－3　定价:62.00 元

邮购地址 100706　北京市东城区隆福寺街 99 号
人民东方图书销售中心　电话 (010)65250042　65289539